新时代中国特色社会主义政治经济学探索

刘 伟 / 著

图书在版编目(CIP)数据

新时代中国特色社会主义政治经济学探索 / 刘伟著.—北京:北京大学出版社,2021.1

ISBN 978-7-301-31621-4

Ⅰ.①新… Ⅱ.①刘… Ⅲ.①中国特色社会主义—社会主义政治经济学—研究 Ⅳ.①F120.2

中国版本图书馆 CIP 数据核字(2020)第 173749 号

书　　　名	新时代中国特色社会主义政治经济学探索 XINSHIDAI ZHONGGUO TESE SHEHUIZHUYI ZHENGZHI JINGJIXUE TANSUO
著作责任者	刘　伟　著
责任编辑	兰　慧
标准书号	ISBN 978-7-301-31621-4
出版发行	北京大学出版社
地　　　址	北京市海淀区成府路 205 号　100871
网　　　址	http://www.pup.cn
微信公众号	北京大学经管书苑(pupembook)
电子信箱	em@pup.cn
电　　　话	邮购部 010-62752015　发行部 010-62750672　编辑部 010-62752926
印　刷　者	北京中科印刷有限公司
经　销　者	新华书店 720 毫米×1020 毫米　16 开本　22.75 印张　372 千字 2021 年 1 月第 1 版　2021 年 1 月第 1 次印刷
定　　　价	118.00 元(精装)

未经许可,不得以任何方式复制或抄袭本书之部分或全部内容。
版权所有,侵权必究
举报电话:010-62752024　电子信箱:fd@pup.pku.edu.cn
图书如有印装质量问题,请与出版部联系,电话:010-62756370

序

《新时代中国特色社会主义政治经济学探索》(以下简称《探索》)经过较长时间的努力,终于脱稿付梓。应当说,这部书稿的确是长期探索积累的结果。

我长期从事社会主义政治经济学本科和硕士及博士研究生课程的教学工作。从1984年春研究生毕业留北京大学经济系任教之后即开始为本科生讲授政治经济学(社会主义),一直到2015年11月调入中国人民大学,我在北大经济系主讲这门课30年。其间,我作为主编之一,与逢锦聚、洪银兴、林岗等一道出版了教育部国家统编教材《政治经济学》(高等教育出版社,截至2018年更新至第6版);作为主编,出版了《经济学教程:中国经济分析》(北京大学出版社,截至2012年更新至第2版)。2017年党的十九大召开前夕,中宣部组织专家编写"政治经济学读本"(暂定名),分设两个编写组,其中一个编写组邀请我作为首席专家,和中国人民大学经济学院的教师等开展了较为深入的研讨,在时任经济学院院长张宇教授的具体主持和组织下,开展了许多工作。《探索》正是在以往长期教学实践和教材建设的基础上做出的新的探索,同时与我以往的教材有内在联系和一定的连续性。

在体系上,《探索》力求有统一的逻辑结构。全书共设七章,第一章作为绪论,阐明新时代中国特色社会主义政治经济学的研究对象及方法,考察其特点和需坚持的基本原则。第二章讨论价值理论,阐明新时代中国特色社会主义政治经济学的阶级立场和价值取向,回答为什么要开展政治经济学的研究的问题。第三章至第七章则分别讨论新时代中国特色社会主义政治经济学的基本问题,包括基本经济制度与运行机制(第三章),生产方式与分配方式(第四章),经济增长与宏观调控(第五章),经济发展与发展理念(第六章),经济全球化与经济开放(第七章),分别从新时代中国特色社会主义政治经济的生产方式、分配制度、宏观增长、长期发展、对外开放等五个基本方面进行政治经济学分析,构成一个有机统一整体,而不是孤立的问题阐释。

在思想上,《探索》突出强调每一个问题的新时代中国特殊性。在考察新时代中国特色社会主义政治经济学的研究方法、对象及特点时,强调马克思主义的基本立场、原则和方法的运用,特别强调坚持和贯彻习近平新时代中国特色社会主义经济思想中关于马克思主义政治经济学的思想,从而使新时代中国特色社会主义政治经济学的研究在方法上不同于以往,更区别于西方资产阶级经济学说。在考察新时代中国特色社会主义政治经济学的价值理论基础(经济学不同学说和流派最根本的价值立场与理论基石)时,一方面坚持马克思主义劳动价值论的历史价值取向,另一方面指出这种历史价值取向与社会主义市场经济现实间的矛盾。在考察中国特色社会主义生产方式时,特别突出其根本制度特征,即公有制为主体、多种所有制经济共同发展的基本经济制度,与在资源配置方式上起决定性作用的市场机制之间如何统一的问题,这一问题既是突出的制度特点,也是开创性的历史难题。在考察新时代中国特色社会主义分配制度时,强调公有制为主体、多种所有制经济共同发展的基本经济制度与按劳分配为主、多种分配方式并存的分配制度如何统一的问题,从而阐释既区别于传统社会主义计划经济单一按劳分配的制度,又区别于按资本等要素分配的资本主义分配制度的中国特色社会主义经济新型分配关系,阐释新时代中国特色社会主义生产与分配间的内在联系。在考察新时代中国特色社会主义宏观经济时,强调需求管理与供给侧结构性改革的有机统一,从而既区别于一般传统的总需求宏观调控,又具有新时代中国经济运行的特征。在考察新时代中国特色社会主义经济长期发展问题时,强调贯彻新发展理念与现阶段跨越"中等收入陷阱"的统一,从而突出中国经济发展的历史时代新特征。在考察新时代中国特色社会主义经济对外开放问题时,强调"人类命运共同体"与"一带一路"的有机统一,从而强调在新时代国际经济格局深刻变化的全球化进程中的中国智慧和中国方案。总之,无论是生产还是分配,无论是短期总量增长还是长期经济发展,无论是国内基本生产方式还是对外开放,均突出强调新时代中国特色社会主义经济的特殊性,并紧紧围绕这种特殊性展开分析,而不是一般性的教科书式的叙述。

上述每一章节的分析,都经过长时间研究的积累,其中许多是教育部社科基金重大项目立项或是国家社科基金重大项目立项的题目,比如关于整部著作的体系、内容就是中宣部"中国特色社会主义政治经济学读本编写"(课题立项号 2016MZD001)项目研究的一部分,关于中国特色社会主义生产制度(第三章)的研究是在教育部哲学社会科学研究重大课题攻关项目"中国市场经济发展研究"(课题立项号 03JZD0011)的研究成果基础上进行了深入,关于中国特色社会主义分配方式(第四章)的研究是国家社科基金"中国特色社会主义所有制与分配理论研究"支持项目(课题立项号 2015MZD007)的研究成果的一部分,关于中国特色社会主义经济增长问题(第五章)和经济发展问题(第六章)是在国家社科基金重点项目"经济增长与结构演进:中国新时期以来的经验"(课题立项号 15KJL001)的研究成果基础上的深入。在这一研究探索过程中,我先后在《中国社会科学》《经济研究》《管理世界》《北京大学学报》《中国人民大学学报》《经济学动态》《政治经济学评论》《经济科学》《经济理论与经济管理》等学术期刊上发表多篇学术论文,有些论文是与课题组成员合作完成的,这些在引用时均在本书中注明了出处。在此向所有的合作者表示由衷的感谢。

还要感谢北京大学出版社的王明舟社长,以及林君秀、陈莉、郝小楠、刘京、兰慧等的热情支持和帮助,感谢中国人民大学校办曾丙健老师付出的辛勤劳动。

刘伟

2020 年 1 月

目　录

第一章　新时代中国特色社会主义政治经济学研究的根据、原则和方法　／001

一、中国特色社会主义基本经济制度的伟大实践是新时代中国特色社会主义政治经济学的发展基础：政治经济学以基本经济制度作为研究的客体和根据　／001

二、新时代中国特色社会主义政治经济学研究中国特色社会主义基本经济制度的运动和发展规律及特征：研究对象、使命和方法　／013

三、坚持马克思主义历史唯物主义和辩证唯物主义的历史观和方法论：中国特色社会主义政治经济学分析的价值立场和基本逻辑　／021

四、坚持马克思主义科学社会主义的发展观：中国特色社会主义政治经济学分析的历史发展方位　／034

五、解放和发展生产力需要坚持马克思主义政治经济学的制度观：中国特色社会主义政治经济学分析的体制目标导向　／040

第二章　新时代中国特色社会主义政治经济学研究的价值理论基础：马克思劳动价值论的历史价值观与中国特色社会主义市场经济的历史实践　／044

一、政治经济学必须讨论价值理论并使之成为全部理论的基石　／044

二、马克思政治经济学中的劳动价值理论的特色：从古典到科学的变革　／050

三、中国特色社会主义政治经济学与马克思劳动价值论　／053

第三章　新时代中国特色社会主义政治经济学需要突破的根本性难题：公有制为主体的生产资料所有制与市场经济起决定性作用的资源配置机制 / 060

　　一、社会主义初级阶段生产资料所有制与市场机制如何结合　／ 060
　　二、西方正统经济学的教条和当代"市场社会主义"思潮　／ 076
　　三、中国改革对公有制与市场经济结合的创造性探索和贡献　／ 094
　　四、混合所有制经济与国有企业改革　／ 102

第四章　新时代中国特色社会主义政治经济学的收入分配问题：生产资料所有制的改革与收入分配方式的演变 / 108

　　一、马克思按劳分配思想的提出及其特点　／ 108
　　二、社会主义社会收入分配理论的探索进程　／ 113
　　三、中国所有制改革与国民收入分配的变化　／ 125
　　四、中国所有制改革与居民收入分配的变化　／ 146
　　五、推动供给侧结构性改革，扩大中等收入群体　／ 155
　　六、收入差距扩大原因的进一步分析　／ 163
　　七、调整中国居民收入分配结构的政策要求　／ 170
　　八、主要结论　／ 178

第五章　新时代中国特色社会主义政治经济学的经济增长和宏观调控问题：需求管理与供给侧结构性改革 / 184

　　一、宏观经济分析与 GDP 核算　／ 184
　　二、供给管理与需求管理　／ 189
　　三、中国经济进入新常态下的经济失衡与供给侧结构性改革　／ 207
　　四、经济新常态下宏观调控方式的转变与深化供给侧结构性改革　／ 219

第六章　新时代中国特色社会主义政治经济学的经济发展问题：贯彻新发展理念与跨越"中等收入陷阱" / 235

　　一、中国经济发展达到的水平及比较　／ 235

二、新时代中国经济仍然是发展中国家经济 / 249

三、经济增长中的历史局限与新发展理念的提出 / 282

第七章 新时代中国特色社会主义政治经济学的开放问题：人类命运共同体与"一带一路" / 313

一、经济全球化与"人类命运共同体"及"一带一路"的提出 / 313

二、全球化的历史演进与世界政治经济体系发展 / 318

三、"人类命运共同体"的形成与发展 / 323

四、金融危机后的世界政治经济体系转型 / 330

五、"一带一路"与全球治理范式重构 / 336

六、国内国际双循环与新发展格局 / 345

索 引 / 353

第一章
新时代中国特色社会主义政治经济学研究的根据、原则和方法①

一、中国特色社会主义基本经济制度的伟大实践是新时代中国特色社会主义政治经济学的发展基础：政治经济学以基本经济制度作为研究的客体和根据②

1. 中国建立社会主义经济制度是历史的选择

基本经济制度即生产关系的制度体现,生产关系的确立及其变革取决于生产力的性质和发展要求,一定国家一定历史时期基本经济制度的选择取决于解放和发展生产力的历史要求。

首先,封建经济解体后中国为何没有走向资本主义经济社会？封建社会的主要矛盾是农民阶级和地主阶级之间的斗争,中国从秦朝起直至清朝,经历了大小数百起农民起义③,次数之多、规模之大是世界上任何其他封建文明都不可比的,但由于种种原因,农民起义和农民革命都没有能够真正形成新的制度革

---

① 本部分主要内容参见刘伟:《在马克思主义与中国实践结合中发展中国特色社会主义政治经济学》,《经济研究》,2016 年第 5 期,第 4—13 页。
② 本部分主要内容参见刘伟:《中国特色社会主义基本经济制度是中国共产党领导中国人民的伟大创造》,《中国人民大学学报》,2020 年第 1 期,第 20—26 页。
③ 毛泽东:《中国革命和中国共产党》,《毛泽东选集》(第二卷)。北京:人民出版社 1991 年版,第 301 页。

命。封建的经济制度和政治制度依然保持下来,直到19世纪中叶1840年鸦片战争之后情况才发生了改变,由于外国资本的侵入,中国社会内部开始发生根本性的变化。到明末清初,中国封建社会内的商品生产和交换的发展本来已经孕育了资本主义的萌芽,即使没有外国资本主义的侵入,中国也可能逐渐发展成为资本主义社会,外国资本的侵入在一定程度上加速了这一进程。外国资本的侵入一方面破坏了中国封建社会传统的自给自足的自然经济基础,包括小生产的农业和手工业;另一方面,促进了中国城乡商品经济和市场交换的形成,从而为中国资本主义制度的产生及发展创造了客观条件和历史可能。但外国资本进入中国并非是在平等条件下的市场公平竞争式地进入,而是帝国主义的侵略。帝国主义进入中国破坏了传统的自然经济,但并不是要将封建主义的中国变为资本主义的中国,从而为之培育出一个强大的竞争对手,而是要采取一系列军事、政治、经济和文化的手段压迫中国,使中国资本主义得不到发展,日益沦为半殖民地和殖民地。因此,封建的自然经济基础被破坏了,但地主阶级对农民的封建剥削制度仍然未变,并且同买办资本和高利贷资本相互结合,占据优势;封建集权统治虽然被推翻了,但取而代之的并不是资产阶级的资本主义革命,而是地主阶级与官僚买办垄断资产阶级及帝国主义统治;民族资本主义虽然有了一定发展,但力量软弱,没有成为中国社会的主要经济形式;在封建主义和帝国主义及官僚资产阶级的压迫下,中国社会发展严重受阻,帝国主义和中华民族的矛盾、封建主义与人民大众的矛盾,是近代中国社会的主要矛盾。中国近代革命的主要对象是帝国主义与封建主义,这就决定了无产阶级与资产阶级的矛盾相对居次要地位。中国近代以来的资产阶级有买办性的大资产阶级和民族资产阶级两类,买办性的大资产阶级是从属于帝国主义的,不可能成为中国反封建反帝国主义的革命力量。民族资产阶级则带有两重性,一方面,其受帝国主义压迫和封建主义束缚,因而与帝国主义和封建主义有矛盾,具有革命的一面;但另一方面,其在政治和经济上具有软弱性,不可能具有领导民主革命的能力。因此中国的资本主义萌芽不可能成长为资本主义制度。一是帝国主义不允许,中国资本主义的成长只能在适应帝国主义要求的范围之内;二是社会主要矛盾并非无产阶级与资产阶级的矛盾,矛盾运动的结果也不可能是资本主义生产方式的确立;三是民族资产阶级本身的软弱,根本无以战胜帝国主义和封建主义,不可能承担领导中国人民取得反帝反封建的民族和民主革命的历史使命。近代史以来的中国不可能走上资本主义道路,历史没有给予这种机会。①

处于半殖民地半封建社会的中国要发展,既不可能退回到传统封建帝国,又不可能成长为资本主义社会,怎么办?"十月革命"一声炮响给我们送来了马列主义。中国共产党领导的新民主主义革命把马克思主义基本原理同中国具体革命实践结合起来,以毛泽东同志为代表的第一代领导核心开创了马克思主义与中国实践相结合的先河,特别是开辟了农村包围城市的武装斗争道路,取得了全国政权。正如毛泽东同志所指出的,中国革命的历史进程必须分为两步:第一步是民主主义革命,第二步是社会主义革命,这是性质不同的两个革命过程。而所谓民主主义,既不是旧范畴的民主主义,也不是旧民主主义,而是新范畴的民主主义,是新民主主义。新民主主义革命胜利之后并非长期停留在新民主主义社会,而是以建立社会主义制度首先是社会主义基本经济制度为努力方向。毛泽东同志指出,新民主主义的经济性质特征在于大银行、大工业、大商业归国家所有,私有资本不能操纵国计民生。新民主主义的国有经济具有社会主义的性质,是国民经济的领导力量。但国家并不没收其他资本主义私有财产,并不禁止操纵国计民生范围之外的资本主义经济发展,因为中国经济还很落后。对于农村,没收地主土地分配给无地或少地的农民,扫除农村中的封建关系,把土地变为农民私有财产,但在"耕者有其田"基础上发展起来的各种合作经济,也具有社会主义性质。这种新民主主义经济的性质和特征,决定了其发展方向既不是资本主义经济,也不是退回旧式半封建社会,而只能是社会主义经济。② 这是中国共产党所代表的最广大的中国人民的愿望,是中国社会生产力解放和发展对制度创新的根本要求。但是建立怎样的社会主义基本经济制度?可以借鉴的只能是苏联斯大林模式。摆在中国共产党人面前的实现工业化(现代化)发展的道路只有两条:一条是资本主义生产方式,这在中国不可能;另一条则是苏联社会主义集中计划经济模式。"走俄国的道路,这就是结论"成为唯一的共识,因此新民主主义革命胜利后的中国很快进入了社会主

---

① 中共中央文献研究室、中国延安干部学院编:《延安时期党的重要领导人著作选编》(上)。北京:中央文献出版社 2014 年版,第 78—83 页。

② 毛泽东:《新民主主义论、在延安文艺座谈会上的讲话、关于正确处理人民内部矛盾的问题、在中国共产党全国宣传工作会议上的讲话》(合刊本)。北京:人民出版社 1966 年版,第 17—18 页。

革命和改造时期,到1956年基本完成了基本经济制度上的社会主义改造,建立起了以社会主义公有制为基础的集中计划经济体制,这是历史的选择。从中国社会主义经济制度建立来看,经中华人民共和国成立到1952年三年国民经济恢复,自1953年开始基本经济制度改造,到1956年,国民收入中各种公有制经济的比例从1952年的20.6%上升为93%,其中工业总产值中公有制经济占98.8%,批发与商业零售总额中公有制经济占92.4%,货物周转量中公有制经济占99.3%[①]。

其次,社会主义社会为什么要建立公有制为主体的所有制结构和与之相适应的按劳分配为主体的分配方式?从理论上来说,根据马克思主义哲学、政治经济学和科学社会主义的基本原理,资本主义生产方式的内在制度性矛盾在于生产资料的资本私有制与社会化大生产之间的根本对立,克服这种矛盾、适应生产力发展的历史要求,从根本上来说只有彻底消灭私有制,代之以社会共同占有的制度,相应地在分配制度上否定一切剥削,才能真正适应生产社会化发展的要求,这是公有制取代资本主义私有制最为深刻的制度逻辑[②]。

但是建立怎样的公有制社会?苏联"十月革命"胜利后采取的是"军事共产主义"(1918—1920),采取单一公有制,取消按劳分配和商品货币的市场交换,但并不成功,反而带来了对生产力发展的严重破坏。苏联因而采取了"新经济政策",承认在国有制经济发展的同时允许私营经济发展和外资进入;承认农民利益的独立性,恢复与农民之间的商品市场交换而不再是剥夺;承认市场经济关系而不是取缔。但列宁所提出的"新经济政策"只是被作为摆脱困难的短期应急之举,并未被作为长期制度,成为制度的是后来的"斯大林模式"。这一模式追求的目标是尽快实现工业化(现代化),实现赶超,实现目标的机制是建立集中计划经济机制(而不是竞争性的市场机制),在支持计划经济机制的生产资料所有制上采取国有制对城市工商经济的垄断,在配合城市工商经济国有制垄断地位的农业发展上,采取合作化的集体经济,以将其纳入集中计划经济。相比较而言,不可能在资本主义私有制基础上以资本主义市场竞争机制实现工

---

① 柳随年、吴群敢主编:《中国社会主义经济简史(一九四九——一九八三)》。哈尔滨:黑龙江人民出版社1985年版,第146—147页。

② 《马克思恩格斯选集》(第44卷)。北京:人民出版社2001年版,第707—819页。

业化赶超目标的中国,要实现发展,只能选择这种模式。因此,在中国新民主主义革命取得胜利后(新民主主义革命的主要对象是帝国主义及其代理和封建地主阶级),作为革命胜利的果实,对帝国主义及其在中国的代理买办官僚资产阶级的资产予以没收,并在此基础上形成国有制经济;对封建地主阶级的资产(土地)予以改革并分配给广大农民(土地改革),并在此基础上通过社会主义所有制改造形成农村集体经济。到1956年中国社会主义所有制改造基本完成,在新民主主义革命胜利的基础上,形成了社会主义经济制度,即在农村实行集体所有制(从合作社到人民公社),在城市工商业经济中实行国有制及集体所有制的手工业和商业。与这种公有制基础相适应,在分配方式上采取按劳分配,取消按资产私有制进行分配的制度,具体形式上,城乡分别采取"工资制"和"工分制",在经济运行机制上采取计划经济,生产资料不再是商品。采取这种经济制度的根本目的在于迅速实现赶超,实现工业化目标。这种经济制度一方面与传统的苏联集中计划经济模式有所不同,比如在计划经济体制中的中央与地方关系上,传统苏联集中计划经济模式更强调中央垂直的部门管理(条条管理),而中国计划经济体制则承认中央和地方两方面的权利(条块结合);在城市工商业经济中,苏联集中计划经济模式强调国有制的统一垄断,而中国则在国有企业占据垄断地位的同时,承认大量不同形式的集体所有制企业存在;在进行所有制改造的过程中,对农村经济中的农民小私有的改造,在苏联集中计划经济模式下更具自上而下的行政性,而中国则采取自愿原则;对城市民族资本的改造,在苏联集中计划经济模式下是"没收",在中国则是采取"赎买";等等。特别是在社会主义所有制的改造过程中,中国比较注意适应生产力发展的客观要求,努力保护生产力,防止制度改造进程对生产力造成严重破坏。工农业生产总值从中华人民共和国成立初期1950年的575亿元上升至社会主义所有制改造基本结束的1956年的1 252亿元,6年间翻了一番多。同时,经济结构发生显著变化,工业制造业产值占比从1950年的10%到1956年首次超过农业。[1] 但总的来说,中国社会主义经济制度建立初期在本质上是体现了苏联集中计划经济模式下的计划经济特征的,因而具有其僵化性,同时也在相当大的程度上脱离

---

[1] 柳随年、吴群敢主编:《中国社会主义经济简史(一九四九——一九八三)》。哈尔滨:黑龙江人民出版社1985年版,第148页。

了实际,背离了中国具体历史条件下发展和解放生产力的要求。伴随中国社会经济发展,其不适应性越来越突出。因此,把马克思主义基本原理与中国社会主义革命和建设的具体实践相结合,进一步深入探索中国特色社会主义经济制度,同样是历史发展的要求。

2. 中国特色社会主义基本经济制度建设是长期探索的进程

习近平同志指出:"改革开放40年来,我们党全部理论和实践的主题是坚持和发展中国特色社会主义。"[①]探索这一主题的过程,是把马克思主义基本原理与中国具体实际紧密结合的过程。中国特色社会主义的实践是马克思主义指导下的创造性实践,中国特色社会主义理论是马克思主义中国化的结晶,中国特色社会主义制度是系统的制度和治理体系,党的十九届四中全会《中共中央关于坚持和完善中国特色社会主义制度 推进国家治理体系和治理能力现代化若干重大问题的决定》(以下简称"十九届四中全会《决定》")将其概括为基本制度、根本制度、重要制度。其中基本经济制度具有基础性地位,基本经济制度的创新和改革构成全部制度创新和改革的关键。基本经济制度在理论和实践上的探索充分体现了马克思主义基本原理与中国具体发展实际相结合的鲜明特点。尽管"中国特色社会主义基本经济制度"这一命题的明确概括和系统阐释是改革开放以来的历史创造,但从将马克思主义与中国实际相结合的意义上讲,中华人民共和国成立以来我们就开始了中国特色社会主义基本经济制度的探索。早在1956年2月,我国生产资料所有制社会主义改造即将完成、中国社会主义基本经济制度即将奠定时,毛泽东同志就深刻地提出,不要再硬搬苏联的一切了,应该把马克思主义的基本原理同中国社会主义革命和建设的具体实际结合起来,探索在我们国家里建设社会主义的道路了。[②]毛泽东同志特别强调,相对于夺取政权的革命战争年代,我们走出了把马克思主义与中国实际相结合的"农村包围城市"的中国革命道路(第一次结合),在夺取政权之后的经济建设中,"我们要进行第二次结合,找出在中国怎样

---

① 习近平:《在庆祝改革开放40周年大会上的讲话》。北京:人民出版社2018年版,第24—25页。
② 中央文献研究室编:《毛泽东年谱》(第2卷)。北京:中央文献出版社2013年版,第550页,第557页。

建设社会主义的道路"①。后来毛泽东同志关于针对苏联政治经济学教科书的读书笔记,进一步体现了他在理论上力图把马克思主义基本原理与中国具体实际相结合探索中国社会主义基本经济制度的追求。在实践上,虽然受种种主观条件和客观条件的影响,我国社会主义基本经济制度受苏联传统"斯大林模式"影响很大,总体是建立在社会主义公有制基础上的集中计划经济,但也有许多具有中国特色、适合中国国情的特点。

明确提出"中国特色社会主义"这一命题是改革开放以后的事情。② 改革开放伊始展开的"实践是检验真理的唯一标准"的大讨论,明确解放思想、实事求是的思想路线,明确提出建设"中国特色社会主义"命题,为引领中国的改革开放奠定了马克思主义哲学世界观和方法论的辩证唯物主义基础。③ 接着展开的关于"社会主义初级阶段"的大讨论,明确中国特色社会主义是社会主义初级阶段的历史方位,为确立社会主义初级阶段的党的基本路线提供了马克思主义科学社会主义根据。④ 同时展开的关于"社会主义市场经济"的大讨论,探索社

---

① 中央文献研究室编:《毛泽东年谱》(第2卷)。北京:中央文献出版社2013年版,第550页,第557页。

② 1982年9月在党的第十二次全国代表大会的开幕词中,邓小平同志首先提出"建设有中国特色的社会主义"命题;党的十三大报告明确提出"有中国特色的社会主义是马克思主义基本原理同中国现代化建设相结合的产物,是扎根于当代中国的科学社会主义";党的十四大报告明确了邓小平对建设有中国特色社会主义理论的创立做出了历史性的重大贡献,提出了"邓小平同志建设有中国特色社会主义理论"概念;党的十五大开始使用"邓小平理论"的概念,并将其确立为党的指导思想写入党章;党的十六大首次使用"中国特色社会主义"(不再保留"有"字);党的十七大报告总结改革开放以来取得成绩和进步的根本原因,归结起来就是开辟了中国特色社会主义道路,形成了中国特色社会主义理论体系(包括邓小平理论、"三个代表"重要思想和科学发展观);2011年7月,在纪念中国共产党成立90周年大会上,胡锦涛同志把"中国特色社会主义"概括为中国特色社会主义道路、中国特色社会主义理论体系、中国特色社会主义制度三方面内容;党的十八大报告则进一步阐释了三方面的特征和相互关系,提出"道路"是实现途径,"理论体系"是行动指南,"制度"是根本保障,三者统一于中国特色社会主义伟大实践(参见余翔、陈金龙:《中国特色社会主义:概念演变与内涵升华》,《光明日报》,2013年1月16日,第11版)。

③ 1978年5月10日,党的十一届三中全会召开之前,中共中央党校内部理论刊物《理论动态》发表《实践是检验真理的唯一标准》(胡福明投稿《光明日报》文章,经《理论动态》和《光明日报》编辑讨论和修改后发表)。随后在《光明日报》上以"特约评论员"名义公开发表并由各大报刊转载,引发了著名的真理标准的大讨论(参见沈宝祥:《真理标准问题讨论始末》。北京:中共中央党校出版社2015年版,第1—98页)。

④ "社会主义初级阶段"范畴见诸于党的文件是1981年中共中央《关于建国以来党的若干历史问题的决议》,党的十二大报告予以特别强调,十三大报告则对社会主义初级阶段的历史客观性、特点和任务做出了系统阐释。

会主义制度与市场经济有机结合,明确中国特色社会主义基本经济制度改革的目标导向,为经济改革历史进程提供了马克思主义政治经济学的指引。① 正是在这种把马克思主义哲学、科学社会主义、政治经济学基本原理全面运用于中国具体实践的过程中,1984年10月党的十二届三中全会做出了《中共中央关于经济体制改革的决定》,邓小平同志敏锐地指出,这是马克思主义基本原理和中国社会主义实践相结合的政治经济学,写出了一个政治经济学的初稿。② 邓小平同志在1992年春的南方谈话中预计再过30年左右的时间,我们能够形成较为成熟、较为定型的中国特色社会主义制度;1992年秋党的十四大提出社会主义市场经济的改革目标,进一步明确了需要30年左右的改革时间表。

党的十八大以来,特别是党的十九大以来,中国特色社会主义实践进入新时代。中国特色社会主义理论发展形成了习近平新时代中国特色社会主义思想,成为马克思主义中国化的最新成果,以及21世纪马克思主义的经典体现。就中国特色社会主义基本经济制度而言,在理论探索上,从最初的"政治经济学的初稿"到形成了系统化的中国特色社会主义政治经济学说。正如习近平同志所强调的,要不断完善中国特色社会主义政治经济学理论体系,推进充分体现中国特色、中国风格、中国气派的经济学科建设。同时习近平同志系统阐释了中国特色社会主义政治经济学需要坚持的方法、原则和需要研究的基本命题,为形成中国特色社会主义政治经济学的"系统化学说"奠定了科学基础。③ 在

---

① 关于社会主义制度与市场经济的争论由来已久,传统的观点认为两者是根本对立的。早在20世纪50年代,陈云同志率先提出在社会主义经济中可以运用市场,到1979年3月,陈云同志提出社会主义经济必须有计划经济和市场经济两部分,计划经济部分是主要的,市场经济部分是次要的,但是是必需的。陈云同志提出计划经济为主、市场调节为辅,并且以著名的"鸟笼"论比喻计划与市场的关系。邓小平同志强调社会主义可以搞市场经济,1979年11月,邓小平同志在接见外宾谈话时指出"社会主义为什么不可以搞市场经济,这个不能说是资本主义,我们是计划经济为主,也结合市场经济,但这是社会主义的市场经济",打破了长期把社会主义与市场经济对立起来的传统。在1992年南方谈话中,邓小平同志又特别指出计划经济不等于社会主义,资本主义也有计划;市场经济不等于资本主义,社会主义也有市场,计划和市场都是手段。党的十四大明确提出社会主义市场经济范畴,党的十九届四中全会《决定》则进一步把社会主义市场经济作为中国特色社会主义基本经济制度的有机组成(参见孔昕:《重大历史关头的邓小平和陈云》,人民网-中国共产党新闻网,2015年6月18日。又见李正华:《邓小平、陈云的改革思想比较》,《安徽史学》,2011年第4期,第58—64页)。
② 《邓小平文选》(第三卷)。北京:人民出版社1993年版,第83页,第91页。
③ 中央文献研究室编:《十八大以来重要文献选编》(下册)。北京:中央文献出版社2018年版,第6—8页。

改革实践中,2013年党的十八届三中全会做出全面深化改革的决定,特别强调全面深化改革的目标在于坚持和完善中国特色社会主义制度,实现国家治理体系和治理能力的现代化,明确提出到2020年实现全面小康发展目标的同时,使包括基本经济制度在内的各方面中国特色社会主义制度及治理体系更加成熟、更加定型。到2019年党的十九届四中全会《决定》,进一步明确了总体目标,指出到我们党成立100年时,在各方面制度更加成熟、更加定型上取得明显成效;到2035年,各方面制度更加完善,基本实现国家治理体系和治理能力现代化;到中华人民共和国成立100周年时,全面实现国家治理体系和治理能力现代化,使中国特色社会主义制度更加巩固,优越性充分展现。为实现这一目标,十九届四中全会《决定》提出13个方面的"坚持和完善",明确了新时代坚持和完善中国特色社会主义制度和国家治理体系的历史任务,其中包括坚持和完善社会主义基本经济制度,推动经济高质量发展。这一总体目标的明确和历史任务的提出,既是对中华人民共和国成立以来特别是改革开放以来中国特色社会主义探索的历史回应和深刻总结,更是对新时代中国特色社会主义发展的庄严宣誓和战略部署。

3. 中国特色社会主义基本经济制度的内涵

基本经济制度在中国特色社会主义制度和治理体系中具有重要的基础性地位。从辩证唯物史观出发,生产力与生产关系的矛盾运动构成社会发展的基本矛盾,一切社会制度的演变,包括上层建筑和意识形态等,从根本上来说都要服从社会基本矛盾运动的要求,而基本经济制度正是社会生产关系的总和,是生产关系本质及特征系统的制度体现。因此基本经济制度作为社会经济基础,对于上层建筑具有决定性作用,同时其巩固和完善也离不开上层建筑方面的支持、保护等反作用。中国特色社会主义基本经济制度为政治、民主、法治、文化等制度创造经济基础并提出要求,同时中国特色社会主义的政治、民主、法治、文化等方面的制度建设对基本经济制度的巩固和完善又起着不可或缺的推动保障作用。基本经济制度的现代化离不开民主和法治,市场经济本身就是法治经济,以中国特色社会主义基本经济制度为基础的法治应当是建立在更为深刻的人民当家做主的根本政治制度基础上的更为公正的法治;离不开以先进文化构筑社会追求现代化发展的共同思想基础,市场经济本身就是信用经济,建立在中国特色社会主义基本经济制度基础上的市场经济道德,应当是建立在更为先进的文化基础上的"诚信";离不开国家治理体系上的政治能力的现代化,社会发展的现代化所要求的基本经济制度现代化,以及与基本经济制度现代化相适应的经济机制上的市场化,民主基础上的法治化,道德秩序上的信用化,必然面临既得利益的特权力量及传统道德秩序的极力阻挠。只有最大限度地调动一切进步力量,充分凝聚社会发展共识,才可能战胜现代化发展面临的阻力。这就要求实现现代化的历史进程中必须形成坚强的政治领导核心和适应现代化发展要求的政治能力。中国近代以来之所以难以形成发展的合力,关键便在于缺乏这种政治上的核心和能力。当代许多发展中国家之所以陷入"中等收入陷阱"或长期难以摆脱"贫困陷阱",在制度创新上的重要原因在于其难以满足现代化对市场化、民主化、法治化和思想文化现代化的要求。而之所以如此,根本原因便在于缺乏富有牺牲精神,真正能够代表社会进步要求、代表广大人民利益的政治核心和能力。中国特色社会主义最为突出的特点和优势在于具有中国共产党领导这一根本制度。十九届四中全会《决定》特别强调,坚持和完善中国特色社会主义制度,推进国家治理体系和治理能力现代化,是全党的一项重大战略任务。只有在中国共产党领导下,中国人民才能够坚持和完善中国特色社会主义基本经济制度,并在这一基本经济制度基础上推进政治制度等根本制度和民主法治等重要制度的现代化,进而以制度和国家治理体系及能力的现代化丰富现代化的内涵,同时支持社会经济发展等方面现代化目标的实现。

十九届四中全会《决定》把中国特色社会主义基本经济制度的内涵概括为三个基本方面:生产资料所有制,即所有制结构和实现形式等;收入分配制度,即与生产资料所有制性质和结构相适应的分配方式;资源配置机制,即经济运行方式和调控机制。从上述三个方面看,中国特色社会主义基本经济制度的特征和优势在于:公有制为主体、多种所有制经济共同发展,按劳分配为主体、多种分配方式并存,社会主义市场经济体制等社会主义基本经济制度,既体现了社会主义制度优越性,又同我国社会主义初级阶段生产力发展水平相适应。基本经济制度的上述三方面内涵是相互联系的有机整体,其中生产资料所有制是最为重要、具有决定性作用的基础。正是中国特色社会主义公有制为主体、多种所有制经济共同发展的所有制关系规定并决定了其他方面的经济制度的本质特征。按劳分配为主体、多种分配方式并存的收入分配制度是受所有制本质和结构所规定的,在相当大程度上是所有制关系在利益分配上的实现方式。正是由于这种所有制关系和分配关系的本质及特征规定并要求资源配置方式上必须坚持和巩固社会主义市场经济体制,同时为在经济运行机制和调控方式上把社会主义制度和市场经济有机结合起来创造了制度可能,使充分发挥市场在资源配置中的决定性作用、更好地发挥政府作用具有更为坚实的制度条件。把中国特色社会主义基本经济制度概括为所有制、分配制度和资源配置机制三个方面的有机统一,是对基本经济制度的认识深化,相对于以往长期把基本经济制度归结为所有制,而把分配制度和社会主义市场经济作为建立在所有制这一基本经济制度基础之上但不同于基本经济制度的认识来说是一重大突破。①

4. 中国特色社会主义基本经济制度的特征

中国特色社会主义基本经济制度是适应中国社会生产力发展要求,扎根中国大地,由中国的历史文化、发展水平和基本国情决定的,根本目的是更充分地解放和发展中国社会生产力。因此,一方面,中国特色社会主义基本经济制度的建设是对传统僵化的"苏联集中计划经济模式"的深刻变革,是对经典的马克思主义关于未来社会经济制度设想的突破,不是在所有制结构上追求单一的公有制,不是在公有制实现形式上追求"一大二公",而是以公有制为主体、多种公有制实现形式和多种所有制经济共同发展,以适应中国社会生产力的多层次多元性不均衡发展要求。相应地,在分配方式上不是否定按劳分配中的差距,而是坚持按劳分配原则、多种分配方式并存,以激励多方面要素的效率,与这种所有制和分配制度相适应,不再把社会主义制度与市场经济机制对立起来,而是作为有机统一整体。在资源配置上发挥市场机制的决定性作用,同时更好地发挥政府作用。因而,中国特色社会主义基本经济制度根本不同于传统的集中计划经济制度。另一方面,中国特色社会主义基本经济制度根本不同于资本主义经济制度,其基础和主体不是建立在资本私有制基础上的剩余价值生产,不是资本雇佣劳动的剥削制度。其形成过程也不是遵照西方资产阶级主流经济学

---

① 江泽民:《高举邓小平理论伟大旗帜,把建设中国特色社会主义事业全面推向21世纪》,人民网,中国共产党历次全国代表大会数据库,http://cpc.people.com.cn/GB/64162/64168/64568/65445/4526287/.html,2018年10月19日。

所设计的"华盛顿共识",即在资本主义私有化基础上的市场化和自由化,而是强调公有制为主体及相应的按劳分配为主体,强调社会主义制度与市场经济的有机结合,打破了西方资产阶级主流经济学把公有制与市场对立起来的传统。因此,就制度特征而言,中国特色社会主义基本经济制度既不同于传统僵化的计划经济体制,更区别于当代西方资本主义市场经济。正如党的十九届四中全会《决定》所概括的,中国特色社会主义基本经济制度既体现了社会主义制度的优越性,又同我国社会主义初级阶段社会生产力发展水平相适应,是党和人民的伟大创造。

中国特色社会主义基本经济制度最为根本的显著优势在于解放和发展中国社会生产力。马克思主义经典作家创立了辩证唯物主义和历史唯物主义的世界观与方法论,并将其运用于政治经济学的关于社会生产方式矛盾运动的分析,"揭示了生产力决定生产关系,经济基础决定上层建筑,生产力和生产关系、经济基础和上层建筑的矛盾运动推动社会形态依次更替的人类社会发展规律;揭示了资本主义生产社会化与生产资料私人所有之间的矛盾;揭示了资本主义必然灭亡和共产主义必然胜利的历史规律"[①]。中国特色社会主义的伟大实践表明,中国特色社会主义基本经济制度具有解放和发展中国社会生产力的显著优势:一是在中国特色社会主义基本经济制度的建设和完善过程中,中国社会经济创造了发展奇迹,GDP 总量、人均 GDP 水平等经济增长指标持续高速提升,从 1950 年的 600 多亿元上升至 2018 年的近 92 万亿元,从占世界 GDP 比重 1.8%(1978 年)上升至 16%以上(2018 年),人均 GDP 水平从不足 100 美元上升至 9 000 多美元[②]。二是经济质态结构发生了深刻的改变。在农业劳动生产率不断提升、工业化不断深入、现代化高速发展的基础上,经济结构包括产业结构、城乡结构等发生了深刻的变化。农业劳动力就业比重从 1950 年的近 80%降至 2018 年的 26%左右,工业制造业从一张白纸发展至世界上唯一拥有联合国划分的 44 个大类、666 个小类完整齐全的经济体系。三是广大人民群众生活水平显著提高,恩格尔系数从中华人民共和国成立初期 60%以上的高度贫困状

---

① 习近平:《学习马克思主义基本理论是共产党人的必修课》,《求是》,2019 年第 22 期,第 5—6 页。
② 柳随年、吴群敢主编:《中华人民共和国经济史简明教程》。北京:高等教育出版社 1988 年版,第 368 页。

态提升至30%以下的"富足"状态(根据联合国划分标准),特别是改革开放四十多年来,贫困发生率下降了94.4个百分点,创造了当代发展中国家克服贫困的奇迹。四是经济增长具有稳定性,特别是以社会主义市场经济为方向的改革,推动经济体制在缩小经济增长的波动性上,在提升经济制度机制抗风险能力上具有明显进展。改革开放四十多年来持续高速增长同时波动幅度不显著的事实;20世纪末亚洲金融危机及进入21世纪发生的世界金融危机过程中,中国经济持续保持稳健强劲增长的事实,都证明了这一体制优势。五是具有适应时代发展要求,根据社会主要矛盾的变化不断适应和把握新机遇、应对新挑战的能力,特别是经济发展进入新常态以来,我们党提出并深入实践"五位一体"新的总体布局,为适应这种总体布局新目标的要求提出根本转变发展方式,从以往主要依靠要素投入量扩大带动经济增长转变为主要依靠要素效率和全要素生产率提高带动经济增长,从高速度增长转变为高质量发展。要转变发展方式必须首先树立新的发展理念,理念具有引领性,所以党的十八大以来提出五大新发展理念,理念要转化为实践需要落实机制,进而党的十九大提出建设现代化经济体系(七大体系)以作为贯彻新理念的途径和方式,建设现代化经济体系需要以深化供给侧结构性改革为主线推进各方面战略举措,推进深化供给侧结构性改革深入又要求贯彻"稳中求进"总基调,稳中求进则要求在宏观经济增长均衡稳健的同时,全面深化制度创新,相应地我们党提出"四个全面"战略布局。党的十九届四中全会又把这种制度创新概括为中国特色社会主义制度在13个方面的坚持和巩固。这一新发展理念的实践逻辑正是以中国特色社会主义制度,特别是基本经济制度的坚持和巩固为基础的,同时这种不断适应生产力解放和发展历史要求的制度创新力也正是中国特色社会主义基本经济制度的巨大优势所在。

二、 新时代中国特色社会主义政治经济学研究中国特色社会主义基本经济制度的运动和发展规律及特征:研究对象、使命和方法

中华人民共和国成立以来,特别是经过四十多年的改革发展历史实践,马克思主义与中国实践相结合基础上的中国特色社会主义政治经济学获得了前

所未有的发展。同时,进入新时代的中国特色社会主义事业,特别是经济发展对中国特色社会主义政治经济学提出了更为深刻的历史性发展要求。顺应这种伟大历史实践的要求,党的十八大以来,特别是党的十九大以来,以习近平总书记为核心的党中央特别强调坚持运用和发展马克思主义政治经济学,强调以此来总结和指导中国特色社会主义改革发展的实践。习近平同志指出,要学好用好政治经济学以自觉认识和更好地遵循经济发展规律,提高领导改革开放与社会发展的能力和水平[1];强调立足我国国情和发展实践,以问题为导向,总结我国经济发展实践的规律性成果,开拓当代马克思主义政治经济学新境界,形成系统化的经济学说;强调指出中国特色社会主义政治经济学必须坚持解放和发展生产力的基本原则,必须坚持社会主义市场经济的改革方向,必须坚持调动各方面的积极性,必须坚持防止陷入"中等收入陷阱",从而在马克思主义政治经济学科学发展史上创造性地提出了中国特色社会主义政治经济学学科范畴,阐释了在中国特色社会主义政治经济学的历史观和方法论上需要坚持的基本原则,凝练了中国特色社会主义政治经济学的核心命题、重要任务和根本目标,概括了新时代中国特色社会主义政治经济学的基本逻辑体系和基本特征[2];习近平同志指出"坚持和发展中国特色社会主义政治经济学,要以马克思主义政治经济学为指导,总结和提炼我国改革开放和社会主义现代化建设的伟大实践经验,同时借鉴西方经济学的有益成分。中国特色社会主义政治经济学只能在实践中丰富和发展,又要经受实践的检验,进而指导实践。要加强研究和探索,加强对规律性认识的总结,不断完善中国特色社会主义政治经济学理论体系,推进充分体现中国特色、中国风格、中国气派的经济学科建设"[3]。

从"政治经济学初稿"到"中国特色社会主义政治经济学",既是中国特色社会主义改革发展伟大历史实践的理论反映,更是中国特色社会主义事业持续深入实践的创造性发展要求,特别是党的十九大明确中国特色社会主义进入新时代,习近平新时代中国特色社会主义思想源于中国特色社会主义伟大实践,同时为发展中国特色社会主义政治经济学提供了当代中国马克思主义的理论指导。

---

[1] 习近平:《在经济形势专家座谈会上的讲话》,《人民日报》,2016年7月9日,第1版。
[2] 习近平:《在中央经济工作会议上的讲话》,《人民日报》,2015年11月25日,第1版。
[3] 习近平:《在经济形势专家座谈会上的讲话》,《人民日报》,2016年7月9日,第1版。

1. 政治经济学的考察对象和方法应当作为一个统一体

政治经济学是研究社会生产方式历史运动规律的科学，"经济"的古希腊词源是指家庭管理，如色诺芬的《经济论》。"政治经济学"出现在17世纪初，源于古希腊文中的"Πόλη"（polis，城邦国家与政治意义）与"经济学"（οικονομια）组成的复合词，首次使用这一范畴的是法国重商主义学者安·德·蒙克莱田在1615年出版的《献给国王和王太后的政治经济学》，把"经济"从家庭管理上升为国家治理，并使之成为古典经济学的主题。马克思的政治经济学是根据辩证唯物史观，考察社会发展历史进程中的生产力与生产关系矛盾运动的规律。正如马克思在《资本论》序言中所说，"我要在本书研究的，是资本主义生产方式以及和它相适应的生产关系和交换关系"①。生产方式是生产的社会方式和自然方式的统一，前者体现的是在生产活动中人与人的社会关系，后者体现的是生产活动中人与自然之间的关系，两者之间既有区别又有联系，生产的自然形式是生产的社会形式的具体物质承担，社会形式则体现生产的社会历史本质，不能机械地将两者混同或割裂开来②。政治经济学的研究应当以社会生产力的发展为前提，即以生产劳动中人与自然的相互能动物质交换过程为基础，在生产关系与生产力的矛盾运动中，即在生产活动中人与人的社会关系，以及人与自然的关系的统一中，揭示生产关系的运动规律，最终目的是适应解放和发展生产力的历史要求。正如马克思在《〈政治经济学批判〉导言》中所明确的，"面前的对象首先是物质生产关系"③，这里所说的"物质生产"并不是一般意义上的"物质资料生产"，这里的"物质"是指哲学意义上的相对于"精神"的客观存在，"物质生产"指的是人类与客观世界之间的能动的交换，这种物质交换的方式即为"生产方式"，包括人与人的社会方式和人与自然的自然方式。

因而，考察政治经济学的研究对象，必须与考察政治经济学的研究方法统

---

① 《马克思恩格斯选集》（第2卷）。北京：人民出版社1995年版，第206页。
② 关于马克思所说的《资本论》研究对象问题，始终存在理解上和翻译上的争论。传统的观点大多认为《资本论》研究的是"资本主义生产方式"，本质上是研究生产关系历史运动，不包含生产力；也有人坚持认为"生产方式"应是生产关系与生产力的统一；也有人从对马克思手稿的重新考察中，得出政治经济学研究对象应包括人与人的关系和人与自然的关系的结论（参见郭冠清、王立胜、裴长洪主编：《中国特色社会主义政治经济学探索》。北京：中国社会科学出版社2016年版，第124—135页）。
③ 《马克思恩格斯选集》（第2卷）。北京：人民出版社1995年版，第86页。

一起来,不能把生产力与生产关系割裂开,不能把生产的社会形式与自然形式割裂开,不能把生产过程人与人的社会关系与人与自然的相互作用关系割裂开,不能把作为经济基础的分析与上层建筑的考察割裂开,而应在生产力与生产关系的辩证统一中,在人与自然同人与人的社会关系的辩证统一中,在经济基础与上层建筑的辩证统一中展开政治经济学的分析。恩格斯曾指出,马克思有两个伟大的发现,一是辩证唯物史观——人类历史的发展规律,二是剩余价值理论——资本主义生产方式的运动规律。① 前者主要指马克思的哲学研究的发现,后者则指其政治经济学的研究成果,而这两者又是紧密联系的,辩证唯物史观既是马克思的历史价值观,又是其分析的基本方法,将其运用到社会生产方式的分析中来便形成其政治经济学说,而其政治经济学说又是其历史观最充分的证明。正是在这个意义上,列宁把马克思的政治经济学称作马克思主义理论的运用,"使马克思的理论得到最深刻、最全面、最详尽的证明和运用的是他的经济学说"②。而恩格斯不仅多次强调辩证唯物史观是马克思主义政治经济学的基本方法,进而指出"政治经济学在本质上是一门历史的科学"(《反杜林论》),而且指出马克思的政治经济学是无产阶级历史观和政治主张的全部理论阐释基础。③

把这种研究对象和研究方法作为统一体加以考察,马克思主义政治经济学所要研究的命题及所要达到的目的便可以概括为:从生产力与生产关系矛盾运动出发,揭示一定生产力对生产关系及其变革的历史要求,阐释适应社会生产力发展要求的社会生产关系运动规律,目的在于不断解放和发展生产力。

2. 政治经济学需要回答的两方面基本问题

政治经济学在生产力与生产关系的矛盾运动中考察生产方式运动的规律,从根本上来说,需要回答两方面的基本问题,一是为什么需要建立特定历史的社会生产方式,即为何需要某种社会生产、分配、交换、消费的经济制度。二是怎样运用特定的历史的社会生产方式来推动生产力的发展,即怎样实现代表特

---

① 《马克思恩格斯选集》(第2卷)。北京:人民出版社1995年版,第776页。
② 《列宁选集》(第2卷)。北京:人民出版社1995年版,第428页。
③ 《马克思恩格斯选集》(第2卷)。北京:人民出版社1995年版,第37页。

定社会生产方式的阶级的经济利益最大化。因而,政治经济学本质上是历史的科学,因为社会生产方式的产生和运动是历史的;政治经济学根本上是具有阶级属性的,因为实现利益最大化是有阶级归属的。

古典经济学自产生起实际上就是"政治经济学",研究财富的性质及其生产和分配的规律,特别是研究与生产和分配相关的制度、社会、道德乃至人性等因素,如詹姆斯·穆勒的《政治经济学原理》、大卫·李嘉图的《政治经济学及赋税原理》、亚当·斯密的《国民财富的性质和原因的研究》等,直到1890年阿尔弗雷德·马歇尔的《经济学原理》出版,标志着对资产阶级政治经济学各种观点进行的又一次系统整合之后(思想史上,一般认为在马歇尔之前的约翰·穆勒进行了第一次系统整合,马歇尔为第二次系统整合),"政治经济学"才被"经济学"所取代,而这种取代本身又有着深刻的历史原因,恰是这种历史原因深刻证明着政治经济学的历史性和阶级性。

以斯密为代表的英国古典经济学,就是自由竞争时代的资产阶级政治经济学,生产和分配的性质是其研究核心,价值理论与相应的收入理论构成其基本内容,特别是古典的劳动价值论成为资本主义第一次产业革命前后一百多年中的主流价值理论。之所以价值理论和相应的收入分配理论成为古典经济学理论体系的核心命题,根本原因出于论证资本主义生产方式公正、合理性的需要,进而论证资本主义生产方式取代封建社会生产方式的历史必然,因为它在经济生活中贯彻等价交换原则,所以资本主义生产方式是"公正"的,进而需要在经济理论上进一步充分论证这种公正存在的基础和条件,而这种论证恰好是价值理论要处理的核心命题。英国古典经济学之所以承认劳动是价值的源泉,提出劳动价值论,一方面是出于对产业革命进步性的历史呼应,另一方面是承认无产阶级存在的意义,以满足联合其对抗资本主义生产方式的首要反对者——封建地主阶级的历史需要。斯密之所以在劳动价值论之外又提出"收入决定论",肯定要素包括劳动、自然、资本等均是收入的决定因素,因而也是价值的源泉,目的就是为资本的正当性保留理论根据,以避免彻底的劳动价值论包含的资本与劳动的对立及资本对劳动创造价值的无偿占有的矛盾;李嘉图"一元劳动价值论"之所以被后来的正统经济学否定,根本原因也正在于此。后来西方主流劳动价值论逐渐由客观效用价值论和主观效用价值论所取代,根本也是出于为资本主义生产方式的合理性、必然性辩护。直到19世纪末,马歇尔的新古典经济学提出新古典综合价值论,其实际上是"均衡价格论"。至此,西方主流经济学讨论的主题由均衡价格论替代了价值论,论证的核心命题由为什么要由资本主义生产方式替代封建主义生产方式,即由论证资本主义生产方式的优越性、合理性、公正性、必然性,转而论证怎样运用资本主义生产方式,即论证如何运用资本主义生产方式使资本获得最大的利益,进而发现均衡价格的位置成为核心命题,求解极值成为经济学的基本内容。[1]

马克思的政治经济学是站在无产阶级立场上对资产阶级古典政治经济学批判地继承和发展基础上而形成的,其基本内容是以科学的劳动价值论为基础,展开剩余价值学说的分析,深刻剖析了资本主义生产方式的内在矛盾,并根据这种内在矛盾运动的逻辑,揭示了生产力与生产关系矛盾运动的历史逻辑,指出了以社会共同占有制度为基础的新社会对资本私有制替代的历史必然和科学道路。显然,这是马克思主义哲学、科学社会主义和政治经济学分析的统一。马克思揭示了公有制(社会共同所有制)生产方式取代资本主义生产方式的历史必然,但马克思并未也不可能深入探讨如何建设和运用新型生产方式,以实现无产阶级所代表的全社会的利益最大化,这需要社会主义实践探索。

3. 政治经济学的研究有其方法上的特殊性

政治经济学研究方法上的特殊性主要体现在对以下四个问题的回答中:

第一个问题是政治经济学是重科学主义还是重人文精神。政治经济学具有相当强的经验性,进而也强调在经验实证分析基础上的科学主义,通过基于经验的命题(假设)的证实或证伪,印证经济学本身的科学性质。强调经济学(包括政治经济学)是科学应当说是正确的。在我国,人们对经济规律是否存在、是否具有客观性等最为基本的问题都曾存在疑惑,直到现在人们对于政治经济学是否首先是,或应当首先是科学仍有争议。可以说,我国普遍承认并尊重政治经济学的科学性,经过了较长的历史过程,并为此付出了高昂的代价。所以说,承认政治经济学是科学,是研究政治经济学的重要前提,但又不同于一般的科学(自然科学),政治经济学是关于人们社会经济关系运动的学说,因而其根本使命就不仅限于自然科学意义上的"发现",而是要在"发现"规律的基

---

[1] 刘伟:《今天为何需要政治经济学》,《政治经济学评论》,2015年第1期,第8—11页。

础上进一步提出具有人类社会历史价值取向的质疑和批判。并且,即使是作为科学意义上的"发现"(即认识和阐释客观经济规律),政治经济学所考察的是由人连接而成的"社会",作为一种社会科学,要能够真正深入客观地认识社会,认识"人",总还是需要特别强调人文精神的。对于研究政治经济学的学者来说,他们更不应当缺失人文关怀,而支撑这种学术人文精神及学者人文关怀的,只能是一定的价值取向(世界观)。当一门学科尤其是社会科学,其中的人文关怀和人文精神越来越"淡漠"的时候,实际上也就是这一学科越来越"虚伪"的时候,所谓人文精神的"淡漠"不过是一种"虚伪"的掩饰,在其"淡漠"的表象下一定有其不想或不敢昭示的价值判断和历史取向,这种掩饰也意味着社会发展逐渐"折旧"了这一学科。真正的科学应当是科学精神和人文精神的统一,真正科学的决策应当是科学根据和人文根据的协调。当社会出现将政治经济学的科学性与人文性分割开来的时候,开始将经济学的实证经验性与历史社会性对立起来的时候,强调二者的统一和协调,就更加有意义——虽然也更加困难。

第二个问题是政治经济学是重内容的思想性还是重形式的完美性(尤其是数学意义上的完美)。按道理,表达形式与思想内容应当是统一的,统一的前提在于形式服从于内容的需要。表达方式的完美,特别是数学分析上的充分和简约,是为了使思想内容阐释更为科学和严谨,同时,也只有真正具有科学性的思想,也才可能通过简约的数学形式得以完美地呈现(大道至简)。① 这就不能不涉及两方面的问题,一方面,一定的学术问题或学说始终建立不起属于自身的简洁明快同时又具说服力的话语体系,在很大程度上表明这一学说本身的思想内容的科学性和准确性存在局限,甚至存在自相矛盾之处,因此表达阐释方式上的冗繁和话语体系上的不清晰,在一定程度上表明思想内容上的不成熟和不自信,所以中国特色社会主义政治经济学不仅需要自身生长发展的历史基础,即中国特色社会主义经济改革发展的伟大实践,不仅需要总结实践经验而形成

---

① 从古希腊的"科学"思想家直到当代的科学巨匠(如爱因斯坦),都认为真正的"科学"一定能够通过数学漂亮而又简约地得以表达。古希腊人感觉到世界的运行规则可以用数学来精确地表述,因而数学是科学的中心。17世纪的科学革命推翻了古希腊人的宇宙观,但运用的仍是古希腊人的数学方法,牛顿用简明的数学公式求出了地球与太阳间的引力。后来的爱因斯坦的学说同样可以通过简明的数学公式表达出来(参见〔澳〕约翰·赫斯特著,席玉苹译:《你一定爱读的极简欧洲史》。桂林:广西师范大学出版社2011年版,第11—15页)。

其深邃的思想和理论体系,而且需要自身的话语体系,用西方资产阶级政治经济学的话语体系是不可能准确科学地表达中国特色社会主义政治经济学的思想内涵的。之所以出现在话语体系上系统性地而不是批判性地运用西方经济学说的现象,更重要的可能在于中国特色社会主义政治经济学理论本身的不成熟。另一方面,一定的话语体系可以提升学术思想的准确性及深刻性,对于经济学来说,完美的数学表达方式可以提高思想的精确性和结构的逻辑性。因而人们常说,一个学科的成熟程度在相当大的程度上取决于数学在其中的应用程度。但进一步的问题在于,一个学科的死亡程度同样在相当大的意义上也取决于数学在其中的应用程度。也就是说,如果过于强调表达形式和修辞方式的完美,特别是一个学科本身的特殊批判性及思想性越来越淡漠、苍白,进而越来越仰仗于话语体系的外在显示或数学表达上的形式严谨,那么这一学科本身存在的价值也就不大了。在西方经济思想史上,之所以自1871年"边际革命"后,数学的边际分析成为西方正统经济学的基本方法,重要的原因首先在于其经济学的使命发生了重要转变,其基本使命不再是自由竞争时代的论述——为什么需要以资本主义生产方式替代封建主义生产方式,而是论证如何运用资本主义生产方式以实现资本的收益最大化。因而,一般均衡分析及发现资源配置的均衡状态成为经济分析的基本任务,相应地,数学的边际分析成为重要分析工具,数学的分析成为西方主流经济学的突出特色。问题在于,思想的深刻性和科学性,与表达方式的完美性和简约性应当是统一的,而思想的多样性和理论的鲜明性又要求话语体系与表达方式的特殊性及多样性。中国特色社会主义政治经济学的构建不能割裂这种内容的思想性与话语体系上的同一性,包括中国特色社会主义政治经济学的基本概念、基本范畴、修辞方式、数学方法等整个话语体系,与中国特色社会主义政治经济学的基本内涵、基本观念、政策倾向、逻辑结构间如何统一,是我们面临的中国特色社会主义政治经济学需要处理的重要问题。

第三个问题是政治经济学是重其历史价值观的阶级性还是重其解析能力的逻辑性。一方面,政治经济学作为社会科学,是历史的科学,其阶级性及相应的意识形态的社会属性是客观存在的,任何学者和学派都不可避免地受阶级历史价值取向规定,否定这种历史规定便是否定政治经济学的根本性质。但另一方面,一切经济科学都需要具有科学的解释能力和逻辑的说服力。真正科学的经济理论必定是阶级的历史价值取向与逻辑分析能力严谨性的统一。所以政治经济学才既是科学的又是历史的,本质上社会科学均是历史的科学,缺少了鲜明的阶级意识形态上的历史价值观,经济学作为社会科学便失去了其社会性,缺乏分析问题、解释问题的逻辑分析能力,便失去了其科学性。如何使这种社会性与科学性有机地统一起来,是中国特色社会主义政治经济学面临的重要问题,特别是当人们开始将政治经济学的阶级自觉与科学逻辑性分割开来的时候,强调这种统一尤其重要。[①]

第四个也是最为根本的问题是,如何对待和处理中国经济问题的研究与马克思主义经济理论和西方资产阶级经济学说间的关系(即所谓经济学研究上的中、西、马三者的关系)。简单照搬任何一种理论体系都解决不了中国的问题,必须从中国经济发展的具体实践出发,深入分析中国社会经济发展的历史条件和具体特点。在这一过程中,需要以马克思主义作为指导,但不能采取僵化的态度,而应使之中国化,开辟中国当代马克思主义新境界,对待马克思主义需要通过中国实践在继承中发展;同样,也不能采取封闭的态度对待当代西方资产阶级经济学,科学毕竟是开放的,是在借鉴一切相关科学文明成果的基础上发展起来的,对待西方经济理论也需要通过中国实践在批判中吸收。最为根本的目的都是切实有效地解决中国特色社会主义经济问题,否则会在理论上自卑而不自信,或者自负而不自觉。

三、 坚持马克思主义历史唯物主义和辩证唯物主义的历史观和方法论:中国特色社会主义政治经济学分析的价值立场和基本逻辑

1. 坚持解放和发展生产力原则是马克思历史唯物主义和辩证唯物主义的基本方法与历史观的要求,是中国特色社会主义政治经济学必须贯彻的基本方法和原则

新时代中国特色社会主义政治经济学的价值立场在于坚持马克思主义的辩证唯物史观。[②] 马克思主义基本理论包括马克思主义哲学、科学社会主义、政

---

① 刘伟:《经济学教学和科研若干问题的探讨》,《光明日报》,2005 年 10 月 11 日,第 6 版。
② 刘伟:《坚持马克思主义唯物史观——论改革开放的价值立场》,《旗帜》,2019 年创刊号,第 23—24 页。

治经济学①,但基础的东西是马克思主义哲学②,因为马克思主义理论的科学性和革命性源于辩证唯物主义与历史唯物主义的科学世界观和方法论③。之所以说中国特色社会主义基本经济制度是马克思主义基本原理同中国具体实践的紧密结合,首先就在于这一基本经济制度扎根中国大地,以马克思主义辩证唯物史观作为价值立场。这种价值立场集中体现在以下几方面:一是始终坚持"实践是检验真理的唯一标准"的观点,新时期改革开放也是以对这一观点的讨论作为解放思想的动员的。二是始终以解放和发展生产力为坚持与完善基本经济制度的根本目的及检验标准。生产关系的变革和完善说到底要适应生产力的性质和发展要求,因此,发展是硬道理,是永恒的主题,成为中国特色社会主义基本经济制度建设的根本遵循。中华人民共和国成立七十多年来,特别是改革开放四十多年来,解放和发展生产力的事实是中国特色社会主义基本经济制度优越性最有力的证明。三是始终围绕社会主要矛盾的演变与转化推动基本经济制度的变革和发展方式的转变。根据生产力与生产关系这一社会基本矛盾的运动,以及基于这一基本矛盾运动的社会主要矛盾的变化,不断调整发展理念,确立不同时期的发展目标,推进发展方式的转变。四是始终以人民为中心作为坚持和完善中国特色社会主义基本经济制度的政治立场,这是马克思主义唯物史观阶级性的集中体现,也是中国可持续发展最深刻的动力根源,正如十九届四中全会《决定》所总结的,中国特色社会主义制度的显著优势之一便在于紧紧依靠人民推动国家发展。

政治经济学是研究社会生产关系运动规律的学说,生产关系运动规律只能从生产力与生产关系的矛盾运动中揭示,生产关系的运动规律源于生产力发展的历史要求及其变化。一是中国特色社会主义政治经济学就是要在分析中国生产力与生产关系的矛盾历史运动中,认识生产关系演变运动特征,根据生产力发展的历史要求,不断推动生产关系的调整和完善,不断推动中国生产力的解放和发展。否则,中国特色社会主义政治经济学既无科学方法和正确历史价值取向,也无存在和发展的必要。二是中国特色社会主义的历史必然性和优越

---

① 中共中央编译局:《列宁专题文集·论马克思主义》。北京:人民出版社2009年版,第66—72页。
② 习近平:《辩证唯物主义是中国共产党人的世界观和方法论》,《求是》,2019年第1期,第4页。
③ 习近平:《学习马克思主义基本理论是共产党人的必修课》,《求是》,2019年第22期,第6页。

性,从根本上来说只有通过解放和发展我国社会生产力,并且逐渐实现对当代资本主义社会经济发展水平的超越,才能得到历史的证明。否则,中国特色社会主义制度既无充分的历史根据,也无坚定的道路自信、理论自信、制度自信、文化自信。三是中国特色社会主义制度本质在于解放和发展生产力。这是中国社会主义初级阶段的基本国情和主要矛盾运动的规定。这就要求在整个初级阶段必须以经济建设为中心,坚持发展是第一要务、发展是永恒的主题,坚持科学发展。要深刻认识生产关系与生产力矛盾运动规律,认识中国社会主义初级阶段社会发展规律,否则就会偏离中国的客观实际,也会从根本上偏离社会主义本质要求。

坚持解放和发展生产力原则是正确认识改革实践的关键,是推动改革的基本动因,更是评价改革的根本标准。改革无疑是中国特色社会主义伟大实践的重要历史内容,是推动中国特色社会主义事业发展的重要动力,因此对于改革的实践经验总结,无疑构成中国特色社会主义政治经济学的重要内容。指导中国特色社会主义改革实践,既对中国特色社会主义政治经济学提出了历史要求,也构成其基本使命。而要正确认识改革,则必须坚持解放和发展生产力原则。一是改革作为生产关系的变革,作为制度创新,其根本动因只能是解放和发展生产力的历史要求,否则就会使改革偏离社会主义本质和根本。不能脱离中国特色社会主义初级阶段生产力发展的要求盲目改革,也不能面对严重束缚和阻碍我国社会生产力发展的制度弊端和政策漏洞,不敢或不想改革。二是根据生产力发展要求把改革理解为生产关系的变革,理解为改革一切束缚和阻碍生产力发展的制度缺陷,否则就难以正确把握改革的实质和使命,不能把改革的本质简单化为"华盛顿共识"所说的私有化下的市场化,不能无视生产关系的实质,否定基本经济制度和经济运行方式改革的必要性,统一公有制为主体、多种所有制经济共同发展的所有制与市场配置资源的决定性作用机制,这既是中国特色社会主义制度的根本特征,更是解放和发展我国生产力的客观要求,能改、需要改革的,坚定不移不断深化改革,不能改、不应改变的必须始终坚持。三是把解放和发展生产力作为检验和评价改革绩效的根本标准,改革的进展不能以破坏生产力发展为代价,这既是中国落后生产力的客观发展要求,也是中国改革区别于其他许多转轨国家改革的重要特点,改革的绩效不能以主观主义的,或者武断地以西方所谓主流价值观,或者僵化地以传统保守的教条来判断,而应以解放和发展生产力的客观绩效为根本尺度,一切生产关系的变革与完善都应以解放和发展生产力为根本,这是马克思主义辩证历史唯物主义的基本观点,也是我们对中国经济改革、中国特色社会主义经济发展的自信所在。从邓小平理论到"三个代表"学说,再到"科学发展观",直到习近平新时代中国特色社会主义思想,反复强调和始终坚持的也是马克思主义这一基本思想。①

2. 解放和发展生产力需要始终基于社会主要矛盾的演变确立和转变发展方式

习近平同志在庆祝改革开放40周年大会上的讲话中,强调必须坚持发展是第一要务,只有牢牢抓住经济建设这个中心,毫不动摇坚持发展是硬道理、发展应该是科学发展和高质量发展的战略思想,才能为坚持和发展中国特色社会主义、实现中华民族伟大复兴奠定雄厚的物质基础。"世界物质统一性原理是辩证唯物主义最基本、最核心的观点,是马克思主义哲学的基石。"②

把发展作为改革开放的首要,特别强调并坚持"发展是硬道理""发展是第一要务""发展是永恒的主题",尤其是把经济发展作为中心,并且把以经济建设为中心作为党在整个社会主义初级阶段基本路线的重要内容,这是我们党领导的新时期改革开放的伟大实践,是对以往经历过的以阶级斗争为中心弯路的历史性纠正,更是坚持马克思主义辩证唯物史观的深刻体现。③

也就是说,科学社会主义的实践必须尊重生产力与生产关系矛盾运动的要求和规律,进而认识社会基本矛盾运动对生产关系变革的要求,明确与一定发展历史阶段相适应的发展方式,特别是根据体现生产力与生产关系矛盾运动的社会主要矛盾变化的要求来确立发展理念和构建发展方式,以切实有效地推动主要矛盾的克服。改革开放初期的中国,经济发展水平处于低收入的贫困阶段,社会主要矛盾是落后的生产力与人民群众物质文化生活需要之间的矛盾,

---

① 《邓小平文选》(第三卷)。北京:人民出版社1993年版,第377页。江泽民:《在新的历史条件下更好地做到"三个代表"》,《江泽民文选》(第三卷)。北京:人民出版社2006年版,第1—33页。《胡锦涛文选》(第二卷)。北京:人民出版社2016年版,第545页,第612—658页。中共中央文献研究室编:《习近平关于社会主义经济建设论述摘编》。北京:中央文献出版社2014年版,第3页,第10页。

② 习近平:《辩证唯物主义是中国共产党人的世界观和方法论》,《求是》,2019年第1期,第5页。

③ 党的十三大报告系统阐述了社会主义初级阶段理论,并提出了党在社会主义初级阶段的基本路线,即"一个中心、两个基本点"。

而矛盾的主要方面在于落后的生产力水平极大地限制了社会主义制度优越性的显现,贫困不是社会主义。因此如何克服"贫困的陷阱"(又称马尔萨斯陷阱),迅速提高生产力发展水平,成为发展的关键,也是证明社会主义制度在中国是否有生命力的根本。为此在邓小平同志的推动下,我们党制定了三步走发展战略,即以国内生产总值(GDP)为核心,以 GDP 翻番式快速增长为基本发展方略,推动中国尽快摆脱贫困并有效缩小差距。[①] 事实证明,这一发展战略是符合中国的历史国情要求,切合中国社会主要矛盾演变的历史特征的。这种 GDP 快速增长的战略,相对于改革开放初期及以后相当一段时期的中国经济发展而言,既有迫切的要求,又有充分的可能。事实上,几乎所有提出的增长目标都是提前实现的,特别是邓小平同志提到的 2000 年较 1980 年 GDP 总量和人均 GDP 翻两番的目标,在 1997 年就提前三年实现了。相应地,根据世界银行的划分标准,中国总体上以人均 GDP 水平为标准在 1998 年跨越了"低收入(贫困)"进入"下中等收入(温饱)"阶段。[②]

问题在于,伴随"发展"这一永恒主题的历史演进,生产力与生产关系矛盾运动规定的社会主要矛盾在发生着历史性变化。正如党的十九大报告所提出的,中国特色社会主义进入新时代,社会主要矛盾变为人们对于美好生活的向往和需求与不平衡不充分发展之间的矛盾。因此必须树立新的发展理念,转变发展方式。在"贫困"为首要问题的低收入发展阶段,以 GDP 为核心指标体系翻番式快速增长的"三步走"战略是符合历史要求的;但进入新时代,GDP 快速增长所引领的发展方式本身所固有的缺陷和局限性,逐渐成为克服社会主要矛盾中的重要问题,"贫困"不再是首要问题。进入新时代,无论是从供给侧还是就需求端来讲,社会经济发展面临的约束条件均发生了显著的系统性的变化,以 GDP 为核心指标,以高速扩张为基本特征的增长方式,既不具有必要性,也不具可行性,"五位一体"的总体布局成为历史的必然要求,需要解决的发展

[①] 1979 年 10 月 4 日邓小平同志在省委书记座谈会的讲话中第一次使用了"国民生产总值"(GNP)这一指标;1979 年 12 月邓小平同志接见日本首相大平正芳,第一次阐释了以 GDP 为核心指标引领、规划中国经济"三步走"战略,后来"三步走"战略被写进了党代会报告。这在中国共产党领导的社会主义建设事业中是第一次承认 GDP 核算指标,是十分难得的创举。

[②] 世界银行划分阶段的标准是根据 1987 年人均 GDP 水平达到 6 000 美元为高收入阶段起点线,把各国经济发展分为低收入(贫困)、下中等收入(温饱)、上中等收入(小康)、高收入(发达)四个阶段,具体标准在不同时期按汇率的变化做出调整。

难题不再是如何跨越"贫困陷阱",而是诸如如何跨越"中等收入陷阱"(国内经济发展),如何应对"修昔底德陷阱"(国际政治经济)①,等等。这些变化集中起来体现在社会主要矛盾的变化上,适应这种变化要求,党的十八大提出了新的发展理念,即创新、协调、绿色、开放、共享五大理念。为贯彻"五大理念",党的十九大进一步提出了构建和培育现代化经济体系,围绕现代化经济体系建设要求,坚持以供给侧结构性改革为主线,努力转变发展方式,优化经济结构,转变增长动力,系统地推出了一系列重大战略性举措,包括实施区域协调发展战略、乡村振兴战略、坚决打好"三大战役",实施创新驱动战略,形成绿色发展方式和生活方式等②,以在新时代有效地实现现代化"五位一体"的总体布局。

3. 解放和发展生产力需要始终坚持以人民为中心作为发展的根本价值目标③

马克思主义辩证唯物史观重要的在于坚持以人民为中心的价值立场。以人民为中心的发展价值观是马克思主义辩证唯物史观的基本立场,也是马克思主义辩证唯物史观阶级性的集中体现,历史是人民创造的,也是人民推动的。正如党的十九大报告所指出的:坚持以人民为中心,人民是历史的创造者,是决定党和国家前途命运的根本力量。作为中国特色社会主义伟大事业,改革开放的根本目的是提高人民的生活水平和生活质量,是依靠中国共产党领导的亿万中国人民的伟大实践,改革开放的发展成果是由中国人民来共享,是为着推动社会主义共同富裕的目标实现,改革开放的成败得失是由中国人民来做出历史评价。

以人民为中心的发展思路和实践是中国共产党领导的中国特色社会主义事业与其他发展理论和实践的根本不同,也是中国可持续发展的真正动力源泉;马克思主义的实践观点、群众观点、解放生产力观点,归结起来都是以人民

---

① 中共中央文献研究室编:《习近平关于社会主义经济建设论述摘编》。北京:中央文献出版社2017年版,第89页,第318—319页。
② 习近平:《决胜全面建成小康社会 夺取新时代中国特色社会主义伟大胜利——在中国共产党第十九次全国代表大会上的报告》(2017年10月18日)。北京:人民出版社2017年版,第27页。
③ 刘伟:《坚持马克思主义唯物史观——论改革开放的价值立场》,《旗帜》,2019年创刊号,第23—24页。

为中心发展观的体现;尊重人民群众的首创精神,尊重人民群众实践探索,尊重人民群众的根本利益,这是中国改革开放之所以能够获得举世瞩目的发展成就的根本原因。邓小平同志在论述社会主义的本质时,在指出发展和解放生产力的基础上,特别指出"消灭剥削,消除两极分化,最终实现共同富裕"。党的十九大报告中概括习近平新时代中国特色社会主义思想时,特别强调新时代我国社会主要矛盾是人民日益增长的美好生活需要和不平衡不充分的发展之间的矛盾,必须坚持以人民为中心的发展思想,不断促进人的全面发展、全体人民共同富裕。

在经济思想史上长期存在的经济哲学分歧,即所谓经济自由主义和国家干预主义之争,在西方资产阶级经济学发展过程中始终无解,长期存在争论,虽然在一定时期内,这一方占据主流,或另一方占据主导,或在一定条件下形成相互融合,但基本分歧从未真正统一。最为深刻的原因在于资产阶级经济学代表的是资本的利益,在于资本私有制与生产社会化的根本冲突,在资本与劳动根本对立的基础上讨论经济自由主义与理性干预之间的分歧,是无法求解的。因为,资本主义社会市场这只"看不见的手"之所以失灵,之所以难以达到均衡状态,是根源于资本与劳动的对立,是资本追逐剩余价值的资本积累与无产阶级的贫困(绝对和相对)积累间的矛盾,是私有资本利益最大化与社会化大生产间的冲突,因而不改变这些根本矛盾对立,只是简单引入宏观政府干预,是不可能克服"失灵"的。资本主义国家作为上层建筑受资本私有制的经济基础决定,根本上只能为维护资本的利益服务,市场自由竞争基础上引入政府干预虽能缓解经济失衡,但不会有真正实现均衡的制度可能。中国特色社会主义市场经济客观上也存在"失衡",因此需要市场与政府之间相互协调、微观与宏观相互统一。但要有效实现这种有机协调和统一,最为根本的经济哲学立场在于从人民的利益出发,在于坚持以人民为中心的价值立场,才可能真正使微观的市场竞争与宏观的总体协调之间,使总需求与总供给之间,使国民经济增长和发展与最广泛的人民群众的有效需求和获得感共生共享之间,具有统一的可能。

以人民为中心的发展观与以解放和发展生产力作为改革开放、作为中国特色社会主义建设、作为党执政兴国的第一要务,是统一的。只有真正解放和发展生产力,才能有效地实现以人民为中心的发展观,才能更好地满足人民群众日益增长的美好生活需要,才能为促进人的全面发展和全体人民共同富裕创造条件。共产主义社会的实现最终必须建立在社会生产力高度发达的物质基础上,共产主义制度之所以能够历史性地取代一切剥削制度,最根本的原因在于其解放和发展生产力的制度优越性。同时,也只有让人民真正公平合理地享受到发展的成果,让人民的利益作为解放和发展生产力的最终利益体现与归宿,发展才有动力。中国特色社会主义制度的优越性最为集中的体现在于更能够克服少数人集团私利对解放和发展生产力的束缚。改革开放的成就由人民来评价与把解放和发展生产力作为衡量得失的标准是统一的,生产力标准是制度创新的评价标准,是一切生产关系变革的检验尺度和根据。以人民为中心则是强调人民是评价主体,是否真正解放和发展社会生产力,应由人民来评价,应由人民利益来最终体现。事实上,也只有更充分地把满足人民根本利益作为目的,才能真正克服生产关系发展的种种历史束缚。正如习近平同志在庆祝改革开放40周年大会上的讲话所指出的,必须坚持以人民为中心,不断实现人民对美好生活的向往,为中国人民谋幸福,为中华民族谋复兴,是中国共产党人的初心和使命,也是改革开放的初心和使命。为人民服务是党的根本宗旨,人民根本利益是一切工作的出发点和落脚点,党既要带领人民前进,又要从人民实践创造和发展要求中获得前进动力。[①] 党在社会主义初级阶段的基本路线与以人民为中心的发展要求是统一的,"一个中心、两个基本点"的党的基本路线本身就是对中国特色社会主义发展道路和追求目标的统一概括,"以经济建设为中心"是坚持"发展是第一要务",坚持生产力标准的马克思主义辩证唯物史观的集中体现。"坚持四项基本原则、坚持改革开放"本身是对中国特色社会主义制度特征的集中概括,而中国特色社会主义发展的根本是以人民为中心,进而以经济建设为中心的发展方式,与以人民为中心的发展价值观是有机统一的,而不是割裂的,更不是相互替代或否定的。只有坚持以经济发展为中心,进而坚持党在社会主义初级阶段的基本路线这一马克思主义的基本立场,才能够真正实现以人民为中心的这一根本发展观。所以,党的十九大报告把党在社会主义初级阶段的基本路线称为党和国家的生命线和人民的幸福线。习近平同志在庆祝改革开放40周年大会上的讲话中指出:"我们要坚持党的基本路线,把以

---

① 习近平:《在庆祝改革开放40周年大会上的讲话》。北京:人民出版社2018年版,第21—22页。

经济建设为中心同坚持四项基本原则、坚持改革开放这两个基本点统一于新时代中国特色社会主义伟大实践,长期坚持,决不动摇。"①

4. 解放和发展生产力需要遵循马克思主义辩证唯物史观的方法论,把握制度创新的基本逻辑

中国特色社会主义经济改革的逻辑是否科学,重要的体现在于,在诸多矛盾对立统一的运动中能否抓住主要矛盾及矛盾主要方面运动的历史特征,辩证地而不是机械地、发展地而不是僵化地、实事求是地而不是教条主义地、普遍联系地而不是孤立地确立改革的方式及各方面的逻辑关系。中国特色社会主义经济发展和改革的实践表明,马克思主义辩证唯物史观不仅是认识世界的世界观,也是改造世界的方法论。实际上,政治经济学所要处理的基本问题,就是协调社会经济发展过程中的各种矛盾,就是研究如何有效地以最低的成本化解多种发展摩擦,调动多方面的积极性,缓解和减轻发展与解放生产力的阻力。这也就是最核心的政治。正如毛泽东同志所说的,所谓政治就是使更多的人拥护自己的事业,使反对自己事业的人越来越少。中国特色社会主义政治经济学就是要分析怎样使拥护社会主义制度,以及解放和发展生产力的力量越来越增大,使阻力尽可能减小,其根本在于调动多方面的积极性。正如习近平同志所概括的,中国特色社会主义政治经济学的重要任务就在于坚持调动各方面的积极性,而之所以需要坚持马克思主义辩证唯物主义方法论,根本原因也在于化解矛盾或者说抓住主要矛盾及矛盾的主要方面,在矛盾的对立统一运动中掌握其运动规律,把握其内在逻辑,以实现发展目标。

第一,激励和约束机制的统一。这既是调动积极性方面的基本问题,更是转轨中的我国面临的特殊问题。改革说到底是权、责、利在制度上的变革,权、责、利在制度变革中的重要原则便是三者的相互统一。这是中国特色社会主义政治经济学需要关注的重要问题之一。最需防止的是权、责、利三者的脱节,因为这会使有权力的人可以不负责任,履行责任的人不能获得相应的利益,因而既无效率又无秩序。权力脱离责任的约束不可能有秩序,责任脱离利益刺激不可能有效率。这里涉及的主要是企业治理结构问题。

---

① 习近平:《在庆祝改革开放40周年大会上的讲话》。北京:人民出版社2018年版,第25—26页。

调动中央和地方两方面的积极性,是中国特色社会主义政治经济学需要关注的特殊问题之一。中国是一个大国,地区之间差异显著,因此即使在中华人民共和国成立初期,以苏联的计划经济体制为模式,建立我国经济体制时也是有所不同的。苏联的计划经济体制强调的是中央垂直管理的"部门主义",各级地方政府在经济的权、责、利上并无多少独立性,突出的是中央集权。而我国则是"条块结合",在中央垂直管理的同时,给地方政府相当大的独立的经济权力空间,其优点在于有利于调动中央和地方两方面的积极性,弊端则在于长期存在条块之争,即中央和地方的矛盾。长期以来我国的经济体制调整和政策演变,重要的便在于缓解这一矛盾。这里涉及的主要是政府治理结构问题。

努力缓解改革发展的阻力,调动多方面的积极性的题中应有之义便是化解各方面的阻力。这是中国特色社会主义政治经济学需要总结也能够总结的中国经验,是为丰富当代中国马克思主义政治经济学提供的中国智慧,包括:改革、发展、稳定三者间的关系的协调;顶层设计与"摸着石头过河"的具体探索间的统一;改革的可行性与必要性之间的协调;存量变革与增量改革关系的处理;先行先试与全面推进的关系处理;发展的重点与全局的统一;政策的短期目标与长期目标的衔接;等等。这些都需要运用中国特色社会主义政治经济学的分析予以概括总结。我国新时期以来的改革发展,为中国特色社会主义政治经济学总结这方面的经验提供了实践基础。这些既是我国改革发展实践的重要经验,也是中国特色社会主义政治经济学说体系中的重要组成部分。

第二,在"摸着石头过河"与顶层设计相互统一中确立改革方式。从改革的实施方式和展开过程上看,中国经济改革的目标体制是通过对每个不同阶段政策目标不断修正而得以明确的,但总体而言又是始终坚持解放和发展生产力的根本标准,在顶层设计上明确社会主义市场经济体制转轨的总导向,在推进过程中"摸着石头过河"以尽可能减少转轨的不确定性,降低改革的成本和风险,从而在转轨的理论逻辑和实践逻辑上均根本区别于西方经济学者的设计,既不同于"华盛顿共识"所倡导的"休克疗法",也不同于新古典经济学成本收益分析所阐释的"渐进式改革"。

基于西方正统经济理论的"华盛顿共识"和"休克疗法"①,事实上具有强烈而鲜明的制度导向,认为资源配置市场化、政治民主自由化和资本私有化"三位一体"构成完整的不可分割的经济转轨的历史内涵,经济改革需要一揽子一次性彻底完成"三位一体"的整体转换,所以改革必须是"激进"的,不可能是渐进式地实现这种制度全面转换②。从一般的理论逻辑而言,这种激进式的"休克疗法"是简明的,同时也具有高度的一致性,但事实上就其理论而言,严重脱离转轨国家的实际,一方面,私有化作为资本的分配和再分配,并不直接形成新的生产要素;另一方面,私有化本身会形成普遍的"寻租",20世纪90年代后的俄罗斯便是如此。若私有化并不能真正形成有效的市场竞争的微观主体——接受市场硬约束的企业,那么,激进式放开价格的改革,必然是一个发散的而不是收敛的过程,不可能形成趋向于均衡方向的市场价格。

第三,在"制度供给"与"制度需求"的协调中统一改革的可能性与必要性。习近平同志在庆祝改革开放40周年大会上的讲话中明确"能改的坚决改,不能改的坚决不改"③,这里不仅包含深刻的改革历史价值观的选择,也包含深刻的改革逻辑方法论的坚持,即将深化改革的可行性与必要性有机统一起来。

以科斯、诺斯等为代表的新制度主义学派,把经济转轨解释为市场制度如何建立,即在历史变迁中对市场制度的供求分析。就其本质而言,这种制度分析不过是新古典经济学的扩展和进一步应用,实际上是把市场制度的培育解释为改革主体如何向微观主体实现市场制度的适时有效供给,微观经济主体又是怎样实现对市场权利的需求的。实际上按照理想化的"科斯主义",就是指以市场交易的方式实现权利与义务的互换,从而完成市场化的改革,进而统一改革

---

① 参见简·克莱格尔、李黎力、李佳佳:《华盛顿共识脱魅》,《拉丁美洲研究》,2011年第3期,第60—67页。"华盛顿共识"最初由曾任世界银行经济学家的约翰·威廉姆斯提出,是以所谓正统的即新自由主义经济学为基础,为20世纪70年代陷入"拉美漩涡"国家开出的药方,后被引入到转轨国家的改革分析及设计中,并针对"华盛顿共识"的局限做出补充,被称为"新(后)华盛顿共识",本质并无变化。由于"华盛顿共识"的失败,促成了西方正统学者自20世纪90年代后期形成所谓"新(后)华盛顿共识",认为"华盛顿共识"过于强调"市场原教旨主义",需要包含更多的发展目标和政策工具,进而提出"后华盛顿共识",其主要代表人物是斯蒂格利茨、科勒德克等人。
② 〔美〕斯蒂格利茨:《后华盛顿共识》,《国外社会科学文摘》,1999年第1期,第2—6页,第27页;1999年第2期,第15—20页。
③ 习近平:《在庆祝改革开放40周年大会上的讲话》。北京:人民出版社2018年版,第25页。

的可行性和必要性。但新制度主义学说是以市场制度的存在,并且是成熟的市场交易制度存在为前提的,也就是说,改革主体所推动的"制度创新供给"与社会对改革的需要,即对"制度创新的需求"之间通过自愿自由和充分的"市场交易"实现均衡,从而实现权、责、利之间的相互转换,这也就是所谓"科斯定理"在体制转轨中的引申和运用。问题恰恰在于,体制转轨的经济恰恰不具备较完备的市场交易制度,以完备的市场经济制度的运用来(交易)实现市场权利的重要配置(改革)达到实现市场化的目的,在逻辑上是"循环论证",其前提存在本身就是最终的结果,在实践上更具空想色彩,转轨经济中广泛而又深刻存在的大量"外部性",使这种"理想的科斯主义"面临极高的社会成本,根本不可能实现。①

中国改革进程中制度供给与制度需求间的均衡是通过努力统一改革的历史可行性和必要性来实现的,可行性主要是指改革阻力相对小,难度相对低,风险相对小;必要性主要是指发展要求相对迫切,相应的改革产生的发展效果相对显著。这种历史可能性与必要性的统一以解放和发展中国生产力为根本出发点,具体体现在以下几方面:一是在城乡发展差异显著的二元经济背景下,在发展水平很低甚至未能解决温饱的条件下,经济改革的全面展开首先从农村开始,以农村家庭联产承包责任制为核心,率先展开经济改革,然后逐渐转向城市经济改革。二是在城市经济中,改革的核心从企业(国有企业)改革为重点逐渐转向政府改革为关键,转轨过程中,从企业改革到价格改革,再到政府改革,具有深刻的内在联系。逻辑上,企业改革涉及市场主体培育,价格改革应建立在企业改革基础之上,并与之相适应;企业改革和价格改革的统一构成市场内在竞争机制的培育,市场内在竞争机制越是发育,市场失灵的领域和方面便越是显现,市场经济秩序对政府和法治供给的需求便越是迫切。实践上,企业改革可以局部试点,风险可控,可以适时调整,甚至关闭改革窗口;价格改革只能全面推动,一旦实施其时间窗口难以关闭,因而风险更大;政府改革涉及社会、政治、经济、文化诸多方面,不仅风险分布更为广泛,而且政府改革涉及作为改革主体的政

---

① 方敏、简练:《可能的科斯定理与不可能的科斯主义》,《中国人民大学学报》,2006年第12期,第32—39页。

府自身,其难度和利益阻力也更大。① 三是在企业改革进程中,主要措施从收入分配领域逐渐向企业产权制度延伸。从分配关系入手更体现"摸着石头过河"的实践性,最终逐渐转向产权制度改革,也符合马克思主义政治经济学的生产决定分配的基本逻辑。四是在价格制度改革过程中,从着力推进商品市场化逐渐向要素市场化深入。看起来要素市场化的进程总体上滞后于商品市场化,实际上这是转轨矛盾的复杂性所要求的。② 五是在增量与存量改革的结合中缓解市场机制转轨矛盾,一方面,在市场竞争的企业主体制度改革上,在国有企业不断深化改革(主要是存量改革)的基础上,推动乡镇企业作为新兴企业迅速崛起(主要是增量)开创了中国传统"二元经济"向农业部门、农村工业部门、城市工业部门"三元结构"过渡的历史③;另一方面,在市场竞争激烈的价格制度改革上,采取计划改革(存量)与市场改革(增量)的"双轨制"。以价格体制改革的"增量"带动并适应经济增长和经济发展中的新兴"增量",同时在市场竞争中逐渐带动"存量"的改革,使之逐渐被纳入市场经济硬约束的范围,这种非理想但可行的改革进程显著降低了改革的风险,后来(1988年)采取的"价格闯关"式的价格改革及由此引发的严重的通货膨胀和经济动荡,表明"休克式"的改革根本不适应我国国情。④ 六是在推进市场化的空间区域结构上,以设立"特区"的方式作为"增量"改革的示范并引领全国的经济改革,在减少传统经济对改革阻力的同时,推动"摸着石头过河"的改革探索。所谓经济特区是指在一国境内辟出特定的地区,采取有别于国内总体的制度和政策,促进其竞争的充分性和自由度的提升,以更有效地发挥其特有的功能区域资源禀赋等方面的潜在优势,进而带动整个国民经济的增长和发展。经济特区有较长的发展历史,其主要特点是与对外开放和经济贸易、金融等方面的国际化,乃至全球化紧密联系,通过加大"开放"力度,促进国内政策和体制的开放度的提高,以带动国民经济

---

① 进入21世纪,改革的重心是否应从企业改革转向政府改革引起了热烈的讨论(参见高尚全:《中国改革开放四十年——回顾与思考(下)》。北京:人民出版社2018年版,第452页)。
② 北京师范大学经济与资源管理研究院:《2003中国市场经济发展报告》。北京:中国对外经济贸易大学出版社2003年版,第27—41页。
③ 李克强:《论我国经济的三元结构》,《中国社会科学》,1991年第3期,第65—82页。
④ 价格双轨制自1985年1月起,以国家物价局和物资局下达《关于放开生产资料自销产品价格的通知》为开始标志,到1992年年底,国家物价局宣布把绝大部分(81.1%)的生产资料出厂价、87.5%的农产品收购价、93.8%的商品零售价放开,价格决定基本市场化。

国际竞争性上升,同时以"开放"促进制度改革。世界上第一个经济特区可以追溯到1547年意大利的里窝那自由港。当代世界大多数国家都设有经济特区,我国改革开放中的经济特区除发展和开放意义外,改革意义也很突出。①

四、坚持马克思主义科学社会主义的发展观:中国特色社会主义政治经济学分析的历史发展方位②

坚持马克思主义科学社会主义发展观,提升中国特色社会主义道路的科学性,重要的在于客观地认识把握社会主义发展所处的阶段,进而科学确立这种历史阶段性特点所要求的基本路线、基本理论、基本方略。

正确认识中国特色社会主义作为社会主义初级阶段的发展规律和历史特征,对于发展新时代中国特色社会主义具有极为重要的理论意义和实践价值。社会主义是共产主义的初级阶段,进入共产主义高级阶段需要漫长的历史发展;中国特色社会主义是社会主义初级阶段,更需要长期持续地奋斗;同时,中国仍是发展中国家,中国的现代化还需要经过艰苦努力,尚有很长的历史进程;即使在成为社会主义现代化强国之后,中国特色社会主义仍属于社会主义初级阶段。认识中国特色社会主义与社会主义初级阶段的内在统一性和客观历史长期性,是科学推进中国特色社会主义事业的需要。

新时代中国特色社会主义政治经济学的历史方位在于坚持马克思主义的科学社会主义的发展观。③ 马克思主义的科学社会主义发展观要求客观地认识和把握社会主义发展所处的阶段,科学地认识在一定历史方位上的客观规律,历史性地制定发展基本方略、基本路线。之所以说中国特色社会主义基本经济制度的坚持和完善体现了马克思主义科学社会主义的发展观,一是明确我们所从事的是中国特色的社会主义,中国特色社会主义命题的提出表明我们党对科学社会主义的认识和实践的深化,也是对马克思主义科学社会主义理论的极为重要的发展。二是明确中国特色社会主义是初级阶段的社会主义,明确社会主

---

① 梁小民等主编:《经济学大辞典》。北京:团结出版社1992年版,第471页。
② 本部分主要内容已作为笔谈文章单独发表在《政治经济学评论》2018年第6期。
③ 刘伟:《应当充分认识社会主义初级阶段的历史长期性》,《政治经济学评论》,2018年第6期,第11—18页。

义是共产主义的初级阶段,中国特色社会主义是社会主义的初级阶段,并且将长期处于初级阶段。因此,发展中国特色社会主义是一项长期的艰巨的历史任务。① 三是明确中国仍是发展中国家,无论是生产力发展还是生产关系的变革,无论是经济基础的巩固还是上层建筑的建设,都必须清醒地认识并遵循社会主义初级阶段的客观规律。四是明确中国特色社会主义进入新时代,时代是出卷人,问题是时代的口号,进而不断明确中国特色社会主义事业在不同时期的不同使命,明确中国特色社会主义是党的最高纲领和基本纲领的统一。基本纲领即建立富强、民主、文明、和谐的社会主义现代化强国(第二个百年目标)。

1. 中国特色社会主义是社会主义初级阶段,需要几代、十几代、几十代人持续奋斗

我们党关于社会主义初级阶段的认识,是在社会主义实践中对科学社会主义理论的重大发展,是中国特色社会主义理论和实践的重要组成部分。充分认识社会主义初级阶段的历史长期性,正确认识中国特色社会主义作为社会主义阶段的发展规律和历史特征,对于发展新时代中国特色社会主义具有极为重要的理论意义和实践价值。

马克思主义科学社会主义的思想区别于空想社会主义的重要方面,就在于指出了社会主义(共产主义)发展的不同历史阶段。尽管空想社会主义基于对资本主义生产方式的质疑和批判,对未来社会主义生产方式做出了预测,提出了许多富有价值的思想,成为马克思主义科学社会主义的重要来源,特别是19世纪的圣西门、傅里叶、欧文等三大空想社会主义者的思想,在社会主义思想史上更是留下了深刻的痕迹。但受时代的历史局限,其理论本身具有严重的局限性,尤其是在历史观和方法论上缺乏辩证唯物主义与历史唯物主义的支撑,主要受唯心主义和旧式唯物主义支配,对历史发展规律难以做出科学的阐释,也难以阐释社会主义替代资本主义的历史必然性和客观历史路径,使其关于社会主义的理论陷入空想。马克思主义科学社会主义理论则是在哲学的辩证唯物史观和政治经济学的剩余价值学说两大发现的基础上,实现了对空想社会主义

---

① 习近平:《在2018年春节团拜会上的讲话》,《人民日报》,2018年2月15日,第2版。

的批判和发展。① 马克思主义科学社会主义与空想社会主义的重要区别,在于发现并承认实现社会主义的历史长期性,社会主义事业从空想到科学的重要特征也在于实践上不断深化对社会主义历史阶段特征的认识。在《法兰西内战》中,马克思明确指出了无产阶级掌握政权后向社会主义(共产主义第一阶段)过渡的长期性和复杂性,指出"以自由的联合的劳动条件去代替劳动受奴役的经济条件,需要相当一段时间才能逐步完成(这是经济改造)",因为"目前'资本和土地所有权的自然规律的自发作用',只有经过新条件的漫长的发展过程才能被'自由的、联合的劳动的社会经济规律的自发作用'所代替,正如过去'奴隶制经济规律的自发作用'和'农奴制经济规律的自发作用'被代替一样"②。也就是说社会主义代替资本主义及社会主义本身的发展,只能是生产力与生产关系矛盾运动的客观历史过程,而不取决于人们的主观愿望,特别是社会主义本身作为"共产主义第一阶段"有其历史的长期性和艰巨性。正如马克思在《哥达纲领批判》中所说:"我们这里所说的是这样的共产主义社会,它不是在它自身基础上已经发展了的,恰好相反,是刚刚从资本主义社会中产生出来的,因此它在各方面,在经济、道德和精神方面都还带着它脱胎出来的那个旧社会的痕迹。"③作为共产主义第一阶段的社会主义阶段的完成,必须实现一系列的历史转变,马克思在《哥达纲领批判》中特别概括了这些主要标志,比如"迫使人们奴隶般地服从分工的情形已经消失""劳动已经不仅是谋生的手段,而且本身成了生活的第一需要""随着个人的全面发展,他们的生产力也增长起来,而集体财富的一切源泉都充分涌流"④;总之,一切社会的发展和个体人的全面自由成长高度统一,每个人的自由发展是一切人的自由发展的条件⑤。

---

① 中共中央宣传部理论局:《世界社会主义五百年:党员干部读本》。北京:党建读物出版社、学习出版社2014年版,第5—13页。
② 《马克思恩格斯选集》(第2卷)。北京:人民出版社1995年版,第416—417页。中共中央编译局:《马克思恩格斯文集》(第3卷)。北京:人民出版社2009年版,第198—199页。
③ 《马克思恩格斯选集》(第3卷)。北京:人民出版社2009年版,第304页。中共中央编译局:《马克思恩格斯文集》(第3卷)。北京:人民出版社2009年版,第434页。
④ 《马克思恩格斯选集》(第3卷)。北京:人民出版社1995年版,第304页。中共中央编译局:《马克思恩格斯文集》(第3卷)。北京:人民出版社2009年版,第435—436页。
⑤ "代替那存在阶级和阶级对立的资产阶级旧社会的,将是这样一个联合体,在那里,每个人的自由发展是一切人的自由发展的条件。"(参见中共中央编译局:《马克思恩格斯文集》(第2卷)。北京:人民出版社2009年版,第53页)。

显然,这将是极为漫长的历史进程,对于这种长期性的认识,只能在社会主义事业的艰苦实践中逐渐加深。我们党关于社会主义初级阶段的认识,便是对这种长期性、艰巨性认识深化的集中体现,是在总结长期社会主义革命和建设的实践经验基础上,特别是在改革开放历史实践中逐渐深化的。改革开放初期围绕"我们长期以来坚持和建设的是不是社会主义?进而中国改革开放能不能,甚至应不应当继续坚持社会主义?再进一步,若要坚持社会主义方向,那么应当坚持怎样的社会主义?"产生了深刻的争论。争论的结果是形成了我们党"关于社会主义初级阶段"的共识。"社会主义初级阶段"范畴,被写入了1981年中共中央《关于建国以来党的若干历史问题的决议》,在后来党的十二大报告和十二届六中全会决议中被多次强调。党的十三大报告中,对社会主义初级阶段的历史客观性、特点、任务等做出了系统的阐释。党的十五大报告中则更进一步论述:"社会主义是共产主义的初级阶段,而中国又处在社会主义的初级阶段,就是不发达的阶段。在我们这样的东方大国,经过新民主主义走上社会主义道路,这是伟大的胜利。但是,我国进入社会主义的时候,就生产力发展水平来说,还远远落后于发达国家。这就决定了必须在社会主义条件下经历一个相当长的初级阶段,去实现工业化和经济的社会化、市场化、现代化。这是不可逾越的历史阶段。"①可以说,我们党基于马克思主义基本理论关于社会主义初级阶段的共识,构成了中国特色社会主义理论的重要的马克思主义科学社会主义的认识前提,"中国特色社会主义"的理论与实践,则是对马克思主义科学社会主义的创造性的发展,正是在这种创造性的发展中,使我们进一步深刻认识到社会主义初级阶段及整个社会主义事业发展的历史长期性。正如邓小平同志所说:"我们搞社会主义才几十年,还处在初级阶段。巩固和发展社会主义制度,还需要一个很长的历史阶段,需要我们几代人、十几代人,甚至几十代人坚持不懈地努力奋斗,决不能掉以轻心。"②党的十八大后,习近平同志反复强调:"发展中国特色社会主义是一项长期的艰巨的历史任务。"③习近

---

① 江泽民:《高举邓小平理论伟大旗帜,把建设有中国特色社会主义事业全面推向二十一世纪》。北京:人民出版社1997年版,第16页。
② 《邓小平文选》(第三卷)。北京:人民出版社1993年版,第379—380页。
③ 习近平:《紧紧围绕坚持和发展中国特色社会主义,学习宣传贯彻党的十八大精神》,《人民日报》,2012年11月19日,第2版。

平同志《在 2018 年春节团拜会上的讲话》中指出:"伟大事业需要几代人、十几代人、几十代人持续奋斗。"①强调的就是作为社会主义初级阶段的中国特色社会主义事业的长期性和艰巨性,而之所以出现对社会主义事业的空想和掉以轻心等许多非科学的态度,重要的原因便在于对这一伟大事业的长期性、艰巨性的认识不足。

2. 不仅作为发展中国家时,而且即使成为社会主义现代化强国之后,中国特色社会主义仍属社会主义初级阶段

就经济发展而言,中国作为发展中国家,尚未实现现代化的国民经济,客观上规定中国特色社会主义只能是初级阶段的社会主义,不仅与经济发达的资本主义国家有较大距离,而且距离马克思主义经典作家所说的共产主义高级阶段的特征更是相去甚远。那么当中国建设成为社会主义现代化强国,在社会经济发展上赶上当代发达国家水平之后(2050 年前后建设成为社会主义现代化强国),不再是发展中国家,但是否仍属于社会主义初级阶段?应当说根据马克思主义经典作家科学社会主义的理论,即使中国在经济发展上赶上发达国家,不再是发展中国家,但根据科学社会主义的理论逻辑及历史逻辑,也还是长期处于社会主义初级阶段。因为社会主义制度在历史逻辑进程上是远高于资本主义生产方式的,并且社会主义生产方式对资本主义生产方式的最终总体替代和否定应是全人类文明的历史进程,只要仍处在社会主义初级阶段就需要坚持中国特色社会主义,只要是坚持中国特色社会主义,就表明社会主义在世界历史发展过程中仍处在初级阶段(社会主义只要还是国别性的而不是全球性的实践,就表明其仍处于共产主义的初级阶段,而中国社会发展的相对落后的基础,又规定着中国特色社会主义只能是社会主义初级阶段)。既然中国特色社会主义事业要经过几代、十几代甚至几十代人的艰苦奋斗(几代至少上百年,十几代至少数百年,几十代则至少上千年),那就绝不是仅仅在社会经济发展赶上当代发达国家水平就算实现了的事业。若以经济发展赶上当代发达国家的水平作为社会主义初级阶段完成的标志,那就是对社会主义的根本曲解。对于社会

---

① 习近平:《在 2018 年春节团拜会上的讲话》,《人民日报》,2018 年 2 月 15 日,第 2 版。

主义初级阶段,对于中国特色社会主义事业的历史长期性、艰巨性和复杂性,我们应当有充分和清醒的认识。认识中国特色社会主义与社会主义初级阶段的内在统一性和客观历史长期性,是科学推进中国特色社会主义事业的需要。

中国特色社会主义处于社会主义初级阶段,就必须努力坚持和遵循社会主义初级阶段的发展规律,比如我们党在社会主义初级阶段的艰苦探索中,概括出党在整个社会主义初级阶段的基本路线,即"一个中心、两个基本点",应是我们需要始终坚持的。[①] 邓小平同志在1992年南方谈话中强调:基本路线要管一百年,动摇不得。这里所说的"一百年"并非具体实数,而是指长期性。习近平同志在党的十九大报告中鲜明地指出:"全党要牢牢把握社会主义初级阶段这个基本国情,牢牢立足社会主义初级阶段这个最大实际,牢牢坚持党的基本路线这个党和国家的生命线、人民的幸福线。"[②] 又比如,在社会主义初级阶段,作为中国特色社会主义的基本经济制度,应是在公有制为主体基础上多种所有制经济长期共同发展,这是在深刻总结我国社会主义革命和建设经验和教训基础上,特别是总结改革开放以来的经验,基于解放和发展生产力的历史事实,凝练出来的需要在整个社会主义初级阶段长期坚持的"一项基本制度"[③]。改革开放以来党的多次代表大会都反复强调坚持这一基本制度,强调"两个毫不动摇"[④]。

[①] "必须郑重指出:全党要毫不动摇地坚持党在社会主义初级阶段的基本路线,把以经济建设为中心同四项基本原则、改革开放这两个基本点统一于建设有中国特色社会主义的伟大实践。"(参见江泽民:《高举邓小平理论伟大旗帜,把建设有中国特色社会主义事业全面推向二十一世纪》。北京:人民出版社1997年版,第19页)

[②] 习近平:《决胜全面建成小康社会 夺取新时代中国特色社会主义伟大胜利——在中国共产党第十九次全国代表大会上的报告》。北京:人民出版社2017年版,第12页。

[③] "建设有中国特色社会主义的经济,就是在社会主义条件下发展市场经济,不断解放和发展生产力。这就要坚持和完善社会主义公有制为主体、多种所有制经济共同发展的基本经济制度。"(参见江泽民:《高举邓小平理论伟大旗帜,把建设有中国特色社会主义事业全面推向二十一世纪》。北京:人民出版社1997年版,第20页)

[④] "必须坚持和完善我国社会主义基本经济制度和分配制度,毫不动摇巩固和发展公有制经济,毫不动摇鼓励、支持、引导非公有制经济发展,使市场在资源配置中起决定性作用,更好发挥政府作用。"(参见习近平:《决胜全面建成小康社会 夺取新时代中国特色社会主义伟大胜利——在中国共产党第十九次全国代表大会上的报告》。北京:人民出版社2017年版,第21页)

五、解放和发展生产力需要坚持马克思主义政治经济学的制度观：中国特色社会主义政治经济学分析的体制目标导向①

新时代中国特色社会主义政治经济学的目标取向在于坚持马克思主义政治经济学的制度观。② 运用马克思主义辩证唯物主义的世界观和方法论,坚持马克思主义科学社会主义的发展观确立中国特色社会主义的历史方位,构建中国特色社会主义基本经济制度,集中起来体现在运用马克思主义政治经济学的立场、观点和方法,认识中国特色社会主义经济规律,并以此为根据建设真正适应生产力发展要求的中国特色社会主义基本经济制度及体制、机制。在中国特色社会主义基本经济制度的探索中,这种制度观的坚持集中体现在以下几方面：一是始终坚持公有制为主体、多种所有制经济共同发展的所有制基础,以适应生产力发展的社会化和多元化的发展要求。二是始终坚持按劳分配为主体、多种分配方式并存的分配制度,以适应调动多方面积极性并逐渐实现共同富裕的发展趋势。三是努力推进公有制为主体、多种所有制经济共同发展的所有制与市场经济有机结合,坚持社会主义市场经济改革方向,把社会主义制度与市场经济有机统一起来,在经济制度和运行机制上闯出一条既不同于传统僵化的集中计划经济的"老路",又不同于改旗易帜的资本主义"邪路"的中国特色社会主义基本经济制度的"新路"。尤其是在经济体制机制改革进程上,把所有制结构及实现方式的改革与市场配置资源的机制创新统一起来,既坚持所有制上的社会主义性质,又坚持发挥市场在资源配置上的决定性作用；在企业所有制及产权制度改革上,把国有企业产权制度改革及公司治理结构完善与国有经济分布结构调整统一起来,既坚持"两个毫不动摇",又坚持增强和发挥国有企业在市场竞争中的竞争力、创新力、控制力、影响力、抗风险能力③；在调控机制上,把现代化经济体系中的市场体系培育与宏观调控方式转变统一起来,在推动市场秩序完善、培育商品和要素市场的同时转变政府职能,完善宏观调控机制,努

---

① 这一部分的主要内容在《中国高校社会科学》作为笔谈文章于2019年第2期单独发表。
② 刘伟：《坚持社会主义市场经济的改革方向——中国特色社会主义经济转轨的体制目标》,《中国高校社会科学》,2019年第2期,第16—20页。
③ 《中共中央关于坚持和完善中国特色社会主义制度 推进国家治理体系和治理能力现代化若干重大问题的决定》,《人民日报》,2019年11月6日,第2版。

力构建"市场机制有效,微观主体有活力,宏观调控有度"的经济体制。

总之,中国特色社会主义伟大实践,包括中国特色社会主义基本经济制度的探索,是马克思主义基本原理与中国具体实际全面深入创造性结合的探索。中国特色社会主义科学理论发展,包括中国特色社会主义政治经济学的发展,从毛泽东时代的"第二次结合",到改革开放时代的邓小平理论、"三个代表"重要思想和科学发展观等构成的中国特色社会主义理论体系,再到习近平新时代中国特色社会主义思想,是马克思主义中国化的发展进程。

习近平同志强调:"要坚持社会主义市场经济改革方向,坚持辩证法、两点论,继续在社会主义基本制度与市场经济的结合上下功夫,把两方面优势都发挥好。"[1]坚持社会主义市场经济改革方向,建设中国特色社会主义市场经济体制,关键是将社会主义初级阶段公有制为主体、多种所有制共同发展的生产资料所有制及利益实现的按劳分配为主的制度,与市场机制发挥决定性作用的资源配置方式有机地统一起来。党的十九届四中全会决议进一步把"社会主义市场经济"归结为中国特色社会主义基本经济制度的范畴。"方向决定前途,道路决定命运。"[2]

这一问题主要涉及两方面,一方面是公有制为主体、多种所有制经济共同发展的社会主义生产资料所有制,尤其是作为主体的公有制本身能否与商品、货币、市场经济关系相互兼容;另一方面是如何在资源配置和调控机制上协调政府与市场调节的相互关系。在以往的经济思想史和经济发展史上,前一方面的问题被视为无解,后一方面的问题被视为难解。两方面问题相互联系,但最根本的在于前一方面的问题。习近平同志在庆祝改革开放40周年大会上的讲话再次强调:"我们必须毫不动摇巩固和发展公有制经济,毫不动摇鼓励、支持、引导非公有制经济发展,充分发挥市场在资源配置中的决定性作用,更好发挥政府作用,激发各类市场主体活力。"[3]

西方正统经济理论具有深厚的否定公有制与市场机制统一的传统。从英国古典经济学到马歇尔新古典理论,再到凯恩斯主义及新古典综合和新古典

---

[1] 习近平:《在中共中央政治局第二十八次集体学习时的讲话》,《人民日报》,2015年11月25日,第1版。
[2] 习近平:《在庆祝改革开放40周年大会上的讲话》。北京:人民出版社2018年版,第24页。
[3] 同上书,第26—27页。

宏观经济学等不断演变的主流经济理论,以及早期的重农主义、重商主义到当代的货币主义、合理预期理论、新凯恩斯主义等流派,都否定社会主义公有制与市场经济机制结合的可能,都把政府集中计划经济视为公有制的运行和实现形式,把竞争性市场经济视为资本私有制的运行和实现形式,把社会主义公有制与竞争性市场机制根本对立起来,进而否定社会主义公有制经济获得资源配置的市场竞争性效率的可能,以在根本上否定社会主义制度的前途和生命力。

马克思主义经典政治经济学同样具有否定公有制与市场机制统一的传统。在马克思看来,私有制和社会分工是产生商品、货币和市场经济关系的前提,而资本主义生产资料私有制在历史上才真正为竞争性的市场经济机制提供了基本制度基础,在未来理想社会即共产主义制度取代资本主义生产方式之后,社会共同占有制否定了资本私有制,商品、货币及市场经济关系将不再存在。公有制下不可能也不应当,更不需要通过市场机制来盲目地、间接地实现资源配置的社会性,而是以自觉的直接的方式实现。①

在第二次世界大战后计划经济国家的体制改革实践上,真正难以突破的难题也在于社会主义公有制与市场机制能否结合。从20世纪50年代之后的南斯拉夫改革,匈牙利、波兰、捷克斯洛伐克等东欧计划经济国家的改革,初衷也是力图在保持公有制基本制度不变的条件下,引入或培育市场经济机制,并使之成为资源配置的基本体制,从而同时兼得公有制和市场经济的"好处",既有公平又能保障效率。在国有制垄断基础上建立中央集权计划经济的苏联(斯大林模式),在20世纪五六十年代也曾力图在所有制不变的基础上引入市场因素(如"柯西金分权式改革"的实践和利别尔曼等人被称为"市场社会主义"的理论),但都未能真正使社会主义基本制度与市场经济机制统一起来。进入20世纪80年代改革时期之后,为取得市场经济的竞争性配置效率,这些经济转轨国家纷纷放弃了公有制的制度基础,以全面资本私有化来支持资源配置机制的市场化,即采取"华盛顿共识"所表明的私有化加市场化的制度改革逻辑。

---

① 刘伟:《中国经济改革对社会主义政治经济学根本性难题的突破》,《中国社会科学》,2017年第5期,第53—43页,第205—206页。

中国的改革进程始终坚持把公有制为主体、多种所有制经济长期共同发展的所有制与资源配置的市场机制统一起来。在制度层面上,通过深化所有制结构和公有制实现形式的改革,使之既不失其公有制为主体的社会主义本质规定,又能够与竞争性的市场配置资源机制相互兼容;在运行和调控机制上,通过深化市场化进程和完善市场秩序厘清政府与市场的相互关系,努力推动使市场既在资源配置中起决定性作用,又能更好地发挥政府作用。

第二章

新时代中国特色社会主义政治经济学研究的价值理论基础：马克思劳动价值论的历史价值观与中国特色社会主义市场经济的历史实践①

一、政治经济学必须讨论价值理论并使之成为全部理论的基石

中国特色社会主义政治经济学应不应当有相应的价值理论基础？政治经济学为什么必须以价值理论作为基石？中国特色社会主义政治经济学需要怎样的价值理论？如何统一马克思主义劳动价值论与中国特色社会主义市场经济的理论与实践？这些是我们必须深入探讨的问题。

政治经济学是研究社会生产方式及其发展规律的科学，因而政治经济学首先需要论证一定的社会生产方式的历史进步性、优越性及相应的必然性，研究一定社会生产方式的产生、发展、更替的历史趋势及条件。正因为如此，政治经济学实际上是历史的科学，作为历史的科学，必然具有相应的阶级性。解释社会生产方式的历史必然性、进步性、正义性，总是从一定阶级利益和立场出发

---

① 《资本论》出版至今已有150年，那么其在当代还具不具备科学的分析解释能力？这是人们关注的重要问题。对于我们进行中国特色社会主义建设来说，中国特色社会主义政治经济学需不需要坚持马克思劳动价值论，非常值得探讨。本章主要内容曾以《中国特色社会主义政治经济学必须坚持马克思劳动价值论》为题发表于《管理世界》，2017年第5期，第1—8页。

的,因为一定的社会生产方式总是由一定的阶级所代表的。而价值理论便是对一定生产方式正义性和必然性的最深刻的政治经济学分析。因此,一定阶级属性的政治经济学为其阶级所代表的生产方式的正义性和必然性进行论证时,必须具有自己的价值学说,并以此作为其全部政治经济学的基石。

1. 劳动价值论成为古典经济学主流价值论的原因

资产阶级政治经济学自产生起,价值理论便成为其核心,在以斯密为代表的英国古典经济学体系中,价值理论成为基本内容,也是最为核心的内容。古典经济学首创了劳动价值论,并且使之成为古典经济学理论体系的基石,在资本主义第一次产业革命前后成为西方经济学中占据主流地位的价值理论,支配西方经济学长达一个世纪之久。之所以在这么长的时间里,古典经济学的劳动价值论能够成为主流价值论,成为西方经济学中的热点和核心命题,最根本的历史原因在于三方面。

第一,论证资本主义历史必然性的需要。在第一次产业革命前后,处于自由竞争时代的资本主义生产方式并未取得稳定的统治地位,其所赖以存在的社会生产力基础(社会化的大工业生产)并未真正形成,资本主义生产方式较之人类以往的社会生产方式,解放和发展生产力的优势仍未真正体现。因此,特别需要对资本主义生产方式的历史必然性、优越性、正义性和合理性加以说明,这是包括资产阶级政治学家、哲学家、法学家、社会学家、文学家、经济学家等全部学术思想界和意识形态代表的共同责任。从经济学来看,要证明资本主义生产方式的必然性和优越性,需证明其正义和公平。因为资本主义生产方式最根本的特征是市场机制(市民社会),在本质上,贯彻的是"等价交换"的法权规则,而不是特权准则,因而在经济关系上是公平的;在形式上,体现的是"契约主义",而不是等级身份,因而在权利与责任上是对等的。但什么是等价交换?等价交换的根据是什么?因此决定等价交换的基础——价值,便成为全部经济学关注的热点。此外,价值是怎么生产创造的?生产出来的价值又是怎样分配的?价值的源泉是什么?价值如何分配才公平并同时有效?因此价值创造和分配的理论又成为核心。资本主义生产方式之所以优越,根本在于它在价值创造上更具公平竞争性(法权),所以有效;在价值分配上贯彻等价交换,所以公平。因此,价值理论的讨论便与论证资本主义生产方式的历史必然性紧密统一为一体,成为极具重要意义的不可或缺的热点命题。

第二,反对封建生产方式的需要。作为自由竞争时代的资本主义生产方式的代表,资产阶级有其历史进步性,其推动历史进步的主要阻力来自封建阶级,而不是无产阶级,恰恰相反,资产阶级需要联合无产阶级作为共同对抗封建阶级的力量,这种联合的基本方式是以资本雇佣劳动的资本主义生产方式否定封建主义生产方式,进而在资产阶级的各种学说中对无产阶级的存在及无产者的劳动的合理性和正义性需要一定程度上予以承认。这种承认在经济学中的体现,集中表现在其劳动价值论上,即承认劳动是价值的源泉。因此,劳动价值论成为自由竞争时代占据主流地位的价值学说。①

第三,对产业革命的理论反映。价值论和劳动价值论成为自由竞争时代经济学的热点和主流,也是对产业革命的理论呼应。自由竞争时代的资本主义生产方式下的生产力发展,正是产业革命带来的社会化大生产革命的时代,要求其主流的经济理论对产业革命,特别是对工业制造业及与工业制造业发展联系得最为密切的资本雇佣劳动制度的进步性和合理性加以论证。早在古希腊和古罗马时代,劳动价值论的思想(也包括效用价值论的思想)就已有萌芽,但就整个社会时代而言,当劳动主要由奴隶所从事时,不可能被视为尊贵和正义的。虽然当时的一些思想家已经感觉到劳动与价值之间存在一定的联系,但劳动本身并不被视为"高尚"的进而是有价值意义的活动;况且,当时整个社会经济生活是从属于政治和美学利益的,研究经济问题并无经济本身的目的,而是为解决更重要的伦理和法律问题,经济学意义上的价值命题得不到重视。到中世纪神学家的时代,虽然人们对价值问题有进一步关注,但不可能形成经济理论体系,他们关注的热点是阐释上帝安排的人们的行为准则,在财富观上,他们视财富的积累为罪恶;在制度观上,他们排斥个人占有,崇尚"财富共有";在生产观上,他们赞赏自然经济形态的农业,有保留地宽容手工制造业,严厉谴责商业,

---

① 当然,在资产阶级经济学中,对劳动的正义性的承认是有保留的,更是历史的,因为若坚持彻底的劳动价值论,最终会导致对资本正义性的否定,这是资产阶级经济学不可能坚持的。因此,在古典经济学集大成者亚当·斯密的《国富论》中,除在价值源泉的讨论中提出劳动价值论外,在讨论价值构成时又提出收入价值论,认为价值分别由工资、利润和地租三部分构成,因而有三个不同的来源,从而为证明资本与地租收入的合理性提供理论依据,但这同时与其劳动价值论形成根本冲突。斯密主张先以劳动价值论为主,到一定历史阶段后,再以收入价值论为主,这不仅反映了古典经济学中两种价值论的矛盾,也反映了其对劳动合理性承认的历史暂时性,这源于其阶级需要。

因此对与工业制造业大生产相联系的资本雇佣劳动制度的正义性不可能予以承认。古典经济学倡导的劳动价值论成为主流，不仅是对资本主义生产方式产生的历史必然性的论证，而且也是对资本主义制度得以确立并赖以存在的产业革命社会化大生产的历史回应。①

2. 资产阶级经济思想史上主流价值论演变的基本动因

资产阶级经济学发展进程中主流价值理论的演变，同样是适应历史发展变化、深入阐述资本主义生产方式的优越性及合理性的需要。在西方经济学的发展历史上，关于价值理论的分歧主要是劳动价值论与效用价值论的对立。关于价值理论的对立，是沿着这样的思想史线索展开的：①以劳动价值论为主流，古典经济学的劳动价值论占据主流地位长达百年以上；②效用价值论为主流，以1871年边际革命为界，先是客观效用价值论为主流，后是主观效用价值论为主流；③19世纪末20世纪初的马歇尔新古典经济学体系的"价值－价格"论即"均衡价格"论，以"均衡价格"替代了"价值"范畴；④后来的经济学家对马歇尔的"均衡价格"理论不断进行发展和完善，从局部均衡分析发展到一般均衡分析，形成了当代西方经济学中占据主流地位的价值－价格的一般均衡分析传统。

在古典经济学劳动价值论占据主流地位一个世纪之后，到19世纪中叶前后，伴随古典劳动价值论的瓦解，效用价值论成为主流价值论。劳动价值论的主流地位让位于效用价值论（客观效用价值论）在思想史上的直接原因，在于李嘉图学派的瓦解。李嘉图在斯密之后把古典劳动价值论推向极致，把价值的源泉归结为劳动，并且视其为唯一的源泉。这种一元劳动价值论论证了封建地租是对劳动创造的价值的无偿占有，为资本主义反封建主义提供了有力的经济学根据，但彻底的一元劳动价值论还会对资本获得利润的正义性进行否定，这显然不是作为资产阶级学者的李嘉图的初衷。但由于其理论上的局限性，李嘉图没能区分价值和价格、使用价值与交换价值，特别是对"劳动"的认识是粗糙的，不能回答什么劳动创造价值，劳动怎样创造价值，也解释不了现实生活中价格与价值背离的现象，从而面临一个根本性矛盾：坚持劳动价值论意味着在否定封建地租的同时，否定资本的合理性和正义性，承认资本的正当性则又要动摇

---

① 晏智杰：《劳动价值学说新探》。北京：北京大学出版社2001年版，第97—102页。

或修正劳动价值论。李嘉图学派的追随者为解决这一矛盾,不得不将积累的劳动(死劳动——资本)同样视为"劳动",进而视其为价值的源泉,从而导致其劳动价值论的破产。

在李嘉图古典劳动价值论破产的基础上,一方面,西方经济学中的效用价值论迅速取得了主流地位;另一方面,产生了马克思的科学的劳动价值论。作为与劳动价值论对立的效用价值论,其思想萌芽早在古希腊古罗马时期就已产生,但远不成其为理论。作为一种经济学理论,最初也是见诸于斯密的学说中,斯密在提出劳动价值论思想的同时,又提出收入决定论:劳动-工资,土地-地租,资本-利润,价值由三种收入构成,同时也是价值的三个来源,这就形成了与其劳动价值论的矛盾。为解释这一矛盾,斯密认为资本主义社会初期应以劳动价值论为主流,发展到一定阶段便应让位于收入价值论(效用价值论)。就是说在资本主义发展初期,资本与劳动对立的矛盾还在资本与封建对立之后,坚持劳动价值论对于资产阶级联合无产阶级推翻封建社会更为有利,当资本主义生产方式稳定之后,资本与劳动的对立,进而资产阶级与无产阶级的矛盾成为首要,坚持劳动价值论便是对资本正义性的否定,因而需要以承认资本合理性的收入价值论来取代劳动价值论。可见,斯密之所以提出收入价值论,并指出到一定阶段需要以此替代劳动价值论,根本目的在于为资本主义生产方式的存在和发展辩护。而李嘉图学派在把古典劳动价值论推向极致的同时又使之庸俗化直至破产,在思想史上为效用价值论对其主流地位的替代创造了可能。

效用价值论(即生产成本价值论或称要素价值论)是在19世纪初由法国经济学家萨伊系统提出的,到19世纪40年代替代了古典劳动价值论取得主流地位,其思想源头是继承斯密的收入价值论,综合了生产要素论、供求关系论、生产效用论和客观效用论等思想,核心是效用论,认为价值即效用,效用是由资本、自然(土地)、劳动三要素共同生产出来的,因此与生产有关的要素均是价值源泉。后来一些学者如约翰·穆勒等又对这种生产要素论做了系统的表述和综合,形成了占据统治地位的客观效用论学说。显然这种转变的经济史动因在于为资本主义生产方式的正义性进行辩护。以1871年边际革命为界,在此之后,主观效用价值论又替代了客观效用价值论的主流地位,主观效用价值论认为价值即效用,但效用并非客观效用,而是人们主观上对满足欲望程度的评价,同时决定价值量大小的并非一般的主观评价,而是边际效用,即人们对最后一个增量给其带来的欲望满足程度的评价。发生这种转变,经济史上的原因在于,19世纪后期资本主义生产方式本身固有的矛盾开始尖锐,特别是发生了若干次深刻的生产过剩的经济危机,表明资本主义生产方式并非可以通过"看不见的手"自动实现和谐。怎样使资本主义生产方式有效实现和谐(均衡)？需要确立新的价值理论予以支持,提出主观效用价值论的目的就是要求资本主义的生产应把目的确定为满足人们的需求和欲望,若生产能充分适应和满足人们的需求和欲望,便不会产生危机,也才真正有价值。显然,主观效用价值论主流地位的确定,是适应资本主义生产方式克服经济危机的需要而历史地提出的。

主观效用价值论占据主流地位时间不长,便被马歇尔的英国新古典综合经济学的价值论所取代。马歇尔在综合以往经济思想的基础上,构建了新古典经济学体系,在其体系中,价值与价格是等同的。马歇尔的价值指的是均衡价格；在分析方法上,马歇尔是典型的折中主义,在价值决定及均衡价格的形成上,既强调需求的作用,又强调供给的作用；既承认客观效用,也承认主观效用,并且十分强调边际分析。马歇尔综合价值论的实质是以均衡价格论替代了价值论,其后的西方经济学主流关注的不再是原来意义上的价值命题,而是均衡价格命题。之所以有这种转变,除经济思想史上的原因外,更为深刻的历史原因在于20世纪资本主义生产方式的统治地位已经十分牢固,比较而言,直接论证资本主义制度的必然性、合理性、优越性,对于资产阶级来说已不如此前重要,更为重要的是论证如何运用资本主义制度使资源配置有效,进而实现资本收益最大化。因而,发现均衡的位置,分析怎样实现资源配置的均衡状态,进而为满足资本收益最大化创造条件,便成为经济学讨论的热点和核心。也就是说,论证的热点从直接论证为什么要选择资本主义转变为如何运用资本主义,进而满足资本的利益需要。

总之,在西方经济思想史上,价值理论之所以成为热点和核心命题,占主流的价值理论之所以从古典劳动价值论到效用价值论,从客观效用价值论到主观效用价值论,又从效用价值论到均衡价格论,根本上都是适应资本主义生产方式发展的历史需要,核心是论证资本主义生产方式的合理性、正义性、必然性及有效性。价值理论对于经济学来说之所以重要,原因也正在于此,它集中论证了一定阶级所代表的生产方式的历史必然性,因而也就成为政治经济学的基础。①

二、马克思政治经济学中的劳动价值理论的特色:从古典到科学的变革

从经济思想史上看,马克思政治经济学的劳动价值论也是在古典李嘉图劳动价值论破产的基础上,批判继承发展古典经济学的劳动价值论并使之成为科学的劳动价值论。价值的源泉归结为劳动,这一基本思想并不是马克思的首创,在古希腊古罗马时代就已有这一思想萌芽,将其理论体系化也不是始于马克思,在古典经济学那里就已有系统的劳动价值论。马克思是在批判继承古典经济学的基础上,从古典经济学未能解释的矛盾出发,创造了马克思主义的科学的劳动价值论。这种批判和创造集中体现在以下几方面。

第一,马克思把价值的本质归结为人与人之间的社会历史关系,把这种历史关系理解为社会生产方式演变的结果,并通过价值理论的分析为阐释人类社会经济关系的运动规律提供理论基础。马克思的劳动价值论,实质上主要是为其分析资本主义生产方式运动的剩余价值规律提供基础。古典经济学的劳动价值论同样也承认价值是人类社会运动中的社会关系的体现,但一方面,古典经济学的劳动价值论并不彻底,特别是在斯密的学说体系中,价值论是二元的,既有劳动价值论,又有收入价值论,收入价值论本质上是效用价值论,而效用本身包含人与物、人与自然的关系,效用的形式不仅取决于人的劳动,而且与自然物质条件有密切关系,并非仅指人与人的社会关系;另一方面,它并未科学地说明为什么价值是人与人之间的社会关系,即使是坚持价值唯一源泉在于劳动的李嘉图一元劳动价值论,也没有阐释清楚价值的这种社会本质。马克思劳动价值论不仅坚持价值的本质只能是社会关系的体现,而且科学地论证了这一问题。

第二,马克思严格区分了价值和使用价值,指出商品是价值与使用价值的对立统一体,但政治经济学不研究使用价值,认为使用价值只是价值的物质承

---

① 陈岱孙等主编:《政治经济学说史》(上)。长春:吉林人民出版社1981年版,第71—94页。

担者,从而在价值论中彻底排除了人与物的关系,进一步明确了价值的社会属性。这一点古典经济学虽然也提出了,但是远不如马克思明确和彻底。

第三,马克思严格区分了价值和交换价值(价格)。古典经济学混淆了价值和交换价值,关注交换价值(相互交换的数量比例关系),但却没能揭示决定交换比例数量关系的实质是什么,并且往往把影响交换价值的因素混同为影响价值的因素,不仅难以解释价值的源泉,而且曲解了价值的本质。马克思严格区分了价值和交换价值,并把决定交换价值的实质归结为价值,进一步把价值归结为人类劳动,所以人与人的社会经济关系是价值的实质,不同使用价值之间之所以能交换,是因为存在共同的基础——人类劳动;之所以能按一定数量比例实现交换,是因为存在可以进行比较的同质的前提——人类劳动;所以交换比例及其变化实际上是价值运动的一定数量表现。

第四,马克思科学地论证了价值的源泉,深入分析了什么劳动或者说劳动怎样创造了价值,而这一点正是古典经济学未能做到并深为困惑的。马克思创造了劳动二重性学说,提出具体劳动创造使用价值,抽象劳动才创造价值,具体劳动包含人与自然的关系,抽象劳动作为对具体劳动的抽象,反映的是人们劳动的社会性质和历史形式,具体劳动实现抽象,具体劳动的具体形式还原为共同的最为本质的抽象劳动,不仅是理论分析上的抽象过程,而且是把个别劳动还原为社会一般劳动的过程,即社会对于个别劳动是否承认以及承认多少的过程。具体劳动形成使用价值,但这种使用价值是否具有价值,必须经过社会承认并将其还原为抽象劳动,这进一步说明价值属性在于社会性,是一定的社会关系的运动。

第五,马克思阐释了价值量如何决定,提出了"社会必要劳动时间"范畴,古典经济学未能科学地说明这一点,因此也就不能说明价值量的大小怎样确定。李嘉图提出由最坏的生产条件下耗费的劳动时间决定价值量,显然不具科学的解释力。马克思指出价值量由社会平均生产条件下的必要劳动时间决定,而不是由个别劳动时间决定,不仅科学地解释了价值量怎样决定,而且进一步强调了价值量决定本身是一个社会过程,从而进一步申明价值是一种社会关系的运动,而不是人与物的具体的个别的活动关系。

第六,马克思分析了商品价值形成和货币的起源及本质,而这一点正是古典经济学所忽视的,甚至是未能提出的。本质上,价值形式和货币起源及发展过程是社会历史发展过程，是人们社会经济关系及经济制度运动的历史体现。产品之所以成为商品，人类劳动之所以凝结为价值，价值的实现之所以取决于社会承认，社会承认的方式和过程之所以表现为市场交换，市场交换的形式之所以不断发展变化，作为媒介交换的货币之所以产生，等等，都是因为社会经济发展中基本矛盾的变化，即生产的社会性质表现为私人性和社会性的对立统一。之所以形成生产的私人性与社会性的矛盾，根本原因在于社会分工和生产资料私有制。马克思通过对人类经济关系和生产经济制度运动的历史分析，揭示出价值形式的运动和货币的起源及本质，从而进一步说明商品、货币、价值、交换等范畴不过是人与人之间社会经济关系运动的一定历史时期的形式。如果认识不到这一本质，商品价值在现象上就表现为人与物的关系，表现为物对人的支配，生产者的劳动能否实现价值不是生产者本身可以预知和控制的，而是取决于外在的自发的市场竞争。商品能否转化为货币，不是取决于生产者私人劳动，而是取决于能否转换为社会必要劳动，而这个转换过程又是异己的自发的社会化的过程，由此便形成异化及商品货币拜物教。

第七，最为重要的是，马克思劳动价值论表明的历史价值取向根本不同于资产阶级学者，所体现的是无产阶级的根本利益追求，不是像资产阶级经济学的价值理论及其演变那样，服从于为资本主义生产方式的合理性、优越性及必然性的辩护需要，而是从无产阶级立场出发，彻底批判和否定资本主义生产方式，并为资本主义生产方式的产生、发展、灭亡的历史过程做出科学分析，提供理论基础，为剩余价值理论的形成创造价值理论的前提。马克思的劳动价值论告诉我们，一方面，劳动是价值的唯一源泉，劳动与资本是根本对立的，资本所得只不过是对劳动创造价值的无偿占有，这种占有和剥削是历史的，从根本上说是不合理的；另一方面，价值等范畴的存在和运动表明人类对自身的生产活动自身不能支配，而取决于外在于生产者自发的、盲目的市场交换，这是一种异化，之所以存在这种异化，根本原因在于存在社会分工条件下的私有制，割裂了人们生产的直接社会联系，生产的社会性只能间接地通过市场交易来实现，要从根本上克服这种异化，就必须消灭私有制，人类发展的理想社会是消灭了一切私有制的社会共同占有制下的共产主义社会。①

---

① 马克思：《资本论》（第一卷）。北京：人民出版社1975年版，第86—100页。

三、 中国特色社会主义政治经济学与马克思劳动价值论

习近平同志在其关于政治经济学,特别是中国特色社会主义政治经济学学说体系建设的多次讲话中,明确指出必须坚持马克思主义的劳动价值论。这不仅是要坚持马克思主义劳动价值论的辩证唯物主义方法,而且要坚持马克思主义的历史观,坚持劳动价值论的历史价值取向,坚持其无产阶级立场和追求。

1. 必须统一马克思主义劳动价值论的基本立场与中国特色社会主义市场经济实践

中国特色社会主义政治经济学必须坚持以马克思主义劳动价值论为基础,中国特色社会主义事业本质上是社会主义性质并且以共产主义为最终目标,因此无论从理论逻辑还是从历史逻辑来说,都是在中国对资本主义制度的一种否定。马克思主义的劳动价值论作为体现无产阶级利益要求的学说,作为对资本主义生产方式合理性和正义性根本否定的理论,同时也是对作为与资本主义生产方式相对立的社会主义生产方式合理性和必然性的肯定。马克思主义的劳动价值论深刻地揭示了资本与劳动的对立,并以这种对立分析为剩余价值论建立了基础,在劳动价值论的基础上进一步阐释了资本是如何实现对劳动创造的价值无偿占有的。资产阶级政治经济学的价值理论,无论是古典经济学的劳动价值论,还是后来取代劳动价值论占据主流地位的效用价值论,以及再后来的均衡价格论,其根本目的都是为资本主义生产方式的合理性、必然性和永恒性进行辩护。中国特色社会主义政治经济学作为中国特色社会主义事业的理论反映和理论指导,说到底必须反映中国无产阶级和广大劳动人民的根本利益要求,必须体现中国共产党所代表的解放和发展中国社会生产力的根本要求,必须体现社会主义生产方式运动的要求。因此,中国特色社会主义政治经济学需要坚持马克思主义劳动价值论,首先是需要坚持马克思主义劳动价值论所要求的历史价值观,需要坚持其所体现的无产阶级的根本利益,需要坚持其所追求的共产主义理想。价值理论说到底是为一定阶级所代表的社会生产方式进行争辩,中国特色社会主义政治经济学的价值学说,必须也只能以论证中国特色

社会主义生产方式发展运动的历史正义性、必然性、合理性、有效性为根本,而马克思主义的劳动价值论恰恰以此为初衷。

马克思主义劳动价值论不仅通过揭示资本与劳动的对立,进而通过剩余价值理论分析,阐释了资本主义生产方式的非正义性及必然灭亡的规律,而且阐释了与私有制相联系的社会分工条件下一切商品货币市场交换关系的非正义性,指出其对人类生产活动的扭曲和颠倒的"异化"性,进而指出人类未来理想社会必然在否定一切私有制的同时,否定市场关系。坚持马克思主义劳动价值论,当然必须坚持马克思主义彻底否定私有制及与私有制相联系的商品生产关系的历史观。但中国特色社会主义具有自身的一系列历史特点,这些历史特点说到底是源于中国社会生产力发展的性质和要求,突出的特点在于需要建立和完善社会主义市场经济制度,而社会主义市场经济制度以公有制为主体的生产资料所有制与以市场竞争机制起决定性作用的资源配置机制。这就至少提出了两方面的问题。一方面,在所有制上以公有制为主体、多种所有制经济长期共同发展是中国特色社会主义社会的生产资料所有制结构,而不是纯而又纯的单一的公有制,所以,与这种多元所有制结构相适应,必然需要相互间的市场交易机制,进而,在我们中国特色社会主义经济中,不是单纯的公有制,仍存在不同形式的私有经济,同时,与多种所有制经济并存的市场机制仍然是历史需要,这就不同于马克思主义劳动价值学说所要求的在否定资本主义生产方式之后建立起的公有制(社会共同占有制)社会,不同于在消灭了一切私有制之后否定商品货币市场关系的历史要求。马克思主义劳动价值论所坚持的历史发展观的实现,是一个漫长的历史过程,我们在中国特色社会主义事业中坚持这种历史观,在于坚持为最终实现共产主义理想不懈努力,而实现这一理想是一个漫长的历史过程,并不是说在现阶段中国特色社会主义建设中就要取消一切非公有制经济,进而取消一切商品市场关系。另一方面,中国特色社会主义经济坚持社会主义市场经济方向,公有制为主体下市场机制发挥决定性作用,因此占据主体的公有制本身必须能够适应市场竞争,否则占据主体的经济不接受市场约束,市场机制就不可能在资源配置中发挥决定性作用。而马克思主义的劳动价值论的逻辑,是根本否定公有制与市场统一的可能的。马克思劳动价值论的逻辑是这样的:从商品这一最为普遍的现象入手分析什么是商品,为什么产品成为商品。因为商品是使用价值与价值的对立统一,不再是单纯的使用价值,没有这一矛盾运动,产品就不成其为商品。那么为什么会有使用价值与价值的矛盾存在?因为生产商品的劳动过程发生了深刻的历史变化,劳动不再是个别的具体的人与自然之间的物质交换过程,而是具体劳动与抽象劳动的对立统一,劳动的这种二重性决定了劳动生产出来的结果,成为使用价值和价值的对立统一体,具体劳动形成使用价值,同时抽象劳动形成价值。那么为什么劳动具有这种二重性?因为社会生产的性质发生了历史变化,生产不再是单纯的个体为自己的活动,而成为私人性与社会性的对立统一,劳动作为实现生产的手段,其特征受生产过程基本矛盾的规定,生产的私人性质使其总是具体个别地进行,而生产的社会性总是要求劳动具有社会一般性,一开始就是为社会并且必须经社会承认的社会生产。那么,为什么生产过程的基本矛盾成为生产的私有性与社会性的对立统一,从而决定了生产的社会性质从一般的自然经济转变为商品生产和交换?根本原因在于社会经济发展的历史条件发生了深刻的历史变化,出现了社会分工和生产资料私有制,要求私有制下的私人生产必须具有社会性质。可见,在马克思劳动价值论的逻辑中,社会分工和私有制是商品价值关系能够产生和存在的最为深刻的原因。当人类社会生产力发展到一切私有制都不可能适应时,必须以社会共同占有制取代私有制,才能适应社会生产力发展的历史条件下,伴随私有制的消亡,商品生产和交换关系也就失去了存在的根本条件。中国特色社会主义政治经济学坚持社会主义市场经济改革方向,就不能机械地把公有制与市场经济对立起来,这种坚持公有制与市场经济的有机统一,并不是对马克思劳动价值论的逻辑和历史价值观的否定,而是其实现过程的复杂性、长期性的体现。实践表明,在中国这样一个生产力发展水平落后的发展中国家,建立社会主义制度,与马克思经典作家所分析的在西欧生产力相对发达的资本主义国家有根本不同,中国不仅需要建立以公有制为主体、多种所有制经济共同发展的混合所有制结构,不能实行纯而又纯的单一公有制,而且即使是公有制本身也不同于马克思所说的共产主义社会的社会共同占有制,而是多种形式的公有制。这种公有制实现方式的多样性,所有制结构的多元性,就使得我们初级阶段的社会主义经济发展,只能也必须努力建设公有制为主体、多种所有制经济共同发展的生产资料所有制,与市场竞争配置资源机制有机统一，并使市场机制发挥资源配置的决定性作用。中国特色社会主义条件的社会主义市场经济，是我们实现共产主义目标长期必须坚持的历史形式，超越这种历史规定便会陷入空想社会主义，会给社会生产力发展和社会进步带来巨大的破坏，让我们不得不放弃所追求的共产主义理想，从而动摇马克思劳动价值论所倡导的无产阶级立场和否定一切私有制合理性的历史价值观，以致使我们的事业失去应有的社会主义方向。

2. 必须统一马克思主义劳动价值论的认识方法与持续发展的产业革命进程

马克思的劳动价值论是对产业革命的历史回应。中国特色社会主义政治经济学坚持马克思劳动价值论的基本阶级立场和历史价值观，必须坚持其对社会生产力进步和发展的积极呼应的历史唯物主义和辩证唯物主义态度。一定的社会生产方式总是与一定的社会生产力性质及发展要求相适应的，因此代表一定社会生产方式的社会阶级，尤其是作为这一阶级意识形态代表的理论家，要鼓吹他们所代表的社会生产方式，进而也就要为支撑这种生产方式的产业发展进行争辩。这种争辩首先集中体现在为相应产业的生产性、有效性、必然性的争辩，并且要求不断为相应产业和所体现的社会生产力发展创造制度条件。中世纪的神学家对商业的批判，对于手工业的保留态度，对自然经济的农业的赞赏，包含深刻的中世纪封建社会生产方式对社会生产的理解。在英国古典经济学派诞生之前，重农学派之所以特别强调农业的生产性，原因与重农学派的中世纪封建外衣与资产阶级思想内容间的不协调是一致的。重商主义对贸易，特别是对海外贸易的商业活动生产性的强调，与产业革命之前的商业革命时代的资产阶级利益要求是一致的。古典经济学在承认农业是生产性产业的同时，特别强调工业制造业的生产性，则是与古典经济学所代表的产业革命时代的资产阶级利益要求相关，也是经济理论上对产业革命的响应。这种对不同产业生产性质的肯定和强调，也都体现在他们各自的经济理论的价值论当中，即产业的生产性重要的在于其价值的创造性和财富的生产性，相应地就有了不同的"生产劳动"学说。马克思的生产劳动学说与马克思的劳动价值学说也是相互统一的。马克思的生产劳动学说与其劳动价值论相同，在历史价值观上，一方面对以工业制造业崛起为代表的产业革命予以肯定弘扬，另一方面对建立在社会化大机器工业生产基础上的资本主义生产方式产生、发展和灭亡的规律予剖析;在其生产劳动学说中,对工业制造业及农业等物质资料生产的实业创造价值和创造财富的生产性属性充分肯定,同时也特别指出资本主义社会生产方式下的生产劳动及产业活动的社会性质,从根本上体现为资本主义生产的性质,其生产性的社会性质在于为资本实现剥削的目的,在于通过资本雇佣劳动的方式实现对剩余价值的占有。马克思的"生产劳动"是从自然形态和社会形态两个方面的统一中论述的,自然形态即指生产使用价值的具体劳动,社会形态则指体现怎样的生产目的和社会性质。马克思集中考察的是资本主义生产劳动,因而考察的是体现资本主义生产目的和特征的生产物质财富的劳动,作为社会生产劳动,就其社会形态而言,必须体现资本主义生产性质。生产性首先是指对资本占有剩余价值具有"生产性";就其自然形态而言,必须生产财富、生产使用价值,而产业革命的资本主义时代最富有生产性的产业即工业制造业;同时,在那个历史时期,资本主义生产关系在传统农业和服务业中尚不发达,资本雇佣劳动的关系更多的是首先集中在工业制造业中。因此,从资本主义生产创造剩余价值的社会性质和创造财富的自然意义的生产性两方面的统一上看,资本主义物质资料生产,特别是资本主义的工业制造业大机器生产是最富"生产性"的产业。资本主义社会生产劳动如果是生产使用价值和实现资本占有剩余价值的统一,那么这种生产劳动就应当是创造价值的劳动,进而才可能形成剩余价值。资本主义生产劳动既是使用价值与价值统一的商品生产活动,又在此基础上同时成为实现资本主义生产目的的剩余价值生产活动。马克思的生产劳动学说与其劳动价值论学说作为统一体,为剩余价值学说奠定了重要的理论基础,一方面指出了资本主义生产方式推动产业革命并以大机器工业为基础的历史进步性,另一方面恰恰从这种机器大工业社会发展与资本主义私有制之间存在的根本冲突中,阐释了资本主义生产方式的内在的无法克服的矛盾,而这种矛盾运动的结果是资本主义私有制的灭亡和社会共同占有制的产生。[①]

我们现阶段中国特色社会主义政治经济学面对的重要发展命题是,现代社会生产力的产业体系和产业结构,与产业革命时代相比发生了深刻的变化,突出表现为服务业的崛起,特别是信息革命及信息化时代产业变革深刻改变着现代社会生产方式和生活方式。中国特色社会主义政治经济学应当对这种新的

---

① 《马克思恩格斯全集》(第26(Ⅰ)卷)。北京:人民出版社1972年版,第163—436页。

产业革命和信息革命做出回应。那么,坚持马克思劳动价值论与回应现代服务业的生产性如何统一?换句话说,非物质资料生产的服务业特别是现代信息服务是否具有生产性,是否创造使用价值和价值?在当代资本主义生产方式下,是否同工农业等实体经济一样为资本创造剩余价值?在中国特色社会主义经济中是否同样为实现社会主义社会生产目的服务,进而体现社会主义社会生产性质?问题的关键在于如何认识服务的自然形态,服务区别于物质资料生产的突出特点在于,它不是以具体有形的物的形式存在,而是以非物品的服务形式存在。那么,作为商品生产,其价值的承担者怎样存在?即马克思所说的使用价值的承担者的存在问题。从理论上来说,劳动和劳动所提供的产品是不同的,服务和服务所形成的使用价值是不同的,服务生产本身是劳动过程,服务形成的产品是非物品的形态的有用性。劳动的产品可以是商品,但劳动本身不是商品,服务生产过程所形成的有用性是商品,但服务生产过程本身不是商品。服务生产有别于物质资料产品的生产,相比较而言,至少有三方面的使用价值生产意义上的特点,一是服务在使用价值方面存在的独立性,服务的使用价值是以动态的而不是以物品的形式存在,服务生产过程是劳动过程,但服务生产形成的产品是非物品的有用性,这是一种客观存在,不能与服务作为生产过程与服务所形成的结果即服务的有用性混同。二是服务作为劳动的产品具有使用价值意义上的物质性,服务生产活动作为劳动同样是人与物质世界之间的物质变换过程,马克思所说的生产首先是人与自然之间的物质变换,并不是说人类生产劳动只能最终形成有形的物质产品,而是从哲学意义上指出,人类生产劳动说到底是人类与客观世界(物质)间的能动关系。三是服务作为生产活动形成的产品,即非物品形态的有用性具有使用价值的一般性,同物品的使用价值一样,能够满足人们的需要。因此,服务作为人类生产劳动的结果,尽管不是有形的物品,但同样具有一般意义上的"有用性",即有使用价值,只不过在资本主义自由竞争时代,一方面,产业革命以工业制造业的崛起为特征,服务业的发展尚且滞后;另一方面,资本主义的资本雇佣劳动的生产关系也主要集中在工业制造业而不是在服务业中,因此,无论是从生产的资本主义社会性质还是从生产的自然形态来说,服务业并不是最具资本主义生产性的活动。马克思特别强调了工业制造业的资本主义生产劳动的性质,这既是对资本主义生产方式的历史存在的承认,也是对物质资料生产特别是机器大工业的肯定。中国特色社会主义经济建设在产业结构上的突出特点,也是当代世界现代化的重要结构特征,那就是服务业特别是现代信息服务业作为第三产业,其地位越来越重要,进而要求经济理论包括中国特色社会主义政治经济学,必须对服务业的生产性问题做出回应。这是马克思主义劳动价值论和生产劳动学说所坚持的历史发展观的要求。生产方式包括其社会形式和自然形式都是不断进步和发展的,坚持马克思主义基本方法和历史观,需要对这种历史发展趋势做出清晰的阐释和积极的呼应。这是中国特色社会主义政治经济学需要坚持的。①

---

① 刘伟主编:《经济学教程》(第二版)。北京:北京大学出版社 2012 年版,第 3—28 页。

第三章

新时代中国特色社会主义政治经济学需要突破的根本性难题：公有制为主体的生产资料所有制与市场经济起决定性作用的资源配置机制[①]

社会主义初级阶段公有制为主体、多种所有制经济共同发展的生产资料所有制，与市场机制对资源配置起决定性作用，二者如何实现有效结合，是构建中国特色社会主义政治经济学的根本性难题。西方资产阶级经济学及对马克思主义经典作家思想的传统理解，否认二者统一的可能性。中东欧经济转轨国家关于二者结合的实践及理论探索，均以放弃公有制而告终。中国特色社会主义经济改革实践的根本特征，在于坚持二者的有机统一，已经取得了重大进展，同时面临一系列新的问题。

一、社会主义初级阶段生产资料所有制与市场机制如何结合

1. 坚持社会主义市场经济改革方向，既是我国改革发展实践需要坚持的基本原则，也是中国特色社会主义政治经济学需要阐释的突出问题

这一问题的核心在于如何实现社会主义初级阶段公有制为主体、多种所有

[①] 刘伟：《中国经济改革对社会主义政治经济学根本性难题的突破》，《中国社会科学》，2017年第5期，第23—43页，第205—206页。

制共同发展的生产资料所有制与市场经济机制的结合。这一主题至少涉及两个层次的问题:一是社会主义公有制与商品、货币、市场经济关系的统一;二是政府调节与市场调节的协调。

马克思的政治经济学批判为此提供了方法论的指导。首先,就所有制而言,马克思指出,财产关系"只是生产关系的法律用语"[①]"要想把所有权作为一种独立的关系、一种特殊的范畴、一种抽象的和永恒的观念来下定义,这只能是形而上学或法学的幻想""因此,给资产阶级的所有权下定义不外是要把资产阶级生产的全部社会关系描述一番"[②]。在市场经济下,正如马克思指出的,"流通是商品所有者的全部相互关系的总和"[③]。对社会主义初级阶段公有制性质及其实现形式与市场经济结合的分析,同样需要遵循马克思政治经济学分析的这一基本方法。其次,就市场关系而言,马克思阐述了商品流通的基本前提和一般规律。马克思写道:"商品不能自己到市场去,不能自己去交换。因此,我们必须找到它的监护人,商品所有者。""为了使这些物作为商品彼此发生关系,商品监护人必须作为有自己的意志体现在这些物中的人彼此发生关系,因此,一方只有符合另一方的意志,就是说每一方只有通过双方共同一致的意志行为,才能让渡自己的商品,占有别人的商品。""这种具有契约形式的(不管这种契约是不是用法律固定下来的)法权关系,是一种反映着经济关系的意志关系。这种法权关系或意志关系的内容是由这种经济关系本身决定的。在这里,人们只是作为商品的代理人即商品所有者而存在。"[④]因此,"商品交换本身除包含由它自己的性质所产生的从属关系以外,不包含任何其他从属关系"[⑤]。商品等价交换"这个领域确实是天赋人权的真正乐园,那里占统治地位的只是自由、平等、所有权和边沁"[⑥]。马克思继续写道:"生产当事人之间进行的交易的正义性在于:这种交易是从生产关系中作为自然结果产生出来的。这种经济交易作为当事人的意志行为,作为他们的共同意志的表示,作为可以由国家强加给立

---

① 《马克思恩格斯选集》(第2卷)。北京:人民出版社1972年版,第82页。
② 《马克思恩格斯选集》(第1卷)。北京:人民出版社1972年版,第144页。
③ 马克思:《资本论》(第一卷)。北京:人民出版社1975年版,第188页。
④ 同上书,第102—103页。
⑤ 同上书,第190页。
⑥ 同上书,第199页。

约双方的契约,表现在法律形式上,这些法律作为单纯的形式,是不能决定这个内容本身的。这些形式只是表示这个内容。这个内容,只要与生产方式相适应,相一致,就是正义的;只要与生产方式相矛盾就是非正义的。"①尽管这里阐述的市场交易当事人之间等价交换的平等关系,只涉及市场经济流通过程的表象甚至是其"荒谬形式",但马克思认为,"这种形式恰好形成资产阶级经济学的这种范畴。对于这个历史上一定的社会生产力即商品生产的生产关系来说,这些范畴是有社会效力的,因而是客观的思维形式"②。就社会主义市场经济运行的形式而言,也是如此。

就上述第一个层次即社会主义公有制与商品、货币、市场经济关系的统一问题,至少两个方面需要在理论上做出回答。一方面,社会主义初级阶段多元化的所有制结构应当怎样安排,才能在保障公有制(包括国有经济和集体经济)占主体、其他多种所有制经济共同发展的社会中,同时体现商品、货币、市场关系和价值规律的约束,满足市场经济运行的要求。另一方面,公有制本身如何适应市场经济的基本要求。如果坚持公有制为主体的所有制结构,同时坚持市场经济在资源配置中起决定作用,那么,占据主体地位的公有制本身必须适应市场竞争对所有制和企业产权制度的基本要求,特别是涉及国有制的地位和分布应当如何确定,采取怎样的实现方式,才能使市场竞争的主体秩序得以维护。

市场经济流通领域的竞争交易从本质上来讲是建立在一定所有制基础上的所有者,行使彼此独立的商品所有权,通过自愿的相互让渡而获取经济利益的行为。有效的交易或充分的竞争,在所有制或产权制度上至少需满足两个基本条件。一是生产资料所有制及相应的所有权必须是单纯经济性质的权利,进而可以首先服从市场经济运行的规则,而不附有超经济强制(如行政的、司法的、政治的、宗法的等)的性质,以保障市场公平交易的可能性。前资本主义社会虽然早已出现私有制和社会分工(马克思所说的市场交易产生的两个基本前提),但却没有生成市场经济形态,重要原因在于,基于狭隘自然经济的"人的依赖关系"(见下文)造成的超经济强制——司法职能和行政职能都成了"土地所

---

① 《资本论》(第3卷)。北京:人民出版社2004年版,第379页。
② 《资本论》(第1卷)。北京:人民出版社1975年版,第93页。

有权的属性"①。二是交易者相互之间必须对于交易之物具有明确的所有制或产权界区,交易说到底是权利的彼此让渡,存在界区和排他性。这是市场交易形成商品所有权转移的前提,权利若无不同,权利主体之间的转移便不是市场交易。尤其是必须界定不同所有者在相互交易过程中的权、责、利边界和相互关系,进而使交易者既有相应的权利,又有与权利相应的责任约束,同时又有与责任相适应的利益激励,使交易有效且有序,前资本主义的财产权无论是在经济制度上还是在法律制度上都不是十分清晰的。上述两个基本条件,首先在资本主义私有制基础上得到满足,因此市场经济在历史上首先与西欧资本主义基本制度融为一体,形成资本主义市场经济。② 社会主义公有制能否以及怎样满足市场经济的基本要求?这是前无古人的历史性命题,也是中国特色的社会主义市场经济改革实践和中国特色社会主义政治经济学必须回答的主要问题。

对于第二个层次即政府与市场的关系来说,关键是要协调政府主动调节与市场竞争调节的关系。处理这一关系,首先是对政府和市场的定位、功能、作用范围、作用方式、作用程度的界定。事实上,不仅社会主义经济面临政府与市场相互关系的问题,当代资本主义社会经济体同样面临这一问题。在中国特色社会主义经济中处理这一关系的特殊性在于,如何在公有制为主体、多种所有制经济并存的初级阶段生产资料所有制基础上,构建政府调控与市场调节之间的协调体制。说到底,政府调节与市场调节的有机统一和协调,是公有制为主体、多种所有制经济长期共同发展这一生产资料所有制的运动和实现方式,并非一般意义上的调节资源配置方式问题。在社会主义经济理论和实践探索中,之所以围绕计划与市场关系长期存在深刻的分歧及争论,根本原因就在于此。

2. 在经济思想发展史上,社会主义公有制与市场经济机制能否结合,始终遭遇两方面理论传统的否定

一方面的否定来自资产阶级正统经济学的传统,从英国古典经济学到马歇

---

① 《资本论》(第3卷)。北京:人民出版社1974年版,第436页,第889—897页。《马克思恩格斯全集》(第46卷)。北京:人民出版社2003年版,第913页。
② 厉以宁:《资本主义的起源——比较经济史研究》。北京:商务印书馆2003年版,第9—61页。

尔的新古典理论,再到凯恩斯主义及新古典综合、新古典宏观经济学等不断演变的主流经济理论,以及早期的重农主义、重商主义及至当代的货币主义、新凯恩斯主义等流派,都否定社会主义公有制与市场机制结合的可能性,都把集中计划视为公有制的运行及实现形式,把竞争性市场视为资本主义私有制的运行及实现形式。它们把公有制与市场经济对立起来,进而否定公有制社会获得市场竞争性效率的可能性。① 对中国经济改革历史进程进行政治经济学分析,首先涉及的问题是如何认识改革(或称体制转轨)的历史本质,用什么样的经济学方法传统和价值取向解释改革的历史内涵。

当代西方正统经济学对转轨国家的转轨包括对我国的改革进程的理解,是从正统经济学家的立场和方法出发,根据他们对经济学的理解来分析改革的本质内容。问题的核心在于经济学除考察资源配置有效性的均衡过程外,是否应当包括产权、所有制等基本制度分析,转轨进程是否应当包括所有制及企业产权制度的转变,还是仅仅从一般均衡的竞争性市场机制要求出发,把所有制和企业产权制度变迁作为已知的并且是清晰的制度前提,假定改革需要也能够具备市场机制实现均衡配置资源的所有制条件,即以私有化作为转轨的前提,把转轨理解为私有化制基础上的资源配置方式从计划模式向市场竞争机制的转变,对改革和转轨的经济学分析就不用考察这种所有制和企业产权变化的历史过程,而只是考察在满足这一前提条件下的从传统计划经济体制向市场竞争机制转变的过程。

英国古典经济学在坚持经济自由主义哲学立场的基础上,其经济理论体系既包含对市场机制的一般分析,特别强调了市场作为"看不见的手"对于资源配置的自发性调节发挥作用,以及这种自发性调节通过市场竞争趋于总体和谐的收敛功能;同时包含对所有制等基本制度的历史分析,特别强调了私有制及自由平等交易的产权制度是市场自发和自动实现调节的基础。古典经济学家亚当·斯密甚至从所有制结构和形式的变化上解释社会经济史发生

---

① 事实上,这也是20世纪20—30年代发生的,而后产生深远影响的米塞斯-哈耶克与兰格之间关于社会主义前途命运大论战争论的核心问题。

变化的动因。① 古典经济学对所有制强调的历史原因在于,作为处在自由竞争时代的资产阶级,需要其学者为资本主义生产方式的历史正义性和替代封建制度的必然性进行论证,因此便不能不对资本主义生产方式的基础——资本主义私有制做出深入的分析,并指出其历史进步性和优越性。特别是在资本主义生产方式历史地位尚不稳固,还面临封建主义生产方式的顽强对抗,资本主义生产方式真正赖以存在的大机器工业革命发生之前(资本主义商业革命在产业革命之前,资产阶级革命在大机器工业革命之前),其解放和推动生产力发展的历史优越性仍未充分表现,其赖以存在的生产力基础尚不真正具备,资本主义生产方式本身的历史地位尚不稳固,从哲学、政治学、法学、经济学等各学科论证资本主义生产方式的优越性及其替代封建制度的必然性便成为资产阶级对其学者的基本要求。随着资本主义生产方式统治地位的稳固,作为资本主义生产方式代表者的资产阶级需要的不再是论证这一制度的优越及必然,而是需要论证如何运用这一生产方式以使资本获得最大的利益。经济学要论证的核心问题就从"为什么需要资本主义"演变为"如何运用资本主义"。在这种情况下,对于资本主义所有制问题、资本主义制度的本质特征问题及体现该制度下生产、交换和分配正义性的价值理论等命题的讨论,便作为已然成立进而不需论证的前提存在,被排除在经济分析体系之外。特别是19世纪末马歇尔对经济学进行整合,形成新古典经济学传统之后,发现均衡的位置、求解厂商或消费者产出及效用极值、讨论在资本制度前提下如何运用市场获得最大收益,更成为经济学的主题和正统。

西方制度经济学对制度的强调也只是作为异端,并未对正统经济学做出根本的改造。科斯等人的产权理论也是建立在正统经济学关于经济学的理解前提下的,他们认为经济学是发现均衡位置的学说,不过由于有交易成本的存在,求解极值也必须考察制度特别是产权制度。交易成本作为运用市场机制的成本,其高低在很大程度上取决于产权结构状况。科斯的产权分析之所以获得正统经济学的承认,是因为他从根本上支持正统经济学对经济学的理解,不同的

---

① 斯密把经济史分为渔猎、游牧、农耕、工商等不同阶段,并把经济史不同阶段演进的基本动因归结为所有制的变化(参见〔英〕亚当·斯密著,陈叶盛译:《国民财富的性质和原因的研究》(下)。北京:中国人民大学出版社2016年版,第785—786页。又见〔英〕亚当·斯密著,冯玉军等译:《法理学讲义》。北京:中国人民大学出版社2017年版,第52页)。

是他把产权制度及相应的交易成本和社会成本等问题纳入正统经济学一般均衡分析的体系,使正统经济学求解效用极值的过程更为精确,把正统经济学作为既定前提存在的产权制度作为求解极值的约束条件之一,而不是从根本上动摇正统经济学的传统。

标准的福利经济学、正统的微观经济学及占主流的宏观经济学,说到底是遵循19世纪末以来形成的新古典经济理论传统。西方正统经济学对体制转轨的理解同样沿袭了这一传统,在对改革的分析和政策设计中强调体制转轨的目标在于形成趋向均衡状态的配置机制,从根本上忽略了制度改革特别是所有制及产权制度改革的历史社会进程,只是将其简单地归结为私有化,并将私有化作为不容置疑的制度前提,而不是作为改革本身的历史内容。这在西方主流经济学对转轨问题提出的所谓"华盛顿共识"中有充分的体现。"华盛顿共识"对于制度特别是产权制度在转轨历史过程及在改革中的地位重要性的忽视,在理论上源于这种新古典经济学传统,在实践背景上则受两方面的影响:一方面是对陷入"拉美陷阱"国家经济发展障碍的分析,"华盛顿共识"首先针对的是发展中国家向发达经济转变的问题,而这些发展中国家在其基本所有制关系和结构上已经具备私有制的基础,体制转轨本身更多地集中在资源配置从传统转向现代市场机制;另一方面,传统计划经济国家以往的经济改革实践主要探索的是经济的信号系统如何从数量信号为主转为价格信号为主,动力系统如何从行政刺激为主转为经济刺激为主,决策系统如何从集中决策为主转为分散决策为主等问题。这些问题在西方比较经济学和传统计划经济国家的学术界中长期存在争论,但是所有制及产权制度问题并未真正被纳入改革实践。新时期改革历史进程一经开启,人们自然把目光集中于以往的失败上,怎样更彻底地推进市场化便成为重点。

虽然,西方经济学中也有主张"渐进-制度演化"改革的观点,但一方面这种观点并未形成主流;另一方面,这种观点与主流的"华盛顿共识"的区别主要集中在如何推进市场化上,而不是集中在要不要进行所有制和产权改革。无论是西方主流的"华盛顿共识",还是非主流的"渐进-制度演化"观点,都以私有制作为前提,在这一点上两者并无分歧,两者都把资本私有制作为市场化的前提,关注的是假定存在私有化的历史前提下如何实现市场化的方式和过程。这也导致在考察转轨过程中市场机制和市场秩序命题时,无论是主流的"华盛顿共识"还是非主流的"渐进-制度演化"观点,在解释两个问题上都遇到了共同的困难:一是市场经济主体秩序和交易秩序的相互逻辑关系问题,二是市场内在竞争秩序与外部社会秩序的相互逻辑关系问题。

就第一个问题而言,转轨经济既不存在竞争性的市场价格机制,从而不能满足市场交易秩序的要求,同时也不存在受市场硬约束的企业产权制度,从而不能满足市场主体秩序的要求。在这种情况下,如果放开市场竞争,软预算约束下的企业能够真正接受市场价格信号推动进而使分散的竞争收敛于均衡的位置吗?如果传统国有企业在所有制结构和企业产权结构上未能按照市场主体秩序的要求进行改造摆脱软预算约束,竞争性的价格机制能真正有效地发挥作用吗?第二次世界大战后联邦德国的"艾哈德奇迹"和日本的"神武景气"到底是放弃管制恢复市场自由竞争的结果,还是由于其存在资本私有制进而可以受市场硬约束的现代企业制度基础?进一步说,在企业产权结构上存在"委托-代理"关系、产权界区不清晰,所有权与剩余索取权分布不对称,信息同样存在不对称的"不完全合约"条件下,在所有者或委托者对代理权的监督、约束、激励关系方面,国有企业与私有企业产权结构是否存在差别?能否与资本私有制企业治理结构同样有效?即使假定存在"完全合约",企业在治理结构上产权清晰、信息对称,所有制性质对企业绩效和市场竞争是否成为无关的因素?国有企业产权的国有性质是否会在产权制度上要求对企业进行超市场、超经济的政府行政干预?这种干预能否保证与市场竞争要求趋于一致?

就第二个问题而言,市场竞争机制的外部社会秩序,包括法治秩序与道德秩序,都是基于市场经济内在竞争机制的要求而产生的,并从法制和道德方面对其予以保护及支持。如果对转轨的研究忽略所有制及产权制度,那么市场经济的法制秩序和道德秩序的基础何在?在西欧封建社会演变为资本主义社会的历史过程中,并不是先有了作为国家上层建筑的法律制度对私人财产的明确保护,才有了资本主义生产方式,而是先有作为社会经济基础的资本主义经济关系,然后才逐渐形成了与之相适应的法律制度。[①]"所有制"作为生产关系的基础,与国家法律制度明确的"所有权"是不同的。所有制是基础,所有权是这一基础在法律制度上的体现。在转轨问题考察中忽略所有制分析,不仅难以解

---

① 厉以宁:《资本主义的起源——比较经济史研究》。北京:商务印书馆2003年版,第9—61页。

释市场中的企业产权主体秩序与市场价格交易秩序的逻辑关系,也难以解释所有制和企业产权制度与相应的法律制度转型之间的逻辑关系,以及法治秩序和道德秩序转型对市场机制发育的作用,进而就难以解释在市场内在竞争机制转轨的不同时期,在多大程度上能够并需要法律制度的维护和推动作用,在多大程度上能够并需要道德秩序转型的支持作用,因而也就解释不了为何在改革带来的深刻制度变迁过程中可能会出现法律制度缺失或滞后,比如有法律而无系统的法制,或者有法制而无法治①,解释不了为何在转轨过程中可能出现的"道德无政府"状态——既缺乏作为传统社会道德核心的"忠诚",又缺乏作为市场经济社会道德的核心"诚信"。

总之,正统西方经济理论以标准的新古典价格理论作为基础,运用一般均衡的分析方法,在解释体制转轨的问题上,把私有化作为基本的前提,进而在事实上把所有制分析排除于理论分析之外,将转轨解释为从传统计划经济体制向竞争性的市场体制转变的过程,即在肯定私有化的前提下分析市场化过程。尽管在具体的政策主张上存在所谓"激进式"与"渐进式"改革的分歧,但二者关于改革的实质的理解是一致的。在基本经济制度与资源配置机制的相互关系上,西方经济学的传统在于把资本主义私有制与市场机制等同起来,把社会主义公有制与市场机制对立起来,把私有化作为经济改革的基础,把经济改革归结为资源配置方式的变化,经济转轨的命题并不包括对所有制和产权制度改革的真正分析。在价值取向上更是充分肯定资本主义私有制,理论所要讨论的只是在这一基本价值取向下的市场化进程问题,进而忽略了所有制和产权命题的理论分析。

另一方面的否定是,马克思主义政治经济学的传统认识同样否认公有制与市场经济兼容的可能性。在马克思的政治经济学体系中,私有制和社会分工是

---

① "法律"英文是 law,俄文是 закон;"法制"英文是 legal system, legal institutions, rule by law,俄文是 правовойсцсмемос;"法治"英文是 rule of law,俄文是 верховенствозакона。一般而言,"法律"可以是具体的独立存在的"法";"法制"是"法律"的系统制度化;"法治"则是运用法制治理社会、国家、政府等的历史过程,即所谓法治社会、法治国家、法治政府等,"法治"需要一系列的条件。早在古希腊时期的亚里士多德就已指出法治包含的两方面基本含义:一是法律被社会普遍服从,即人们具有遵法守法的自觉(法治精神);二是法律是良法,即法律供给质量好且成系统(良法)。后来的学者们对"法治"更是进行了深入的讨论(参见姜明安主编:《法治国家》。北京:中国社会科学出版社 2015 年版,第 7 页,第 28—50 页)。

产生商品生产和交换的必要历史条件,资本主义生产资料私有制是竞争性市场机制存在的基本制度基础。前资本主义社会的私有制,由于社会分工的落后以及超经济强制的存在,其本身无法形成以交换价值为基础的社会生产方式。马克思从历史人民主体性的发展出发,将人类社会的演进概括为三大社会形式(社会形态)。① 与"以物的依赖性为基础的人的独立性"这一"第二大"社会形式相对立的,是"人的依赖关系"这一"最初的社会形式":"人都是互相依赖的:农奴和领主,陪臣和诸侯,俗人和牧师。物质生产的社会关系以及建立在这种生产基础上的生活领域,都是以人身依附为特征的""人们在劳动中的社会关系始终表现为他们本身之间的个人的关系,而没有披上物之间即劳动产品之间的社会关系的外衣"②。在消灭了私有制及工农、城乡和脑力劳动与体力劳动三大差别的共产主义社会,则根本不可能存在市场经济关系。就历史价值取向而言,生产是人类本身的社会活动,但在商品生产和交换的市场经济条件下,人们生产社会性的实现需要经过市场交换间接地实现。当事人支配不了自身的生产命运,要由异己的市场力量决定,以至于形成了商品货币的市场拜物教性质。人类社会发展形态从"人的依赖关系"向"物的依赖性"的转变,及其造成的物对人的支配这种主客体关系的颠倒和扭曲,将创造必要的物质条件,使其为个人全面发展的未来新社会所取代。那时人们之间的社会联系和生产的社会性不再也不应当继续采取迂回和间接的方式实现,而是以自觉和直接的方式实现。③

从逻辑上来说,马克思主义的传统政治经济学理论把私有制与社会分工作为商品生产和交换存在的必要历史前提,把生产资料私有制作为市场经济存在的制度基础,认为在未来取消私有制的社会中不可能继续存在商品货币关系和市场机制。商品货币关系和竞争性的市场交换关系不过是也只能是资本私有

---

① 杨学功、楼俊超:《如何理解马克思的三大社会形态理论——兼评学界的几种常见理解》,《教学与研究》,2012年第8期,第49—55页。两位作者指出,马克思原文中的"社会形式"一词,在马克思著作的德文版中用的是Gesellschaftsform,新的中文版《马克思恩格斯全集》将其翻译为"社会形式",这与全集旧版的翻译"社会形态"(Gesellschaftsformation)略有差异。

② 《马克思恩格斯全集》(第30卷)。北京:人民出版社1995年版,第107—108页。《马克思恩格斯全集》(第44卷)。北京:人民出版社2001年版,第94—95页。

③ 《资本论》(第1卷),第一章第四节"商品的拜物教性质及其秘密"。北京:人民出版社1975年版,第87—101页。《马克思恩格斯选集》(第3卷)。北京:人民出版社1976年版,第10页。

制的运动和实现形式。从历史发展及其价值取向上讲,商品货币关系及市场交换关系是人类生产活动社会性质及其实现形式的物化和异化形式,人类自身的劳动及其交换只能通过商品的运动才能实现,并受市场交换的外在关系所支配。建立在商品生产基础上的资本主义商品生产关系和交换关系更是把这种扭曲和对立推向了极致。因此,在未来理想社会中,人们相互间的社会联系和生产的社会性不再需要采取迂回和间接的方式,而是以直接的方式体现。作为社会关系物化和异化形式的商品、货币都将不复存在,其制度基础即一切形式的生产资料私有制都将被取消。①

对于如何看待马恩经典作家关于社会主义(共产主义第一阶段)与市场机制的关系这一问题,长期存在认识分歧。尤其是"东欧剧变"后,一些研究马克思主义的西方学者,根据对马恩经典作家思想材料的"重新发现",认为马恩经典作家并非武断地把社会主义与市场对立起来。他们根据对马克思、恩格斯在《共产党宣言》中提出的无产阶级夺取政权的革命胜利后需要立即建立的制度安排的理解,认为其具有"市场社会主义"的特征。② 特别是恩格斯在《共产党宣言》正式出版前几个月写就的《共产主义原理》,以及马克思、恩格斯在《共产党宣言》之后写的《共产党在德国的要求》③,更似意味着,无产阶级夺取政权后到建成消灭私有制和市场机制的共产主义社会之间,需要一个很长的历史过渡时期,其间建立的是非资本主义而又具有市场特征的社会主义经济,特别是对于经济落后的国家(如当时的德国)来说,这一历史时期或许更长④。

认为马恩经典作家具有"市场社会主义"思想的这些论述,概括起来具有如

---

① 马克思的政治经济学,特别是马克思的价值理论和剩余价值理论系统地阐释了商品生产、交换、市场关系与资本主义私有制之间的天然联系,分析了在否定资本私有制、建立社会共同所有制(公有制)之后,一切商品、货币、市场关系及在此基础上的资本雇佣劳动的方式不可能再存在的历史必然性和逻辑关系(参见刘伟:《经济学为什么研究价值论——兼论马克思劳动价值论面临的历史性挑战》,《经济理论与经济管理》,2003年第5期,第9—17页)。

② 〔美〕伯特尔·奥尔曼编,段忠桥译:《市场社会主义——社会主义者之间的争论》。北京:新华出版社2000年版,第3—55页。

③ 《马克思恩格斯选集》(第1卷)。北京:人民出版社2012年版,第295—312页,《马克思恩格斯全集》(第5卷)。北京:人民出版社1958年版,第3—5页。

④ 1891年7月1日恩格斯致施米特的信,针对施米特计划写关于"过渡时期"的著作,恩格斯写道:"我劝您:放它九年,先不拿出!这是目前存在的所有问题中最难解决的一个,因为情况在不断变化。"(《马克思恩格斯全集》(第38卷)。北京:人民出版社1972年版,第123页)

下共同点：一是认为，马克思、恩格斯关于未来新社会与市场对立的论述，是指在生产力高度发达基础上建立并发展起来的共产主义社会，而不是作为其初级形态的社会主义社会。二是认为，无产阶级夺取政权革命后，在相当长时期内之所以保留市场关系，是因为不得不存在的生产资料所有制多元化的混合经济，有资本主义私有制经济，有合作社经济，有小私有经济，还有占主导地位的国有制经济，正是这种不同所有制混合经济的存在规定了不能取消市场，并且市场存在的期限取决于对不同所有制混合经济逐渐改造的期限（有人根据马克思、恩格斯的提法，估计要一代人40年至50年，也有估计为几代人的时间）。①

总之，作为科学社会主义的基本原理，我们应当把握好以下几个命题：一是马恩经典作家的系统思想论证了在生产资料社会共同占有制（公有制）的共产主义社会，不但消灭了一切私有制，也不可能存在商品货币市场关系。② 二是马恩经典作家论证了无产阶级夺取政权后到共产主义社会之间存在一个历史"过渡时期"，在这一时期仍然保留着国家、企业、银行、货币、商品、市场等"旧社会的痕迹"。③ 但这一过渡期本身是否应具有社会主义社会的性质及其表达方式存在争论。④ 显然，马克思所论述的"共产主义第一阶段"与"过渡时期"是两个不同的发展阶段。⑤ 三是马克思对上述"过渡时期"存在市场的确认，是以承认这一时期多种经济成分的并存为条件的。十月革命胜利后的列宁（新经济政策时期）、布哈林也把市场关系作为这种过渡时期的重要制度，并以这一时期所有制的多元化为基础。但马恩经典作家及后来的列宁等，并未论述公有制本身与市场经济结合的具体运行机制。

中国特色社会主义经济理论与实践是在特殊的历史条件下形成和发展起来的。我国通过新民主主义革命，一举从长期历经苦难的半殖民地半封建社会

---

① 詹姆斯·劳勒：《作为市场社会主义的马克思》，载伯特·奥尔曼编：《市场社会主义——社会主义者之间的争论》。北京：新华出版社2000年版，第23—55页。
② 《马克思恩格斯选集》（第1卷）。北京：人民出版社2012年版，第399—433页。《资本论》（第1卷）。北京：人民出版社2003年版，第47—88页。《马克思恩格斯选集》（第3卷）。北京：人民出版社2012年版，第352—372页。
③ 《马克思恩格斯选集》（第3卷）。北京：人民出版社2012年版，第10页，第21页。
④ 马克思在晚年说过，"我从来没有创造过'社会主义体系'"（《马克思恩格斯全集》（第19卷）。北京：人民出版社1963年版，第399页）。
⑤ 《马克思恩格斯选集》（第3卷）。北京：人民出版社2012年版，第12页，第21页。智效和：《关于"社会主义初级阶段属于过渡时期"的观点述评》，《理论学刊》，2003年第3期，第13—16页。

进入社会主义阶段,这种中国特色的社会主义道路尤其是其初级阶段的发展,不能不具有历史长期性。它与马恩经典作家所说的共产主义包括共产主义第一阶段的距离路程漫长,不具备取消商品、货币、市场的客观生产力基础。但同时我们又从根本上否定了私有制,建立的是公有制为主体、多种所有制共同发展的社会主义初级阶段基本经济制度,所以我们有必要也有可能在此基础上培育市场机制。我们不必拘泥于名称概念的具体提法,无论是"过渡时期""社会主义"还是"共产主义第一阶段"等,重要的是,中国共产党关于"社会主义初级阶段"的理论回答了这一阶段所要肩负的历史任务[①],并在实践中取得了举世瞩目的进展。在社会主义初级阶段,我们力图使市场在资源配置上发挥决定性作用,这就要求在社会主义初级阶段多种经济成分并存的结构中,不仅非公有经济,而且占主体的公有制经济本身也必须纳入市场经济,实现公有制与市场经济结合的有机统一。毋庸赘言,马克思关于人类社会演进第二大社会形式"物的依赖性"的理论涵盖范围,必然延伸到中国的社会主义初级阶段。但恰在这个关键节点上,马恩经典作家以及以往的社会主义实践均未给出解决问题的现成答案,需要我们进行创造性的探索。

3. 苏联社会主义制度最初建立时期的根本分歧:公有制与市场的关系

列宁领导的1917年俄国十月革命,在人类历史上首次把马恩经典作家的社会主义理论变为制度建设实践。但在如何把马克思设想的未来新社会的社会共同占有制变为实际制度,如何对待商品、货币、市场的关系等问题上,党内一开始就存在不同理解和认识。这种分歧集中体现在当时列宁与布哈林的争论上。列宁认为,应建立国有制的垄断,同时取消农村小私有的农户经济,进而取消商品市场关系。布哈林则认为,应淡化国有制,根据马克思的学说开始国家消亡的历史进程,企业一切权力归苏维埃,由工厂工人委员会掌握;农村应保留和承认农户的私有产权;与之相适应,形成市场交换关系作为向社会主义的过渡。争论的结果是列宁的观点占据主导,最初建立的社会主义制度是"军事

---

① 党的十三大报告:《沿着中国特色的社会主义道路前进》,中共中央党校教务部编:《十一届三中全会以来党和国家重要文献选编》(修订版)。北京:中共中央党校出版社2015年版,第150—180页。

共产主义制度"。其特征在于,城市工商业全面国有化,农村经济采取粮食征集制(无偿剥夺),公民义务劳动(取消工资),取消商品交换和市场。结果导致了严重的经济混乱和衰退(1918年6月至1921年3月),列宁不得不转而采取"新经济政策"。新经济政策与军事共产主义的根本不同在于两个方面,一方面,在所有制上,从单一的国有制改变为多种所有制经济与公有制经济的并存发展;另一方面,在运行机制上,从政府统一指挥的"大工地"式的管理模式转变为引入一定的市场调节。即在所有制结构上形成包括农户经济、小商品经济和私人资本主义、国家资本主义、国有制经济等在内的混合经济;在调节机制上部分地承认市场机制作用,以粮食税取代粮食征集制,允许农户在上缴粮食税之后在市场上出售剩余产品,允许私人开办企业并开展市场竞争,允许资本家承包国有企业,允许外资进入,要求国有企业独立核算并根据市场需求进行经营,等等。[①] 随着新经济政策取得的经济恢复以及列宁逝世,作为"战略退却"的新经济政策相应结束,应当建立怎样的社会主义制度再次成为苏联面临的根本问题,党内分歧严重,特别是斯大林与布哈林的争论。布哈林主张长期实行"新经济政策",坚持所有制的多元化和运用市场调节(新经济政策的实践使布哈林改变了对夺取政权后应建立怎样制度的看法)。他认为,列宁"新经济政策"在包括国有制和资本主义私有制、小私有制等在内的多种所有制结构基础上恢复市场关系,不是一时之举,而应成为长期的纲领。[②] 斯大林则认为,应当在公有制特别是国有制垄断的基础上,建立中央集权计划经济体制。争论的结果是"苏联计划经济模式"的确立[③],城市工商业由国有制垄断,农村经济实行集体所有制,取消市场对生产的调节功能,实行中央集权的计划经济,进而把生产资料公有制与市场机制根本对立起来。

[①] 刘伟、平新乔:《经济改革三论:产权论、市场论、均衡论》。北京:北京大学出版社1990年版,第一篇。彭进清、彭大成:《从"军事共产主义"到新经济政策——列宁关于社会主义探索的重大转变》,《湖南师范大学社会科学学报》,2013年第4期,第30—37页。
[②] 《布哈林文选》(上册)。北京:人民出版社1981年版,第441页。
[③] 中央集权计划经济的所谓"斯大林模式",强调落后国家社会主义建设的起步"优先发展重工业",以打破帝国主义列强的包围和侵略,并取得了苏联反法西斯卫国战争的伟大胜利,但同时历史地遗留下本章提出的一系列问题。

4. 从改革实践和理论探索进程上看，真正的难题也在于公有制与市场机制的结合

南斯拉夫从 1950 年开始放弃基于传统国有制的中央集权计划经济体制，以所谓"社会所有制"取代国有制，力图在新型公有制基础上兼容市场机制，实现二者的结合。但由于"社会所有制"的所有权主体缺失，企业行为扭曲难以接受市场硬约束，在这种微观经济行为变异基础上形成的宏观经济，长期严重失衡，尤其是结构刚性突出，没能实现公有制与市场的有效结合。①

匈牙利于 1956 年开展的"静悄悄的革命"，初衷也是在公有制基础上引入市场机制，在坚持国有制支配地位的同时，允许个体私营经济和个体农户的发展，对国有制工商业企业实行民主管理，给予其一定的自主决策权。但只要传统国有制占垄断地位，就难以满足市场机制的基本要求，匈牙利不久又重回到传统的"斯大林模式"。其间匈牙利经济理论界开展了关于公有制与市场关系的讨论，如里斯卡提出的"个人社会所有制"，主张国家以发行公债的方式把国有企业资产出售给个人，个人再委托国家有关中心统一支配，后者获得个人委托后再根据"均衡利率"将资产承包出去，选择承包者经营，在此基础上形成市场机制。但这种个人社会所有制的问题在于，个人买进后的资产权能否转让和交易，若能交易，则为非公有制性质；若不能交易，实际上约束不了国家的支配权，仍不能根本改变传统国有制的行为特征，与市场机制要求不符。因此到 1958 年，这种观点便被否定了。② 又如科尔奈在 20 世纪 50—70 年代分析了匈牙利的经济特征，认为短缺经济失衡状态的根源，在于国有制基础上的"父爱主义"导致的"软预算约束"，使企业难以形成市场硬约束，经济难以趋向均衡，但他并未提出解决方案。直到 90 年代，科尔奈终于主张建立资本私有制为主体的所有制结构，以形成竞争性的市场机制，称其为"通往自由的道路"，彻底否定了公有制与市场结合的可能。

波兰在第二次世界大战后初期按照"斯大林模式"建立经济体制，自 20 世

---

① 〔南斯拉夫〕爱德华·卡德尔著，王森译：《公有制在当代社会主义实践中的矛盾》。北京：中国社会科学出版社 1980 年版，第 3—17 页。Benjamin Ward, "The Firm in Illyria: Market Syndicalism", *The American Review of Economy*, 1957, vol. 48, No. 4, pp. 566-589。

② 于潜等编著：《东欧经济理论：东欧著名经济学家经济改革思想介评》。北京：中国经济出版社 1989 年版，第 52—73 页。

纪50年代中期开始改革尝试,同样试图使公有制与市场机制兼容。根据兰格的主张,在坚持国有制的基础上,推动企业独立核算,分散决策,依靠市场竞争来自我平衡预算,进而获得公有制条件下竞争性的市场效率。但在实际上,传统国有制这一基本制度与企业依靠市场自我平衡预算之间,存在重大冲突。①后来布鲁斯的改革理论,也是从力图统一公有制和市场的结合机制开始,到质疑国有制,再到放弃公有制,直至主张在资本私有制为基础的混合经济基本制度下兼容市场。

第二次世界大战后的捷克斯洛伐克起初也采取"斯大林模式",自20世纪50年代末期开始探索改革("布拉格之春"),在坚持国有制的同时,强调企业工人委员会的自治权,试图在这种制度基础上引入竞争性的市场价格机制。但在传统国有制基础上同样无法形成真正竞争性的价格机制,而强调企业工人委员会的自治权与传统国有制的本质也是冲突的,在实际运行中更是难以有效率和有秩序。因此在60年代后特殊的国际、国内背景下,这种努力结合公有制与市场机制的实践探索便终止了。在理论界,捷克斯洛伐克的经济改革理论家奥塔·锡克认识到,不改变传统国有制便不可能建立市场机制,但若以私有制为基础又根本失去了社会主义性质,因而他提出了所谓"中立资本"的思想,即国有企业职工对企业资产实行股份化,由持股职工选举董事会,董事会决策并聘任经理人员,但股权不可交易、不能继承。大型企业应以这种"中立资本"为主,中型企业以"中立资本"与私有资本结合,小型企业以资本私有为主,整个社会采取以"中立资本"为主的混合所有制经济,从而既区别于资本主义私有制,又可兼容市场机制。但从理论上来说,股权不可交易和继承,便难以起到对代理人的约束和对持有者的激励功能,若可交易和继承,本质上就是私有产权。伴随捷克斯洛伐克"布拉格之春"改革实践的失败,锡克的理论也被否定。②

苏联自20世纪60年代中期开始,尝试对"斯大林模式"进行分权式改革

---

① 于潜等编著:《东欧经济理论:东欧著名经济学家经济改革思想介评》。北京:中国经济出版社1989年版,第12—29页。
② 〔捷〕奥塔·锡克著,王锡君译:《社会主义计划与市场》。北京:中国社会科学出版社1982年版,第93—180页。〔捷〕奥塔·锡克著,张斌译:《第三条道路》,北京:人民出版社1982年版,第343—355页。

("柯西金改革"),扩大企业自主权,改革价格机制,以市场价格信号来约束和激励企业,提高企业间的竞争性,以此实现在不改变传统国有制基础的同时,获得竞争性的市场效率。但这种改革探索在理论上难以被统一认识,在实践上缺乏制度保障,到60年代末就停止了。与此同时,利别尔曼等人提出了相应的改革思想,试图在理论和政策上阐释在公有制基础上引入市场机制的可能和必要,被称为"市场社会主义"理论。但随着改革实践探索的停止,"市场社会主义"理论遭到长期批判,80年代中期后批判才逐渐平息。①

显然,无论是理论还是实践,社会主义公有制与市场机制能否有效结合都是未解的难题。中东欧经济转轨国家在20世纪80年代进入新的根本性改革时期,为建立市场经济机制而纷纷放弃生产资料公有制基本经济制度,回到了否定公有制与市场机制能够结合的传统思维,私有化加市场化成了改革的基本逻辑,即如"华盛顿共识"所言,改革的总体逻辑被导入宏观稳定、私有化、市场化的范式。尽管西方学界对经济转轨有诸多分歧,但不论是历史和制度的演化分析,还是一般均衡分析,以及"华盛顿共识"或"新华盛顿共识"的补充、"后华盛顿共识"的反省,它们的区别只在于转轨的方式和路径,在转轨的目标上并无二致,都以资本私有化为制度前提,以市场化为目标导向,以自由化为比较标准。②

二、西方正统经济学的教条和当代"市场社会主义"思潮

1. 西方学者关于"市场社会主义"的思潮

严格来说,社会主义或公有制与市场经济的"兼容问题"从来都不是西方正统经济学研究的主题,根本原因在于西方正统经济学把市场经济等同于资本主义经济。仅仅当政治经济学必须回答有关基本制度的问题时,公有制与市场经

---

① 邢广程:《利别尔曼和"利别尔曼建议"》,《世界经济》,1991年第9期,第88—91页。
② 简·克莱格尔、李黎力、李佳佳著:《华盛顿共识脱魅》,《拉丁美洲研究》,2011年第3期,第60—67页。斯蒂格利茨:《后华盛顿共识》,《国外社会科学文摘》,1999年第1期,第2—6页,第27页;1999年第2期,第15—20页。〔波兰〕科勒德克著,刘小勇、应春子、纪志宏等译:《从休克到治疗:后社会主义转轨的政治经济学》。上海:上海远东出版社2000年版,第30—43页。毛增余:《斯蒂格利茨对"华盛顿共识"的批判》,《经济学动态》,2013年第2期,第81—83页。

济的关系问题才进入正统经济学的视野。20世纪八九十年代之交的"东欧剧变"不仅使西方新自由主义经济学的光芒更加耀眼,而且引发了西方"市场社会主义"思潮的当代复兴。

从马克思主义政治经济学的角度来看,西方新自由主义正统经济学保留了古典政治经济学关于资本主义经济制度的超历史观点。古典政治经济学本身含有对资本主义生产和分配关系性质及资本积累趋势的历史分析内容,表达了资产阶级作为新生力量,要求政治经济学为处于上升阶段的资本主义生产方式提供历史进步性与合理性论证的理论诉求。然而,古典政治经济学从自由主义和个人主义立场出发,在肯定市场经济作用和资本主义历史进步性的同时,经常将二者混为一谈,视其为自然的、最好的制度。例如,约翰·洛克在论证以劳动为基础的私人财产所有权时,将其视为自然状态下的人的"自我所有"的延伸。亚当·斯密在论述劳动分工的好处时,将分工的原因归结为人类互通有无的天性。大卫·李嘉图在解释资本平均利润率下降规律时,将其归因于土地收益的自然递减。这种非历史和超历史的方法与观点被庸俗经济学所继承,并用来为资本主义经济制度辩护。随着资本主义生产方式的稳固,资本主义制度的历史论证似乎已经完成。在经过19世纪末的"边际革命"后马歇尔的理论整合所形成的新古典经济理论传统中,政治经济学转化为经济学,政治经济学的理论诉求从回答"为什么是资本主义"的问题转化为回答"如何维护和运用资本主义"的问题,关于国民财富性质和原因的研究让位于"理性选择"行为的研究。特别是在新古典经济学的市场理论中,虽然资本主义制度隐身其后,但是因为每个人都在完全竞争和一般均衡体系中实现了最大化的私人利益,市场的成功被等同于资本主义的成功。20世纪80年代以来,这一理论传统不仅在西方国家复兴并回归正统,而且通过简单否定公有制与市场经济兼容的可能,对改革中的社会主义国家产生重大影响。

西方正统经济学对"兼容问题"的回答包含在所谓的"华盛顿共识"中,其核心主张是私有化、自由化和政府最小化。继20世纪80年代的拉美国家之后,苏联和东欧社会主义国家接受了"华盛顿共识"并成为新的"试验田"。按照这一理论,"天然的亲和力"只存在于市场经济与私有制、计划经济与公有制之间。公有制与市场经济是互相排斥的。保留公有制就不可能有真正起作用的市场。换句话说,在资本主义市场经济和社会主义计划经济之间存在一条制度的鸿沟。与此同时,新自由主义经济理论还试图通过信息经济学、制度经济学等证明社会主义经济的低效率是由公有制和计划经济的自身缺陷引起的。社会主义国家要改善经济效率就必须进行市场化改革,而市场化改革又必须以私有化为前提。由此西方正统经济学家们得出的结论是,不能分两步跨越鸿沟,而必须采取所谓的"休克疗法",一次性取消社会主义计划经济,一次性建立以私有制为基础的市场经济。

应该承认,西方经济学对于传统公有制企业和计划经济体制的批评有一定的合理成分,解决这些问题也是社会主义经济改革的目标。但是从这些批评中我们并不能直接得出公有制与市场经济无法兼容的结论。相反,该结论只是西方正统经济学关于经济制度的一个预设前提,通过这一隐含的制度假设,公有制与市场经济能否兼容的问题不是得到论证或解决,而是被直接取消了。西方正统经济学在基本经济制度(所有制)与资源配置方式(计划或市场)的相互关系问题上,把资本主义私有制与市场机制等同,把社会主义公有制与市场机制相对立,如同社会主义政治经济学的传统理论把计划经济等同于社会主义公有制、把市场经济等同于资本主义私有制一样,这一理论预设也具有教条的性质。现实中苏联和东欧国家大多数在经历了"休克疗法"的短痛之后,又经历了经济增长水平长期的严重下滑,贫困和贫富分化问题日益严重,它们和坚持社会主义基本经济制度、坚持社会主义与市场经济相结合的中国形成了鲜明的对比,有力地证明了西方正统经济学关于"兼容问题"的错误。如果说社会主义经济改革是为了提高经济效率,私有化、自由化充其量只是增加市场竞争性的一种手段,而不应成为改革目标本身。特别是当保证市场发挥有效作用的制度体系尚未建立和完善时,私有化很容易变成一个重新分配社会财富的寻租过程[①],打击生产性努力并损害经济制度的质量。

社会主义国家彻底告别传统的"苏联模式"转向市场经济,对西方正统经济学来说是一场胜利,对西方的"市场社会主义"思潮而言则意味着一次"重生"。"市场社会主义"既没有统一的理论,也没有统一的定义,它通常被认为"是一种经济体制的理论概念(模式),在这种经济体制中,生产资料公有或集体所有,而

---

① 〔比〕热若尔·罗兰著,张帆译:《转型与经济学》。北京:北京大学出版社2002年版,第132—151页。

资源配置则遵循市场(包括产品市场、劳动市场和资本市场)规律。"①比如"市场社会主义"的发轫"兰格模式"和前文分析的 20 世纪 50—60 年代东欧国家采取的各种新机制和新体制的实验。然而,自 20 世纪 80 年代中后期英国工党提出"民主社会主义"的施政纲领以来,尤其是"东欧剧变"之后,"市场社会主义"的理论构想就不再局限于在传统社会主义基本经济制度的框架内探讨公有制与市场经济的兼容问题。出于对"苏联模式"和东欧经济体制改革诸多弊端的反思,并基于比较经济学提出的"市场化中性论"②,当代"市场社会主义"理论试图提出在一种既不同于市场经济高度发达的当代资本主义经济,又不同于传统社会主义经济模式及其改良形式的新政治经济体制。这种体制的核心特征是在一个市场主导的经济体制中实现"市场社会主义"理论所认为的社会主义目标或社会主义价值。当代"市场社会主义"的代表人物之一约翰·罗默(John Romer)就在《社会主义的未来》(*A Future of Socialism*)一书中提出:"社会主义仍然是值得追求的理想,而且在现实世界也是可能的。……苏联模式的社会主义已经垮台,但这并不意味着其他的、尚未试验的社会主义形式也应该为它殉葬。这本书就是为另一种社会主义所作的辩护,这种社会主义叫做市场社会主义。"③

当代"市场社会主义"思潮的上述特征使其理论构想与传统社会主义经济通过改革解决"兼容问题"的思路截然不同。传统社会主义经济改革或者早期的"市场社会主义"理论试图在社会主义公有制条件下通过引入市场机制的作用发展社会主义经济,而当代西方"市场社会主义"理论则试图在市场主导的经济体制条件下实现所谓平等、自由和民主的社会主义价值目标。前者追求的是社会主义制度的经济效率,后者追求的是发达市场经济的社会平等。前者的改革对象是传统社会主义计划经济体制,后者的改良对象是发达的资本主义市场经济。二者关于社会主义本质的认识截然不同,这在它们对待公有制的态度上表现得十分清楚。在罗默等当代"市场社会主义"的倡导者看来,如果公有制不

---

① 《新帕尔格雷夫经济学大辞典》(第 3 卷)。北京:经济科学出版社 1996 年版,第 363 页。
② 〔美〕格雷戈里、斯图尔特著,林志军、刘平等译:《比较经济体制学》。上海:上海三联书店 1988 年版,第 5—8 页。
③ 〔美〕约翰·罗默著,余文烈译:《社会主义的未来》。重庆:重庆出版社 1997 年版,第 1 页。

能实现经济和社会平等的所谓社会主义核心价值,就是不必要的。公有制必须通过某种实现平等目标的财产权设计和改革才能成为"市场社会主义"的构成要素。例如,巴汗和罗默本人就提出了"证券社会主义"和"以银行为中心"的市场社会主义模式的构想。

当代西方思想界的"市场社会主义"思潮虽然站在西方正统经济学和传统社会主义政治经济学的对立面,试图为社会主义提供一种辩护和新方案,其基本思路是通过对社会主义的特殊解读和对公有制的特定设计,实现平等与效率的双重要求。但是,在坚持市场作用与资本的私人所有权不可分的西方右翼传统看来,这一理论构想只不过是一种乌托邦。而对于坚持市场与社会主义相对立的西方左翼传统来说,"市场社会主义"只不过是一种改良主义。[①]"市场社会主义"及其理论基础"市场中性论"对市场的理解和正统经济学的理解没有本质区别,根据社会主义核心价值改造社会所有制的思路和社会民主主义的传统也没有本质区别。[②] 以上分析表明,无论是早期的"市场社会主义"理论还是当代西方的"市场社会主义"理论,都没能为社会主义制度下解决"兼容问题"提供令人满意的答案。

2. 西方学者关于转轨理论的不同模式比较[③]

20世纪最后10年,总人口占世界人口1/3的约30个欧亚国家全面展开了从计划经济向市场经济"转轨"的进程。这一重大历史事件不仅为经济学提供了一次难得的"自然实验",也成为检验现代经济学有效性的"试金石"。

尽管都属于转轨国家,但是它们对于经济转轨的性质、策略和方式等方面的认识存在很大差别,这也直接导致不同的转轨结果。对于俄罗斯和东欧等国来说,转轨不仅意味着经济体系的市场化,同时还意味着包括所有制基础、政权性质在内的所有基本制度的资本主义化。而中国则以经济建设和经济体制改

[①] 〔美〕伯特尔·奥尔曼著,段忠桥译:《市场社会主义:社会主义者之间的争论》。北京:新华出版社2000年版,第61—139页。

[②] 〔英〕克里斯托弗·皮尔森著,姜辉译:《新市场社会主义》。北京:东方出版社1999年版,第205—238页。

[③] 刘伟、方敏:《中国经济改革历史进程的政治经济学分析》,《政治经济学评论》,2016年第2期,第3—48页。

革为中心,在基本经济制度和政治制度等方面坚持社会主义方向和性质。如有的学者指出的那样,中国渐进式改革与苏联和东欧国家激进式改革的根本差别不是改革的方式方法问题,而是改革的性质和目标问题,能否在社会主义宪法制度的基础上持续地推进市场化和工业化的进程,把市场机制的作用和社会主义宪法制度的改革结合起来,是社会主义市场经济的核心问题和决定中国渐进式改革成败的关键所在。①

转轨国家对于经济转轨的性质、策略和方式的认识存在很大的甚至是根本的差别,也直接导致了不同的转轨结果。对于俄罗斯和东欧等国来说,转轨不仅意味着经济体制市场化,还意味着包括所有制基础和政权性质在内的所有基本制度的资本主义化。而中国则以经济建设为中心,在基本经济制度和政治制度等方面坚持社会主义基本性质和改革方向。如果按照西方正统经济学的理论标准和俄罗斯与东欧的实践标准,中国缺少许多"公认的"经济增长的必要条件——比如经济体系保留了庞大的国有部门,但事实却是中国的改革保持了较高的经济增长水平,经济总规模跃居世界第二,成为新兴经济体的代表,被称为"中国奇迹"和"中国模式"。

研究经济转轨的经济理论自产生以来就采取了两种主要形式:一种主要依赖于以局部均衡分析为基础的正式模型,另一种则着眼于制度和历史的描述性分析。前者采用标准的成本收益方法分析改革主体的行动及其后果,后者则关心市场作为一种制度产品的提供。不过,这两种研究在方法上是根本一致的,都遵循了西方正统经济学即新自由主义经济学的基本范式。"华盛顿共识"是该范式在政策主张上的代表。近来,新自由主义经济学范式和"华盛顿共识"在学界遭到诸多批评,转轨经济学在理论与政策上出现了向其对立面或"后华盛顿共识"的转向。在这种情况下,对改革和体制转轨的经济理论研究做一番检讨就具备了必要性和可能性。总体来看,"华盛顿共识"在不失其理论统一性的情况下遭遇失败,而"后华盛顿共识"虽然更符合转轨经济和发展中国家的实际,但缺乏理论的统一性。改革的政治经济学理论仍然有待总结和提炼。

第一,"华盛顿共识"与"没有疗法的休克"。"华盛顿共识"原本是美国财

---

① 张宇:《过渡之路:中国渐进式改革的政治经济学分析》。北京:中国社会科学出版社1997年版,第168—172页。

政部、世界银行和国际货币基金组织(IMF)为了应对20世纪80年代拉美国家出现的严重债务危机与恶性通货膨胀问题而提出的一系列政策主张。其学术背景是20世纪60年代的凯恩斯主义政策和"传统"发展经济学经由70年代货币主义的"反革命"之后,在80年代得以复兴的新古典和新自由主义经济学。[1]

"华盛顿共识"这一概念的发明者、曾经担任世界银行经济学家的约翰·威廉姆森(John Williamson)明确提出,所谓"共识"并不代表任何新东西,而是早已被经合组织国家视为正统的思想。这里的"正统"指的就是新自由主义经济学,斯蒂格利茨称其为一种主张政府角色最小化、快速私有化和自由化的教条。"华盛顿共识"为拉美国家开出的"药方"主要包括:实行财政紧缩政策,减少政府、国有企业和中央银行的预算赤字,以防止通货膨胀;实行国有企业私有化;实行贸易自由化和金融自由化,开放外国直接投资,取消政府对企业的管制;实行统一汇率并确保其竞争性;等等。[2] 进入20世纪90年代中期以后,经过重新审视拉美国家和转轨国家的实践,人们意识到"华盛顿共识"的种种局限,又为其增添了一些新的内容:严肃财政以提高储蓄水平,加强银行监管,引进土地税以推动税收改革,将公共支出转变为社会支出特别是提高教育支出,明确界定产权以建立竞争性市场体系,维持竞争性汇率,实施区域内贸易自由化,建立央行、财政、司法、企业等关键性制度等。调整之后的结果被称为"新华盛顿共识"。虽然对制度建设有所强调,但其实质与"华盛顿共识"并无根本区别。

遵循"华盛顿共识"的拉美国家继"失去的十年"之后,经过了"改革的十年",仍然没有回到持续增长的道路上来。有学者指出,由于当时拉美国家宏观经济的主要弊病是通货膨胀,在此背景下提出的"华盛顿共识"对通货膨胀问题过于专注,制定的宏观经济政策不利于长期经济增长,稳定的金融体系同时也减少了对产业体系融资的贡献,未能为产业转型和经济复苏提供基础。[3] 此外,它在大力推动贸易自由化、解除管制和私有化的同时,忽视了强化金融部门、引入市场竞争、提高教育和技术进步水平等一系列形成有效市场必不可少的因

---

[1] 简·克莱格尔、李黎力、李佳佳:《华盛顿共识脱魅》,《拉丁美洲研究》,2011年第3期,第60—67页。
[2] 毛增余:《斯蒂格利茨对"华盛顿共识'的批判"》,《经济学动态》,2003年第2期,第81—83页。
[3] 简·克莱格尔、李黎力、李佳佳:《华盛顿共识脱魅》,《拉丁美洲研究》,2011年第3期,第60—67页。

素,最终导致"华盛顿共识"在促进经济增长、提高就业和减少贫困等方面令人失望。

除了拉美国家,俄罗斯和东欧等体制转轨国家成为"华盛顿共识"的又一块"试验田"。"华盛顿共识"为转轨国家提供的政策建议被形象地称为"休克疗法",主张转轨国家在尽可能短的时间内形成私有产权和市场经济体制。具体措施包括:迅速取消政策补贴和价格管制,形成市场供求关系决定的自由价格体系;迅速降低关税,实现货币自由兑换,建立自由贸易体制;采取严格的货币紧缩政策,严格控制货币需求与信贷规模,削减财政补贴和赤字,实现预算平衡,遏制通货膨胀;对国有企业尽快实行私有化改造。

基于西方正统经济学理论的"华盛顿共识"和"休克疗法"隐含强烈的制度假设,认为市场化、自由化和私有化具有高度的互补性,经济转轨的目标不是单纯的市场化,而是完成整个经济制度的根本转变,实现私有制、市场经济和西方民主政治的"三位一体"。转轨国家必须一次性完成"一揽子"的改革,彻底更换所有的制度要素。这意味着改革的方式必须是激进的,是从社会主义制度"跳跃"到资本主义制度,不可能分步跨越二者之间的鸿沟。另外一种较为温和的说法是科尔奈、萨克斯等人明确表示同意的"制度趋同论",它认为制度趋同是无须争论的,是研究和解决转轨问题必须接受的事实和出发点。

"华盛顿共识"的理论和政策主张具有教科书般的简明逻辑。斯蒂格利茨指出:"华盛顿共识作为一个学说,其成功之处在于它的简明性:经济学家仅仅利用简单的会计原理就能执行它的政策建议。几项经济指数,即通货膨胀、货币供应增长、利率、预算和贸易赤字,可以作为一整套政策建议的基础。"[1]如果人们接受"华盛顿共识",转轨就好像只是一个工程技术问题。改革的目标是唯一的和确定的,改革措施对政府、企业和个人都是公开的信息。政策制定者的作为仅限于权衡改革的阶段性、速度的最优性等问题。

采取"休克疗法"的国家经历了近十年的转轨之后,除波兰外,包括俄罗斯在内的几乎所有国家的产值较转轨之前的1989年的水平都出现了严重的下降,同时贫困和贫富分化的问题日益严重。曾经担任波兰副总理和财政部长的

---

[1] 斯蒂格利茨:《后华盛顿共识》,《现代外国哲学社会科学文摘》,1999年第1期,第2—6页,第27页;1999年第2期,第15—20页。

科勒德克把这种情况形容为"没有疗法的休克"。① 在他看来,私有化、自由化和宏观稳定只是转轨的第一步。虽然在此阶段有可能采取激进的改革政策,但是新制度的建立和微观经济基础的重建则需要漫长的过程。倡导"华盛顿共识"的西方顾问想当然地假定转轨国家和已经存在私有制经济基础的拉美国家类似,甚至以为这些国家已经存在市场制度,经济主体将对改革激励做出正确的反应。这显然不符合转轨国家的实际。这些经济体的普遍特征是短缺经济和几乎100%的国有制,并且几乎没有任何市场组织和制度。经济转轨的根本目标是把国家推上一条可持续发展的道路,市场化改革只是实现这一目标的手段。"华盛顿共识"混淆了目标和手段,把私有化、自由化等使市场更有效率、更有竞争性的手段当成了改革的目标本身。如果国家和政府在转轨过程中未能建立起保证市场机制发挥作用的制度,微观经济主体在既非计划又非市场的制度真空中必然产生机会主义行为,追求利益的私有化和成本的社会化。② 事实上,在竞争性领域对国有企业进行私有化是最容易、成本最小的,但是在缺乏竞争的条件下进行私有化的收益也可能最小,出现问题的可能性却很大。

以俄罗斯的私有化为例,随着《1992年俄联邦国有和市有企业私有化国家纲要》的出台,俄罗斯在1992—1994年间对十多万家国有企业进行了私有化改造,70%以上的中小企业和50%以上的大型国有企业都成了私有企业。大约70%的企业的51%的股份由企业内部购买,49%通过股票市场公开出售。③ 同时,为了使所有权相对集中,"私有化共同基金"等中介投资机构大概吸收了一半以上的"私有化券"。但是俄罗斯在私有化以后经济状况不仅没有好转,反而持续恶化。究其原因,私有化是分配性改革,本身不具有直接的生产性。资源的重新分配既不能为企业带来新的资本投入,也不会产生企业家才能等新的生产要素。"内部人购买"阻碍了有效的企业收购,对改进企业效率、提高创新能力甚至会产生负面作用。从制度要求来讲,私有化对经济效率的作用取决于产

---

① 〔波兰〕科勒德克著,刘小勇、应春子、纪志宏等译:《从休克到治疗:后社会主义转轨的政治经济》。上海:上海远东出版社2000年版。
② 〔波兰〕科勒德克:《从"休克"失败到"后华盛顿共识"》,《经济社会体制比较》,1999年第2期,第8—13页。
③ 世界银行:《1996年世界发展报告:从计划到市场》。北京:中国财政经济出版社1996年版,第56—89页。

权制度和市场制度的质量。① 私有化本身不会自动创造出取代国家和政府的"好的所有者"。如果基础制度缺失或质量不高,大规模私有化很可能成为重新分配社会财富的寻租过程。② 取代国家或政府的可能是比国家更糟的"坏的所有者",这些寡头具有巨大的经济实力和政治影响,甚至充当了"影子政府",结果只会形成"权贵资本主义""黑帮资本主义"等"最坏的资本主义"。

总之,如果私有化无法迅速造就符合自由化、稳定化要求的微观基础,激进式改革就会偏离其理论设计。价格体系可以在一夜之间完全自由化,但是生产者的行为不会在一夜之间彻底改变,因此市场价格会出现极大的不确定性,比如出现企业在软预算约束下的过度竞价。由于国有企业缺乏金融约束,也不存在有意义的生产者价格均衡。此外,由于政府在转轨初期财政汲取的能力下降,脆弱的金融体系又不足以支持稳定化,包括利率、汇率在内的"一揽子"稳定计划可能又不得不重新集中。这就使激进式改革陷入两难:可信的稳定化政策会引起货币需求的增长,但是一个允许货币供给迅速增加的稳定化政策又不可信。

第二,渐进主义及其局限。与采取"休克疗法"的国家相比,中国的改革通常被称为"渐进式改革"。在很多人看来,"华盛顿共识"本身并没有错,只是大多数转轨国家在改革的速度、步骤和实施方面存在问题。③ 中国的经验只是表明渐进主义在某些方面比激进式改革更优。大量关于中国的转轨经济学研究透露出这样一种含义:正统经济学的逻辑仍然可以解释渐进式改革可能比激进式改革更有利于实现"华盛顿共识"的目标。

"给定新旧两种体制本身的收益,改革的问题就可以归结为'改革成本'的问题。"④改革发生的条件是建立新体制的收益扣除改革的成本之后比旧体制的净收益高。改革成本包括实施成本和摩擦成本。前者是"以理想的'最优状态'

---

① 伯纳德·布莱克、雷尼尔·克拉克曼、安娜·塔拉索娃:《俄罗斯的私有化和公司治理:错在哪里?》,《经济社会体制比较》,2000年第6期,第70—77页。

② 〔比〕热若尔·罗兰著,张帆译:《转型与经济学》。北京:北京大学出版社2002年版,第174—175页。

③ 20世纪90年代,当拉美国家在"华盛顿共识"指导下度过"改革的十年"却没有实现增长目标时,IMF等机构仍然继续鼓吹私有化,并将问题归结为这些国家的政府腐败、治理不良等。斯蒂格利茨(2005)对此进行了批评:"IMF、美国财政部、华盛顿共识的美妙建议是空洞的:事后,他们总可以找出哪里出了问题,并且列出发展中国家应该做什么的越来越长的清单。"

④ 樊纲:《两种改革成本与两种改革方式》,《经济研究》,1993年第1期,第4页。

为参照系",由于信息不完全、缺乏有关新体制的知识等而造成的效率损失,是"过渡周期"的增函数。假如渐进式改革比激进式改革周期长,它在实施成本上就不占优势。而摩擦成本是改革受到的阻力,或旧体制下的既得利益者反对改革而导致的社会损失。渐进式改革在摩擦成本方面比激进式改革有优势。到底选择哪一种改革方式取决于以上两种改革成本的总和。中国渐进式改革的成效主要取决于分阶段改革减小阻力(摩擦成本),并且使改革带有"做大蛋糕"的帕累托改进或卡尔多改进性质。渐进式改革还采取了先易后难的做法,先从改革成本较低、收益较高的部门开始,不断造就新体制的受益者,从而使经济转轨成为一个不可逆的过程。①

但是,中国的改革并不是那种按照事先规定好的速度和步骤去实现事先确定的政策目标意义上的渐进主义,更不是像其他转轨国家那样把以私有制为基础的市场经济体制当作目标。从实施方式和展开过程来看,中国改革的目标体制是通过对每个阶段具体政策目标不断修正而得以明确和持续的。"双轨过渡"、先试点再推广等具体做法都是为了减少改革的不确定性、降低改革的风险而采取的做法。那种认为中国在转轨中采取的过渡措施都是在改革的初始阶段计划好、安排好,认为改革是"自觉"按照事前计划有步骤、分阶段推进的看法是不符合中国实际的。② 事实上,整个20世纪80年代中国都在讨论计划多一点还是市场多一点的问题。党的十四大提出建立社会主义市场经济体制的目标已经是改革进展到一定时期之后的事情,对于社会主义市场经济体制各项具体内容的认识和规定至今还在不断完善、不断深化。

运用新古典经济学的成本收益分析方法根本不能证明渐进式改革比激进式改革具有绝对的优势。渐进式改革可能把大量的长期成本隐藏或转嫁到国有银行等公共部门,虽然在短期内没有暴露,但最终社会必须消化这些成本。而且由于每个阶段的改革都不彻底,渐进式改革一样会鼓励机会主义行为,滋生寻租和腐败现象。渐进式改革在转轨过程中的阶段性优势可能逐渐丧失,甚至可能从后发优势转为后发劣势。其实,成本收益分析方法和"华盛顿共识"的

---

① 林毅夫、蔡昉、李周:《中国的奇迹:发展战略与经济改革》。上海:上海三联书店、上海人民出版社1994年版,第17—29页。
② 黄桂田、张启春:《有限理性与制度变迁的渐进逻辑——以中国改革路径的一种理论认识》,《学习与探索》,1999年第4期,第4—10页。

理论含义一样,都带有浓厚的"社会计划者"色彩。它要求改革的设计者和实施者以经济效率的客观存在为前提,并且能够识别和比较新旧体制中的个人成本和社会成本信息。但是,即便改革者能够以社会福利最大化为目标,也不能保证在做长期和跨期选择的时候能够克服这一信息问题。如果计划者可以克服信息问题和成本收益的核算问题,经济转轨就没有必要。因此,一个无所不包的改革战略就相当于一个完全的计划。这是激进式改革和渐进主义思想共通的一个悖论。从历史来看,市场经济制度在西方社会是经过长期演化、自发形成的"扩展秩序",建立市场所需的稳定和成熟的法律框架需要很长的时间。在此过程中,试图预先判断和比较不同改革方式的总的社会成本是不可能的。既然改革者无法基于改革成本的充分信息在激进和渐进的改革战略之间进行理性选择,渐进主义是"华盛顿共识"的更好替代品也就无从谈起。渐进主义的改革者更为关注政策措施的短期效应,这一方面固然降低了改革所需的信息成本,但是另一方面也会因为目标模式的不确定导致改革总的社会成本和收益不确定,进而让人质疑"渐进之路能走多远"。渐进式改革采取的具有"帕累托改进"或"卡尔多改进"性质的政策措施虽然减少了改革的阻力或摩擦成本,但是这仅限于理论的逻辑或改革的初期阶段。由于经济转轨会产生巨大的财富和权力的分配效应,因此改革的实际阻力不仅取决于现实制度安排决定的改革成本和收益,而且也取决于改革中的利益受损者是否得到了事实上而不仅是理论上的补偿。这使得改革归根结底具有由社会经济主体"公共选择"决定的性质。

第三,制度分析与"庸俗科斯主义"。从产权制度的重构和建立市场制度的角度来看,体制转轨是一个根本性的制度变迁过程,转轨经济学必然而且应当包含制度分析。但是,西方经济学的制度分析方法或者是以科斯、诺斯等人为代表的新制度主义,其基本性质只是新古典经济学的扩展而不是替代。这种制度主义把经济转轨的命题归结为市场制度如何建立,进而把问题转化为市场制度的供求分析,即改革主体如何向微观经济主体提供市场制度,或微观经济主体如何获取市场权利。

关于市场制度的"供给"分析认为,市场制度的提供方式包括"供给主导型"和"需求诱致型"两种。前者是指政府借助国家强制力,以法律规范、行政命令等正式方式提供市场制度,属于强制性制度变迁。后者是指微观经济主体在获利机会的驱使下产生制度创新的需求,并以正式或非正式的方式实现诱致性制度变迁。

激进式改革是典型的"供给主导型"或强制性制度变迁。渐进式改革则两种情况都有可能。比如基层的自发改革属于"需求诱致型"制度创新,而政府的批准和推广则属于"供给主导型"制度变迁。虽然中国的政治制度决定了政府在制度供给、资源控制等方面处于绝对优势地位,其从事制度创新的能力和意愿对改革的范围及强度具有决定性作用,但是,由政府发起的"供给主导型"制度变迁并不一定具有效率优势。如果制度创新对原有的政治秩序构成威胁,权力主体就有可能继续维持原来的低效率制度。这就是所谓的"诺斯悖论"。即使改革能为社会带来明显的好处,但是社会仍然可能被"锁定"在无效的制度中。由于政府本身在改革不断推进的进程中越来越可能成为改革的对象,因此"供给主导型"制度变迁很可能出现"诺斯悖论"。[①] 破解这一难题的关键在于:一方面既要维持中央政府的权威性、政治等级规则的稳定性及下级代理人与上级委托人利益取向的一致性,另一方面又需要政府提供的制度创新与微观经济主体的需求相适应。在中国政治经济体系特有的分权结构下,得益于改革和权力下放的地方政府便有可能成为改革的"第一行动集团",并在中央政府(市场制度的供给方)与微观经济主体(市场制度的需求方)之间扮演中介角色,形成所谓具有中国特色的"中间扩散型"制度变迁。中国的成功之处就在于"分灶吃饭"的财政体制把地方政府的收入目标和官员追求政绩的个人目标与本地经济的发展水平、微观主体的经济利益紧密联系在一起,同时地方政府的制度创新也为中央政府提供了一个低成本、低风险的知识传递和积累的机制,使中央政府愿意把一部分制度供给权力让渡给地方政府。换句话说,地方政府既有发展市场制度搞活本地经济的利益诉求,自身又具有一定的从事制度创新的能力和权力。

但是,对于这一看似有说服力的解释,人们还是存在如下疑问:为什么在中央政府和微观经济主体的双重代理人的层面上,就不存在"诺斯悖论"?为什么在地方经济层面上,引入市场制度就能同时增加社会的总产出并维持或增加权力主体的垄断租金?为什么同样的逻辑不适用于中央政府?用地方政府具备

[①] 张宇:《过渡之路:中国渐进式改革的政治经济学分析》。北京:中国社会科学出版社1997年版,第62—73页。

从事制度创新的自给自足能力来破解"诺斯悖论",在一定程度上其实是消灭了问题而不是解决了问题。

关于市场制度的"需求"分析认为,微观经济主体对市场经济制度的需求就是摆脱"计划义务"从而获取"市场权利"。市场化改革是从非市场的合约形式向承认个人产权的市场合约形式转变。[①] 在计划经济制度下,政府和国有企业都是"计划权利"的拥有者,具有决定价格的能力、排他的垄断地位、亏损的合法化权利等特征。与"计划权利"相对应的"计划义务"则代表了大多数微观经济主体必须接受计划价格、工资水平、固定的身份或职业等状况。计划义务是计划权利施加的社会成本,正是这种特殊的外部性造成了计划经济的扭曲。但是,由于计划经济制度不可能展开计划权利和计划义务的交易与谈判,这种外部性不会自发地内部化,由它造成的经济扭曲也不会消除。

按照"科斯定理",不论初始权利的界定如何,外部性都可以通过产权双方的交易而得以内部化,使资源配置效率达到最优。因此,如果计划权利的拥有者与计划义务的承担者可以展开谈判和交易,不论计划经济制度界定的初始权利如何,最终结果都将把我们带到市场化改革的理想边界。[②] 不过,涉及具体的交易方式和支付方向则存在两种相反的情况:一种是计划义务的承担者向计划权利的拥有者支付以赎回自己的义务,另一种是计划权利的拥有者向计划义务的承担者支付以购买自己的权利。如果交易成本为零,这两种交易方式最终都将得到效率最优的结果。

以上分析体现了转轨经济研究中的一种理想化的"科斯主义"。但是,一个有效率的权利分配最终能够出现取决于至少三个条件:完全竞争的市场;完全自由的交换;没有交易成本或者交易成本很低。如果这些条件不存在或无法获得,"科斯交易"的结果就不那么令人乐观。两种权利交易方式的支付方向是相反的,这就意味着财富转移方向相反。假设计划义务的承担者在旧体制下无法积累起足够的财富,大规模的赎回就难以发生,除非计划义务的承担者事先获得了财富转移或补偿从而具有支付能力,但是这又相当于要求计划权利的拥有

---

① 周其仁:《公有制企业的性质》,《经济研究》,2000 年第 11 期,第 3—12 页。
② 盛洪:《寻求改革的稳定形式》,《经济研究》,1991 年第 1 期,第 36—43 页。盛洪:《市场化的条件、限度和形式》,《经济研究》,1992 年第 11 期,第 71—79 页。张军:《中央计划经济下的产权和制度变迁理论》,《经济研究》,1993 年第 5 期,第 72—80 页。

者放弃部分或全部的权利租金,与购买权利的交易方式没有根本区别。

科尔奈在反思名著《通向自由经济之路》时提出,认为经济转轨应该采取加速私有化战略,权利初始分配不重要、有效率的分配结果最终将会出现的观点是一种"庸俗科斯主义"。① 转轨国家的情况表明,科斯主义所需的条件都不存在。如果计划权利的拥有者不愿意主动放弃自己的既得利益,社会谈判的交易成本就会很高,权利的再分配必然产生新的外部性和社会成本。

新制度主义学说以市场制度的存在为前提,认为交易对所有人而言都是一种不言自明的机会和权利。但是转轨国家的问题恰恰是要建立以前不存在的市场制度,使微观经济主体获得所谓的交易权利。用科斯交易的方式实现市场化改革的目的,用权利的交易来实现"市场权利",只是一种循环论证。用"市场权利"或"交易权利"取代"计划权利"实质上是经济机会的重新分配。在这种情况下,"科斯定理"不予考虑的分配效应反而成了经济转轨的核心问题,并将制造新的社会成本和外部性。多重外部性的存在将使科斯定理难以起效,因而无法将其直接引申为转轨理论中的"科斯主义"。②

第四,没有共识的"后华盛顿共识"。正如当年拉美国家的危机一样,俄罗斯、东欧国家等转轨国家与中国的鲜明对比,以及东南亚金融危机给发展中国家带来的严重后果,促成了 20 世纪 90 年代后期形成的一种新主张——"后华盛顿共识"。③ 它认为,"华盛顿共识"给发展中国家和转轨经济国家提供的解决方案是失败的。它既不是成功增长的必要条件,也不是充分条件。它严重误判了发展中国家和转轨经济体的经济结构特征,实现目标的工具范围也过于狭隘。宣扬"华盛顿共识"的国际金融机构一直都在推行一种特殊的意识形态——市场原教旨主义。它建立在西方正统教科书关于市场经济的三个基本

---

① 〔匈〕雅诺什·科尔奈著,肖梦译:《后社会主义转轨的思索》。长春:吉林人民出版社 2003 年版,第 12—13 页。

② 方敏、简练:《可能的科斯定理与不可能的科斯主义》,《中国人民大学学报》,2006 年第 2 期,第 32—39 页。

③ "后华盛顿共识"的概念是时任世界银行首席经济学家的斯蒂格利茨在 1998 年 1 月发表的一篇题为"更多的工具和更广泛的目标:迈向后华盛顿共识"的演讲中首次提出的(参见 Stiglitz, "More Instrumentd and Broader Goals: Moving Toward the Post Washington Consensus", Presented as the WIDER Annual Lecture, at the World Institute for Development Economics Research in Helsinki, Finland 及斯蒂格利茨:《后华盛顿共识的共识》,引自黄平、崔之元主编:《中国与全球化:华盛顿共识还是北京共识》。北京:社会科学文献出版社 2005 年版,第 86—101 页)。

要素——价格、私有产权和利润(激励)——能够自发良好运行的基础上。这一立论基础不仅在发达国家不成立,在原计划经济国家和发展中国家更不成立。这是它失败的根本原因。

斯蒂格利茨、科勒德克等人提出的"后华盛顿共识"包含更多的政策工具和更多的发展目标。[①] 首先,要保持稳定的宏观经济和健康的金融基础。具体含义包括:①控制高通货膨胀是值得优先考虑的基本政策,但是使低通货膨胀变得更低不一定能够有效改善市场运行。②压缩政府规模和降低预算赤字很重要,但是确定预算赤字的理想水平并没有简单的公式,同时还必须考虑填补赤字的资金来源和筹措资金的形式。③"华盛顿共识"在敦促宏观稳定的同时,常常忽略了稳定产量、减少失业和促进长期增长。而最低限度地减轻或避免严重的经济衰退则应当成为最重要的政策目标之一。稳定政策带来的负效应是储蓄大幅下滑。储蓄从国有部门向私有部门的转移既没有自动增加投资倾向,也没有带来资源配置效率的提高。④金融系统是现代经济的"大脑"。成功的金融市场应该提供四个方面的社会服务:维持安全与稳定(审慎管理)、促进竞争、保护消费者、保障少数群体有机会得到资金。而"华盛顿共识"所要求的严格管理的金融体系有许多规则都限制了竞争,而不是促成金融市场的四项目标的实现。关键问题不在于自由化或解除管制,而在于构建金融系统的有效管理框架。

其次,竞争才是市场经济成功的关键。"华盛顿共识"把那些促进市场竞争的手段当作了目的,把注意力几乎全部放在了建立私有制和贸易自由化方面。但是,①贸易自由化不会自动带来竞争。如果进口被垄断,贸易自由化的结果只是把经济收益从政府转移到垄断者手中。②私有化的倡导者可能高估了私有化的收益而低估了其代价,尤其是政治和社会方面的代价。中国和俄罗斯的经验证明,竞争而不是所有制才是关键。相对于产权制度的变革,竞争性政策和公司法人治理结构的建立具有更重要的意义。③政府是市场的补充。"华盛顿共识"提倡政府越小越好。新自由主义主张政府应该让一切自由化、让一切私有化,然后待在一边就可以了。但是政府真正的问题不在于其规模大小,而

---

① 斯蒂格利茨:《后华盛顿共识》,《国外社会科学文摘》,1999年第1期,第2—6页,第27页;1999年第2期,第15—20页。

在于政府是否有能力领导国家并制定正确的政治经济政策;能否采取使市场运转得更好并纠正市场失灵的行动;能否成为制度改造的设计师,金融领域的守护神,人力资本、技术创新和基础设施的公共投资者,全球一体化的管理者;能否提供法律和秩序及环境保护等。④必须建立市场经济所需的制度基础,包括一系列新的法律。体制转轨就是要创设这些以前不存在或不成熟的制度。倡导"华盛顿共识"的经济学家要么忽视了制度的重要性,要么天真地认为这些制度会自然而然地产生。由于制度建设是一个长期的、渐进的过程,因此必须考虑转轨的次序和路径依赖作用。

进入 21 世纪以来,"后华盛顿共识"进一步扩展为一种关于增长政策和发展战略的"新共识"。福山等学者认为,最近的全球金融危机是对新自由主义模式的审判。"美国式的资本主义,即使不是声名扫地,至少将不再占据主导地位。"①危机终结了"外资崇拜论","外资崇拜论"是指那种认为对外国开放资本市场并解除汇率管制的自由化政策和贸易自由一样,可以提高发展中国家的资源配置效率的观点,使人们意识到自由化的次序和社会安全网的重要性,以及产业政策的作用。世界银行 2008 年 5 月发布的增长报告《持续增长和全面协调发展的战略》分析了 13 个经济高增长国家和地区(其中 9 个来自亚洲),把实现持续高增长的主要因素总结为:与全球经济接轨、宏观经济稳定、高储蓄率和投资率、市场配置资源、可靠精干的政府、外商直接投资、知识转移及资源流动等。报告不再老调重弹地强调自由化、私有化、放松监管的优点,不再提供诸如"让市场起作用"或"把国家治理弄好"这样简单的答案,而是强调每个国家都应该设计自己的解决方案。然而,这也凸显了"后华盛顿共识"的尴尬。它本质上是对"华盛顿共识"的批判和修正,除此之外,就像斯蒂格利茨自己所说的,共识根本不存在。

第五,"北京共识"。西方理论传统和"华盛顿共识"把注意力只放在转轨速度、政策强度等方面,而忽视转轨的经济、政治、社会基础,无法解释"休克疗法"的失败和中国改革的真正逻辑。中国经济改革的根本性质是变革生产关系使之适应生产力发展的要求,变革上层建筑使之适应经济基础的要求。

---

① 〔美〕南希·伯索尔、弗朗西斯·福山:《后华盛顿共识:次贷危机之后的发展》,《经济社会体制比较》,2011 年第 4 期,第 64—68 页。

在关于中国经济转轨的理论讨论中,中国学者有主张类似于"华盛顿共识"或"新华盛顿共识"的市场化推进理论①,也有主张类似于"渐进-制度演化"理论的观点。② 但是就中国经济改革的实践而言,其性质既不同于"华盛顿共识""新华盛顿共识"和"后华盛顿共识",也不同于所谓的"渐进-制度演化"模式。有西方学者把中国的改革经验概括为"北京共识"③,认为中国改革的重要经验在于:一是鼓励主动创新与大胆试验,从典型、特区等个别入手,不采取统一的一刀切;二是在维护国家主权和利益的前提下推动改革,坚决反对分裂;三是在改革方式上循序渐进,是渐进式而不是激进式的改革;四是在改革的目标上以提高人民生活质量为根本,因而必须以发展经济、提高经济增长水平为前提;五是在改革的社会结构上是以增量改革带动存量演变,而不是以存量改革为首要;六是在改革的动因上以自主的改革为动力,而不是受外界规范和干扰的被动外生性的推动;七是在经济机制的根本,即政府与市场的相互关系上,注重发挥各级政府的能动作用而不是简单地弱化政府作用;八是在转型的标准上以是否推动经济发展为基准,而不是允许经济衰退。"北京共识"虽然是西方学者基于中国改革经验提出来的,试图与"华盛顿共识"相对应,但是它不像"华盛顿共识"那样具有明确的理论基础,比如有的人强调其渐进性,属于制度演化论;有的人则强调政府干预,属于新凯恩斯主义。事实上,"北京共识"更像是一种现象的概括。"北京共识"并未从根本上指出中国改革道路不同于"华盛顿共识""后华盛顿共识"和"渐进-制度演化"模式。就理论依据而言,中国的改革不是以新古典经济学的自由主义为基础,不是以西方的宏观经济学和制度经济学为根据,而是具有自己的思想基础和理论准备,集中起来便是从中国国情出发,从马克思主义的哲学、政治经济学和科学社会主义等多方面经过深入系统的探讨,逐渐形成中国特色社会主义理论,并且不断在实践中发展这一理论。就实践进程而言,中国的改革是追求社会主义公有制为主体、多种所有制经济共同发展这一基本制度与市场经济机制的有机统一,其中最为根本的是占主体的公

---

① 吴敬琏等:《论竞争性的市场体制》。广东:广东经济出版社1998年版,第296—346页。
② 厉以宁:《非均衡的中国经济》。广州:广东经济出版社1990年版,第6—12页。厉以宁:《中国经济改革的思路》。北京:中国展望出版社1989年版,第20—37页。
③ "北京共识"最早由美国高盛公司高级顾问乔舒亚·库珀·雷默于2004年5月7日在《金融时报》上著文提出;5月11日,美国外交政策研究中心全文发表了他撰写的《北京共识》报告。

有制经济本身与市场机制相统一,而不是像激进式改革或渐进式改革那样,把私有化基础上的自由化及市场化当作改革的理想目标和终极目标。西方学者提出的"北京共识"虽然指出了中国改革经验与"华盛顿共识"的种种现象区别,但未充分关注这一点,而这才是最为根本和艰难的制度创新。

三、中国改革对公有制与市场经济结合的创造性探索和贡献

1. 运用马克思主义基本方法分析公有制与市场经济结合的改革实践

以西方主流经济学的新古典价格理论为基础,运用一般均衡分析方法对经济转轨问题的解释,一方面在价值取向上把私有化作为基本前提,另一方面在理论分析上忽视所有制和企业产权改革的命题。我国的经济体制改革,以坚持马克思主义基本理论和方法作为主流,特别是将其运用于分析公有制与市场经济相结合的改革实践,这集中体现在以下方面:一是从生产力与生产关系矛盾运动的唯物史观出发,阐释改革的历史必然性,把改革的本质归结为社会主义制度及其生产关系的自我完善和发展,改革的动因被归结为解放和发展生产力,始终以保护、解放和发展生产力作为检验改革绩效的根本标准。二是从对生产关系的本质认识出发,从生产关系变革的意义上把握改革,把改革的实质和真正难点解释为所有制结构及实现形式的变革,尤其强调所有制结构的多元化和国有制企业改革的重要性。三是在对改革总体模式的认识上,始终把改革的历史内涵理解为两个基本方面,即作为所有制结构的基本经济制度和资源配置的运行机制,强调两者进程的内在协调,即企业所有制改革与市场价格机制培育之间的关系。①

特别需要指出的是,上述所有制与市场经济关系的政治经济学分析,是在坚持马克思主义哲学和科学社会主义的基本方法及原理的基础上展开的,是将历史唯物主义和辩证唯物主义运用于政治经济学的产物。中国改革发展的具体历史实践进程,正是在对马克思主义哲学、科学社会主义、政治经济学的全面

---

① 厉以宁:《非均衡的中国经济》。北京:中国大百科全书出版社 2009 年版,第 36—82 页。吴敬琏、刘吉瑞:《论竞争性的市场体制》。广州:广东经济出版社 1998 年版,第 296—346 页。

系统深入探索中,逐渐形成了以邓小平理论为突出代表,包括"三个代表"重要思想、科学发展观在内的中国特色社会主义理论,形成了习近平新时代中国特色社会主义思想。中国改革开放的社会实践,就是这样在马克思主义基本原理与中国具体实践紧密结合的科学理论指导下展开的。中国改革开放的发展史为丰富和发展当代中国马克思主义、不断开拓马克思主义新境界、构建中国特色社会主义政治经济学新体系,做出了基础性的贡献。

2. 在所有制结构改革与市场机制培育的统一中,推进中国特色社会主义市场经济转轨

以社会主义市场经济为方向的改革,包含两个方面的基本命题。一方面是所有制的改革,包括所有制结构和企业产权制度的改革;另一方面是资源配置机制的改革,包括市场化和政府改革。中国的改革开放是在这两方面基本命题的统一中推进的:既不片面强调市场化,忽略所有制和企业产权制度改革;也非脱离市场机制要求,盲目推进所有制和企业产权制度改革。

1982年,党的十二大在所有制结构上首次承认,个体经济是社会主义公有制经济的有益补充(1982年12月五届全国人大五次会议修宪,在宪法上予以确认);相应地,在资源配置方式上首次明确"计划经济为主、市场调节为辅"。这样,在所有制上打破单一纯粹公有制垄断传统的同时,资源配置机制也打破了社会主义经济与市场相对立的传统。1986年,十二届六中全会明确我国的所有制结构,在公有制为主体的条件下发展多种经济成分,首次承认私人经济的存在和发展是社会主义公有制经济有益和必要的补充(1988年七届全国人大一次会议修宪,在宪法上予以确认);相应地,1987年党的十三大强调,在资源配置方式上社会主义经济是有计划的商品经济,计划经济与市场调节相结合,计划与市场都是覆盖全社会的机制(不分主辅),较党的十二大"计划经济为主、市场调节为辅"前进了一大步。1992年,党的十四大首次在所有制结构上明确,非公有制经济是我国社会主义国民经济的重要组成部分,公有制为主体,个体、私营、外资等为补充,多种经济成分长期共同发展,不同经济成分可以自愿联营为混合所有制;相应地,在资源配置方式上首次明确中国社会主义经济改革的目标是建立社会主义市场经济体制(1993年八届全国人大一次会议修宪,在宪法上予以确认),首次把社会主义与市场经济作为统一整体提出。1997年,党的十五

大进一步将"公有制为主体、多种所有制经济共同发展"明确为整个社会主义初级阶段的基本经济制度(1999年九届全国人大二次会议修宪,在宪法上予以确认),经济改革的根本任务在于将这种基本经济制度与市场经济统一起来。2002年,党的十六大在所有制问题上首次明确提出"两个毫不动摇",即"毫不动摇地巩固和发展公有制,毫不动摇地鼓励、支持、引导非公经济发展"。2004年,十届全国人大二次会议修宪,首次在《中华人民共和国宪法》(以下简称《宪法》)中明确生产资料所有制(不仅是消费资料)的私有制与公有制同样不受侵犯;2007年,十届全国人大五次会议通过《中华人民共和国物权法》,将《宪法》中的保护私人财产权进一步具体化,相应地,在资源配置方式上进一步全面推动社会主义市场机制的培育。2012年党的十八大以来,特别是党的十八届三中全会,在1984年秋党的十二届三中全会做出开展经济体制改革的决定近30年之后,再次做出全面深化社会主义市场体制改革的决定,决定在所有制结构上重申坚持公有制为主体、多种所有制经济共同发展的长期性,同时强调不同所有制之间发展混合所有制经济的重要性;相应地,在资源配置方式上进一步提出深化社会主义市场机制培育,强调处理好政府与市场的关系,使市场在资源配置中起决定性作用和更好地发挥政府作用。总之,以所有制结构改革与市场机制培育作为相辅相成的统一命题,既是生产关系与生产力矛盾运动的内在要求,也是中国改革实践的基本逻辑。党的十九届四中全会《决定》则进一步将社会主义市场经济与公有制为主体、多种所有制经济共同发展和以按劳分配为主、多种分配方式并存作为中国特色社会主义基本经济制度,进一步强调了市场经济与社会主义之间的深刻内在有机统一性。

3. 在坚持生产力标准与公有制实现形式的内在联系中推动公有制本身的改革

对于公有制本身的改革,中国特色社会主义政治经济学不像东欧社会主义国家早期的改革理论那样,试图在公有制的抽象规定与公有制的现实形式之间给出简单的直接对应关系,而是创造性地提出了公有制实现形式的理论,并通过这一中介范畴把公有制与公有制的现实形式联结起来。所有制问题对于马克思主义政治经济学和社会主义经济理论的重要性不言自明,但是所有制从来就不是一个先验的范畴,而是一个具体的现实的范畴。所有制关系本质上是相关经济主体的利益关系、权利关系,所有制的实现形式就是这些利益在现实经济过程中的实现途径,具体来讲就是资本与劳动等生产要素的组织形式及其所有者之间的财产权利安排。同一种所有制形式的基本性质虽然一样,但是因生产的性质(比如产业特征、市场结构不同)可以具有不同的实现形式。既然所有制实现形式是为所有制关系服务的手段,是联结所有制关系与生产过程的中介,因此其经济社会性质一方面受所有制性质本身的影响,另一方面还会受生产过程社会性质的影响。前者反映了生产关系的性质,后者反映了生产力的性质。当二者相互适应、相互促进时,这种所有制实现形式既有利于生产力的发展,又能保证所有制关系包含的利益得以实现;反之,不合理的所有制实现形式既可能损害所有制关系,也可能因不符合生产的一般规律而损害生产力的发展。公有制实现形式的理论又为国有企业产权制度的改革奠定了基础。

有了公有制实现形式的理论为基础,以建立现代企业制度为主要方向的国有企业产权改革就能既保持社会主义公有制的性质,又能按照社会化生产的一般规律组织资本和生产。股份制作为一种资本组织形式,同时也可以成为公有制的实现形式。首先,股份制本身是生产社会化程度不断提高的产物;其次,股份制不仅不会改变股权的公有性质,而且因其具有筹集资金和促进资本集中的功能,反而更有利于提高公有资本的控制力和支配范围,增强公有制的主体地位和国有经济的主导作用;最后,股份制下政企分开的产权安排及其治理结构,有利于将国有企业塑造成符合市场原则的经济主体。

4. 在企业产权制度改革与市场价格制度改革的统一中,构建社会主义市场经济的内在竞争机制

市场经济的内在竞争机制(或称内在竞争秩序),主要包括两方面的历史内容。一是市场经济的主体秩序,即界定谁能进入市场并成为市场竞争中的行为主体的规则,其核心是企业产权制度,回答的是"谁在竞争"的问题。二是市场经济的交易秩序,即界定怎样决定交易条件的规则,其核心是价格决定制度,回答的是怎样竞争的问题。"谁在竞争——企业产权制度""怎样竞争——价格决定制度",这两方面的制度安排构成了市场经济内在竞争机制的核心。我国作为传统计划经济国家,在转型的起点上,既不存在与市场经济要求相适应的现代市场经济中的企业主体制度,也不具有竞争性的市场交易机制。这种转轨起

点的历史特殊性,使得计划经济向市场经济的转型不能不同时构建企业产权制度(主体秩序)和市场价格决定制度(交易秩序),从而产生了如何协调企业产权制度改革与市场价格决定制度改革的特殊命题。

这两种改革思路分歧[①]的背后,在理论基础上体现着制度演化理论与古典竞争市场理论的区别;在分析方法上体现着非均衡分析(强调培育制度上实现均衡的可能性)与一般均衡分析(重点论述实现均衡的必要性)的不同;在强调的重点上体现着对市场主体和市场价格决定制度重视的差异;在考察的领域上体现着供给分析(企业产权)与需求分析(价格决定制度)的侧重;在分析改革可能发生的风险上也体现了完全不同的认识。主张企业所有制改革优先的观点认为,价格改革先行难以试点、风险大,价格改革的失败会导致经济改革的失败,但经济改革的成功其实并不取决于价格改革。主张竞争性市场价格机制改革优先的观点认为,价格改革先行的优势恰在于不能倒退,其风险虽大但可控。关于改革所需要的宏观经济环境,二者的态度也截然不同。主张价格改革优先的观点要求,必须先管住货币,控制总需求,抑制通货膨胀,在供求矛盾相对缓解、短缺经济相对抑制的宏观环境下,再推动企业等的多方面改革,否则,会加剧供给不足的矛盾,刺激低效率产业扩张。主张企业所有制改革优先的观点则认为,供求趋缓意味着趋向均衡,若真能如此就不需要改革了。实际上,如果不存在真正的企业制度,就不具备实现均衡的可能性。所以改革只能在非均衡状态下推进,并以企业改革来提升经济趋向均衡的可能性。而在短缺经济环境下,若全面推动价格改革,极可能形成严重的通货膨胀,导致通货膨胀预期提升,出现抢购,把在长期短缺经济下积累起来的强制储蓄(需求)全部吸纳,形成需求疲软的市场宏观环境,导致经济停滞,出现"滞胀"。

实际上,在既无现代企业制度,又无竞争性的市场价格决定制度的条件下,经济转轨只能在企业产权主体制度和市场价格交易制度改革的统一进程中进行。企业产权制度改革是市场价格决定制度改革的制度基础,没有产权主体的制度演变,便不可能生成价格决定制度的变化。毕竟是交易主体决定交易条

---

① 参见本书第094页脚注中厉以宁和吴敬琏、刘吉瑞两本书的论述。中国许多有影响力的学者,如于光远、董辅礽、王珏、刘国光等都发表了不同的深刻意见。类似的争论在苏联改革初期也出现过:企业改革与价格改革如何协调——"第一颗纽扣扣错了,其余的纽扣就都扣错了"(纽扣效应)。

件,"谁在交易"规定"怎样交易",有怎样的主体秩序才可能有怎样的交易秩序。同时,价格决定制度又是企业产权制度的运动形式,没有市场竞争性的价格机制,便不可能形成企业产权实现方式或产权行为的市场运动。交易是市场条件下企业产权实现其经济利益要求的基本途径,有交易机制才可能有现代企业产权制度的实现。

5. 在解放和发展生产力的迫切性与经济改革可行性的统一中,推动公有制与市场机制的结合

所谓可行性主要是指阻力相对小,难度相对低;所谓必要性主要是指生产力发展要求迫切,相应的变革带来的发展效果显著。这种可能性与必要性的兼顾,不仅是出于推动改革可行性的历史需要,更重要的在于,客观地认识和把握中国经济改革的生产力起点和生产关系起点的历史特征,以及改革的发展目标和体制目标相统一的根本要求,尤其是明确一切改革都不能以破坏生产力发展为代价,只能以解放和推动生产力发展为出发点。这种可能性与必要性的历史统一,集中体现在以下几个方面。

第一,在二元经济背景下,经济体制改革的全面展开从农村经济逐渐转向城市经济。中国农村经济体制改革,特别是以农村家庭联产承包责任制为核心的改革,在整个经济改革中率先突破。其根本原因在于,中国农村经济发展水平落后,传统计划经济体制和长期牺牲农业、优先发展重工业的发展战略,使农村经济的发展受到破坏和严重束缚,整个国民经济结构也因此严重失衡,农业劳动生产率极为低下,农业就业劳动力比例高达70%以上(世界贫困国家水平),长期未能真正解决温饱问题,因而农村生产力发展和解放的要求更为迫切,对变革传统生产关系的要求也更为强烈。中国新时期的改革自然率先在生产力发展对改革要求最为强烈的农村全面展开,并且体现出两个极为显著的特点:①在改革推进和发动方式上,很大程度上来自农民群众自发的创造,家庭联产承包责任制本身就是农民的创造,在尊重和承认农民群众首创精神和实践的基础上,中共中央予以方向性的引导和支持,而不是自上而下的行政性推动。②在改革选择的目标上,着力推动以土地家庭承包为核心的生产资料所有制实现形式的改革,确立了农村集体经济以家庭承包经营为基础、统分结合的双层经营体制。这是生产资料产权制度实现形式的根本性变革,而不是一般分配关系和利益格局的简单调整。

第二,在企业改革与政府改革何为重点的选择上,从企业改革逐渐转向政府改革。如何处理好政府与市场的关系,成为其中重要的问题。中国计划经济体制的建立,在相当大的程度上依照"斯大林模式",但又有很大不同。重要的区别在于,传统的"斯大林模式"更强调计划的中央集权,地方政府并无多少权力空间,贯彻的是"条条管理";中国的计划经济体制在中央集中管理的同时,给地方政府留有较大的权利空间,贯彻的是"条块结合"。在改革开放之前的历次体制调整中,集中处理的均是"条块"矛盾,即中央与地方的政府间关系,而不涉及企业。与中华人民共和国成立后的前30年不同,中国改革伊始便明确以企业(国有)改革为核心,从而使改革的深度及广度因对象的变化而有了根本性进展。社会主义市场经济体制培育的历史过程,在一定意义上可视为企业、市场、政府三者关系的转轨过程。基础首先在于企业制度的改革,尤其是如何建立现代企业管理制度以适应市场经济的基本要求。伴随企业改革的进程和要求,继而推动市场体系的健全和市场秩序的培育,使企业之间实现横向的市场经济联系,社会再生产总体运动所必要的有效竞争性市场机制因而得以逐渐发育和完善。一旦企业管理制度和价格决定制度的转型逐渐深化,与之相适应的政府转型和政府体制改革,便越来越成为矛盾的主要方面。企业和市场的体制改革越深入,对政府职能转变和政府体制改革的要求越日益迫切和深刻。这是制度变迁的内在要求,也是我国社会主义市场经济体制转轨的历史逻辑。从企业改革到市场体制培育再到政府改革,虽然都是极为复杂的社会工程,但相对而言,其艰难程度和遇到的阻力及矛盾是逐层递进的。资源配置通常以企业制度作为要素配置的基础性制度,由企业制度进行生产要素组合。企业制度包容不了的、更为复杂的交换和要素配置,需要运用市场制度来进行,市场制度是企业之间的联系方式。市场制度处理不了的,尤其是当转轨经济存在严重的市场失灵领域和方面(外在性)时,就特别需要政府制度的干预。与这种困难程度的逐层递进相适应,企业、市场、政府体制改革面临的风险也是逐层递进的。企业改革可以试点,其风险尚可局部地控制,且可倒退或适时关闭某些改革窗口。市场价格竞争制度的改革难以试点,一旦推进便只能全面改革,且不可倒退,改革窗口一经打开难以关闭,风险自然也就更大。政府体制改革不仅更具宏观和全局性,而且涉及社会经济、政治、文化等多方面,风险更为系统和巨大。而政府体制改革的推动主体往往又是政府本身,其难度更大。以企业管理制度改革为基础,推动市场价格决定制度改革,基于两者的统一,在市场内在竞争机制培育的历史进程中,推动政府体制改革,构成转轨进程的历史可能和客观需要的统一。

第三,在企业改革的进程中,改革的主要举措从收入分配改革逐渐转向企业产权改革。尽管从一般意义上说,企业产权包括关于企业资产各方面的权利束,但严格地说,分配方面的权利与企业所有制排他性的占有制度还是有区别的。中国城市经济改革是以企业(国有)改革为核心启动的,但在改革的相当时期内,主要改革措施集中在分配关系上,而不是集中在所有制及企业产权结构上,从而与农村经济改革形成鲜明对照。农村家庭承包经营制,是对基本生产资料耕地的产权制度改革,而不是一般的分配关系变革。农民在承诺履行一定的上缴国家和集体的收益后,获得土地的承包经营权,土地终极所有权的性质仍是集体所有,但支配权、经营权、管理权和相应的也是最重要的剩余索取权(当然也就形成与之相适应的风险承担责任)归农民。农民的这一产权,在2002年全国人大通过的《中华人民共和国农村土地承包法》中,获得了法律的制度确认。城市经济改革中的企业改革则不然,改革在相当长的时间内围绕政府、企业、职工三者的收入分配关系展开,如从初期的允许企业利润留成,到利改税,再到企业承包制,都是分配关系的调整。直到1992年党的十四大提出社会主义市场经济体制的改革目标后,特别是十四届三中全会提出建立与社会主义市场经济相适应的现代企业管理制度的历史任务之后,沿着"抓大放小"的基本思路,国有企业改革的重点方从一般的利益分配关系,特别是企业收入与政府财政收入目标相互关系的调整,转向企业所有制及产权结构的改革。一般竞争性的中小国有企业实行各种非国有化改造("放小"),大型和特大型国有企业则以股份制为基本形式,努力按照"产权清晰、责任明确、政企分离、管理科学"原则,进行现代企业管理制度改造。

第四,在市场价格机制的培育中,首先着力构建商品市场体系,然后逐渐推进要素市场化。以商品市场化倒逼要素市场化,以要素市场化推进所有制和产权制度改革。市场化的关键在于,需是交易条件决定的市场化,即由市场竞争来确定价格(实现交易的基本经济条件)。到21世纪初,中国的商品市场化已基本实现了,无论是消费品还是投资品,绝大部分(至少90%以上)均由市场定价(市场价格),基本实现了从计划价格向市场价格的转变。相对而言,要素市场化滞后于商品市场化。就商品市场化与要素市场化的相互关系而言,一方面,商品市场化相对更为简单明确,也更易于先行全面推动;要素市场化虽然更具根本性,但更为复杂、艰难。另一方面,商品市场化的实施会对要素市场化形成倒逼机制,商品是投入各种要素生产的结果,作为结果的商品运动实现了市场化,势必推动其形成条件(要素)的市场化。要素的市场化即生产要素交易条件(价格)由市场竞争决定,需要创造的制度基础在于,企业产权制度必须适应市场机制的要求。交易条件的决定本质上是交易主体的利益实现要求,竞争性市场要素价格的决定本质上是市场竞争主体产权的运动形式。因此,要素市场化的展开和深入,既是市场化的深入,也是所有制和企业产权制度改革的深入。[1]

四、 混合所有制经济与国有企业改革[2]

中国特色社会主义市场经济是建立在公有制为主体、多种所有制经济共同发展基本经济制度上的市场经济。二者的结合来自两个方面的相互作用。一方面,市场经济价值规律决定的商品经济一般规则和普遍性,对作为我国基本经济制度的所有制结构及企业产权制度,提出了不同于传统体制的要求;另一方面,社会主义初级阶段基本经济制度又赋予了市场经济运行本身新的历史特征。积极发展国有经济、集体经济、非公资本等相互交叉、相互融合的混合所有制经济,是十八届三中全会特别强调的全面深化经济改革中的重要命题,也是国有制企业深化改革的新形式。如何改革国有企业,使之既不失其公有制性质,又能在总体上满足市场竞争的基本要求,是社会主义公有制与市场经济结合的关键问题。[3]

---

[1] 刘伟、方敏:《中国经济改革历史进程的政治经济学分析》,《政治经济学评论》,2016年第2期,第3—48页。

[2] 刘伟:《发展混合所有制经济是建设社会主义市场经济的根本性制度创新》,《经济理论与经济管理》,2015年第1期,第5—14页。

[3] 企业在产权构造上进行混合所有制改革,最初是党的十三大政治报告提出的,党的十四大直至十八大的历次政治报告,不断深化对混合所有制的认识。特别是十八届三中全会关于全面深化改革的决定,对发展混合所有制企业的重要性、迫切性、实施路径及基本方式等做出了系统性阐释。

1. 混合所有制改革的发展性目标

首先必须明确,国有企业进一步进行混合所有制经济改造的发展目标,否则,改革必然具有盲目性,改革的范围、进程也无从选择。生产关系的所有变革,根本上都是为了适应社会生产力发展的要求。既然全社会在所有制结构上实现公有制为主体、多种所有制经济共同发展的混合经济,其根本目的是解放和发展现阶段我国的生产力,那么,国有企业个体在产权结构上进行混合所有制经济改造,目的就在于提高企业的竞争力和效率及其创新力和发展能力。只有适应或需要追求新目标的国有企业,才应当被纳入混合所有制经济改造的范围。

严格地说,国有企业的发展目标所追求的是国民福利最大化。从总体上看,若以市场盈利的厂商收益最大化作为衡量标准,国有企业的这种微观效率显然低于非国有企业。之所以举办国有企业,首要目标并非一般的市场盈利目标,而是从国家总体利益目标出发,通过建设国有企业来实现更加广泛的社会发展目标和宏观经济目标等。因此,不能简单地说国有企业必然是低效率的,只能说要看以怎样的"效率"来衡量。出自资本更大程度地追求市场盈利效率的本性,不断掀起了世界范围非国有化(私有化)的浪潮。进入21世纪以来,不仅转轨国家,许多发达国家和发展中国家也都不断加大非国有化的力度。自20世纪末以来,国有企业增加值占全球GDP的比重处于下降趋势。[①] 但不可否认的事实是,国有企业在当代的生存力仍然旺盛。也就是说,国有企业不仅在我国,而且在世界范围内,直到现今的存续及发展说明,国有企业的存在有其客观历史必然性,反映了世界历史进程对生产社会化和生产资料资本主义占有,这一资本主义生产方式基本矛盾消极与积极的扬弃。不同于一般私人企业,社会主义国有企业的特殊性在于,它们能够更直接、更充分地体现国家以人民为中心的总体和长远的社会利益要求,只要社会主义国家存在,社会主义国有企业就必须存在。举办国有企业的首要目的,并非市场收益最大化,衡量国有企业的效率标准自然也就不能唯市场竞争性效率准则论,而应有更广泛的社会标

---

① 朱安东:《破除国有企业低效论——来自混合经济体的证据》,《政治经济学评论》,2014年第4期,第141页。

准。这在公益类领域尤其如此。此外,某些领域(或者在一定历史阶段上)的特点,决定其投资回报率及整个产业的商业盈利能力普遍较弱,因而私人资本普遍不愿进入,但社会长远发展和国家总体战略目标又需要发展这些领域,以国有企业方式的进入就成为不可或缺的选择。这种情况下发生的国有企业盈利效率低,有其客观性,或者说,正是因为这些领域竞争性效率"天然"低,国有企业才进入并承担起社会发展的责任。因此,即使就市场竞争微观效率标准看,仍需要清晰区分国有企业总体效率低,究竟是因为它进入的领域"天然"盈利能力低,还是因为国有企业的进入导致了这一领域(或国有企业进入的经济范围)市场效率低。总之,不能简单地以企业市场竞争的微观指标,衡量国有企业的效率。

我国现阶段对国有企业特别是大型和特大型企业进行混合所有制经济改革,目的显然是提高其市场竞争性效率,适应社会主义市场经济的竞争要求,这集中地体现在商业类领域。否则,独资或绝对控股的国有企业,在制度上更能保证实现国有企业服务社会发展和体现国家总体利益要求的功能。并非所有国有企业都须进行混合所有制改革。根据社会经济发展要求,能够首先保障国家总体(包括政治、经济、社会、文化、国际、安全等)目标实现的,独资或绝对控股的国有企业也必须做强做优做大。尽管单纯国有制的企业在制度上难以实现市场竞争性效率最大化的目标,但这并非意味着,实现了企业混合所有制的经济改革,这类企业就必然能保证充分实现市场竞争性的盈利目标。国有企业混合所有制经济改革,只是在企业所有制结构上为企业适应市场竞争创造必要的基础。

重要的是,混合所有制改革如何在垄断与竞争领域进行选择?原则上,在竞争性或并非自然垄断性质的领域,可以考虑进行混合所有制经济改革,无论企业本身规模的大小,只要所处的领域是竞争性的,其中的国有企业便可以考虑进行混合所有制改革及非国有化改造。因为国有制企业在制度上的确不能也不应首先接受市场规则的硬约束,而应首先接受国家要求和政府约束,否则便不能称其为国有制企业。况且,有些看起来是垄断行业,但却并非属于"天然"垄断,而是制度性、政策性形成的垄断,这种垄断恰恰是需要限制和打破的。在企业制度上进行混合所有制改革,正是打破这种垄断的根本举措。即使在"天然"垄断领域继续采取国有企业垄断的形式,也需建立相应的"规制"以规范约束其垄断行为,并权衡企业利益与国家利益的得失。特别是我国现阶段人们普遍关注的金融、石油、电力、铁路、电信、资源开发、公用事业等七大领域,大型和特大型国有企业分布最为集中,其中不乏处于垄断状态的。这些领域中的国有垄断性企业,要不要进行混合所有制经济改革?根本在于科学地区分和明确这些领域中,到底哪些属于自然垄断性质,哪些具有竞争性;进而理清哪些以竞争性的市场利润最大化为企业的首要目标,哪些必须以社会长远发展和国家总体利益要求为首要目标;哪些以经济效率特别是微观的资源配置效率为根本,哪些必须以更广泛的社会目标包括国家安全等一系列非经济目标为根本。

2. 混合所有制改革的体制性目标

国有企业进行混合所有制改革的体制目标,与发展目标应是统一的。如果作为混合所有制企业的发展目标是提高市场竞争力,以实现市场竞争性收入最大化。那么,进行改革的体制目标就在于,使企业在制度和机制上能够适应市场竞争的要求,满足市场经济竞争规则对于企业管理制度,尤其是企业所有制的基本要求。

第一,要求企业在所有制及相应的企业产权制度上,必须具有纯粹的经济性质,而非超经济强制性质。传统国有企业之所以不适应市场竞争,根本在于其所有制及相应的企业产权具有超经济强制性,不能也不应接受市场规则约束。对于归入进行混合所有制改革的国有企业,要使之能够首先接受市场硬约束,必须在产权制度上摆脱超经济强制性。

严格意义上的国有企业,不可能也不应当实行政企分离,政企合一产权制度的基础在于企业所有制性质的国家占有。政企分离本质上要求政资分离,转为非国有制,但政企不分必然导致企业首先接受行政规则而非市场约束。通过对传统国有企业进行混合所有制改革,或许可以为推动国有企业政企适度分离创造制度基础。但如何通过混合所有制改造使企业实现政企分离,真正接受市场硬约束,同时又能体现公有制企业的性质,这是改革的一大难题。进一步说,如果在资本主义私有制社会,国有企业实现政企分离,只要国家将所持企业股权卖出,政资便自然分离。而我国则不然,除通过所有权的部分转移以组建混合所有制外,还需要处理企业中的党企关系。我国的政体不是多党执政体制,中国共产党是唯一的执政党,国有企业作为国家经济的重要微观基础,应充分体现党的一元化领导。在国有企业的混合所有制改革中,如何既体现政资分离进而实现政企分离,又在企业治理结构中体现党的领导,进而实现党委、董事会、经理层之间的有效治理,这些都是中国特色社会主义市场经济改革面临的崭新课题。

第二,市场经济要求企业之间的产权界区即所有制的排他性必须严格,否则就不可能有彼此让渡生产要素所有权的市场交易活动和交易机制。产权界区越清晰,交易越畅通,市场机制越有效。如何在国有企业的混合所有制改造过程中,使之与其他主体之间具有清晰的产权排他性和交易界区,从而充分有效地运用市场机制实现交易活动,同时又使之不失公有制性质,这才是真正的困难所在。如果国有企业改革采取混合所有制形式,所构成的企业本质上是资本私有制企业,并以此作为微观基础适应市场机制运行,那就不是社会主义市场经济的制度创新,而是复制早已有之的资本主义历史事实。

第三,在混合所有制企业内部的不同产权和要素所有者之间,组合为同一企业的过程本身,本质上也是市场交易的一种形式。所谓企业制度不过是市场制度的特定形式。因此,混合所有制企业要适应市场竞争机制的要求,其内部的产权结构必须严格界定。企业内部不同要素所有者的权、责、利边界必须清晰,同时必须具有相互制约的均衡性,即公司治理结构的合理性。公司治理本质上是产权合理构造的均衡过程。国企混合所有制下所有者的终极所有权、企业法人产权(董事会对公司全部资产的支配权)、公司经营管理权,以及企业员工的权益等各方面的关系如何均衡,是构建混合所有制企业必须解决的大问题。中国共产党对国有企业包括其中进行混合所有制改革企业的一元化领导,坚持全心全意依靠工人阶级的根本方针,这是中国特色社会主义市场经济中的国有企业治理结构的突出特点和优势。我们有条件比当代资本主义经济更有效地处理好公司治理结构、委托代理制的约束和激励问题,建立发展中国特色社会主义市场经济下的国有企业治理机制。

在实行混合所有制经济的国有企业治理结构时,需从产权制度及其法律制度上明确以下原则:一是不同要素所有者之间组合的自愿原则,二是不同所有者之间的权利平等原则,三是不同所有者退出的自由原则,四是不同要素所有者的信息对等分享原则,五是不同要素所有者利益分配的公正原则。如若不然,在混合所有制企业制度下,相应的企业产权权能会发生分解。企业产权制度治理结构的失衡,不仅难以保证产权制度性分工带来的效率提升,而且会产生严重的侵权行为。正如马克思分析资本主义股份制度时所说,它最大的问题在于,使一部分人获得了拿他人或社会的资产冒险而又不负责任的权利。① 在我国现阶段的国有企业混合所有制改造中,要找到一种途径,使承担责任最大的产权主体真正拥有相应的最大决策权,使承担风险最大的产权主体真正拥有最大的剩余索取权。资本主义几百年发展史中,企业产权治理结构的完善至今仍是有待解决的难题。如何依托社会主义公有制为主体、多种所有制经济共同发展的基本经济制度,构建企业产权治理结构,更是一个崭新的但完全有条件解决及完成得更好的历史使命。②

总之,中国特色社会主义的发展,始终坚持社会主义市场经济改革的基本方向,努力探索公有制为主体、多种所有制经济共同发展的基本经济制度,与市场竞争起决定性作用的资源配置机制之间的有机结合,以中国生产力获得持续高速增长的奇迹,证明着人民社会实践所选择的道路和制度的科学性。在四十多年改革发展实践的基础上不断升华,从改革开放初期写出一部政治经济学的初稿,到不断开拓当代马克思主义政治经济学的新境界,以及中国特色社会主义政治经济学的系统化,极大地支撑着中国特色社会主义事业的发展。中国波澜壮阔的经济改革,实现了对社会主义政治经济学根本性难题的突破。改革开放社会实践的深入,特别是中国经济进入新常态以来,不断涌现的许多新问题及新发展理念指导思想的提出,迫切呼唤马克思主义政治经济学的分析。尤为关键的是,它们对社会主义市场经济制度、初级阶段基本经济制度与市场机制结合的统一性和协调性,提出了更为深刻的要求。

---

① 《马克思恩格斯全集》(第46卷)。北京:人民出版社2003年版,第198页。
② 刘伟:《发展混合所有制经济是建设社会主义市场经济的根本性制度创新》,《经济理论与经济管理》,2015年第1期,第13页。

第四章

新时代中国特色社会主义政治经济学的收入分配问题：生产资料所有制的改革与收入分配方式的演变[①]

一、马克思按劳分配思想的提出及其特点

1. 生产决定分配：所有制性质决定分配关系性质

马克思指出,生产决定分配,分配关系和分配方式只是表现为生产要素的背面,分配结构完全决定于生产结构。分配本身就是生产的产物。[②] 这不仅是就一般意义而言,只有生产出产品才能进行产品的分配,因此,生产是分配的基础和前提,而且就特殊的社会历史形式而言,一定社会的生产资料所有制及与之相适应的社会生产关系的性质和特征,决定着一定社会的收入分配的制度特征,进而规定着收入分配的社会状态。当然,收入分配作为一定社会生产方式的利益实现方式,对社会生产和社会基本制度的发展和运动,也会产生深刻的影响。正如马克思所指出的:这些分配关系的历史性质就是生产关系的历史性

[①] 本题目研究是2015年度马克思主义理论研究和建设工程重大项目和2015年度国家社会科学基金重大项目"中国特色社会主义所有制与分配理论研究"（课题立项号 2015MZD007）成果。刘伟是课题首席专家。

[②] 《马克思恩格斯选集》（第2卷）。北京:人民出版社1972年版,第98页。

质,分配关系不过表示生产关系的一个方面。①

按劳分配的思想最初在空想社会主义当中有所显现。在空想社会主义的思想体系中,按劳分配的思想是作为否定资本主义生产方式的历史发展产物而产生的。② 首先,空想社会主义通过批判资本主义,认为未来理想社会在生产资料所有制上,必须消灭私有制和雇佣劳动,进而消灭一切阶级差别,实现人人平等。而私有制是形成阶级差别及多种丑恶现象的最主要的根源。其次,与消灭私有制和雇佣劳动相联系,在分配制度上必须改变资本主义分配制度,采取按劳分配或按需分配,提出"各按其能,各按其劳",开始有了"各尽所能、按劳分配"的思想萌芽。再次,与这种生产方式和分配制度改变相适应,生产力发展水平已经达到这样的高度,脑力劳动和体力劳动差别、城乡差别和工农差别等已经消失,劳动不再是强迫性的谋生手段,而是人们自由的选择和自愿的享受,同时"不劳者不得食",人人都需要也愿意自觉地热爱劳动。最后,社会不再存在无政府状态的盲目自发的市场竞争,社会生产的组织方式是有组织有计划的,因此,按劳分配的实现方式不必也不可能通过商品货币、工资、价格等市场交易的形式。

马克思在《政治经济学批判》导言中明确指出,社会的生产与再生产是由生产、分配、交换和消费四个环节构成的有机整体。"分配关系和分配方式只是表现为生产要素的背面。个人以雇佣劳动的形式参与生产,就以工资的形式参与产品、生产成果的分配。分配的结构完全决定于生产的结构。分配本身是生产的产物,不仅就对象说是如此,而且就形式说也是如此。就对象说,能分配的只是生产的成果,就形式说,参与生产的一定方式决定分配的特殊形式,决定参与分配的形式。"但是,这只是就产品的分配而言。生产资料所有制关系本身也是一种特殊的分配关系,"它是①生产工具的分配,②社会成员在各类生产之间的分配(个人从属于一定的生产关系)——这是同一关系的进一步规定。这种分配包含在生产过程本身中并且决定生产的结构,产品的分配显然只是这种分配的结果"③。由此可见,所有制关系决定了生产的结构,进而决定产品的分配结构。

---

① 《马克思恩格斯文集》(第7卷)。北京:人民出版社2009年版,第1000页。
② 恩格斯:《反杜林论》第三编"社会主义",载《马克思恩格斯选集》(第3卷)。北京:人民出版社1995年版,第606—617页。
③ 《马克思恩格斯文集》(第8卷)。北京:人民出版社2009年版,第19—20页。

所有制关系的历史性质决定了产品分配关系的历史性质,也是决定一个社会基本分配制度的根本前提和基础。马克思在《资本论》第3卷第7篇《各种收入及其源泉》中指出,对资本主义生产方式的科学分析证明,资本主义的分配关系和收入形式,本质上和资本主义生产关系"是同一的,是生产关系的反面"①,工资以雇佣劳动为前提,利润以资本为前提,资本主义地租以土地所有权和农业实行资本主义经营方式为前提。资本主义的所有制关系决定了资本、劳动和土地等生产要素以私人所有权的形式参与产品分配,并取得各种形式的收入。马克思由此批判了政治经济学在分配问题上的两种错误理论。一种错误是看到了分配关系的历史性质和特殊性质,但是却认为生产关系具有超历史的性质,从而把生产当作一般,把分配当作特殊。这种所谓生产与分配的二分法错误在古典经济学时代以约翰·穆勒为代表,在当代西方经济理论中则表现为实证与规范的二分法,分配问题被认为属于规范经济学的范畴,失去了它和所有制及生产之间的内在联系。另一种错误是认为分配关系是一种"自然的关系,是从一切社会生产的性质,从人类生产本身的各种规律中产生出来的关系"②。这种错误在古典经济学时代以庸俗经济学的"三位一体的公式"为代表,在当代西方经济理论中则表现为生产力分配理论或要素分配理论。

社会主义社会的分配关系当然也是以所有制关系为基础的。马克思在《哥达纲领批判》中对共产主义社会第一阶段即社会主义社会的产品分配关系做出了著名的论断:"在一个集体的、以生产资料公有为基础的社会中,……每一个生产者,在作了各项扣除以后,从社会领回的,正好是他给予社会的。他给予社会的,就是他个人的劳动量。"马克思指出这种按劳分配关系的基本性质"是调节商品交换(就它是等价的交换而言)的同一原则。内容和形式都改变了,因为在改变了的情况下,除了自己的劳动,谁都不能提供其他任何东西,另一方面,除了个人的消费资料,没有任何东西可以转为个人的财产。至于消费资料在各个生产者中间的分配,那么这里通行的是商品等价物的交换中通行的同一原则,即一种形式的一定量劳动同另一种形式的同量劳动相交换"③。马克思批判

---

① 《马克思恩格斯文集》(第7卷)。北京:人民出版社2009年版,第994页。
② 同上书,第993页。
③ 《马克思恩格斯文集》(第3卷)。北京:人民出版社2009年版,第433—434页。

庸俗社会主义"效仿资产阶级经济学家(一部分民主派又效仿庸俗社会主义)把分配看成并解释成一种不依赖于生产方式的东西,从而把社会主义描写为主要是围绕着分配兜圈子。既然真实的关系早已弄清楚了,为什么又要开倒车呢"[1]。脱离了生产方式和所有制关系,"公平的分配""平等的权利"只是些空话。况且,社会主义公有制下的按劳分配关系"对不同的劳动者来说是不平等权利。它不承认任何阶级差别,因为每个人都像其他人一样只是劳动者,但是它默认,劳动者的不同等的个人天赋,从而不同等的工作能力,是天然特权。所以就它的内容来讲,它像一切权利一样是一种不平等的权利。……但是这些弊病,在经过长久阵痛刚刚从资本主义社会产生出来的共产主义社会第一阶段,是不可避免的"[2]。

马克思提出的有关分配问题的基本原理,为中国特色社会主义政治经济学分析现实分配关系、解决重大分配问题提供了重要的方法论原则。

2. 马克思按劳分配思想的特点

按劳分配理论是马克思主义科学社会主义理论中的重要组成部分。马克思所说的按劳分配思想具有以下特点:首先,按劳分配制度是消灭资本私有制、建立社会共同所有制基础上的个人消费品分配制度,与之相联系,社会不再存在阶级及阶级对立的差别,生产资料所有制是消灭了一切私有制的单一全面的社会共同占有制,因而与这种生产资料所有制相对应的分配制度不可能包含任何排他性的占有制度上的要求,不能凭借任何私人所有参与个人消费品的分配,按劳分配是在否定私有制和阶级存在基础上的一种历史的分配方式。这种分配制度是共同占有的所有制的利益实现形式。其次,按劳分配制度贯彻的原则是等量劳动领取等量报酬,体现的是在劳动面前的平等。以劳动为尺度,是对资本主义的"按资分配",等量资本获得同样利润(长期竞争实现的利润平均化趋势)的剥削制度的根本否定。再次,按劳分配尽管实现了在劳动面前的平等,但仍只是形式上而不是事实上的平等,事实上的平等应是各尽所能、按需分配,但在社会主义阶段(共产主义第一阶段),由于生产力发展水平等种种原因

---

[1] 《马克思恩格斯文集》(第3卷)。北京:人民出版社2009年版,第436页。
[2] 同上书,第435页。

的限制,只能贯彻按劳分配原则,只有"在共产主义社会高级阶段,在迫使个人奴隶般服从分工的情形已经消失,从而脑力劳动和体力劳动的对立也随之消失之后;在劳动已经不仅仅是谋生的手段,而且本身也成了生活的第一需要之后;在随着个人的全面发展,他们的生产力也增长起来,而集体财富的一切源泉都充分涌流之后——只有在那个时候,才能完全超出资产阶级权利的狭隘眼界,社会才能在自己的旗帜上写上:各尽所能、按需分配"①。最后,按劳分配的实现形式是不需要也不能借助商品交换和市场机制的,因为商品货币市场是与资本私有制一道消亡的,在替代了资本私有制的社会共同占有制度下,社会生产有计划地进行,是"为了共同的利益,按照共同的计划"②,由于社会经济生产和运行机制是自觉、有计划、按比例进行的,而不是盲目自发的市场调节,商品货币关系已不存在,人民之间生产的社会性可以直接实现,而"不再需要著名的'价值'插手其间"③"社会一旦占有生产资料并且以直接社会化的形式把它们应用于生产,每一个人的劳动,无论其特殊的有用性质是如何的不同,从一开始就直接成为社会劳动。那时,一个产品中所包含的社会劳动量,可以不必首先采用迂回的途径加以确定"。因此,与之相适应的个人消费品分配的按劳分配原则的实现,也不再借助商品货币关系,在马克思的分析中,社会成员自觉为社会提供劳动,社会按所提供劳动的数量贯彻等量劳动领取相应等量产品。具体方式是社会向劳动者提供劳动券(不是工资),劳动者凭劳动券领取产品(不是商品)。这里与资本雇佣劳动制度最为本质的区别在于,在社会共同占有制下,劳动者的劳动力不再是商品,不存在资本对劳动力商品的购买,因而也就不存在作为劳动力商品价格的工资,进而也不存在以工资(货币)去市场上购买商品(消费品)的机制。④

总之,马克思关于未来社会的设想,包括未来社会个人消费品分配制度的设想,作为其科学社会主义的重要内容,是以唯物史观和剩余价值学说作为两

---

① 《马克思恩格斯文集》(第3卷)。北京:人民出版社2009年版,第435—436页。
② 《马克思恩格斯文集》(第1卷)。北京:人民出版社2009年版,第683页。
③ 恩格斯:《反杜林论》,载《马克思恩格斯选集》(第3卷)。北京:人民出版社1995年版,第619—634页,第660页。
④ 马克思:《哥达纲领批判》,载《马克思恩格斯选集》(第3卷)。北京:人民出版社1995年版,第303—306页。

大理论基石的,唯物史观从生产力与生产关系的矛盾运动中揭示出社会历史发展规律,并在此基础上阐释了资本主义制度产生、发展、灭亡的历史逻辑。在这一历史逻辑的基础上提出共产主义必然替代资本主义的历史发展趋势,从而为科学社会主义奠定了哲学基础。① 剩余价值学说作为唯物史观在经济学分析中的运用,系统地提出则在唯物史观创立之后,马克思在19世纪中叶先后出版的《哲学的贫困》(1847)、《雇佣劳动与资本》(1847)等著作中,已经提出剩余价值思想萌芽,到19世纪60年代前后的《资本论》(第1卷)系统地提出剩余价值学说,为科学社会主义理论奠定了政治经济学分析的理论基础,从政治经济学理论上阐述了资本主义生产方式难以克服的内在制度性矛盾和因此导致的社会主义及共产主义产生的趋势,并据此对未来共产主义社会的特征做出了富有远见的预测。② 马克思主义的社会主义按劳分配的思想是马克思主义哲学、政治经济学、科学社会主义系统分析基础上产生的对未来社会制度认识中的重要组成部分,是作为否定资本主义生产方式之后的共产主义第一阶段的重要特征提出的,这一重要特征之所以存在,是与社会的生产资料所有制(社会共同占有制否定了资本私有制),与社会生产的运行机制(有计划的生产组织替代了盲目的市场竞争),与社会生产力发展水平(超越了资本主义制度能够包容的生产力水平但仍达不到真实共产主义高级阶段的水平),与生产的社会性实现方式的变化(不再需要市场机制而是直接按比例有计划地实现)等相适应的。

二、 社会主义社会收入分配理论的探索进程③

1. 按劳分配原则的实践及理论争辩

按劳分配形成社会制度始于苏联十月革命。列宁处在资本主义由自由竞

---

① 参考马克思的《关于费尔巴哈的提纲》,马克思和恩格斯的《德意志意识形态》等著作。
② 《资本论》既是马克思主义政治经济学的经典,又是马克思主义唯物史观方法论的最深刻的运用,同时是科学社会主义最重要的理论成果,德文版《资本论》1867年出版,至今仍有巨大的影响力,为科学社会主义创造了政治经济学基础,在此之后,马克思的《哥达纲领批判》、恩格斯的《反杜林论》相继出版,形成了系统化的科学社会主义学说体系。
③ 刘伟:《中国特色社会主义收入分配问题的政治经济学探索——改革开放以来的收入分配理论与实践进展》,《北京大学学报(哲学社会科学版)》,2018年第2期,第27—39页。

争时代进入垄断的帝国主义时代的转变期,他运用马克思主义的唯物史观方法论的政治经济学原理,深刻分析了资本主义在帝国主义阶段的发展特点和矛盾特征及演变趋势,提出了科学社会主义的新理论。特别是提出了由于资本主义发展在各国之间的不平衡,社会主义可能首先在一国获得胜利的"一国胜利论"思想,推进了马克思主义科学社会主义理论的进展,并对推翻帝国主义后要建立的社会主义制度及其特征做出了深刻阐述,这些思想集中体现在列宁在十月革命之前先后写成的《帝国主义是资本主义的最高阶段》和《国家与革命》等著作中。十月革命胜利后,在原来经济发展水平相对落后的俄国建立起的苏维埃政权面临国际、国内深刻的危机,特别是经济发展水平相对落后的俄国如何跨越"卡夫丁峡谷",不经较发达的资本主义直接进入社会主义是个历史性的新课题。

为适应当时的客观环境,也是出于对共产主义的初步理解,十月革命后,苏联建立的"军事共产主义"(1918—1921),在所有制上,对城市经济实行全面国有化,剥夺私有者,对农村经济实行余粮征集制,剥夺小农私有经济,对商业实行国有化,限制市场和贸易,在分配制度上实行义务劳动,贯彻平均主义的分配制度。这种分配制度尽管在本质上区别于资本主义雇佣劳动的剥削制度,但一方面在理论上与马克思所说的按劳分配不同,不是以劳动为尺度进行等量劳动领取等量报酬。另一方面在实践上也严重脱离当时苏联的社会经济发展实际,对社会经济发展造成极大的破坏。因此,政府不得不采取"新经济政策","新经济政策"的核心内容包括三个方面:一是在所有制上承认多种所有制经济的混合存在,不再坚持纯粹的国有制,在国有制经济发展的同时,允许个体、私营、外资和国家资本主义经济的存在;二是以粮食税取代余粮征集制,承认农户在完税之后的私有制经济,并且不再是剥夺而是恢复与农民间的市场交换制度;三是在国有经济内部废除义务劳动,采取八小时工作制,同时改变平均主义分配方式,根据劳动贡献贯彻多劳多得的按劳分配制度。[①]

列宁去世后,当时的苏共领导围绕"新经济政策"产生了深刻的分歧,争论的焦点在于,新经济政策是权宜之计的战略退却还是应当长期坚持的基本制度,争论的结果是以斯大林为代表的观点成为主导。他们认为新经济政策不过

---

① 列宁:《列宁专题文集(论社会主义)》。北京:人民出版社2009年版,第249—269页。

是特殊情况下暂时的退却,进而认为社会主义制度应当坚持:①以公有制为基本制度,城市经济国有化,农村经济集体化,不应采取多种所有制经济长期存在的制度,并且集体所有制应逐步向国有制经济及更高形态的公有制过渡。②经济运行机制及调控机制应是根据有计划按比例规划自觉地有计划地组织,市场经济的自我调节会在生产中形成浪费和破坏,市场机制在城乡之间、工农业之间、国有制与集体所有制之间起作用,市场的价值规律对消费资料的生产和分配起作用。③个人消费品分配原则不应是按资分配,也不应是平均主义的分配,而应是按劳分配,等量劳动领取等量报酬,但按劳分配的实现方式不同于马克思所说的不借助于商品货币形式的分配,而是以工资、商品、交换的市场方式进行分配。因此,价值规律虽然对生产领域不起支配作用,但对社会个人消费品领域仍起作用,也就是说工资作为劳动力的价格表现仍然存在,并且区分为不同等级,消费品仍然作为商品,并且通过市场交换机制进行分配。在工资的具体形式上,采取多种形式,在城市工商经济中既有计时工资制也有计件工资制,在集体农庄既有定期收入也有补充报酬,而且注重让社会消费基金的增长速度高于个人报酬的增长速度,以提高最终消费水平的平等化,即一方面坚持个人消费品分配(工资)上的平等,另一方面注意通过按劳分配刺激劳动生产率提高,并在此基础上提升公共消费的水平。① ④按劳分配作为形式上的平等而事实上的不平等有其历史局限,其运动的方向应是共产主义高级阶段的"按需分配",在其不具备按需分配但又消灭了资产阶级私有制的历史条件下,能够也必须贯彻按劳分配。② 这些特征作为所谓"斯大林模式"对中国社会主义制度及个人收入分配制度的建立产生了深刻的影响。特别是在 1956 年三大改造完成之后,在城市经济公有制和政府事业部门采取"工资制",在农村及集体经济中采取"工分制",原则上体现着按劳动数量和质量的差别,通过货币工资的方式实现个人消费品的分配。除在实践中的具体制度和政策上有不同认识外,在理论上并无多少质疑。

争论发生在关于按劳分配的形式上的平等(在劳动尺度面前的平等)和事

---

① 魏众、王琼:《按劳分配原则中国化的探索历程——经济思想史视角的分析》,《经济研究》,2016年第11期,第4—12页。
② 斯大林:《苏联社会主义经济问题》。北京:人民出版社1971年版,第113—120页。

实上的不平等(在实际收入和生活水平上的差异)之间如何认识和处理。一种倾向是夸大按劳分配在劳动面前形式上平等的法权意义,超越历史条件地批判按劳分配形式上的平等与按需分配事实上的平等间的差距,甚至根本否定按劳分配的社会主义性质,认为按劳分配由于劳动者的差别可能产生新生的资产阶级,从根本上割裂按劳分配这一分配制度与社会主义公有制的本质联系,把在劳动面前的平等所形成的事实上的差距,视同于资本主义社会在资本面前平等所形成的剥削劳动无偿占有所形成的阶级对立,进而否定在社会主义阶段贯彻按劳分配原则的历史必要性和必然性。尤其是根据马克思在《哥达纲领批判》中明确指出的按劳分配的"平等的权利按照原则仍然是资产阶级的权利",人们力图尽早实现共产主义的事实上的平等,在理论上对按劳分配加以否定。在实践上虽然明确"各尽所能,按劳分配"是社会主义原则,并在《宪法》中加以规定(1975),但平均主义倾向十分明显。①

"文化大革命"中,按劳分配被作为"资产阶级法权"受到批判,按劳分配被认为是产生新的资产阶级的根源,进而是社会主义条件下产生资本主义的重要原因。中国在实践上更是采取了一系列否定按劳分配的措施。"文化大革命"结束进入拨乱反正新时期后,在理论上的拨乱反正首先是围绕按劳分配问题展开的。② 事实上,按劳分配作为社会主义个人消费品分配原则,是由社会主义生产方式决定的,它一方面是社会主义公有制的实现形式,另一方面由社会生产力的发展水平所规定。尽管其中存在事实上的不平等,但这种不平等与私有制下的阶级差别和对立具有根本性质的不同,按劳分配是实现各尽所能、按需分配的历史阶段性原则,也是社会主义初级阶段(共产主义第一阶段)生产力发展的客观要求。基于对按劳分配原则认识的共识和深入,党的十一届三中全会决

---

① 1958年10月13日张春桥发表在《人民日报》上的《破除资产阶级法权思想》就是这方面观点的典型代表。

② 蒲经:《正确认识和对待按劳分配》,《北京大学学报(哲学社会科学版)》,1975年第3期。1975年,正值《哥达纲领批判》发表100周年,张春桥、姚文元等组织了大量的文章批判按劳分配,指出按劳分配中的平等是资产阶级的权利。蒲经这篇文章即为突出代表。"文化大革命"后进入拨乱反正时期,在理论上拨乱反正的重要问题之一便是澄清按劳分配思想,1977—1979年我国经济学界举行了多次大讨论,在全国经济学界讨论按劳分配问题。其中较有代表性的是苏绍智和冯兰瑞合作的《驳姚文元按劳分配产生资产阶级的谬论》,《人民日报》1978年5月8日以特约评论员名义发表的《贯彻执行按劳分配的社会主义原则》系统强调了邓小平理论中对于按劳分配的认识。

议特别强调"必须认真执行按劳分配的社会主义原则";十二届三中全会《关于经济体制改革的决定》又特别强调必须改革严重妨碍按劳分配原则贯彻执行的各方面体制,包括价格体制、计划体制、工资体制等;十二届六中全会则进一步明确,在社会主义初级阶段不但必须实行按劳分配,而且在相当长的历史时期内,还要在公有制为主体的前提下发展多种经济成分,在共同富裕的目标下鼓励一部分人先富起来;党的十四大第一次明确改革的目标为,在坚持公有制和按劳分配为主体、其他经济成分和分配方式为补充的基础上,建立和完善社会主义市场经济;十四届三中全会特别强调,建立以按劳分配为主体,效率优先、兼顾公平的收入分配制度,鼓励一部分地区、一部分人先富起来,走共同富裕的道路;十四届五中全会进一步明确,在收入分配中必须坚持按劳分配为主体、多种分配方式并存的原则,体现效率优先、兼顾公平,特别指出把国家、企业和个人三者利益结合起来;此后,党的十五大、十六大、十七大都反复强调坚持和完善以按劳分配为主体、多种分配方式并存的分配制度,坚持多种生产要素按贡献参与分配;党的十八大以来,继续坚持以按劳分配为主体、多种分配方式并存,特别是生产要素按贡献参与分配的收入分配制度,要求形成合理有序的收入分配格局,着重保护劳动所得,努力实现劳动报酬增长和劳动生产率提高同步,提高劳动报酬在初次分配中的比重,健全资本、知识、技术、管理等要素市场决定的报酬机制,保护投资者权益,多渠道增加居民财产性收入;党的十八大之后,党中央适应社会发展新阶段、经济进入新常态的要求,提出了新的发展理念,强调创新、协调、绿色、共享、开放,新的发展理念是对现阶段中国社会发展中如何实现公平与效率命题的深刻阐释,其"共享"的思想把中国特色社会主义新阶段的收入分配理论发展到新的高度,是马克思主义收入分配理论在当代中国的新进展,是中国特色社会主义理论的新突破。十九届四中全会《决定》则把以按劳分配为主、多种分配方式并存的分配制度作为中国特色社会主义基本经济制度的有机组成,表明我们党对这一问题认识的进一步深化。

从改革开放以来我国理论界围绕按劳分配原则展开的讨论,主要集中在三大问题上。

第一,围绕按劳分配原则性质的争论,即按劳分配中所包含的形式上的平等(在劳动面前的平等)和事实上的不平等(实际消费和生活水平上的差异),到底是不是"资产阶级权利"或者说如何理解马克思所说的这种"资产阶级的权利"(有译为法权),进而,按劳分配是不是社会主义性质的个人消费品的分配原则?在社会主义社会应不应当坚持?对按劳分配性质的这种质疑从20世纪50年代开始提出直至"文化大革命"达到高潮,改革开放经济理论上的拨乱反正首先便是从为按劳分配正本清源开始的。如前所述,改革开放初期全国经济理论界多次举行全国性讨论,澄清按劳分配的社会主义个人收入分配原则的历史客观性,深入阐释其对提高劳动生产率、解放和发展生产力的不可或缺性,充分论证其合理性,特别是以人民日报特约评论员名义发表的《贯彻执行按劳分配的社会主义原则》(1978年5月8日),集中概括、深刻总结了关于按劳分配的探索,这些探索也全面系统地体现在我们党在改革开放进程中一系列重要决议当中。事实上,与这种经济理论上的讨论相适应,我国改革也是从分配关系的调整入手的,改革初期首先进行的是农村经济改革,以家庭联产承包责任制为核心,而这种家庭承包制从制度上来说是所有权(集体)性质不变的经营承包,并在此基础上进行国家、集体、家庭间的收入分配,它虽然并不只是但首先是分配制度上的深刻变革,而这种变革的原则便是根本否定平均主义,而贯彻多劳多得的按劳分配的社会主义原则。我国城市工商经济改革,总体时间上较农村经济改革稍有滞后(以1984年十二届三中全会做出关于经济改革的决议为标志),但在改革伊始同样是从分配领域展开。从开始的在国有企业内部展开工资制度调整的改革,努力体现按劳分配原则要求,企业内部工资收入和奖金与劳动挂钩,企业工资总额与企业效益挂钩;在企业与国家之间,允许企业利润留成,而不是全部上缴(折旧费也按一定比例留在企业),使企业追求利润动力增强;到20世纪80年代中期的"利改税""拨改贷";再到80年代末开始直到90年代初的企业承包制,说到底,都是国家、企业、职工相互间的收入分配关系及制度的改革和调整,贯彻的基本原则是按劳分配所倡导的激励效率的原则。

第二,关于社会主义社会按劳分配原则与按要素分配的关系的争论。"按要素分配"的思想源头可以追溯到英国古典经济学奠基者亚当·斯密,其收入价值论(在其古典劳动价值论之外的又一价值学说)就是从价值的源头论证按要素贡献进行分配的正当性,这一收入价值论被西方正统经济学发展为传统的效用价值论,就是主张按要素的贡献进行分配,进而为资本、劳动、土地等要素参与价值创造和分配的合理性提供理论基础。自李嘉图学派瓦解古典劳动价值论使其失去主流地位之后,先是客观效用价值论,尔后是主观效用价值论,直至马歇尔古典经济学综合均衡价值论(局部均衡)都是以要素效用价值论为基础的。马克思的劳动价值论则在古典经济学破产的基础上,批判地继承发展古典经济学劳动价值论,坚持一元劳动价值论,深刻解释了资本与劳动的根本对立,否定了资本参与对剩余价值无偿占有的正当性。因此,在社会主义社会个人收入分配的讨论中,是否承认按生产要素分配问题,涉及根本原则性分歧,不仅触及思想史上马克思理论与正统资产阶级学说的对立,而且涉及对社会主义社会的性质、本质特征及相应的分配制度特点的根本分歧。在我国理论与实践的探索中之所以提出按劳分配与按要素分配的相互关系及其在社会主义社会分配中的地位和作用问题的争论,根本原因在于中国特色社会主义改革实践推动的社会主义社会生产方式的变革及生产力发展对这一变革的历史要求,尤其是自改革开放以来,在社会主义初级阶段的所有制结构上,公有制为主体、多种所有制经济长期共同发展逐渐成为共识,并在党的多次代表大会的决议中被反复强调;在社会主义社会经济运行机制上,建立和完善社会主义市场经济制度逐渐成为共识,并在党的第十四次代表大会上予以明确。与这种生产方式深刻变革相适应,在分配方式上必然需要在承认公有制为主体所决定的基本分配制度的同时,承认多种所有制所要求的相应分配制度;必然需要在承认社会主义性质的分配制度的同时,承认社会主义社会各种性质的要素对于分配权利的诉求;必然需要在承认国家规划国民收入分配的前提下,承认市场经济机制是实现收入分配的基本机制。因此,承认按要素进行分配的原则作为社会主义社会初级阶段的收入分配补充原则的观点逐渐被人们接受,也就是说,在社会主义社会的公有制经济中(占主体地位)原则上是贯彻按劳分配,在非公经济中(与公有制一道共同发展的补充经济)原则上是贯彻按生产要素贡献分配,在实现形式上均是通过社会主义市场经济体制实现。1997年党的第十五次代表大会在强调坚持公有制为主体、多种所有制经济长期共同发展这一基本经济制度的基础上,首先明确了社会主义社会初级阶段要把按劳分配与按生产要素分配结合起来的原则。应当承认,这是我国社会主义社会经济改革和发展对马克思主义收入分配理论及原则的重要且有突破性的发展。

第三,社会主义社会收入分配与公平和效率的关系的争论。如何处理经济发展中的公平与效率关系被认为是一大难题,有时二者甚至被视为相互矛盾的两个方面,这里的"公平"不仅包括形式上的事先的公平的含义,比如市场经济条件下的公平竞争,而且包括事实上的事后的公平的意义,比如通过税收和转移支付等手段在事实上减少收入分配差距。所谓"公平与效率难以兼顾"是指发展中事实上的公平与效率提升之间存在的矛盾难以根本克服。在我国改革开放初期,针对长期平均主义进而损害积极性、降低劳动生产率和竞争效率的积弊,从如何贯彻按劳分配原则的角度,学术界开始提出按劳分配原则下收入分配过程中的公平与效率的关系问题,明确提出应坚持"效率优先、兼顾公平"的原则。党的第十三次代表大会决议,在允许一部分人先富起来的同时坚持共同富裕的发展方向的基础上,"在促进效率提高的前提下体现社会公平",在公平与效率的相互关系上,把效率作为前提性条件放在前置的地位。党的第十四次代表大会明确提出以社会主义市场经济作为改革的目标导向之后,分配制度的改革更加系统地统一于社会主义市场经济制度的要求,在随后的十四届三中全会作出的《关于建立社会主义市场经济体制若干问题的决定》中,以"按劳分配为主体、多种分配方式并存"作为与公有制为主体、多种所有制经济共同发展的基本制度基础之上的社会主义市场经济体制相配合的个人收入分配制度,并且首次明确实施这一分配制度过程中贯彻"效率优先、兼顾公平"的原则。党的十五大在坚持十四大提出的"按劳分配为主体、多种分配方式并存"原则的基础上,进一步明确为坚持按劳分配和按生产要素分配相结合的分配原则,并进一步强调在这种结合中必须坚持"效率优先、兼顾公平"的原则。党的十六大在坚持以往关于社会主义社会基本制度和社会主义市场经济体制的基础上,继续强调按劳分配与按要素贡献参与分配相结合的原则:完善"按劳分配为主体、多种分配方式并存"的分配制度,但对其中的公平与效率的关系不再是抽象地肯定"效率优先、兼顾公平",而是具体地予以进一步明确指出,初次分配注重效率,发挥市场作用,鼓励一部分人先富起来,再分配注重公平,加强政府对收入分配的调节职能,调节收入差距,从而调整了以往简单地将效率置于公平之前的主张,通过对公平与效率在不同分配领域中的不同作用的强调,把公平与效率置于同样重要的地位,而不再区分孰先孰后。党的十七大进一步深化了十六大关于公平与效率关系的认识,不再简单地以初次分配和再分配不同领域的划分来界定公平与效率的地位,对公平给予更充分的强调,指出初次分配和再分配都要处理好效率与公平的关系,再分配更加注重公平。党的十八大坚持十七大所提出的公平与效率关系的观念,进一步重申初次分配和再分配都要兼顾效率和公平,再分配更加注重公平,强调着力解决收入分配差距较大的问题,强调共享发展成果和稳步实现共同富裕。特别是党的十八大以后形成的新的发展理念中,把"共享"作为新的发展理念中的重要组成部分。正如习近平同志所说,共享发展注重的是解决社会公平正义问题,同时,在涉及公平与效率的相互关系上,习近平同志特别强调公平与效率同等重要,强调不能将公平与效率割裂开来、对立起来,而强调公平与效率的统一是社会主义社会不断发展与逐渐实现共同富裕目标的历史统一。

2. "共享"理念把马克思主义收入分配理论推进到新高度

我国改革开放以来关于个人收入分配理论与实践的争论和探索总体上体现如下几方面的特点:①分配方式的确立及调整是与生产方式,特别是生产资料所有制及所有制结构的特点和变化相适应的,即马克思所说的生产决定分配。我国关于分配方式的改革实践和理论探讨,是与对于中国特色社会主义社会初级阶段的所有制及结构的改革实践和认识进程相适应的,正是由于确立了"公有制为主体、多种所有制经济共同发展"这一贯穿整个社会主义社会初级阶段的生产资料所有制,才能确立以"按劳分配为主、多种分配方式并存"的基本分配制度。②分配原则的确立和实现方式是与社会经济运行机制的特点相适应的,我国关于社会主义初级阶段"按劳分配与按生产要素分配相结合"的分配原则的确立,也是基于对社会主义市场经济体制认识的深化和改革实践的进展。社会主义基本制度与市场经济体制的有机统一,既是对马克思主义政治经济理论的重要发展,更是基于中国发展的客观需要,正是在市场经济体制下,生产要素只能也必须作为商品进行运动,而在市场经济下作为商品进行运动的生产要素,需要通过市场机制实现自身的收益,这是在我国改革实践中之所以提出按劳分配与按生产要素贡献分配结合的分配原则的重要理论和实践前提。③分配理论的讨论和分配政策倾向的明确是与社会生产力发展的历史客观要求相适应的,我国改革开放以来,按劳分配问题的争论之所以率先提出,就是针对以往长期受平均主义思想影响扭曲的分配政策和对按劳分配的曲解,及由此造成的对生产力解放和发展的严重桎梏。为打破这种桎梏,在改革开放伊始的思想解放和理论争辩中,按劳分配大讨论率先展开。改革开放进程中关于收入分配中的公平与效率关系的讨论之所以不断深入,从强调效率优先、兼顾公平,到明确公平与效率同等重要,从强调初次分配和再分配中效率与公平的不同重要程度,到明确在不同领域都要兼顾公平和效率,这种变化是与我国社会经济发展所达到的水平相联系的,是与不同发展阶段生产力发展创造的经济可能性及进一步发展的客观要求的历史变化相联系的,并非理论上的抽象思辨。尽管人们对社会经济发展不同阶段及相应的历史重点任务的转变时期判断有所不同,对社会主义社会经济发展"让一部分人先富起来"逐渐转向"实现共同富裕"的历史转换点认识不同,但分配原则的指导思想和政策重点的变化应遵循发展的可能和需要,这一基本的历史唯物主义和辩证唯物主义方法是被普遍承认的。④生产与分配的相互关系是统一辩证的整体,生产决定分配,同时分配反作用于生产,分配机制不仅是生产成果的分配机制,同时也是生产关系的实现机制,是生产资料所有制决定的利益实现机制,这种利益实现同时会对生产产生极大的影响。改革作为生产关系上的深刻变革,必须把包括生产、分配、交换、消费在内的社会生产的各方面和全过程的改革作为统一整体。我国的改革首先也是从分配关系改革入手并逐渐深入到所有制等根本性方面,以分配制度改革的历史要求变化引导并推进生产方式的变革,以先富带动后富、最终实现共同富裕目标的历史要求协调改革进程,是我国改革发展中的一条重要经验。

习近平新时代中国特色社会主义经济思想体系中,把社会主义收入分配的认识从理论到实践提升到了新高度,深刻总结了改革开放伟大历史实践中收入分配领域的艰苦探索,系统运用马克思主义基本立场方法,剖析了新时代中国特色社会主义经济发展的新特征,开拓了马克思主义社会主义政治经济学中国化的新境界,其中关于收入分配的思想突出体现了以下新特点。

第一,特别强调收入分配制度和基本经济制度的统一,坚持了马克思主义生产决定分配、生产关系决定分配关系的基本辩证历史唯物主义的立场和方法,把生产方式和分配方式作为不可分割的统一体。党的十九大报告中特别强调"必须坚持和完善我国社会主义基本经济制度和分配制度",在基本制度上强调"毫不动摇巩固和发展公有制经济,毫不动摇鼓励、支持、引导非公有制经济发展"①,与之相适应,在收入分配制度上强调,"坚持按劳分配原则,完善按要

---

① 习近平:《决胜全面建成小康社会 夺取新时代中国特色社会主义伟大胜利——在中国共产党第十九次全国代表大会上的报告》(2017年10月18日)。北京:人民出版社2017年版,第16页。

素分配的体制机制,促进收入分配更合理、更有序"①。到党的十九届四中全会《决定》则进一步把分配制度列为基本经济制度的有机组成部分。

第二,强调社会主义经济发展根本宗旨是以人民为中心,逐步实现共同富裕是以人民为中心的发展思想的深刻要求,并且进一步将这种逐步实现共同富裕的发展要求概括为"共享"理念,作为新发展理念的有机组成部分,"坚持创新发展、协调发展、绿色发展、开放发展、共享发展,是关系我国发展全局的一场深刻革命。这五大发展理念相互贯通、相互促进,是具有内在联系的集合体,要统一贯彻,不能顾此失彼,也不能相互替代"②。这里所注重的是解决社会公平正义问题③,实质就是"坚持以人民为中心的发展思想,体现的是逐步实现共同富裕的要求"④。习近平同志特别论述了作为新发展理念重要组成部分的"共享"的内涵,指出:"其内涵主要有四个方面。一是共享是全民共享。这是就共享的覆盖面而言的。共享发展是人人享有,各得其所,不是少数人共享、一部分人共享。二是共享是全面共享。这是就共享的内容而言的。共享发展就是要共享国家经济、政治、文化、社会、生态各方面建设成果,全面保障人民在各方面的合法权益。三是共享是共建共享。这是就共享的实现途径而言的。共建才能共享,共建的过程也是共享的过程。要充分发扬民主,广泛汇聚民智,最大激发民力,形成人人参与、人人尽力、人人都有成就感的生动局面。四是共享是渐进共享。这是就共享发展的推进进程而言的。一口吃不成胖子,共享发展必将有一个从低级到高级、从不均衡到均衡的过程,即使达到很高的水平也会有差别。我们要立足国情、立足经济社会发展水平来思考设计共享政策……这四个方面是相互贯通的,要整体理解和把握。"⑤显然,"共享"理念体现的是人民是推动发展的根本力量的唯物史观,体现了我们党全心全意为人民服务的根本宗旨⑥;"共享"理念强调的是人的全面发展和人民各方面合法权益的保障,真正体现以

---

① 习近平:《决胜全面建成小康社会 夺取新时代中国特色社会主义伟大胜利——在中国共产党第十九次全国代表大会上的报告》(2017年10月18日)。北京:人民出版社2017年版,第35页。
② 中共中央文献研究室编:《习近平关于社会主义经济建设论述摘编》。北京:中央文献出版社2017年版,第25—26页。
③ 同上书,第25页。
④ 同上书,第41页。
⑤ 同上书,第42页。
⑥ 同上书,第40页。

人为本的思想;"坚持以人民为中心的发展思想,把增进人民福祉,促进人的全面发展,朝着共同富裕方向稳步前进作为经济发展的出发点和落脚点"①。这与马克思主义的未来社会的"生产将以所有的人富裕为目的"的设想和邓小平关于社会主义的本质的认识是一脉相承的。"共享"理念强调的是共建共享、各得其所,这是对社会主义初级阶段逐渐实现共同富裕历史过程中的坚持按劳分配和完善要素分配相互有机统一的科学概括;"共享"理念强调共享是一个渐进的历史过程,这是基于对社会主义初级阶段发展的长期性的科学认识。

第三,强调把蛋糕做大与把蛋糕分好的历史统一,对发展和分配的关系做出了深刻的辩证历史唯物主义的阐释。"落实共享发展理念……归结起来就是两个层面的事。一是充分调动人民群众的积极性、主动性、创造性,举全民之力推进中国特色社会主义事业,不断把'蛋糕'做大。二是把不断做大的'蛋糕'分好,让社会主义制度的优越性得到更充分体现,让人民群众有更多的获得感。"②在这里,并不是要把做大蛋糕和分配蛋糕割裂开,"社会上有一些人说,目前贫富差距是主要矛盾,因此'分好蛋糕比做大蛋糕更重要',主张分配优先于发展,这种说法不符合党对社会主义初级阶段和我国社会主要矛盾的判断。党的十八大提出准备进行具有许多新的历史特点的伟大斗争,是为了毫不动摇坚持和发展中国特色社会主义,不是不要发展了,也不是要搞杀富济贫式的再分配"③。党的十九大报告进一步明确了设计共享政策的原则,强调"扩大中等收入群体,增加低收入者收入,调节过高收入,取缔非法收入。坚持在经济增长的同时实现居民收入同步增长、在劳动生产率提高的同时实现劳动报酬同步提高。拓宽居民劳动收入和财产性收入渠道。履行好政府再分配调节职能,加快推进基本公共服务均等化,缩小收入分配差距"④。

第四,"共享"理念体现了马克思主义生产与分配相互关系的能动性,不仅生产决定分配,生产方式决定分配方式,而且分配会反作用于生产,因而中国特

---

① 中共中央文献研究室编:《习近平关于社会主义经济建设论述摘编》。北京:中央文献出版社2017年版,第31页。

② 同上书,第43页。

③ 同上书,第12页。

④ 习近平:《决胜全面建成小康社会 夺取新时代中国特色社会主义伟大胜利——在中国共产党第十九次全国代表大会上的报告》(2017年10月18日)。北京:人民出版社2017年版,第35—36页。

色社会主义初级阶段的公有制为主体、多种所有制长期共同发展的基本制度规定着分配制度,同时中国特色社会主义初级阶段的按劳分配基础上的多种分配方式相互结合的分配制度又积极地反作用于社会生产。一方面,"共享"本身就不是指"生产"机械地决定"分配",分配本身有自身的特殊性和对"生产"作用的能动性,无论是在初次分配还是在再分配领域,在"共享"过程中,分配方式和实现分配的机制都不可能只是生产方式,尤其是生产资料所有制及结构的机械的直观体现,公有制经济所创造的成果自然在分配、交换和消费等方面体现公有制性质所要求的"共享",非公有制经济所生产的成果在社会主义社会的分配、交换、消费实现过程中,也需要体现社会主义社会所要求的"共享",因为非公有制经济本身是社会主义社会经济的有机组成部分,同样要服务于社会主义社会生产的基本目的,非公有制经济创造的成果并不是绝对排他性地只在非公有制经济主体范围内分享,而是在"共享"中获得不断的成长和发展,这是中国特色社会主义社会公有制为主体条件下非公有制经济与资本主义社会私有制经济重要的不同。另一方面,"共享"经济会对社会生产的生态和社会组织结构提出一系列深刻变革要求,进而推动生产的技术创新和制度创新,特别是在社会经济信息化、全球化趋势推动下生产社会化程度不断加深,"共享"经济所要求并推动社会生产方式的变革和创新成为现代化发展新动能的重要组成部分。

三、 中国所有制改革与国民收入分配的变化[①]

国民收入分配是指宏观收入分配。考察国民收入分配格局,不是按照生产活动过程的不同生产类型确立结构,而是根据参与国民收入分配活动的结构和部门的财务活动属性进行分类。按照联合国的标准分为五类,即非金融企业部门、金融机构部门、政府部门、住户(居民)部门以及民间非营利机构。[②] 居民收入分配是国民收入分配中的一个组成部分,讨论收入分配,首先应当在客观上

[①] 刘伟、蔡志洲:《完善国民收入分配结构与深化供给侧结构性改革》,《经济研究》,2017年第8期,第4—16页。
[②] 我国目前采取的机构部门分类同联合国的分类相同,见《中国国民经济核算体系(2014)》。在此前,我国的分类只包括四个部门,即非金融企业部门、金融机构部门、政府部门、住户(居民)部门。

讨论整个国民收入的分配结构及其变化,然后以此为基础再具体分析其中的某些部分,包括(居民)住户收入分配的变化,这样才能更为充分和清晰。

从国民收入分配上看,在生产过程结束之后,首先要在国民收入中扣除用于扩大再生产部分,还要扣除社会和经济管理、社会保障等多方面的支出,剩下的部分才能用于对劳动者的劳动等生产要素的分配。在社会主义市场经济制度下,参与国民收入分配的生产要素不只是劳动,还包括其他进入市场的生产要素(包括资本、技术、财产等),而在居民的个人收入中,也不仅包括劳动收入,还包括其他各种居民私人所拥有的生产要素所带来的收入。与社会主义市场经济公有制为主、多种所有制经济共同发展的基本制度相适应,以按劳分配为主、多种分配方式并存的分配制度,与以往传统计划经济相比,承认并扩大了参与分配的生产要素的规模和范围,并由此导致了收入分配格局发生深刻变化,对社会主义市场经济发展中的公平与效率关系产生了一系列新的影响。

在生产领域中,一个经济体(企业、地区或国家)每个时期(如一年)所新生产的价值在统计上反映为增加值(全国各行业的增加值汇总即为 GDP)。从收入方面看,它包括四个部分,即劳动者报酬、生产税净额、固定资产折旧、营业盈余。其中,劳动者报酬归劳动者,生产税净额归政府,固定资产折旧和营业盈余归企业。这是从生产(供给)领域看各类广义生产要素在生产过程中取得的收入。从传统经济学观点看,政府不是生产要素,只是参加国民收入再分配。但从国民收入核算来看,政府也是因为对生产活动作了贡献才获得生产税收入,所以可以视为广义的生产要素。从我国现阶段的情况看,劳动者报酬在收入法 GDP 中所占的比重最大,2013 年在 50% 以上;企业收入(固定资产折旧+营业盈余)次之,为 36.8%;政府所获收入(生产税净额)最少,占比为 12.5%。从动态上看,2013 年劳动者报酬的比重比 2004 年提高了 3.7 个百分点(见表 4-1)。由于税收制度的改革,尤其是生产领域中的减税政策(如免征农业税、营改增等),政府直接税的比重有所下降,企业所获得的收入的比重总体上也略有下降。这种格局的形成有多方面的原因,但在根本上是与公有制为主体下的按劳分配为主要分配制度直接相关。

表 4-1　2004 年和 2013 年中国收入法 GDP 及其构成

	2004 年		2013 年	
	总额(亿元)	占比(%)	总额(亿元)	占比(%)
收入法 GDP	159 878.3	100.0	58 8018.8	100.0
劳动者报酬	75 199.5	47.0	297 970.4	50.7
生产税净额	23 866.3	14.9	73 536.4	12.5
固定资产折旧	25 199.1	15.8	72 283.1	12.3
营业盈余	35 613.4	22.3	144 228.9	24.5

资料来源:根据《中国统计年鉴》中资金流量表及地区生产总值收入法构成的数据推算。

表 4-1 列出的各种收入只是在生产(供给)领域中对于不同的广义生产要素的支出,并形成三大产业及各个国民经济行业的生产者、劳动者及政府的收入。在反映生产过程的要素收入时,企业是作为一个整体获得收入的,但企业在生产中使用的土地、资本、设备等并不完全是自己的,还利用了银行贷款、租用了土地设备等,因此,在生产活动完成之后,企业就必须对各种生产要素的提供者支付要素报酬,这就是国民收入的初次分配。在国民收入核算中,由此形成的收入称为初次分配总收入,而各个部门初次分配总收入的总和就是国民总收入(GNI)。表 4-2 和表 4-3 分别列出了 2004 年和 2013 年中国的资金流量表。①

表 4-2　2004 年中国资金流量表(实物交易)　　　　(单位:亿元)

	非金融企业部门	金融机构部门	政府部门	住户部门	国内合计
增加值	93 347.9	5 393.0	1 6371.5	44 765.9	159 878.3
减:劳动者报酬支出	34 472.6	1 957.4	10 850.0	27 919.4	75 199.5
减:生产税净额支出	20 267.9	779.1	224.9	2 594.4	23 866.3
减:财产支出	7 169.9	6 568.4	1 299.9	1 672.5	16 710.7
加:劳动者报酬收入				75 251.8	75 251.8

---

① 原表是以合计账户的形式分别列出"来源"和"应用"项,这两个表则通过加减关系反映出各个指标间的联系。

(续表)

	非金融企业部门	金融机构部门	政府部门	住户部门	国内合计
加:生产税净额收入			23 866.3		23 866.3
加:财产收入	4 944.1	6 606.8	602.1	4 214.1	16 367.1
等于:初次分配总收入	36 381.6	2 694.9	28 465.0	92 045.6	159 587.1
加:经常转移收入	305.6		10 667.0	8 961.5	23 198.9
减:经常转移支出	3 001.6	1 200.2	6 216.9	7 619.2	21 302.8
等于:可支配总收入	33 685.6	1 494.7	32 915.1	93 387.9	161 483.3
减:最终消费		0.0	23 199.4	63 833.5	87 032.9
等于:总储蓄	33 685.6	1 494.7	9 715.7	29 554.4	74 450.4
加:资本转移收入	3 804.1				6 538.9
减:资本转移支出			3 809.9		6 544.7
等于:总投资	37 489.7	1 494.7	5 905.8	29 554.4	74 444.6
资本形成总额	47 269.4	90.0	8 226.0	13 583.0	69 168.4
其他非金融资产获得减处置					
净金融投资	−9 779.7	1 404.6	−2 320.1	15 971.4	5 276.3

资料来源:《2007年中国统计年鉴》。

表4-3　2013年中国资金流量表(实物交易)　　(单位:亿元)

	非金融企业部门	金融机构部门	政府部门	住户部门	国内合计
增加值	35 9277.1	41 190.5	42 559.7	144 991.5	588 018.8
减:劳动者报酬支出	147 383.1	12 090.1	37 081.9	101 415.3	297 970.4
减:生产税净额支出	6 5701.3	4 598.4	286.1	2 950.6	73 536.4
减:财产支出	48 864.3	47 284.0	5 760.2	7 656.3	109 564.8
加:劳动者报酬收入				298 966.1	298 966.1
加:生产税净额收入			73 536.4		73 536.4
加:财产收入	23 497.6	42 647.8	15 777.2	21 824.4	103 747.0
等于:初次分配总收入	120 826.0	19 865.8	88 745.0	353 759.9	583 196.7
加:经常转移收入	1 287.2	4 274.9	68 085.3	44 180.3	117 827.7

(续表)

	非金融企业部门	金融机构部门	政府部门	住户部门	国内合计
减：经常转移支出	21 908.9	9 177.4	46 454.4	40 826.8	118 367.5
等于：可支配总收入	100 204.4	14 963.2	110 376.0	357 113.4	582 657.0
减：最终消费			81 245.9	219 762.5	301 008.4
等于：总储蓄	100 204.4	14 963.2	29 130.1	137 350.9	281 648.6
加：资本转移收入	7 707.3		3 857.9		11 565.2
减：资本转移支出	3 196.8		7 793.6	384.6	11 375.0
等于：总投资	104 714.9	14 963.2	25 194.4	136 966.3	281 838.8
资本形成总额	172 643.3	636.3	28 262.6	72 634.4	274 176.6
其他非金融资产获得减处置	30 833.3		−7 461.7	−23 371.6	
净金融投资	−98 761.7	14 326.9	4 393.5	87 703.5	7 662.2

资料来源：《2015年中国统计年鉴》。

从表4-2和表4-3可见，非金融企业部门在生产过程完成后所形成的增加值，要向住户部门支付劳动者报酬，向政府部门支付生产税净额，还要向其他部门支付使用其财产的费用，即财产支出，如向金融机构等贷款方支付利息，向股东支付红利，向出租土地方支付地租。同时非金融企业部门也会由于他人使用自己的财产而形成一部分财产收入，在对这些要素收支进行了净扣除后，剩下的部分才是非金融企业部门的初次分配总收入。在表4-2和表4-3中可看到，增加值的"国内合计"（即GDP），与初次分配总收入的"国内合计"（即GNI）的数值是不等的，这是因为GNI中包含"来自国外的要素收入净额"（表4-2和表4-3中未列出与外国的收支情况），但这两个指标之间的差别并不仅仅是总量上的差别，更重要的是它们的内涵和反映的角度不同。GDP反映的主要是生产活动的成果，同时以国为核算范围，即核算在本国范围内的经济单位，包括外国在本国的企业等。GNI反映的是初次分配领域的情况及各个机构部门之间要素分配的结构关系，同时是以国民为核算范围，即以本国国民为核算范围，包括本国在外国的国民。

1. 所有制变化与国民收入的初次分配演变特点

伴随改革的深入，在以公有制为主体、多种所有制经济共同发展的生产资料所有制基础上，社会主义市场经济机制逐渐替代了传统计划经济配置资源的机制，与之相适应形成的以按劳分配为主、多种分配方式并存的分配制度，参加国民收入分配的要素就不仅包括劳动，还包括资本、技术、财产、管理等其他进入市场并在生产中发挥作用的要素；在居民收入中，也不仅包括劳动收入，而且包括其他各种私人所拥有的生产要素所带来的收入。这种所有制和经济运行机制及分配方式的变化也就必然形成收入分配格局的深刻变化。从我国进入21世纪以来的变化看，其具有以下几方面的特点。

第一，各个机构部门在增加值GDP和GNI中的占比发生了较显著的结构性变化。

通过初次分配之后的各机构部门收入所占比重，相比初次分配之前的在GDP中的占比而言，会发生变化。一般而言，非金融企业部门和金融机构部门由于要素净支出为正数，即要素净收入为负值，在初次分配过程中要向要素所有者支付收入，因而占比较之前会降低。而政府部门和住户部门由于要素净收入为正数，即要素净支出为负值，相比较占比会增大。如表4-4所示，从2013年我国增加值构成上看，非金融企业部门所占比重最大（61.1%），住户部门较小（24.7%），而经过初次分配之后，住户部门成为占比最高的机构部门（60.7%），非金融企业的占比则下降到20.7%。从增加值的机构部门占比变化上看，2004—2013年政府部门和住户部门在GDP中的占比是下降的，政府部门占比从10%以上降到7.2%，住户部门从28%降到24.7%，非金融企业部门和金融机构部门的占比是上升的，非金融企业部门从58.4%提升至61.1%，金融机构部门占比从3.4%升至7%。原因是多方面的，其中有些变化在相当大的程度上与不同所有制经济发展的差异相联系。政府部门占比降低的主要原因在于近些年来政府雇员报酬增长速度低于国民经济增长速度，住户部门占比下降的主要原因在于个体经济增长低于整个企业部门的增长；非金融企业部门占比扩大，表明在国民经济生产领域，非金融企业包括国有企业的发展是比较快的，而非金融机构主要是国有金融机构占比上升，表明进入21世纪以来金融业发展加快，相应地，国民经济增长对金融机构的依赖程度提升。

表 4-4 2004 年和 2013 年各机构部门增加值与初次分配总收入的结构变化比较

(单位:%)

		非金融企业部门	金融机构部门	政府部门	住户部门	国内合计
增加值比重	2004 年	58.4	3.4	10.2	28.0	100.0
	2013 年	61.1	7.0	7.2	24.7	100.0
	2013 年比 2004 年增加	2.7	3.6	-3.0	-3.3	0.0
初次分配总收入比重	2004 年	22.8	1.7	17.8	57.7	100.0
	2013 年	20.7	3.4	15.2	60.7	100.0
	2013 年比 2004 年增加	-2.1	1.7	-2.6	3.0	0.0
初次分配收入比重比增加值比重的增幅	2004 年	-35.6	-1.7	7.6	29.7	0.0
	2013 年	-40.4	-3.6	8.0	36.0	0.0

资料来源:根据表 4-1 和表 4-2 中的相关数据计算。

但从初次分配总收入的结构变化来看,其与 GDP 结构的变化则有所不同。政府部门的初次分配收入占 GNI 的比重仍然下降,从 17.8% 下降至 15.2%;金融机构部门的占比仍然是上升的,从 1.7% 上升到 3.4%;但非金融企业部门的占比却是下降的,从 22.8% 降至 20.7%;住户部门的占比也是上升的,从 57.7% 上升至 60.7%。这表明经过初次分配,由于要素部门结构分布的原因,更多的要素收入从非金融企业部门转移到住户部门。

把各机构部门占 GDP 生产的比重与经过初次分配后的占总收入的比重加以比较(以 2013 年为例),非金融企业部门初次分配后的收入占比与生产领域的 GDP 占比相比较,下降 40% 以上,也就是说经过初次分配其占比比未经初次分配直接生产 GDP 的占比减少了,原因在于其要素净收入为负值,生产出 GDP 后尚须向要素所有者支付要素报酬,要素净支出为正值。金融机构部门经初次分配后在 GNI 中的占比,与在生产领域的 GDP 中的占比相比也降低了,约降 4%,主要原因也在于金融部门同样是要素净支出为正值,而要素净收入为负值的部门。政府部门经初次分配后在 GNI 中的占比,较其在生产领域的 GDP 中的占比是上升的,上升 8%,表明政府部门是要素净收入为正值的部门。住户部门经初次分配后在 GNI 中的占比与其在生产领域的 GDP 中的占比相比是上升的,高出 36%,表明其要素净收入为正值。这里最显著的变化在于两方面,一方面,GNI 与从生产领域考察的国民生产总值(GNP)在总量上是等同的,但其中的部门分布结构发生了变化,非金融企业部门经初次分配后的收入占比较在 GDP 中的占比,减少幅度最大(40%左右),而住户部门增加幅度最大(36%),政府部门和金融机构部门虽然增减方向各不相同,但幅度并不大;另一方面,由于非金融企业部门中除非公有制经济和集体经济外,还包括相当比重的国有企业,而住户部门则是居民家庭和个体经济性质,因此,这种从生产到初次分配的前后变化,也表明一定程度的所有制方面的变化。

第二,由于所有制结构的变化导致财产制度的变化,使我国财产收支的规模和在国民经济中的比重发生了显著变化,进而对初次分配结构产生了重要影响。

在社会主义市场经济条件下,由于所有制结构和资源配置机制都发生了深刻的变化,资产作为重要的生产要素,在生产过程中不再是无偿地被运用,使用者须按市场竞争标准支付给所有者相应费用,所有者将据此获得要素财产性收入,由此形成各机构部门内部及相互之间的财产收支,GDP(各机构部门生产的增加值"国内合计")经过多种要素收支即经初次分配后,形成 GNI(各机构部门初次分配总收入的"国内合计")[①](见表 4-5)。

表 4-5　2004 年和 2013 年 GDP 要素收支情况

	2004 年		2013 年	
	国内合计（亿元）	占增加值的比重(%)	国内合计（亿元）	占增加值的比重(%)
增加值	159 878.3	100.0	588 018.8	100.0
减:劳动者报酬支出	75 199.5	47.0	297 970.4	50.7
减:生产税净额支出	23 866.3	14.9	73 536.4	12.5
减:财产支出	16 710.7	10.5	109 564.8	18.6
加:劳动者报酬收入	7 5251.8	47.1	298 966.1	50.8
加:生产税净额收入	23 866.3	14.9	73 536.4	12.5

---

① 由于每一笔要素支出都对应一笔要素收入,在一个封闭的经济中要素收支总额应是相等的,但如果是在开放条件下,存在来自国外的要素收入,要素收支之间可能出现不同。

（续表）

	2004 年		2013 年	
	国内合计（亿元）	占增加值的比重(%)	国内合计（亿元）	占增加值的比重(%)
加:财产收入	16 367.1	10.2	103 747.0	17.6
等于:GNI（初次分配总收入）	159 587.1	99.8	583 196.7	99.2

资料来源:根据表4-1和表4-2中的数据计算。

如表4-5所示,进入21世纪以来,2004—2013年我国在各项要素收支中占比变化最突出的就是财产支出和财产收入,分别上升了8.1个百分点和7.4个百分点,这表明财产作为生产要素在经济活动进而在初次分配中的地位在提升。其他要素收支包括劳动者报酬和生产税的变化幅度不显著,劳动者报酬收支在要素收支占比上增加了3.7个百分点,其在国民收入中的比重稳步提升;生产税净额的占比下降了2.4个百分点,表明政府在生产领域中的减税政策产生了一定作用。财产收支变化对国民收入初次分配的影响作用变化最大,根本原因在于我国所有制及实现方式发生的变化,随着公有制为主体、多种所有制共同发展的所有制结构的形成,随着所有制实现形式的市场化的深入,财产包括公有和非公有的资产作为排他性的生产要素进入市场,并在国民生产中不断提升其作用,相应地在国民收入初次分配中的作用不断提升,表现为财产收支在各个机构部门中的份额显著增加,由此形成我国新时期以来国民收入分配的一个重要特点。

从财产支出看,2013年与2004年相比,总体上非金融企业部门的财产净支出(在表4-6中反映为财产净收入的负值占GDP和初次分配总收入)比重明显增加,而政府部门和住户部门的财产净收入的比重都在增加。[1] 在数量规模上,非金融企业部门的财产净支出最大(25 366.7亿元),相当于政府部门和住户部门财产净收入之和。

---

[1] 政府要素收入——生产税净额在国民收入中的占比在下降(2004—2013年降2个百分点以上,见表4-5),但财产净收入项下,政府的财产净收入占初次分配总收入的比重在提高(2004—2013年从-2.5%升至11.3%,见表4-6)。

表4-6 2004年和2013年各机构部门财产净收入占增加值与初次分配总收入的比重

	指标	非金融企业部门	金融机构部门	政府部门	住户部门
2004年	增加值(亿元)	93 347.9	5 393.0	16 371.5	44 765.9
	财产净收入(亿元)	-2 225.8	38.4	-697.8	2 541.6
	初次分配总收入(亿元)	36 381.6	2 694.9	28 465.0	92 045.6
	财产净收入占增加值的百分比(%)	-2.4	0.7	-4.3	5.7
	财产净收入占初次分配总收入的百分比(%)	-6.1	1.4	-2.5	2.8
2013年	增加值(亿元)	359 277.1	41 190.5	42 559.7	144 991.5
	财产净收入(亿元)	-25 366.7	-4 636.2	10 017.0	14 168.1
	初次分配总收入(亿元)	120 826.0	19 865.8	88 745.0	353 759.9
	财产净收入占增加值的百分比(%)	-7.1	-11.3	23.5	9.8
	财产净收入占初次分配总收入的百分比(%)	-21.0	-23.3	11.3	4.0

资料来源:根据表4-1与表4-2中的数据计算。

如表4-7所示,从财产收入的变化原因看,2013年政府部门财产收入中地租收入所占的比重已经相当大,约占政府财产净收入的32%,这是影响政府财产净收入占比尤其是占初次分配收入比重的重要原因,居民的财产性收入主要来自利息收入,尽管住户部门也有部分利息支出,但净利息为正值,利息收入更多。政府部门和住户部门的另一项财产收入是红利收入,其中政府部门的红利收入也明显大于住户部门(2013年分别为3 463.5亿元和1 719.4亿元),表明国有经济虽然在国民经济中的比重在下降(包括企业数、就业数、生产和投资规模等),但其向所有者(政府)上缴的红利仍然远高于民营经济向作为所有者的居民家庭分红的红利,这在一定程度上反映了国有经济与非国有的民营经济在分配方面的区别。民营经济在获得不断发展的过程中,盈利的大部分仍然保留在了企业,分配给家庭的部分较少,未能有效地转入住户部门。① 因而,对于住户部门而言,影响其财产收入的主要因素是利息收入,而不是红利收入。以2013年为例,住户部门的财产净收入占初次分配收入的比重由2004年的2.8%提高到4.0%,提高幅度看起来并不大,但财产收入中的利息收入和利息支出在居民家庭收入中的性质是不同的,利息收入主要来自居民的存款或其他金融放贷活动(如买国债和企业债等)所取得的收入,而利息支出的增加则主要反映了我国近年来住房抵押贷款的快速增长及相应的利息支出增长,前者是居民财产所带来的收入,后者则是居民提高消费(住房投资)而产生的支出,这部分支出实际上是当前消费的一部分,但由于住房贷款的性质,被归为财产支出。从财产总收入角度看,住户部门的财产收入占初次分配总收入的比重会提高到6.2%左右,把这个财产总收入指标和财产净收入指标所占比重结合起来考察,能更好地说明非劳动报酬收入对居民初次分配收入的影响程度。

表4-7　2013年各机构部门财产收入情况　　　　　（单位:亿元）

机构部门 交易项目	非金融企业部门		金融机构部门		政府部门		住户部门	
	运用	来源	运用	来源	运用	来源	运用	来源
五、财产收入	48 864.3	23 497.6	47 284.0	42 647.8	5 760.2	15 777.2	7 656.3	21 824.4
(一)利息	22 246.6	21 041.5	44 342.1	41 887.1	5 760.2	5 633.8	7 598.5	18 429.3
(二)红利	19 995.6	2 378.8	1 188.8	760.7		3 463.5		1 719.4
(三)地租	5 070.1					5 127.9	57.8	
(四)其他	1 552.0	77.4	1 753.1			1 552.0		1 675.7

资料来源:《2015年中国统计年鉴》,表中"来源"表示收入,"运用"表示支出。

第三,伴随中国特色社会主义市场经济体制改革的深入及相应的劳动力要素市场的发展,不同所有制形式中的劳动者报酬构成发生了不同的变化。

从表4-5可见,2008年以来,我国劳动者报酬收入占GDP的比重是上升的(此前是逐年下降的),2013年已达到50%以上(50.8%),反映出劳动要素在国

---

① 从所有制上看,私营企业的收入在依法纳税后仍属私人所有,但如果企业主不把这些钱转入个人家庭并缴纳个人所得税,而是将其留在企业,那么,从国民收入核算上看,这些收入仍是企业部门的而不是住户部门的。通常统计的居民收入分配以及在此基础上计算的基尼系数,也不包含这部分收入。进而,一部分企业主把个人家庭消费在企业的账目上支出并计入生产成本,不仅可以不缴个人所得税,而且会低估真实的实际收入分配差距,这种现象在世界各国都是存在的。

民收入初次分配中的地位在不断提高,说明以按劳分配为主体、多种分配方式并存的分配制度在初次分配中能够提升劳动者劳动收入的份额,而提高的幅度则在相当大的程度上取决于劳动力市场供求关系的变化,这是市场经济机制下与计划经济体制下实现劳动者劳动报酬分配方式的重要区别。从部门结构看,在住户部门初次分配收入中(见表4-8),劳动者报酬收入占84.5%,个体经济收入占11.5%,财产收入占6.2%,显然劳动者报酬在其中占比最高,其仍然是住户部门最主要的收入来源。

表4-8 2013年住户部门各种初次分配收入项目及其构成

	总额(亿元)	占初次分配总收入的比重(%)
增加值	144 991.5	41.0
减:劳动者报酬支出	101 415.3	28.7
减:生产税净额支出	2 950.6	0.8
等于:个体经济收入	40 625.6	11.5
减:财产支出	7 656.3	2.2
加:财产收入	21 824.4	6.2
加:劳动者报酬收入	298 966.1	84.5
等于:初次分配总收入	353 759.9	100.0

如果按不同所有制分类,劳动者报酬变化情况也有所不同(见表4-9)。

表4-9 2013年三大产业按注册登记类型分组的从业人员 (单位:万人)

三大产业按注册登记类型分组		从业人员数
第一产业		24 171.0
第二产业和第三产业法人单位(不包含金融业)		34 399.8
内资企业	国有企业	5 665.6
	集体企业	681.6
	股份合作企业	143.2
	联营企业	62.2
	国有联营企业	13.6
	集体联营企业	18.9
	国有与集体联营企业	6.5

(续表)

三大产业按注册登记类型分组		从业人员数
	其他联营企业	23.3
	有限责任公司	7 892.1
	国有独资公司	811.0
	其他有限责任公司	7 081.1
	股份有限公司	1 611.0
	私营企业	12 742.1
	私营独资企业	2 080.2
	私营合伙企业	341.9
	私营有限责任公司	9 761.0
	私营股份有限公司	559.1
	其他企业	2 207.3
	合计	31 005.0
港、澳、台商投资企业	合资经营企业（港、澳、台资）	425.6
	合作经营企业（港、澳、台资）	42.5
	港、澳、台商独资经营企业	1 111.2
	港、澳、台商投资股份有限公司	53.7
	其他港、澳、台商投资企业	9.7
	合计	1 642.7
外商投资企业	中外合资经营企业	568.6
	中外合作经营企业	42.4
	外商独资企业	1 070.3
	外商投资股份有限公司	59.5
	其他外商投资企业	11.3
	合计	1 752.0
金融业		513.9
第二产业和第三产业有照个体经营户		8 999.5
其他		8 892.8
总计		76 977.0

资料来源：根据《中国经济普查年鉴-2013》与《2015年中国统计年鉴》中相关数据整理，其中第二产业和第三产业从业人员分组数来自《中国经济普查年鉴-2013》，第一产业从业人员数及全部从业人员合计数来自《2015年中国统计年鉴》。

可以把不同所有制下的获取劳动报酬的从业人员分为四类情况[①]：第一类是在公有制单位(包括国有企业、集体企业、国有独资公司和金融业中的国有企业)中的从业者，他们的收入性质与通常传统公有制经济中的"按劳分配"相符合，但不同于传统公有制经济的是，收入性质是经过市场机制实现，而不是传统的由政府统一规定。这部分从业人员占全部从业人员的比重为10%左右。第二类是私营企业中的劳动者，包括在港、澳、台商独资经营企业，以及外商独资企业中的从业者，由企业主支付劳动报酬。从性质上说，他们的劳动具有雇佣劳动的性质，是较完全的市场调控，占全部从业人员比重的20%左右。第三类是个体经营者(小私有经济)，包括个体经营户和第一产业的从业人员。在国民经济核算分类中，他们的劳动属于自我雇佣，占全部从业人员的40%以上[②]。其余不到30%的从业人员在其他各种混合所有制企业中，这些企业绝大多数属于非公有制经济。虽然在公有制单位的劳动者占全部从业人员的比重为10%左右，但由于公有制单位从业人员的平均劳动报酬略高于全社会平均劳动报酬，再综合考虑其他因素，公有制经济中的劳动报酬占比最多不超过15%，并且即使是近15%，虽然在性质上是直接体现按劳分配性质，但其实现方式也已不再是行政计划规定，而在相当大的程度上由市场机制或参照市场标准决定。其余85%以上的劳动者报酬的性质和定价方式与传统计划经济下的情况相比已发生了根本性的变化，这种变化在实现形式上是从传统的计划机制转变为市场机制决定和实现的方式，在本质上与公有制为主体、多种所有制经济共同发展的基本制度的变化相适应，既不是传统公有制及实现形式的体现，也不是简单私有化下雇佣劳动的体现。

2. 社会主义市场经济制度培育与国民收入再分配演变的特点

在各机构部门的初次分配收入基础上，还要经过国民收入的再分配，通过

[①] "劳动者"和"从业人员"不是完全相同的概念，从业人员中除包括企业和其他单位的雇员外，也包括私营企业主，因此，以统计上的从业人员来划分不同类型的劳动者只是一种近似的估计。

[②] 在我国最新的投入产出表中，农业增加值中已没有"营业盈余"项，农业劳动力的收入全部体现为"劳动报酬"，而在有些个体户中则不同，其中既包括个体经营户的雇主，其收入包含在住户部门的增加值中(扣除劳动报酬之后)，也包括个体经营户中的雇员，他们的收入体现为劳动报酬；还有部分无照个体经营户，他们也有类似收入，但没有包含在第三次经济普查的从业人员中。

经常转移收支的再分配,以形成各个机构部门的可支配收入,再用于国民收入的最终使用,即投资、储蓄、消费等(见表 4-10)。

表 4-10 2004 年和 2013 年各机构部门初次分配总收入、可支配总收入及使用

	2004 年				
	非金融企业部门	金融机构部门	政府部门	住户部门	国内合计
初次分配总收入(亿元)	36 381.6	2 694.9	28 465.0	92 045.6	159 587.1
加:经常转移收入(亿元)	305.6		10 667.0	8 961.5	23 198.9
减:经常转移支出(亿元)	3 001.6	1 200.2	6 216.9	7 619.2	21 302.8
等于:可支配总收入(亿元)	33 685.6	1 494.7	32 915.1	93 387.9	161 483.3
初次分配总收入占 GNI 的比重(%)	22.8	1.7	17.8	57.7	100.0
可支配总收入占国民可支配总收入的比重(%)	20.9	0.9	20.4	57.8	100.0
	2013 年				
	非金融企业部门	金融机构部门	政府部门	住户部门	国内合计
初次分配总收入(亿元)	120 826.0	19 865.8	88 745.0	353 759.9	583 196.7
加:经常转移收入(亿元)	1 287.2	4 274.9	68 085.3	44 180.3	117 827.7
减:经常转移支出(亿元)	21 908.9	9 177.4	46 454.4	40 826.8	118 367.5
等于:可支配总收入(亿元)	100 204.4	14 963.2	110 376.0	357 113.4	582 657.0
初次分配总收入占 GNI 的比重(%)	20.7	3.4	15.2	60.7	100.0
可支配总收入占国民可支配总收入的比重(%)	17.2	2.6	18.9	61.3	100.0
可支配收入占比变动(%)	-3.7	1.7	-1.5	3.5	0.0

资料来源:根据表 4-2 和表 4-3 中的数据整理计算。

经常转移收入和支出包括:①所得税和财产税等经常税,包括政府部门对企业征收的企业所得税,对居民征收的个人所得税及财产税(2004—2013 年我国的税收收入占政府部门可支配收入的比重由 14.8%升至 26.3%)。②社会保

险缴款(2004—2013年政府部门收入的社会保险缴款占政府部门可支配收入的比重由17.6%升至32.6%）。③社会保险福利。这是居民向政府领取的各种社会保险福利(2004—2013年占政府可支配收入的比重由14%提高到26%,而占住户部门可支配收入的比重则由5%升至8%）。④社会补助,政府向社会困难群体提供的补助（这项支出在2013年占政府可支配收入比重为9%,再加上企业部门提供的补助,住户部门所得补助2013年已超过1万亿元）。⑤其他经常转移,主要是居民对居民、企业对居民提供的与要素无关的资金转移,如企业对居民提供的救助、居民之间的馈赠等。从以上经常转移所包括的内容可以看出,经常转移发生在生产过程之后,与生产要素无关,主要是政府按照相关法规对企业和居民个人的收入加以调节,以调节收入分配差异和改善社会保障。

伴随我国所有制结构及实现方式的变化及与之相适应的资源配置机制的市场化进展,我国国民收入再分配出现了新特点:①政府的税收收入在其可支配收入中的比重提高了,这说明在生产领域如果适当减税(近些年,我国直接税净额占GNI的比重略有下降,约为2%),在其他条件不变的情况下,收入分配领域就可能增收。②在市场化进程中,原来由政府包揽的社会保障在一定程度上会逐渐转由企业和居民自身承担,而政府会有剩余,从而可能为改善未来的社会保障做必要的准备。③社会补助的规模在增加,随着政府收入的增长,困难群体能够得到更多的帮助。④经过国民收入再分配后,各机构部门的可支配收入占比进一步发生了改变,非金融企业部门和金融机构部门占比与初次分配相比进一步降低,而政府部门和住户部门占比与初次分配相比进一步提高。这是在分配过程对直接生产过程的要素收入分配的一种调整。⑤动态地看,2013年与2004年相比,非金融企业部门和政府部门的可支配收入占比下降（分别下降3.7个和1.4个百分点),金融机构部门和住户部门的占比是上升的(分别上升1.6个和3.5个百分点),说明这10年来我国国民收入再分配过程使住户部门的收益有更多的增长。同时,金融机构部门的收益也有较大程度的增长,金融机构部门的作用在增大。而与之相适应的是非金融企业部门的再分配收入占比,无论是与初次分配收入占比相比较,还是与2004年的再分配收入占比相比较,都在下降,表明企业效益有所提高,同时负担在加重。

3. 生产方式变化中的国民可支配收入最终使用的特点

通过国民收入再分配过程形成国民可支配收入,进而进入最终使用(见表4-11和表4-12),最终使用主要是两个方向——投资(资本形成)和消费(包括政府消费和居民消费)。

表4-11 2004年和2013年各机构部门可支配收入最终使用情况

(单位:亿元)

	2004年				
	非金融企业部门	金融机构部门	政府部门	住户部门	国内合计
可支配总收入	33 685.6	1 494.7	32 915.1	93 387.9	161 483.3
减:最终消费			23 199.4	63 833.5	87 032.9
等于:总储蓄	33 685.6	1 494.7	9 715.7	29 554.4	74 450.4
加:资本转移收入	3 804.1				6 538.9
减:资本转移支出			3 809.9		6 544.7
等于:总投资	37 489.7	1 494.7	5 905.8	29 554.4	74 444.6
资本形成总额	47 269.4	90.0	8 226.0	13 583.0	69 168.4
其他非金融资产获得减处置					
净金融投资	-9 779.7	1 404.6	-2 320.1	15 971.4	5 276.3
	2013年				
	非金融企业部门	金融机构部门	政府部门	住户部门	国内合计
可支配总收入	100 204.4	14 963.2	110 376.0	357 113.4	582 657.0
减:最终消费			81 245.9	219 762.5	301 008.4
等于:总储蓄	100 204.4	14 963.2	29 130.1	137 350.9	281 648.6
加:资本转移收入	7 707.3		3 857.9		11 565.2
减:资本转移支出	3 196.8		7 793.6	384.6	11 375.0
等于:总投资	104 714.9	14 963.2	25 194.4	136 966.3	281 838.8
资本形成总额	172 643.3	636.3	28 262.6	72 634.4	274 176.6
其他非金融资产获得减处置	30 833.3		-7 461.7	-23 371.6	
净金融投资	-98 761.7	14 326.9	4 393.5	87 703.5	7 662.2

表 4-12　2004 年和 2013 年各机构部门可支配收入最终使用占比情况

（单位:%）

	2004 年				
	非金融企业部门	金融机构部门	政府部门	住户部门	国内合计
可支配总收入	100.0	100.0	100.0	100.0	100.0
减:最终消费			70.5	68.4	53.9
等于:总储蓄	100.0	100.0	29.5	31.6	46.1
加:资本转移收入	11.3				4.0
减:资本转移支出			11.6		4.1
等于:总投资	111.3	100.0	17.9	31.6	46.1
资本形成总额	140.3	6.0	25.0	14.5	42.8
其他非金融资产获得减处置					
净金融投资	-29.0	94.0	-7.0	17.1	3.3
	2013 年				
	非金融企业部门	金融机构部门	政府部门	住户部门	国内合计
可支配总收入	100.0	100.0	100.0	100.0	100.0
减:最终消费			73.6	61.5	51.7
等于:总储蓄	100.0	100.0	26.4	38.5	48.3
加:资本转移收入	7.7		3.5		2.0
减:资本转移支出	3.2		7.1	0.1	2.0
等于:总投资	104.5	100.0	22.8	38.4	48.4
资本形成总额	172.3	4.3	25.6	20.3	47.1
其他非金融资产获得减处置	30.8		-6.8	-6.5	
净金融投资	-98.6	95.7	4.0	24.6	1.3

对各机构部门来说,由于投资包括实物投资和金融投资两种不同的行为,而金融投资是生产机构部门的,也就形成了可支配收入在各部门之间继续转移的现象。我国近年来伴随制度机制变化,国民收入最终使用主要具有以下特点。

第一,政府最终消费在可支配收入中占比在上升,从 2004 年的 70.5%升至

2013年的73.6%,而居民最终消费在其可支配收入中的占比在下降,从2004年的68.4%降至2013年的61.5%(见表4-12)。从总体上看,社会的总体最终消费支出的增长低于国民经济增长。这说明,一方面,政府提供的公共服务的增长快于消费增长,政府服务功能有所加强;另一方面,从表4-11住户部门最终消费的相互比较中可以发现,2004—2013年,居民消费绝对量有较大增幅,年均增长率达到14.7%(名义),但低于同时期名义GDP增长率(15.6%)。尽管政府最终消费支出的绝对规模和占其可支配收入的比重都有所提升,但这一时期,政府消费和居民消费合计的总消费支出年均名义增长率为14.8%,低于GDP名义年均增长率(15.6%),这也表明政府最终消费支出占其可支配收入比重提升有助于提高消费增长率,但这10年来实际作用程度并不显著。

第二,在住户部门的投资中,实物投资的比重相对在上升,金融投资比重相对下降,但金融投资的绝对比重仍然很高,储蓄率高。从表4-12可见,具体来看,在住户部门的可支配收入中,资本形成所占的比重由2004年的14.5%升至2013年的20.3%(总额达到7万亿元以上),这与所有制变化有关,住户部门的私人实物投资主要内容是居民家庭购买住宅(也包括一部分个体经济的生产资料投资),这是1998年住宅商品化改革、住宅所有权制度及运行机制市场化之后形成的新的居民家庭支出项(但这一支出统计上不属于消费,而是列为投资)。居民家庭在进行了投资和实物消费之后(再扣除属于调整项的"其他非金融资产获得减处置")所剩余的可支配收入便形成"净金融投资"(2013年达8.77万亿元),占居民可支配收入比重在2013年达到24.6%,绝对比重很高,这些资金将通过金融机构的间接投资或者是居民的直接投资,转化为企业部门的"资本形成"。国内各部门合计的储蓄占可支配收入的比重由2004年的46.1%上升为2013年的48.3%,表明进入21世纪以来,我国居民高储蓄的现象并未改变,反而更加提高,而其中住户部门的储蓄占其可支配收入比重由31.6%上升为38.5%,显然构成社会各部门总储蓄比重上升的首要原因。这是由投资带动经济增长的重要资金来源,一方面可以成为推动经济高速增长加快投资积累的重要动因,另一方面也可能成为加剧投资与消费结构性失衡的重要原因,从而增加宏观经济失衡的风险。

第三,非金融企业部门在可支配收入在国民经济中的占比减少的情况下,实物投资的规模却在扩大,因而在其资金来源中,自有资金的比重在下降,来自其他部门的净金融投资的份额在上升。这种融资结构的变化,一方面增加了非金融企业部门的扩张能力,另一方面也增加了其融资成本(利息支出),从而降低了微观经济的竞争能力。从表4-11和表4-12来看,非金融企业部门的资本形成占其可支配收入的比重由2004年的140.3%提高到2013年的172.3%,提升了32个百分点。从规模扩大上看,2013年的资本形成(172 643.3亿元)是2004年资本形成(47 269.4亿元)的3.65倍,年均名义增长率为15.5%,与同期GDP年均名义增长率相仿。而这一时期,非金融企业部门的可支配收入的名义增长率却相对偏低,年均为12.9%。进而,非金融企业部门要进行投资,就要越来越多地依赖外部资金。如表4-13所示,2004年非金融企业部门的可支配收入占其资本形成总额的比重为71.3%,到2013年则下降到58%,更多的需要依靠来自其他部门的净金融投资来弥补自有资金的不足,而在这之中来自住户部门的净金融投资所占比重最大,而且下降幅度最大,从2004年的-33.8%降至2013年的-50.8%,也就是说,非金融企业部门资本形成总额的资金来源大约有一半来自住户部门的储蓄。

表4-13　2004年和2013年非金融企业部门资本形成总额主要资金来源

	2004年		2013年	
	数额(万亿元)	占资本形成总额比例(%)	数额(万亿元)	占资本形成总额比例(%)
可支配总收入	3.4	72.3	10.0	58.0
资本形成总额	4.7	100.0	17.3	100.0
净金融投资	-1.0	-20.7	-9.9	-57.2
其中来自:金融机构部门	-0.1	-3.0	-1.4	-8.3
政府部门	0.2	4.9	-0.4	-2.5
住户部门	-1.6	-33.8	-8.8	-50.8
国外	0.5	11.2	0.8	4.4

资料来源:根据表4-11和表4-12中的数据整理和计算而来。净金融投资下的各具体项目为负数时表示为非金融企业部门的收入,正数表示其他部门对净金融投资的使用。2004年政府部门使用的净金融投资为0.2万亿元,2013年政府部门对非金融企业部门的净金融投资为0.4万亿元。2004年和2013年,净金融投资用于国外的部分分别为0.5万亿元和0.8万亿元(用于购买国外政府和企业发行的债券、在国外金融机构的存款等)。

这在一定程度上可以解释为什么经过所有制结构的改革,国有企业的数量和从业人员数已经大大降低,但投资规模仍然很大,因为除政府通过资金转移对国有企业予以资本支持外,金融机构在储蓄存款猛增的条件下,也倾向于将贷款发放给国有企业,这种倾向一方面反映了商业银行对资金的安全性考虑(包括经济安全和政治安全),另一方面也体现了国家政策要求,但最根本的制度基础在于,虽然所有制结构发生了变化,但金融部门仍是由国家掌握或者说以国有制为主(甚至是垄断)。这种所有制结构上的特点必然会在国民收入的可支配收入的最终使用上有所体现,国有制的规模固然是基础性的因素,但更为重要的是分配结构。① 但是在贷款规模如此大的情况下进行投资扩张,资金成本必然不断增加,从而不断降低企业可支配收入在增加值中所占的份额(财产支出在不断增加),可能使企业的经营环境变得更加复杂,高储蓄和高投资可以促进经济增长加快,但若超出一定限度就会产生负面影响,因此必须协调企业投资增长的速度,将居民储蓄在投资与消费之间进行有效引导,以提高经济发展的可持续性和增长的均衡性。从我国近些年的情况看,由于住宅商品化的改革及由此拉动的房地产业发展,住户部门在全社会资本形成中的比重有较明显的上升,非金融企业部门的比重相应地有所下降,政府部门和金融机构部门的投资也有较大增长,但其比重并无显著变化(见表4-14)。

表4-14 2004年和2013年资本形成总额占比情况比较

	2004年		2013年	
	资本形成总额(亿元)	占比(%)	资本形成总额(亿元)	占比(%)
非金融企业部门	47 269.4	68.3	172 643.3	63.0
金融机构部门	90.0	0.1	636.3	0.2
政府部门	8226.0	11.9	28 262.6	10.3
住户部门	13 583.0	19.6	72 634.4	26.5
国内合计	69 168.4	100.0	274 176.6	100.0

资料来源:根据表4-2和表4-3中的数据整理和计算。

---

① 关于国有企业贷款占全部银行贷款比重问题,目前尚无公布数据。有学者曾做过统计(如向松祚估计为50%左右,2016年5月17日,凤凰网财经),从我国国民经济行业的增加值与固定资产投资的关系看,国有经济投资较大的行业,其投资占增加值的比重往往很高,有的甚至超过100%,这些不足通常要通过银行贷款及政府的资金转移来弥补。

各个机构部门的投资之间的比例已经发生了较明显的变化和改善,但投资与消费间如何协调仍是国民经济生产和国民收入分配中的重要问题。

四、 中国所有制改革与居民收入分配的变化①

伴随所有制改革,中国居民家庭的收入和财产都发生了很大的变化。收入是指居民家庭通过生产要素的投入,继而分配获得的可用于消费和储蓄的报酬。其中,消费的部分是当期使用,储蓄部分(包括金融和实物投资)则成为居民财产。居民财产如果投资在企业部门,即转变为企业部门的财产,并且可能通过生产活动创造利润并使财产增值。生产资料所有制反映的主要是生产领域的财产关系,收入分配反映的则是包括财产在内的各种生产要素投入生产活动所获得的报酬。对于各个机构部门所拥有的财产进行分析,属于国民资产负债表研究的内容。财产分配和收入分配是两个相互联系但又有区别的领域,从国民经济核算的观点看,收入分配针对的是资金流量表中住户部门的流量,而财富分配针对的则是国民资产负债表中各个机构部门的存量。这里的分析是资金流量表中住户部门所取得的可支配收入的分配情况及其变化。② 由于在很长时期里,我国的城乡居民收入统计与国民经济核算中的资金流量核算是分别进行的,虽然它们的概念接近,都是要反映居民的收入及其分配,但计算的口径和取得资料的途径都不同,两方面的数据存在一定差别。2013 年之后,我国经过城乡住户调查一体化改革,开始公布在概念上与资金流量表中的住户部门可支配收入一致的城乡居民可支配收入的数据(但在具体处理上仍有小的区别)。这里使用的是住户调查一体化改革前后不同口径的数据,但做出了一定的调整,使之动态可比。

---

① 本部分主要内容参见刘伟、蔡志洲:《新世纪以来我国居民收入分配的变化》,《北京大学学报(哲学社会科学版)》,2016 年第 5 期,第 92—105 页。

② 伴随财产制度的变化,中国居民所拥有的财产的差距也在不断扩大。居民的财产主要来源于三个方面,一是储蓄的积累,二是实物资产(如住宅)和金融资产(有价证券等)的增值,三是经营性财产的增加(直接由私人拥有的企业资产带来的营业盈余转化而成,未计入住户部门可支配收入),财产制度和财产分布的变化,必然对居民收入带来当前或潜在的影响,但要进行深入研究,基础数据仍较缺乏。

1. 中国 2004—2015 年的基尼系数[①]

中国 2004—2015 年基尼系数变化如表 4-15 所示。

表 4-15　中国 2004—2015 年基尼系数

年份	基尼系数	年份	基尼系数
2004	0.473	2010	0.481
2005	0.485	2011	0.477
2006	0.487	2012	0.474
2007	0.484	2013	0.473
2008	0.491	2014	0.469
2009	0.490	2015	0.462

资料来源：根据中国国家统计局历年统计公报整理而成。

从表 4-15 中可见，2004—2015 年中国居民收入的基尼系数经历了先上升而后缓慢下降的过程，2004—2008 年是逐渐上升的，在 2008 年达到最高值（0.491）；2009 年以后开始逐渐下降，直到 2015 年降至 0.462。这种变化趋势与前述资金流量表反映的变化是一致的，即在 2008 年前后，中国自改革开放以来的居民收入分配差异不断扩大的现象开始出现了扭转，尽管扭转的幅度并不显著，但已形成趋势性的状态，2008—2015 年间下降了约 0.03。[②] 也正是在 2008 年以后，中国 GDP 总量超过了日本（2009 年），人均国民收入水平由下中等收入阶段跨入上中等收入阶段（2010 年）。[③] 应当说，基尼系数的这种状态和变化原因是多方面的，包括发展性原因及体制性原因等。从一定意义上可以说，自 2008 年以来的基尼系数呈下降趋势，与中国经济发展水平进入新的阶段相关，在经济发展达到一定水平后，居民收入差距可能从前期的不断扩大进入逐渐缩小的转折期。从发达国家和相当部分发展中国家的经济发展史看，的确存在这

[①] 基尼系数用于反映居民收入差距，通常使用居民可支配收入来计算。
[②] 中国官方自 2003 年开始公布基尼系数，此前学者有不同的估算，尽管相互间差异很大，但反映的变化趋势基本一致，即从改革开放起到 2008 年呈上升势。
[③] 按照世界银行公布的数据，中国按汇率法计算的 GDP 在 2009 年第一次超过日本，中国成为世界第二大经济体；2010 年按汇率法折算，中国人均国民收入达到 4 240 美元，第一次进入上中等收入阶段。

种现象。著名的库兹涅茨曲线揭示的就是这样的统计规律。中国实行社会主义市场经济制度,应当更有制度优势顺应发展的趋势,使公平与效率、先富起来与共同富裕、发展与共享等命题得到更好的处理。如果按照2008年以来基尼系数变化的速度,那么到2020年实现全面小康目标前后,中国的基尼系数预计将会下降到0.43左右。尽管与人们通常所说的警戒线水平(0.40)仍有差距,但一方面,从态势上看,我们与这一警戒标准的距离不是在继续扩大,而是逐渐缩小;另一方面,还必须在坚持发展是第一要务的同时,加快制度改革和分配方式及政策的完善。

2. 从资金流量表看中国居民可支配收入的构成

根据中国资金流量表(2013年),可观察居民可支配收入的形成及各项占比(见表4-16)。

表4-16 2013年住户部门可支配收入项目及其构成

	项目	总额(亿元)	占可支配总收入的比重(%)
1	增加值	144 991.5	40.6
2	减:劳动者报酬支出	101 415.3	28.4
3	减:生产税净额支出	2 950.6	0.8
4	等于:个体经济收入	40 625.6	11.4
5	减:财产支出	7 656.3	2.1
6	加:财产收入	21 824.4	6.1
7	加:劳动者报酬收入	298 966.1	83.7
8	等于:初次分配总收入	353 759.9	99.1
9	加:经常转移收入	44 180.3	12.4
10	减:经常转移支出	40 826.8	11.4
11	等于:可支配总收入	357 113.4	100.0

资料来源:表4-8和表4-10。

在表4-16中,居民可支配收入的形成和构成分为三部分,第一部分是来自增加值扣除后的个体经济纯收入。增加值是指个体经济当年所创造的增加值,占可支配总收入的40.6%,从中扣除对雇员支付的劳动报酬和对政府支付的生产税净额,剩余部分便是住户部门的个体经济的纯收入,占全部居民可支配收入的11.4%。第二部分是劳动报酬,包括住户部门增加值中扣除的支付雇员的劳动报酬的价值和其他部门(非金融企业部门、金融机构部门、政府部门)所获得的全部劳动报酬,占83.7%。第三部分则是住户部门的净财产收入,这一部分较过去有较显著的上升,但总的看来,在居民可支配收入中所占比重并不大,居民财产性收入占其可支配收入比重为6.1%,如果扣除财产支出(如为购房向银行贷款后支付的利息等),净财产性收入占比仅为4%。

从中国现阶段资金流量表反映出的居民可支配收入的构成看,劳动者报酬是主体,个体经营收入的比重开始增加,而财产性收入占比并不大。虽然国有经济在国民经济中的比重已低于私营部门,但政府部门的红利收入却高于住户部门,说明私营企业家(主)在所属企业获得利润后,更愿意将收益留在企业用于扩大再生产(也存在一些企业主家庭支出列入企业成本的现象),而不是进行分配,使之成为居民家庭(住户部门)的收入,从而导致民营企业在快速发展过程中,其财产收入(红利收入)在住户部门却没有相应明显增加的现象。初次分配收入还要经再分配,主要是通过政府部门的经常性转移收入(如所得税、财产税、社保缴款等)和经常性转移支出(如政府社保支出、对困难群体的补助等),这部分收支在现阶段中国居民可支配收入中的比重已达10%以上,这也说明政府在再分配领域中的经常性转移收支,对调节居民收入差别可以起到一定的作用。

3. 中国城乡居民之间的收入差距

2004—2013年中国城乡居民人均收入情况如表4-17所示。

表4-17 2004—2013年中国城乡居民人均收入情况

年份	城镇居民人均可支配收入			农村居民人均纯收入			城镇居民收入为农村的倍数
	绝对数 (元)	名义指数 上年=100	实际指数 上年=100	绝对数 (元)	名义指数 上年=100	实际指数 上年=100	
2004	9 421.6	—	—	2 936.4	—	—	3.2
2005	10 493.0	111.4	109.6	3 254.9	110.8	106.2	3.2

(续表)

年份	城镇居民人均可支配收入			农村居民人均纯收入			城镇居民收入为农村的倍数
	绝对数（元）	名义指数 上年=100	实际指数 上年=100	绝对数（元）	名义指数 上年=100	实际指数 上年=100	
2006	11 759.5	112.1	110.4	3 587.0	110.2	107.4	3.3
2007	13 785.8	117.2	112.2	4 140.4	115.4	109.5	3.3
2008	15 780.8	114.5	108.4	4 760.6	115.0	108.0	3.3
2009	17 174.7	108.8	109.8	5 153.2	108.2	108.5	3.3
2010	19 109.4	111.3	107.8	5 919.0	114.9	110.9	3.2
2011	21 809.8	114.1	108.4	6 977.3	117.9	111.4	3.1
2012	24 564.7	112.6	109.6	7 916.6	113.5	110.7	3.1
2013	26 955.1	109.7	107.0	8 895.9	112.4	109.3	3.0
年均指数(%)	—	112.4	109.2	—	113.1	109.1	
2004—2008年	—	113.8	110.1	—	112.8	107.8	
2008—2013年	—	111.3	108.5	—	113.3	110.2	

资料来源：《2015年中国统计年鉴》。表中居民收入数据由国家统计局公布，数据口径仍然为分别开展的城镇和农村住户调查的传统口径。表中居民收入实际指数根据统计年鉴中城乡居民收入定基指数（1978=100）推算而得。

表4-17分别列出了城镇居民人均可支配收入、农村居民人均纯收入的名义指数（指包括价格变动因素）和实际指数（指剔除了价格变动因素）。从总体上看，2004—2013年，由于中国经济保持了高速增长（人均GDP年均实际增长9.2%），中国城乡居民收入有了明显增加。2004—2013年，城乡居民收入之间的差距一开始是不断扩大的，2004—2007年中国城乡居民的收入比（城镇居民人均可支配收入为农村居民人均纯收入的倍数）是持续上升的，但上升的幅度较之前已开始放缓（2000年为2.79倍）；2007—2009年三年间呈现徘徊状态；从2009年之后开始逐年下降，2013年回落到了3倍。与这种变化相对应的是，2004—2008年中国城镇居民人均可支配收入的实际增长率和名义增长率，都高于农村居民人均纯收入的实际增长率和名义增长率，但2008年之后开始发生

逆转,农村居民收入的增长速度超过城镇居民,从而使城乡居民收入差距缩小。这一时期,也是中国的居民可支配收入在全部可支配收入中的比重又重新提高的新时期,说明改善农村居民的收入对于改善整体的收入分配具有重要意义。如表4-18所示,从农村居民纯收入增长的结构上看,2004—2013年,农村居民纯收入各个项目的年均增长率中,比重增长幅度最大的是工资性收入,提高了11.3个百分点。现在所占比重已超过家庭经营纯收入(原来主要是指农业经营纯收入),达到45.3%,工资性收入成为占比最大的收入来源,其年均增长率达到16.8%。转移性收入和财产性收入的年均增长率更高,达到21.1%,其中主要是转移性收入增长,体现了国家政策对低收入群体的转移性支出和扶持,但在农村居民纯收入中所占比重仍不高,由2004年的6.5%上升至2013年的12.1%。这说明农村居民的非农业就业是提高收入的主要途径,而非农业就业的扩大,从经济结构上看,主要依赖于非传统公有制企业(事实上传统公有制企业的就业是减少的),或者说就所有制结构而言,非传统公有制经济的发展是改善城乡居民收入差距,特别是提高农村居民纯收入水平的重要手段。

表4-18 2004—2013年中国农村居民纯收入变化情况

	2004年		2013年		2004—2013年名义年均增长率(%)
	金额(元)	占比(%)	金额(元)	占比(%)	
农村居民人均纯收入	2 936.4	100.0	8 895.9	100.0	13.1
工资性收入	998.5	34.0	4 025.4	45.3	16.8
家庭经营纯收入	1 745.8	59.5	3 793.2	42.6	9.0
转移性和财产性收入	192.2	6.5	1 077.3	12.1	21.1

资料来源:根据《2005年中国统计年鉴》《2014年中国统计年鉴》中有关数据整理计算。表中数据为城乡住户调查一体化改革前的口径。

4. 城镇居民内部相互间的收入差距

2000—2008年按收入分组的中国城镇居民人均可支配收入比较如表4-19所示。

表 4-19　2000—2008 年按收入分组的城镇居民人均可支配收入比较

			人均可支配收入			
			2000 年（元）	2008 年（元）	2008 年为 2000 年的倍数	年均名义增长率(%)
全国		占比(%)	6 280	15 781	2.51	12.21
按收入等级分	最低收入户	10	2 653	4 754	1.79	7.56
	低收入户	10	3 634	7 363	2.03	9.23
	中等偏下户	20	4 624	10 196	2.20	10.39
	中等收入户	20	5 898	13 984	2.37	11.40
	中等偏上户	20	7 487	19 254	2.57	12.53
	高收入户	10	9 434	26 250	2.78	13.65
	最高收入户	10	13 311	43 614	3.28	15.99
最高收入户为最低收入户的倍数			5.02	9.17		

资料来源：根据《2009 年中国统计年鉴》中相关数据整理。

由表 4-19 可见 2000—2008 年中国城镇居民人均可支配收入的年均增长率为 12.21%，但不同收入组的居民家庭增长的幅度不同，收入水平等级越低，收入的年均增长率就越低，从而不断拉开收入分配的差距。2000 年最高收入户收入（13 311 元）是最低收入户收入（2 653 元）的 5.02 倍，到 2008 年则上升到 9.17 倍（43 614/4 754）。这种收入差距的扩大必然会在基尼系数上表现出来，形成这种变化的原因是多方面的，其中一个重要原因与市场化进程中的所有制即产权制度变化和相应的分配制度及政策的变化相关，伴随生产和分配制度的变化，以往的"按劳分配"在相当大的程度上要通过市场机制来实现。同时，按要素及其贡献进行分配的分配方式变化也需要通过市场来实现，知识、技术、资本、数据等经济增长中相对稀缺的资源，一方面，由于其稀缺程度相对较高，在市场机制下要素报酬水平也就相应较高；另一方面，市场化的资源配置方式的作用，对稀缺资源特别是对资本要素效率提升的刺激作用更为直接，也更为显著。因此，如果坚持根据按要素贡献和效率提升程度进行资源的分配，资本等要素所有者所获收益增长速度相对就更高，进而在刺激效率提升的同时，生产过程的初次分配也会扩大收入差距。①

但自 2008 年以后,中国城镇居民可支配收入增长情况(按居民收入水平分组)发生了重要的变化(见表 4—20),收入越高的组别的收入增长率越低,收入越低的组别的收入增长率越高,多年的增长情况基本如此,并形成趋势性状态。这就使我国城镇居民之间的收入差距开始逐渐缩小,这是影响我国基尼系数重新进入走低趋势的主要原因。

表 4—20　2009—2014 年中国城镇居民人均可支配收入增长率　　（单位:%）

年份	低收入户（20%）	中等偏下户（20%）	中等收入户（20%）	中等偏上户（20%）	高收入户（20%）
2009	10.7	10.3	10.1	9.2	8.0
2010	13.1	13.0	11.8	10.3	9.9
2011	15.6	14.1	13.5	13.9	14.2
2012	17.8	15.6	14.7	12.8	9.4
2013	10.4	10.3	9.4	8.7	9.6
2014	13.4	11.5	10.2	9.3	6.7
年均	13.5	12.4	11.6	10.7	9.6

资料来源:《2015 年中国统计年鉴》,表中增长率为名义增长率,2014 年增长率根据住户调查一体化改革后数据计算,动态上与传统数据计算的时间序列可比。

从 2013 年起,中国统计调查口径进行了新的调整,即城乡居民调查一体化,表 4—21 是 2013 年和 2014 年在城乡调查一体化改革后新口径城镇居民可支配收入的分组数据。

表 4—21　2013 年和 2014 年按城乡居民一体化调查口径公布的城镇居民可支配收入情况

	人数占比(%)	2013 年		2014 年	
		可支配收入(元)	累计人数占比(%)	可支配收入(元)	累计人数占比(%)
低收入户	20	9 895.9	20	11 219.3	20
中等偏下户	20	17 628.1	40	19 650.5	40

---

①　市场化的进程提高了劳动的效率,但更显著地提高了资本的效率。由此形成资本要素和劳动要素所获报酬增速上的差距扩大(参见刘伟、李绍荣等:《货币扩张、经济增长与资本市场制度创新》,《经济研究》,2002 年第 1 期,第 27—32 页)。

(续表)

	人数占比(%)	2013年		2014年	
		可支配收入(元)	累计人数占比(%)	可支配收入(元)	累计人数占比(%)
中等收入户	20	24 172.9	60	26 650.9	60
中等偏上户	20	32 613.8	80	35 631.2	80
高收入户	20	57 762.1	100	61 615.0	100

资料来源:《2015年中国统计年鉴》。

2013年和2014年城镇居民人均可支配收入累计分布(洛伦斯曲线)如图4-1所示。

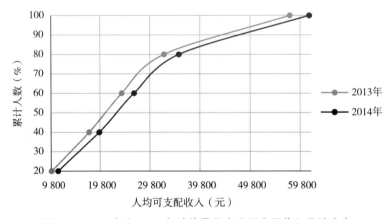

图4-1 2013年和2014年城镇居民人均可支配收入累计分布

从图4-1可见,一方面,2014年的曲线基本上是2013年的曲线平移的结果,各个收入组之间的曲线的斜率没有发生显著变化,说明城镇居民收入分配没有继续改善,但另一方面,图中最低收入平移的程度要低于最高收入的平移程度,这是由于低收入组的基数低、高收入组的基数高,即使低收入组的增长率高于高收入组,但如果增长率没有达到一定高度,那么增长的规模水平仍有可能在数量上低于高收入组。分组别看,较低收入组的斜率较大,组距较短,较高收入组的斜率较小,组距较长,说明收入越高、分布越广,表明中国城镇居民的收入分配正在趋向合理。如果要继续改善收入分配,就要进一步加大较低收入组之间的斜率,或者说进一步提高低收入人群收入增长的速度和增幅,减少较低收入组的人数。通过对图中面积的简单计算(以曲线上方的面积除以曲线下方的面积),可以算出中国城镇居民人均可支配收入的基尼系数大体在 0.35 左右,也就是说,中国城镇居民人均可支配收入的基尼系数,目前仍处在国际公认的一般警戒线水平(0.4)以下,虽然目前中国城镇居民收入差距仍需要进一步改善,但应对其差距程度做出符合实际的客观估计,总体上看,城镇居民收入分配差异仍处在正常区间之内。①

五、 推动供给侧结构性改革,扩大中等收入群体

1. 影响中国收入分配的重要因素是劳动者报酬

习近平同志指出,扩大中等收入群体是转方式调结构的必然要求。扩大中等收入群体,必须坚持有质量有效益的发展,保持宏观经济稳定,为人民群众生活改善打下更为雄厚的基础;必须弘扬勤劳致富精神,激励人们通过劳动创造美好生活;必须完善收入分配制度,坚持按劳分配为主体、多种分配方式并存的制度,把按劳分配和按要素分配结合起来,处理好政府、企业、居民三者的分配关系;必须强化人力资本,加大人力资本投入力度,着力把教育质量搞上去,建立现代职业教育体系;必须发挥好企业家的作用,帮助企业解决困难、化解困惑,保障多种要素投入获得回报;必须加强产权保护,健全现代产权制度,加强对国有资产所有权、经营权、企业法人财产权的保护,加强对非公有制经济产权保护,加强知识产权保护,增强人民群众财产安全感。② 习近平同志的上述论述,深刻阐明了收入分配与供给侧结构性改革的内在联系,阐明了扩大中等收入群体对于改善收入分配结构的意义,剖析了分配方式的改变和收入分配状况的改善与生产方式特别是与所有制即产权制度的深刻联系。

中国城市国有企业的改革,初期重要的举措便是改革收入分配关系,在职

---

① 这是按城乡居民一体化调查改革后新口径城镇居民可支配收入分组数据计算的当前城镇居民内部的基尼系数及洛伦斯曲线状况。新口径之前是城乡分别统计的且按不同口径,城镇居民为人均可支配收入,农村居民为人均纯收入。在传统统计口径中,如果仅计算城镇居民内部,其基尼系数也在 0.4 以下,如果仅计算农村居民内部,其基尼系数同样在 0.4 以下,但若把城镇居民和农村居民统一在一起计算,我国居民基尼系数则自 2002 年以来始终高于 0.4,说明基尼系数之所以超过警戒线,重要的原因在于城乡间差距较大,这里有制度政策原因,更有发展性原因,若按新口径计算,即按城乡居民一体化口径计算,2014 年我国总体基尼系数为 0.467。

② 《习近平明确供给侧改革路径 六个方向扩大中等收入群体》,《人民日报》,2016 年 5 月 17 日,第 1 版。

工个人收入分配上强调企业内部的按劳分配、按贡献和绩效分配,以达到激励并提高劳动生产率的目的,由此也在一定程度上加大了企业内部收入差距。但这种差距的扩大是有限的,一方面,这种差距总体上是基于劳动及劳动效率的差异,本身差距有限;另一方面,企业用于分配的劳动工资成本有限;同时,在劳动市场逐渐形成的过程中,企业的最低工资标准受市场和政府两方面限制,企业内部的收入差距与其盈利能力相联系,而且企业盈利能力又必然通过市场竞争实现。经过四十多年的改革发展,企业内部的职工收入差距已不再是中国收入分配差距扩大的主要原因,相比较而言,不同行业之间由于生产要素投入的结构不同和准入标准不同,在总生产成本中能够用于支付劳动成本或是在总收益中用于劳动报酬的规模也不同。中国作为正处在工业化加速和现代化结构转型的发展中国家,一方面,新兴产业迅速发展;另一方面,传统产业升级改造。这种深刻的结构演变,会促使行业之间收入增长不均衡,并由此导致行业之间劳动者报酬差距扩大。中国现阶段劳动者报酬是居民家庭的主要收入,因而劳动报酬上的差距扩大也就成为居民收入分配差距扩大的主要原因。但国有企业内部的劳动者之间劳动报酬差距有限,更重要的在于不同行业之间劳动报酬的差异。财产收入作为居民家庭尤其是高收入家庭收入中的另一个重要来源,也影响收入分配差距的变化,但现阶段这一部分收入在住户部门可支配收入的总体中所占比重较小,影响中国收入分配的主要因素还是劳动者报酬,这与公有制为主体基础上的按劳分配为主的分配制度直接相关(2013年劳动者报酬占居民可支配收入的比重为83.7%)。

2. 中国劳动者报酬的行业差距对居民收入分配的影响

2012—2013年中国各国民经济行业人均劳动报酬情况如表4-22所示。

表4-22 2012—2013年中国各国民经济行业人均劳动报酬情况

	2012年各行业劳动者报酬总额（亿元）	2013年各行业从业人员（万人）	2012—2013年人均劳动报酬估计值（元）
农、林、牧、渔业	52 996	24 171	21 926
采矿业	10 439	1 047	99 718
制造业	65 181	13 374	48 736

（续表）

	2012年各行业劳动者报酬总额（亿元）	2013年各行业从业人员（万人）	2012—2013年人均劳动报酬估计值（元）
电力热力及水生产和供应业	3 992	488	81 883
建筑业	22 462	5 412	41 507
运输仓储邮政、信息传输、计算机服务和软件业	14 699	3 349	43 897
批发零售贸易、住宿和餐饮业	21 179	9 243	22 915
房地产、租赁和商务服务业	9 405	2 319	40 558
金融业	11 024	514	214 516
其他服务业	52 757	8 169	64 580
合计	264 134	68 084	38 795

资料来源：2012年各行业劳动者报酬总额根据2012年投入产出表（参见《2015年中国统计年鉴》），2013年各行业从业人员数根据表4-9和表4-23中的数据整理，其中表4-9中的其他项8 892.8万人未包括在本表中，因此本表合计数中反映的全国人均劳动报酬可能略为偏高，如果把这一数值包括到全部劳动力中，则人均劳动报酬估计值的修正值为34 313元。

2013年第二产业和第三产业传统公有制企业从业人员情况如表4-23所示。

表4-23 2013年第二产业和第三产业传统公有制企业从业人员情况

行业	法人单位从业人员数（万人）	国有企业从业人员数（万人）	集体企业从业人员数（万人）	传统公有制企业从业人员数（万人）	有证照个体经营户从业人员数（万人）	全部从业人员数（万人）	传统公有制企业从业人员占全部从业人员的比重（%）
总计	34 399.8	5 665.6	681.6	6 347.2	8 999.5	43 399.3	14.6
采矿业	1 035.1	92.6	25.5	118.1	11.7	1 046.8	11.3
制造业	12 436.7	189.8	139.7	329.6	937.6	13 374.3	2.5
电力、热力、燃气及水生产和供应业	485.0	177.5	8.8	186.4	2.5	487.5	38.2
建筑业	5 320.7	247.4	181.9	429.4	90.8	5 411.5	7.9

(续表)

行业	法人单位从业人员数（万人）	国有企业从业人员数（万人）	集体企业从业人员数（万人）	传统公有制企业从业人员数（万人）	有证照个体经营户从业人员数（万人）	全部从业人员数（万人）	传统公有制企业从业人员占全部从业人员的比重（%）
批发和零售业	3 315.0	103.4	56.9	160.3	4 166.6	7 481.7	2.1
交通运输、仓储和邮政业	1 096.1	212.9	25.4	238.4	1 674.5	2 770.6	8.6
住宿和餐饮业	691.6	43.7	9.5	53.2	1 069.4	1 761.0	3.0
信息传输、软件和信息技术服务业	551.7	33.5	1.3	34.7	26.2	577.9	6.0
房地产业	889.0	39.7	18.2	57.9	14.3	903.3	6.4
租赁和商务服务业	1 328.9	155.7	58.8	214.5	86.6	1 415.6	15.2
科学研究和技术服务业	810.3	191.9	9.6	201.5	39.1	849.5	23.7
水利、环境和公共设施管理业	298.0	165.7	8.8	174.6	1.1	299.1	58.4
居民服务、修理和其他服务业	291.7	21.7	8.6	30.3	715.2	1 006.9	3.0
教育	1 913.8	1 389.9	46.2	1 436.1	31.7	1 945.5	73.8
卫生和社会工作	917.6	676.9	47.8	724.7	58.5	976.2	74.2
文化、体育和娱乐业	309.0	113.5	4.7	118.2	73.6	382.6	30.9
公共管理、社会保障和社会组织	2 709.4	1 809.6	29.6	1 839.3	0.0	2 709.4	67.9

资料来源：《2013年中国经济普查年鉴-2013》，金融业从业人员（513.9万人）缺乏按登记类型分组的数据，所以未包含在本表中。国有独资公司也是国有经济的重要组成部分，2013年的就业人员为811万人，也未列入本表的"传统公有制企业"中，如果把这两部分人都列入"公有制企业"就业人员数中，公有制企业就业人员占全部就业人员的比重将提升到17.2%。

从表4-22中可见，我国2012—2013年的全部从业人员（不是全体居民）人均劳动报酬在38 000元左右，低于这一平均水平的行业只有两个传统行业，一是农、林、牧、渔业，二是批发零售贸易、住宿和餐饮业，其他行业均高于这一平均水平。收入最高的三个行业分别为金融业、采矿业、电力热力及水生产和供应业,人均分别为214 516元、99 718元、81 883元。总体上看,在经济性质上,这些行业大多为国有经济占比较大的行业。其他行业的人均劳动报酬在4万—6.5万元。如表4-23所示,按国民经济行业的平均劳动报酬分组后形成的就业人员分布是非对称的,收入最高的三个行业(金融业、采矿业、电力热力及水生产和供应业)的平均劳动报酬虽然高,但在全部从业人员中所占就业比重很小,只有3%,所以他们对收入分配的格局在数量上的影响是有限的(当然在社会舆论上的影响并不小)。但收入最低的两个行业(农、林、牧、渔业和批发零售贸易、住宿餐饮业)的情况就不同了,其从业人员在全部从业人员中所占的比重非常大,根据《2014年中国统计年鉴》,2013年中国第一产业(即农林牧渔业)的就业人员为2.42亿人,而从表4-23中可以看到,批发零售贸易、住宿和餐饮业的从业人员总共达到0.92亿,这两大部门从业人员占全部就业人员的比重达到45%以上,因而对整个收入分配格局的影响非常大。而中等收入(4万—7万元)的五个部门(按由少到多的顺序为房地产、租赁和商务服务业,建筑业,运输仓储邮政、信息传输、计算机服务和软件业,制造业,其他服务业)就业在从业人员中所占比重,通过对表4-23中相关行业的分析汇总在50%左右,其平均劳动报酬和从业人数的分布基本上是正常的,表4-22中的其他服务业的平均报酬之所以较高(64 580元),主要原因在于它包括了"政府机构和事业单位"如政府及教育、科学、文化等事业单位,这部分人的收入在社会上属于中上水平,人数也较多。显然,中等收入组的分布是比较均衡的,如果要改善行业间的收入分配,一方面,要继续提升低收入行业的收入水平,同时相应地减少其就业人数,尤其是在提高农业劳动生产率和城镇化水平的基础上,降低农业从业者和农村居民人数,同时改造提升传统服务业。另一方面,要控制高收入行业的收入增长。一般而言,控制高收入行业收入相对容易,因为这些行业的高收入本来就与政府的政策干预作用直接相关,而低收入行业提高平均劳动报酬却需要经过相对长期的过程,尤其是农业,关键在于提高农业劳动生产率,在于解决城乡二元化发展矛盾。同时,仅仅靠农业发展是不够的,需要大力推动非农产业发展并带动相应就业,这就需要发展多类型经济,调动多方面积极性。从行业分析中可以看到,我国各行业之间平均劳动报酬的差别与经济类型是相关的,收入较高的四个行业(金融业、采矿业、电力热力及水生产和供应业、其他服务业),大都是传统国有制或者是国有经济所占比重较高的行业,而民营经济占比较高的行业劳动者报酬相对较低,个体经济占比较大的批发零售贸易、住宿和餐饮业,农、林、牧、渔业的人均劳动报酬则最低。但在批发零售贸易、住宿和餐饮业中的个体经济从业人员,除取得劳动报酬外,还有经营性收入即营业盈余,而农、林、牧、渔业从业人员的全部经营收入,在投入产出表中则都被归入劳动报酬。所以,从实际平均收入看,批发零售贸易、住宿和餐饮业和其他行业的差距并没有那么大,真正低收入的行业是农业。因而,要加大中等收入人群的数量和比重,一方面要增加农业劳动者的报酬,另一方面要继续推动农业劳动力向非农产业转移,在这一过程中主要是依靠多种非国有经济和非公经济的发展。因此,不同所有制类型的经济发展对于改善我国的收入分配起着极为重要的作用。

从2012—2013年按中国各国民经济行业人均劳动报酬情况来看,总的来说,中国当前收入分配差距较大,主要原因不在于少数人的高收入,而在于自20世纪90年代初期以来,中等收入行业的平均劳动报酬的增长长期高于低收入行业的增长,因而在中等收入和低收入行业之间拉开了差距,在统计上表现为双峰分布的峰值之间的差距不断拉大,方差与离散系数不断提升,导致包括城乡在内的全国居民收入的基尼系数提升。[1]

3. 形成收入行业差距的主要发展性原因

不同行业收入差距,就其发展性原因而言,主要是中国工业化、城镇化和现代化进程中城乡二元结构所形成的结果,由于我国各地区经济发展的不同,二元结构特征也不同,由此形成了收入差距。在中国现阶段发展中,一个地区城镇化水平越低,人均GDP水平相应也就越低,由这种生产水平决定的人均可支配收入水平也就越低,由城乡收入差距所造成的全体居民收入差距也就越大,基尼系数相应也就越高。从地区比较上看,收入分配上的差异程度与地区的经济发展水平和城镇化程度高度相关,经济发展水平越高,收入差距也就越小。

---

[1] 这里按照国民经济行业的人均劳动报酬列出的就业人员分布,由于资料来源于投入产出表,农业劳动者和非农业劳动者的报酬使用的是统一口径,与国民收入指标相衔接(属于GDP的组成部分),所以不存在城乡居民收入口径不一致的问题,即不同于以往的城镇居民可支配收入与农村居民纯收入的统计口径和内涵上的差异。

而经济发展水平越低的地区,其收入分配差距越大。改善收入分配的根本途径是提高国民经济发展水平,而我国各地区人均 GDP 水平与常住人口城镇化率之间,又存在高度的相关关系,相关系数高达 92% 以上(见表 4-24)。

表 4-24 2009—2013 年中国各地区人口城镇化率、人均 GDP 及相关系数

地区	人口城镇化率(%)					人均 GDP(元,按人均水平排序)				
	2009年	2010年	2011年	2012年	2013年	2009年	2010年	2011年	2012年	2013年
天津	78.0	79.6	80.5	81.6	82.0	62 574	72 994	85 213	93 173	99 607
北京	85.0	86.0	86.2	86.2	86.3	66 940	73 856	81 658	87 475	93 213
上海	88.6	89.3	89.3	89.3	89.6	69 164	76 074	82 560	85 373	90 092
江苏	55.6	60.6	61.9	63.0	64.1	44 253	52 840	62 290	68 347	74 607
浙江	57.9	61.6	62.3	63.2	64.0	43 842	51 711	59 249	63 374	68 462
内蒙古	53.4	55.5	56.6	57.7	58.7	39 735	47 347	57 974	63 886	67 498
辽宁	60.4	62.1	64.1	65.7	66.5	35 149	42 355	50 760	56 649	61 686
广东	63.4	66.2	66.5	67.4	67.8	39 436	44 736	50 807	54 095	58 540
福建	55.1	57.1	58.1	59.6	60.8	33 437	40 025	47 377	52 763	57 856
山东	48.3	49.7	51.0	52.4	53.8	35 894	41 106	47 335	51 768	56 323
吉林	53.3	53.3	53.4	53.7	54.2	26 595	31 599	38 460	43 415	47 191
重庆	51.6	53.0	55.0	57.0	58.3	22 920	27 596	34 500	38 914	42 795
陕西	43.5	45.8	47.3	50.0	51.3	21 947	27 133	33 464	38 564	42 692
湖北	46.0	49.7	51.8	53.5	54.5	22 677	27 906	34 197	38 572	42 613
宁夏	46.1	47.9	49.8	50.7	52.0	21 777	26 860	33 043	36 394	39 420
河北	43.7	44.5	45.6	46.8	48.1	24 581	28 668	33 969	36 584	38 716
黑龙江	55.5	55.7	56.5	56.9	57.4	22 447	27 076	32 819	35 711	37 509
新疆	39.9	43.0	43.5	44.0	44.5	19 942	25 034	30 087	33 796	37 181
湖南	43.2	43.3	45.1	46.7	48.0	20 428	24 719	29 880	33 480	36 763
青海	41.9	44.7	46.2	47.4	48.5	19 454	24 115	29 522	33 181	36 510
海南	49.1	49.8	50.5	51.6	52.7	19 254	23 831	28 898	32 377	35 317
山西	46.0	48.1	49.7	51.3	52.6	21 522	26 283	31 357	33 628	34 813

(续表)

地区	人口城镇化率(%)					人均GDP(元,按人均水平排序)				
	2009年	2010年	2011年	2012年	2013年	2009年	2010年	2011年	2012年	2013年
河南	37.7	38.5	40.6	42.4	43.8	20 597	24 446	28 661	31 499	34 174
四川	38.7	40.2	41.8	43.5	44.9	17 339	21 182	26 133	29 608	32 454
江西	43.2	44.1	45.7	47.5	48.9	17 335	21 253	26 150	28 800	31 771
安徽	42.1	43.0	44.8	46.5	47.9	16 408	20 888	25 659	28 792	31 684
广西	39.2	40.0	41.8	43.5	44.8	16 045	20 219	25 326	27 952	30 588
西藏	22.3	22.7	22.7	22.8	23.7	15 295	17 319	20 077	22 936	26 068
云南	34.0	34.7	36.8	39.3	40.5	13 539	15 752	19 265	22 195	25 083
甘肃	34.9	36.1	37.2	38.8	40.1	13 269	16 113	19 595	21 978	24 296
贵州	29.9	33.8	35.0	36.4	37.8	10 971	13 119	16 413	19 710	22 922
相关系数						0.93	0.94	0.94	0.93	0.92

资料来源:《2014年中国统计年鉴》。

一个地区常住城镇人口占总人口的比重越高,其人均GDP水平也越高,相应地其城乡一体化居民可支配收入水平也就越高,居民间收入差距相对也就越小。也就是说,中国地区间收入水平的差距和居民内部可支配收入水平的差距,在相当大的程度上是由城乡差异所导致的,而城乡差异的根本发展性原因在于农业与非农业发展结构上的差异。农业现代化水平滞后及由此形成的农业劳动生产率与非农产业劳动生产率的差距,成为城乡居民收入存在差距的根本原因。

改革开放以来,中国城镇化水平有了显著提高,无论是户籍人口还是常住人口,城镇化率都已进入加速期(30%—70%),但与发达国家普遍高达80%以上的城镇化率相比,仍然有很大差距。预计即使到2020年实现全面小康发展目标之后,中国的城镇化率也只能达到45%(户籍)及60%(常住),现在能达到80%以上的只有北京、上海、天津等直辖市,达到60%以上的只有经济相对发达的东部沿海江苏、浙江、辽宁、广东、福建等省,13个省和自治区的城镇化率(常住人口)甚至低于50%以下。由于农村居民的人均可支配收入明显低于城镇

(相差3倍左右),因此随着经济发展水平较低的地区的城镇化进程的推进,会有力地推动中国收入分配差距的缩小。

从产业结构高度上看,一个地区的高收入行业和中等收入行业的比重越大,其平均收入水平越高,同时收入分配的差距也越小(因为严重影响收入分配均衡的低收入行业尤其是农业劳动力所占的比重低);反之,一个地区农业从业人员比重越大,收入分配中双峰的现象越严重,收入分配差距及反映这种差距的基尼系数也就越大。也就是说,在中国现阶段,一个地区的产业结构高度越高,其收入分配差距也就越小;反之则越大。① 而从准入条件上看,准入条件越高,其产业或行业的劳动者报酬越高;反之则越低,因此,在高准入条件企业或单位聚集的地区或城市(尤其是北京)的收入分配差距就相应越小;反之也就越大。所以,一个地区的居民家庭平均收入是和这个地区由产业结构高度所决定的平均收入(主要是平均劳动报酬)相关的,一个地区平均收入水平越高,说明其产业结构高度也越高,它的收入分配差距也越小。而在中国城镇化和现代化过程中,发达地区具有较高的产业结构高度,主要表现为新兴产业和高端产业发展较快,而欠发达地区通常传统产业和低端产业较为密集,尤其是农业从业人员比重较高,显然地区间居民收入之间的差距,在相当大的程度上是由地区间发展上的产业结构高度的差异所导致的。就全国而言,要改善中国收入分配状况,重要的是加快工业化和城市化、信息化和农业现代化的进程,提高产业结构高度。

六、 收入差距扩大原因的进一步分析②

1. 人口流动对收入分配演变的影响

人口的大规模流动是中国经济发展过程中的重要特征之一。据中国国家统计局数据显示,中国流动人口从2000年的1.21亿已增至2014年的2.53亿,

---

① 产业结构高度表面上是不同产业的份额和比例关系的一种度量,本质上是劳动生产率的一种衡量(参见刘伟、张辉、黄泽华:《中国产业结构高度与工业化进程和地区差异的考察》,《经济学动态》,2008年第11期,第4—8页)。

② 刘伟、王灿、赵晓军、张辉:《中国收入分配差距:现状、原因和对策研究》,《中国人民大学学报》,2018年第5期,第25—43页。

2015年略微下降至2.47亿。就城乡间的人口流动而言,《2016年农民工监测调查报告》表明,2016年中国外出农民工1.69亿人,其中进城农民工1.36亿人。

从经济学理论的角度来看,如果生产要素市场是完备的,那么当劳动力在城市所获得的边际回报高于在农村所获得的边际回报时,劳动者将自动地从农村流入城市。由于生产要素的边际回报关于要素投入是递减的,城市的工资率会因为就业人数的增加而下降,农村居民的人均收入则会因为人口外流而提高。人口流动的这种趋势会一直持续下去,直到居民在城市部门和在农村部门获得的收入相等为止,此时城乡居民的收入分配应当绝对均等。

然而,这一结论的成立有两个前提:首先,劳动力必须是同质的。如果劳动力本身存在异质性,那么拥有更高人力资本的个体可以从事相对复杂的劳动以获得更高的收入,而低技能的个体只能从事对能力要求较低的农业生产,两者的收入差距会扩大。考虑到我国城镇和农村的基础设施、社会保障及教育医疗等方面的差异较大,拥有较高人力资本的农民会倾向于到生活环境更好的城市定居,因而扩大了城乡间的收入不平等,这一效应被称为劳动力的自选择性。其次,即使劳动力是同质的,工资趋同的现象也必须以劳动力市场的完备为条件。如果要素市场上存在摩擦,限制了劳动力的流动规模和所获得的收入,那么收入的趋同效应就会减弱,导致城乡收入长期不均等。中国的户籍制度正是阻碍农村劳动力流向城市的一大障碍,户籍制度不仅约束了城乡间劳动力的流动,无法根本地改变产出在城乡间的分配格局,而且引发了一系列对农村劳动力的歧视,引发了大量"同工不同酬"的现象,这些都阻碍了城乡收入差距的缩小。

由此可见,人口流动对城乡居民收入分配差距的影响是复杂的。尽管居民从农村向城市迁移的大趋势有助于缩小城乡收入不平等,但个体异质性和劳动力市场摩擦等扰动都会倾向于提高城乡间的收入分配差距。最终的结果取决于这两种效应的相对强弱。为了更准确、深入地剖析中国的人口流动对收入分配的影响,我们采取了反事实估计的方法,即通过回答"如果人口没有从城市流向农村,那么城乡居民的收入分配格局会如何变化"这一问题,考察这两种效应在中国是否存在。

考虑到从农村向城市迁移的人群包含两类,一类是落户在城市定居的,我们称之为"永久移民";另一类是定居农村,但在城市从事各种形式的劳动并赚取工资的,也就是我们通常所说的"农民工"。考虑到永久移民者的个人能力往往高于其他农民,他们移居城市的决策带有自选择效应,这部分人群不满足我们先前所提到的"个体同质性"假定。因此,在进行反事实估计时需要把流动人口分为"永久移民"和"农民工"两个群组进行考察。

通过对农村居民、农民工、永久移民的真实收入及农民工和永久移民群体的反事实收入进行核密度估计,一方面,我们发现,相较于真实收入,农民工和永久移民的反事实收入确实降低了,这意味着迁居城市或进城务工确实提高了部分农村居民的收入。另一方面,将农村居民的真实收入分布与农民工和永久移民的反事实收入分布进行对比,我们发现如果永久移民在农村而非城市工作,他们的收入会高于农民工的真实收入,这意味着永久移民群体确实存在自选择效应;但农民工的反事实收入分布与农村居民的真实收入分布几乎重合,这意味着农民工的收入确实因为进城务工而提高了。

综上所述,不论农民工还是永久移民,他们的收入都因为在城市工作而得以提升。由于永久移民在农村本就是收入较高的群体,他们离开农村定居城市有助于缩小农村内部的收入不平等,但会扩大城乡收入分配差距。从我国城乡收入差距的典型事实来看,2000—2008 年中国农村内部收入分配差距缩小,但城乡收入不平等程度扩大,这意味着在这一阶段,农民的自选择效应占据主导;而农民工群体依然属于农村居民,因而他们进城务工获得的高工资有助于缩小城乡收入差距。2008 年之后,随着进城务工的农民工规模的不断扩大,越来越多的农民获得了更高的收入,人口流动效应逐渐占据上风,城乡收入分配差距得以缩小。

2. 区域发展战略对地区收入分配差距的影响

中国不同地区的收入分配差距主要源于各省的经济发展水平不同,而各省的发展水平又与自改革开放以来中央和地方政府所推出的发展战略息息相关。在中央层面上,20 世纪 80—90 年代,中国打破了计划经济时代的区域平衡发展战略,将发展的重心转移向东部沿海地区,提出了东部地区优先发展战略。在一系列配套政策的支持下,以长三角和珠三角为核心的东部地区率先崛起,经济发展水平和居民收入远超其他区域。到了 20 世纪末,考虑到地区间经济发展不均衡的现象较为严重,中央政府的区域发展战略从局部地区优先发展转向了区域间均衡、协调发展。一方面,推动东部地区的产业结构转型,将一些工业企业转移到其他地区以支援当地建设;另一方面,分别针对中部、西部和东北部地区的发展阶段和特点制定适合各地区的特色发展战略。到了 21 世纪,中央先后确立了"西部大开发"战略、"中部崛起"战略和"振兴东北老工业基地"战略,遵循"效率优先、兼顾公平"的原则,促进中国各地区均衡发展。在地方层面上,一方面,由于长期以来地方的 GDP 都是政府官员政绩考核的核心指标,因此地方政府官员在招商引资时,有强烈的激励选择拉动 GDP 最明显的第二产业在本地区进行投资。另一方面,自从 1994 年分税制改革后,地方政府的财力和事权不匹配,也有动机选择对政府税收的边际报酬更高的工业企业优先发展[①],因此实质上来看各地区的地方政府所执行的都是优先发展第二产业的战略。近年来,东部地区结合自身的发展状况和产业结构,发展重心逐渐从制造业向服务业过渡,但中部、西部、东北部地区依然把制造业赶超作为发展战略的核心。

由于中国中央层面的发展战略往往是以四大经济区域的方式执行的,且各经济区内部的省级单位间的差异不大,因此本节中我们将经济区域作为单位,考察地方政府所执行的区域发展战略是否促进了本区域的发展。就区域内部而言,根据库兹涅茨的理论,如果地方政府执行的发展战略适应了本区域的产业结构、要素禀赋等特征,则有助于提高区域整体的经济增长速度及居民收入水平;并且随着要素在不同省份间的流动,同一区域的不同省份间的收入分配差距会呈现出先上升后下降的"倒 U 形"曲线。反之,如果地方政府不顾本区域的经济基础,执行了与本区域当前环境不符合的发展战略,则会导致要素配置的扭曲,阻碍产业结构的调整,进而降低区域的经济增速,扩大区域内部的贫富差距。就区域间的相对发展情况而言,如果四大区域都制定并执行了合适的发展战略,则它们的发展状况和人均收入将会有条件地趋同,这就意味着区域收入分配差距会不断缩小。然而,如果某些区域的发展战略与经济基础不匹配,将会抑制其人均收入的增长,造成区域收入分配差距的扩大。

进一步考察制造业产值密度对各地区人均收入的影响,我们发现东部地区

---

① 林毅夫、刘培林:《中国的经济发展战略与地区收入差距》,《经济研究》,2003 年第 3 期,第 19—25 页。

放弃发展制造业,由第二产业向第三产业转型的发展战略促进了地区生产总值的提高,且地区内部的人均收入已有了趋同的趋势。这与1998—2015年东部地区内部的基尼系数不断下降的特征事实相吻合。而制造业优先发展的战略同样促进了中部地区的经济增长,在一定程度上完成了"中部崛起"的国家战略,地区内部的收入分配差距也由最开始的发散转向收敛。然而,优先发展工业的战略阻碍了东北部地区和西部地区的经济发展,并使得两者的人均收入和东部、中部地区的差距逐渐拉大。对于地区内部而言,这两个地区的表征并不相同,东三省的人均收入表现出趋同的趋势,不过这种趋同是低水平上的趋同,其人均收入与东部地区的差距依然很大;而西部地区各省份间的人均收入则依然发散,地区内部的收入分配差距不断扩大。

总而言之,中国的区域发展战略让人喜忧参半。东部地区的产业结构大转型和中部地区的工业优先发展战略较好地匹配了本地区的产业结构特征,因而在提高本区域经济水平的同时,促进了区域内部各省收入分配差距的缩小。但东北部地区和西部地区的工业赶超战略并没有很好地契合本地区的产业结构,在一定程度上阻碍了本地区的发展,拉大了区域间和区域内的收入分配差距。

3. 税收制度对收入分配差距的影响

财政政策作为一种结构型政策,长期以来是各国政府调节经济结构最常使用的重要手段。收入分配作为一个结构性问题,自然也与财政政策息息相关。在财政政策的各项工具中,税收和转移支付最常被用于调节居民的收入分配差距。本节中,我们考察中国的税收制度对居民收入分配的影响。

按照税收负担可否转嫁,可以将税收分为直接税和间接税。其中直接税的征收对象是居民和企业,即中国的个人所得税和企业所得税。间接税是对销售商品和提供劳务征税,比如营业税、消费税和增值税等。值得一提的是,并非所有的税收工具都有利于缩小居民的贫富差距,只有当且仅当税率随着居民的收入增加而提高时(累进税),才可以做到对低收入者少征税、对高收入者多征税,缩小居民的收入分配差距。然而,如果税收工具具有累退的特征,即税率随着居民的收入降低而提高时,就会恶化收入分配结构。

通常而言,直接税的征税对象较为明确,税收负担很难转嫁,因而属于累进税。在中国的各种税收工具中,累进特征最明显的税种是个人所得税。个人所得税采用的分级超额累进税率随着收入的逐级增加而不断提高,对高收入群体征收更高的税,因而有助于缩小收入分配差距。对于中国企业所得税是否具有累进的特征,学界一直争论不休。尽管企业所得税的征税主体较为明确,但由于企业可以通过提高产品价格将税收负担转嫁给消费者,或是通过压低劳动力价格将负担转嫁给工人,因而企业本身承担的税负比例较小,其税收的累进性被削弱,因而对于调节收入分配的作用有限。间接税则具有较明显的累退性,这是因为其征收对象的主体不明确,税收负担往往都转嫁到了消费者身上。由于低收入者往往具有较高的边际消费倾向,因此其会面临较高的平均税率。因此间接税不仅无助于调节收入结构,反而会扩大居民的收入分配差距。

中国长期以来一直执行的是以间接税为主体的税制结构。2000年,增值税、消费税和营业税三项间接税的税收收入占税收总收入的57.86%。近年来尽管间接税收入占比逐年下降,但依然接近税收总收入的一半。而对居民收入分配调节功能最明显的个人所得税占比很低,2015年仅占6.9%,在美国这一比例为47%,日本为31.64%。因此,从整体的税收结构设计来看,中国以累退税为主的税收制度不利于调节居民的收入分配结构。

总而言之,我国整体的税收结构中具有累退特征的间接税占比较大,削弱了税收对于收入分配差距的调节功能。此外,具有明显累进性特征的个人所得税尽管在一定程度上优化了收入分配结构,但由于占比较低及税制设计不合理等问题,调节效应有限。当前,提高个税起征点的呼声越来越大,但历次税改的教训告诉我们,提高个税起征点会因为削弱收入分配的纵向公平效应而降低个税对收入分配的调节功能。相比而言,修改税率等级可以通过提高横向公平效应而优化收入分配结构,因此未来应当提升个人所得税在总税收收入中的比重,并进一步优化税率等级的设置。

4. 贸易自由化对收入分配的影响

自从改革开放以来,国际贸易一直是中国经济发展的重要环节。纵观改革

---

① 考虑两类人群——低收入者和高收入者,其边际消费倾向分别为C_1和C_2,$C_1>C_2$。假定消费税的边际税率为τ_c,则低收入家庭的平均税率为$\tau_1=(1+\tau_c)C_1$,高收入家庭的平均税率为$\tau_2=(1+\tau_c)C_2$,不难发现低收入家庭的平均税率高于高收入家庭,因此消费税具有累退税的特征。

开放以来四十多年的发展历程,中国国际贸易的发展可以分为两个阶段。第一个阶段是1978—2001年,在这期间中国执行的是保护主义的对外贸易战略,即鼓励出口,但以关税、非关税壁垒和进口配额等方式限制进口。第二个阶段是2001年至今,2001年12月中国加入WTO后,对外贸易发生了结构性的变化。中国取消了绝大多数进口贸易壁垒,真正实现了贸易进出口的自由化,并利用本国劳动力价格较低的比较优势,确立了"投资+出口导向型"的发展战略,保证了中国经济在此后六年间的高速增长,并一跃成为世界第一大出口国和第二大进口国。

一般来说,不同国家的比较优势使得国际贸易成为可能。发达国家的比较优势是资本,发展中国家是劳动力,因此发达国家向发展中国家输出资本密集型产品,进口劳动密集型产品,这会导致发达国家提高对资本的需求,降低对劳动力的需求,造成工人失业,扩大社会的贫富差距。发展中国家则相反,大量劳动密集型行业的兴起会提高对于劳动力的需求,提高劳动者的工资收入,进而缩小贫富差距。当考虑产品质量时,发展中国家的出口企业可能会提高工资以雇用高能力的劳动者来替代对于低技能劳动者的需求,从而扩大两者的收入差距(Verhoogen,2008);此外,Helpman et al.(2012)指出,出口企业往往给工人提供了更高的工资,这使得相同能力的人在对外贸易部门与对内部门的收入存在差距,而劳动力市场的黏性限制了工人在不同企业间的流动,从而导致收入差距长期存在。

中国作为世界第一大出口国,利用人口红利这一比较优势,向世界输送了大量劳动密集型产品,"中国制造"享誉世界。进入21世纪以来,国际贸易也确实成为中国经济增长的引擎之一,使得中国居民的人均收入水平大幅提高。然而,贸易自由化对于中国居民收入分配的影响还需要进一步研究。由先前的分析可知,中国真正开始积极参与国际贸易是在2001年加入WTO以后,因此"入世"可以看成是对国际贸易的结构性冲击,这就给我们以反事实分析的可能。如果中国没有加入WTO,那么国际贸易对居民收入分配的影响如何?借鉴Topalova(2010)的研究,我们采用双重差分(DID)的方法,将关税作为国际贸易的代理变量,用全国居民收入的基尼系数作为被解释变量进行分析。结果显示,贸易自由化引起的关税下降显著提升了居民的基尼系数。这意味着,在行业异质性和劳动力市场黏性等因素的作用下,贸易自由化在提升中国经济增速的同时,也扩大了中国居民的贫富差距。2008年之前,出口行业蓬勃发展,来自国际市场的源源不断的需求使得出口企业相对于其他企业提供更高的工资,因而产业内和产业间的收入分配差距上升。2008年之后,受到美国次贷危机及欧洲主权债务危机的冲击,西方世界普遍陷入衰退的泥潭,外部需求的急剧下降对中国出口行业形成严重的打击,因而由行业异质性造成的收入差距得以缩小,收入不平等的趋势开始逆转。

七、 调整中国居民收入分配结构的政策要求

由于中国的居民收入分配差距长期较大,已经对经济发展和社会稳定产生了一定的影响,改变收入不平等问题迫在眉睫。政府应当抓住中国经济正在进行结构转型的机遇,采取一系列措施,推动居民的收入分配结构趋向合理水平。从短期来看,中国应该以转移支付这一再分配工具作为调节收入差距的主要手段,同时采用结构性的货币政策刺激经济,以此遏制收入不平等扩张的趋势。在中长期内,既要通过要素市场改革,提高要素流动的自由度以缩小规模性收入分配,还要扎实推进供给侧改革以优化功能性收入分配结构。从长远的角度来看,收入不平等和财富不平等的双向反馈机制同样值得重视,需要使用财产税,并实行全国范围内的教育均等化,防止收入分配差距的代际传递。

1. 以转移支付为主要工具保证短期内收入分配差距不再扩大

财政转移支付是政府将一部分财政资金无偿地转移给同级、下级政府或者居民,包括政府的社会保障支出、财政补贴、中央补助拨款、税收优惠和税收返还等。它与居民的收入分配息息相关,既是收入二次分配的重要模式,也是财政非市场性再分配作用的集中表现。居民的收入分配差距是结构性问题,要从根源上进行改革是一项历时较为漫长的工作。而作为转移支付政策的外部时滞较短,在补贴低收入群体、缩小居民收入差距方面的作用立竿见影。因此,转移支付有助于缩小城乡、地区乃至行业间等多维度的收入分配差距,维护社会稳定,提高经济增长质量。中国当前正面临经济结构的转型,结构转型往往伴随"创造性破坏",新兴产业和传统产业的更迭会造成居民收入差距的进一步扩大。在此背景下,更有必要制定相应的转移支付政策,将居民的收入差距维持

在合理区间内,为经济转型创造良好的环境。

为了更好地设计转移支付政策,有必要先对中国目前所执行的转移支付政策在缩小收入分配差距方面所起到的作用进行评价。我们使用中央补助拨款作为转移支付的代理变量,考察了1998—2015年转移支付政策对城乡及地区收入分配差距的影响,发现转移支付政策缩小了城乡及城镇内部和农村内部的收入分配差距,但效果都不显著。从地区层面来看,转移支付的收入再分配效应在东部地区最弱,中部地区和东北部地区次之,西部地区最强,但整体的改善效果都比较小。这意味着当前的转移支付政策并没有能真正地对居民收入进行再分配。其主要原因在于:①转移支付政策的力度不够,对于低收入群体的补助不够。②转移支付政策执行不到位,没有真正落实到最需要帮助的家庭。由于政府和居民存在信息不对称,导致一些中高收入的家庭有激励伪装成低收入者以享受政府的转移支付,导致高收入者入住保障性住房、骗补等现象屡屡发生,转移支付的福利没有真正到最需要它的群体手中。③转移支付的形式较为单一,无法为低收入家庭提供长期稳定的保障。目前中国的转移支付主要是通过货币发放。虽然在短期内,一定的货币补助可以帮助贫困家庭解决燃眉之急,但从长期来看,这依然无助于他们走出贫困。此外,西方高福利国家的证据表明,即使提高货币补助如失业保障、最低工资等的金额,也只能让低收入者更安于现状,没有激励去提高自身的收入。转移支付的最终目的不应该是给低收入家庭提供源源不断的补助,而应该是鼓励和帮助他们提高自身的能力,以赚取更高的收入。

对于当前的中国而言,一方面,居民间分配不公平的现象已较为严重;另一方面,正值推进经济结构转型的关键期,产业内和产业间的结构调整会使得居民的收入差距存在进一步扩大的压力。考虑到转移支付具有实施对象明确、外部时滞较短、政策效果显著等优点,因此,政府应当把转移支付政策作为短期内调节居民收入分配最主要的工具。未来对于转移支付政策的设计应该侧重于如下几个方面:首先,提高居民收入统计的范围和精确性,按照收入水平和收入来源对不同的收入群体进行细分。其次,对不同的群体执行差异化的政策,加大对于最低收入部分人群的补助。再次,转移支付的补助方式应当多元化,在给低收入家庭提供货币补助的同时,还可以为其提供免费的教育培训,以提高其人力资本,进而提高收入水平;或者积极向失业家庭提供各类招聘信息,帮助减少摩擦性失业等。最后,提高转移支付政策执行的透明度,并完善监管体制,提高政策的执行效率。

2. 运用全面扩张的货币政策来"保增长"会为居民收入差距扩大埋下隐患

货币政策作为政府总需求管理的两大手段之一,在各国的经济发展中都发挥了重要的作用。根据《中华人民共和国中国人民银行法》的规定,稳定经济增长是中国货币政策的最终目标之一,而货币政策确实也为中国长期以来的高速经济增长贡献了一份力量。例如在1998年东南亚金融危机和2008年美国次贷危机时,受到来自国外的负向需求冲击的影响,以出口导向为主要增长引擎的中国经济面临增速下滑的风险。但是,中国政府利用货币政策和财政政策力挽狂澜,帮助中国经济一次次地化险为夷,使得中国在近40内年均GDP的增长率达到了9.8%,成就了人类经济史上当之无愧的增长奇迹。

首先,货币政策在刺激经济增长的同时,会对居民的收入分配结构产生影响。我们认为,货币政策对收入分配的影响效应主要有两种,一是影响就业者的收入结构,我们称之为内部效应;二是会影响居民收入的可得性,即外部效应。

从内部效应来看,货币政策影响居民收入分配的主要机制是对不同群体的工资性收入和财产性收入的非对称效应。当央行执行了宽松的货币政策后,经济中的价格水平会上升,如果工资可以灵活调整,那么名义工资的上升幅度应等于通货膨胀率,从而保证工人所获得的实际工资不变。然而现实中工资调整存在黏性,且对于不同的收入阶层而言,工资黏性的程度不同。由于高收入群体相对而言拥有更高的议价能力,因而有更高的概率调整自己的名义工资水平以避免实际工资下降。低收入群体由于议价能力较弱,其名义工资调整的幅度要小于高收入群体,导致两个群体间的工资性收入差距扩大。

其次,高收入家庭和低收入家庭的财产构成情况也有很大差异。低收入家庭的主要资产是银行存款,而高收入家庭拥有更多的股票、债券、房产等资产,财产构成的差异导致了财产性收入来源的差异。货币政策对于财产性收入的影响是通过利率的传导机制发生作用的,且对于不同类别财产的影响不同:对于股票、债券或房产而言,利率降低会使得资产价格升高,这意味着更多的财产性收入;但是对于银行存款而言,存款利率的降低会导致居民获得的存款收入减少。因此,扩张性的货币政策会造成居民财产性收入差距的扩大。

最后,低收入者和高收入者的收入构成情况也不相同。低收入者的主要收入来源是工资性收入,而高收入群体的总收入中财产性收入的比重较高。正如我们前面分析的,较高的工资黏性和较为单一的财产结构使得低收入家庭的名义工资上升有限。而高收入家庭可以更容易地调整其名义工资水平并通过购买高收益资产规避通货膨胀率的上升,因而其实际收入受到扩张性货币政策的影响较小。货币政策对于两类家庭的这种非对称冲击进一步扩大了收入分配差距,这就是货币政策对收入分配影响的内部效应。

但是上述分析的一个前提假定是,所有居民的收入可得性并没有受到货币政策的影响。但实际上,货币政策是会影响到可以获得收入的人群的。菲利普斯曲线[1]告诉我们,当通货膨胀率上升时,失业率是下降的。这意味着当政府执行宽松的货币政策时,将有更多的居民能够找到工作,进而获得工资性收入。在数据中,这表现为工资性收入中更少的零值,从而收入不平等程度会缩小。反之,如果政府执行紧缩的货币政策,失业率会上升,这会导致收入分配差距的扩大。我们把这一机制称为货币政策的外部效应。

由此可见,货币政策对收入分配的影响是复杂的。一方面,货币政策会通过改变通货膨胀率和名义利率对各个分项收入产生影响,并且最终的影响程度取决于居民的名义工资黏性、资产配置结构和收入构成状况。另一方面,就整体经济而言,扩张性的货币政策会提高通货膨胀率并降低失业率,使得可以获得工资性收入的群体更多,因而居民的收入分配差距会倾向于缩小。最终货币政策对收入分配差距的影响取决于这两种效应的相对大小。

我们先采用 Christiano et al.(1998)的递归假设方法识别出了外生的货币政策冲击,然后利用自回归分布滞后模型,将全国居民的总泰尔指数对货币政策冲击进行回归,并计算了货币政策冲击对于泰尔指数的脉冲响应函数。我们发现,正向的货币政策冲击会使得总泰尔指数发生跳跃性的上升。这意味着,对

---

[1] 菲利普斯曲线(Phillips Curve),由新西兰学者威廉·菲利普斯(William Phillips)提出,先是用于表示工资变动率与失业率之间的交替关系,后用于表示通货膨胀率与失业率之间的交替关系,被用作在通货膨胀和失业之间进行选择的决策工具。

于全体居民而言,中国的货币政策冲击的内部效应高于外部效应。此后,冲击呈波动递减,最终消失,这是因为货币政策毕竟是短期政策,不可能从根本上改变居民的收入分配结构。

为了进一步分析货币政策对于收入分配差距的传导机制,我们有必要考察货币政策的内部效应和外部效应分别有多大。由于中国国家统计局从2013年才开始公布各省居民的分项收入,因此我们无法直接讨论货币政策对工资性收入和财产性收入的影响。此外,由于缺乏与居民就业及工资相关的微观数据,因而也无法直接分析外部效应。退而求其次,我们利用货币政策对城镇和农村内部及城乡间的泰尔指数的影响近似替代。这是因为在中国,城镇居民的收入主要由工资性收入和财产性收入构成,农村居民的收入主要由工资性收入和经营性收入构成。这两类群体收入构成的差异为我们近似地检验货币政策的内部效应和外部效应提供了可能。基于此,我们分别用城镇内部居民收入的泰尔指数和农村内部居民收入的泰尔指数对货币政策冲击进行回归,并对它们进行脉冲响应分析。我们发现,扩张性的货币政策对于城镇居民和农村居民的泰尔指数的影响是非对称的。对于城镇居民而言,货币政策冲击的累计效应为正,这意味着货币政策扩大了城镇居民的收入分配差距。这主要是源于居民间的工资异质性和财产构成。城镇中的高收入家庭可以通过要求更高的工资和配置高收益型资产以规避通货膨胀,而低收入家庭由于议价能力差和投资渠道单一,名义收入的上升有限。因此,扩张性的货币政策扩大了城镇居民的收入分配差距。对于农村居民而言,虽然货币政策冲击在最初扩大了收入分配差距,但其后却使得泰尔指数出现了较大幅的下降。我们认为,这主要是外部渠道的贡献。当通货膨胀率上升时,由于低收入群体的工资黏性更大,其实际工资下降更多,因而用工需求的增加往往是针对这一群体的。正如我们前面所分析的,由于农民工的人力资本较低,从事的工作大多是低技能、低收入的,劳动力需求的提升使更多的农民工获得了工资性收入,从而缩小了农村内部的收入分配差距。货币政策对城乡间居民的泰尔指数有非常显著的正向影响,这主要是由城乡居民的收入构成导致的。由于城镇居民的财产性收入相对于农村居民较多,且其工资水平也高于农村居民,因此当通货膨胀率上升时,城镇居民可以更容易地提升自己的名义工资;而以工资性收入和经营性收入为主的农村居民缺乏有效的规避通货膨胀的手段。

上述分析给我们的启示是,扩张性的货币政策在带来我国经济繁荣的同时,也为居民收入分配差距的扩大埋下了隐患。在未来,政府应当避免走"以宽松促增长"的老路,谨慎使用"大水漫灌"式的货币政策;应该坚持以稳健为主的货币政策,在短期内使用定向降准、抵押补充贷款(pledged supplementay lending,PSL)等结构性货币政策支持特定部门,把货币政策作为辅助结构调整,而非拉动GDP增长率的政策工具。

3. 提高资源的流动性,改变规模性收入分配结构

如果生产要素的流动是自由的,那么它们会按照边际生产率相等的原则在各经济部门之间进行配置。假设经济中的某个部门因为技术进步等因素提高了边际生产率,使得生产要素在该部门内获得的收益要高于其他部门,那么该部门就会成为价值"洼地",该部门和其他部门就产生了收入差距。只要资源流动不受限制,以收益最大化为目标的要素所有者必然会把资本、劳动力等生产要素配置到这一部门。受到生产要素边际报酬递减的约束,随着资源不断从其他部门流向这一部门,该部门的要素边际回报率会逐渐下降,而其他部门的要素回报率则会因资源的流出而提高,最终,生产要素在各部门的回报率应相等。这里的"部门"可以是城镇与农村、不同的地区及不同的行业。如果生产要素在城乡间、地区间和行业间的流动不受限制,那么最终资本和劳动力的收益都应该相等,即不存在收入分配差距。从动态调整的情况来看,各部门的收入也应该表现出收敛的趋势。

当前中国仍然存在许多扭曲资源配置的因素。例如,户籍制度、学区房制度及社保制度等限制了劳动力在城乡和地区间的流动。尽管中国每年有大量的农民工选择从农村进入城市,或是从经济欠发达的地区到相对发达的地区工作,然而,户籍制度和社保制度不仅限制了他们在工作所在地长期定居的可能,而且由于这部分流动人口的工资弹性较低,容易引发企业的用工歧视,使得具有相同技能、从事相同工作的流动人口的工资低于常住居民的工资,限制了收入分配结构的调整。此外,学区房制度进一步导致流动人口的后代无法获得与常住人口的子女享受相同的教育资源的权利。考虑到中国教育资源分配严重不均,收入较高的地区往往也聚集了更加优质的教育资源,因而农村及低收入地区的孩子所接受的教育往往落后于城镇和高收入地区。从长期来看,较低的

人力资本意味着较低的收入,收入分配差距出现了代际传递的趋势,阶层的流动会变得愈发困难。因此,这些制度在限制人口流动的同时,也限制了居民乃至其子孙后代的收入分配差距缩小的可能。

在资本市场上,同样存在很多限制资本流动的制度。长期以来中国的存贷款利率并非由市场定价,而是由中国人民银行直接调控的。这是因为中国的国有企业并非以利润最大化为目的,且存在大量的政策性负担,从而导致其资金的使用效率较为低下。如果不给它们以政策补贴,而是任由其在市场上与民营企业竞争,那么国有企业将会因为其运营效率较低而无法生存下去,一旦国有企业破产,将会引发国有资产流失以及大量的劳动者失业,对国家财产安全和社会稳定形成严重的冲击。因此,一方面,长期以来商业银行给国有企业的贷款利率往往都是基准贷款利率的下限,而给民营企业的贷款利率却由市场决定,高出贷款基准利率很多。贷款利率双轨制这一现象导致了贷款资金价格的扭曲,使得资本在国有企业和民营企业间无法得到有效的配置。另一方面,商业银行对民营企业的信贷约束较为严重,民营企业尤其是中小型企业在缺乏固定资产作为抵押物的情况下,往往无法获得自身发展所需要的资金,而大量资本流入到了效率较低的国有企业,这种行为进一步限制了资本在不同行业间的流动,恶化了资本配置效率。此外,我国国有企业大多集中于第二产业,民营企业则主要分布在第三产业。如果民营企业长期被"融资难、融资贵"的问题所困扰,无法获得充足的资本,其发展必定会受到限制。长此以往,将严重阻碍中国的产业结构调整。不仅如此,由于央行同样限制了居民的存款利率上限,使得商业银行可以以较低的成本吸收大量存款以支援国有企业,因而居民从存款中所获得的利息收入也被进一步压低了。正如我们上一节中所分析的,由于中国的金融市场不够发达,收入较低的居民的财富形式是银行存款,使得存款利率管制进一步扩大了居民的财产性收入差距。

由此可见,资源错配不仅降低了中国经济的增长潜力,而且加大了居民收入分配差距。仅凭转移支付这种二次分配的政策并不能从根源上改变中国居民收入分配的格局,而是应该从根源出发,修正造成资源错配的各类市场扭曲。只要改革能够深入推进,那么扭曲资源配置的因素将越来越少,资源会遵循边际收益原则在各部门自由流动。长期来看,必然有利于缩小城乡间、地区间和行业间的收入分配差距。

4. 推行财产税和教育均等化，打破收入不平等和财富不平等的双向传导机制

居民的财富不平等与收入不平等息息相关，财富分布结构甚至比收入分配结构更为重要。这是因为收入是流量，可以相对容易地被调查、统计和调整；然而，财富是存量，不仅在统计上存在困难，而且由于存量的调整较为困难和缓慢，因此财富不平等一旦形成就很难改变。因此，居民的财富分布状况同样值得我们重视。可惜的是，国内外的现有研究大多集中于对收入不平等的讨论，对财富分布则没有给予足够的关注。

收入不平等和财富不平等间存在很强的反馈机制。假定最初所有居民的财富都为零，仅获得工资性收入，且由于个体间存在异质性，他们的人力资本不同，因而收入有高有低。通常而言，高收入者的边际储蓄倾向更高，而低收入者拥有较高的边际消费倾向，因而在本期末高收入家庭积累了更多的财富。假定家庭从每一单位中获取的财产性收入是相同的，那么在下一期，人力资本较高的家庭不仅获得了较高的工资性收入，而且财产性收入也更高，从而在本期末他们会积累更多的财富。如此往复，高收入的家庭积累的财富会越来越多，他们从财产中获得的收入也越来越高，收入不平等逐渐累积成财富不平等，而财富的不均等又进一步强化了收入的不平等。在这种滚雪球效应的作用下，居民的收入分配差距和财富分布差距都会越拉越大。注意到，在上面这个例子中我们假定家庭从每单位财富中获得的收入是均等的，实际上在现实中，由于风险偏好往往随着收入的提高而上升，高收入家庭有更大的激励去从事高风险、高收益的投资项目；且由于他们的人力资本较高，相比低收入家庭能更有效地配置自己的财产，因而其财富的平均收益率往往高于低收入家庭，这就意味着高收入家庭可以获得更高的财产性收入，进一步扩大整个社会的贫富差距。

这个例子告诉我们，财富不平等可能会引起收入不平等的代际传递。由于子女是父辈财产的第一法定继承人，高收入家庭的子女可以从父母那里获得大量的财富，使他们"赢在起跑线上"。此外，高收入的家庭往往更重视教育，也更有能力为其子女提供更为优质的教育条件，因而高收入家庭的子女通常拥有较高的人力资本。如此一来，子代的收入不平等现象会比父代的更为严重，形成"富者愈富，贫者恒贫"的现象，导致社会阶层流动性变差。一旦阶级固化，将对

经济发展和社会稳定构成强烈的威胁。

对于中国而言,目前财富不平等的现象愈发严重。根据我们的测算,中国目前居民财富不平等的程度高于收入不平等的程度,这说明"收入-财富"不平等的反馈机制已经出现苗头。因此,我们不仅应当重视收入不平等,还需要采取措施遏制财富不平等。一方面,尽快出台并推广财产税。在发达国家,遏制财富不平等的重要手段之一就是征收房产税、遗产税、赠予税等财产税,而在中国的税制结构中这一块尚处于空缺状态。与个人所得税类似,财产税具有明显的累进特征,有助于缩小居民的财富不平等。考虑到中国居民的财产分布不均主要体现在房产上,因此当务之急是尽快出台可以有效缩小财富分布差距的房产税,遏制住财富不均等的扩大趋势,并在未来设计符合中国国情的遗产税和赠予税等。另一方面,促进全国范围内的教育均等化。自古以来,教育就是不同阶级间最坚实的桥梁。只有让所有收入阶层的子女都有机会接受相同质量的教育,才能为低收入家庭的孩子积累更高的人力资本创造条件,让他们有机会通过自己的努力来提高收入,改变现有的收入分配结构。因此,中国应该双管齐下,采用征收财产税和推行教育均等化的方法避免收入分配与财富分配的反馈机制的形成,从而确保国家的长治久安。

八、主要结论

总之,随着中国经济的飞速发展,居民的收入分配差距也在不断扩大,对经济增长的效率和社会稳定构成了一定的威胁。本章旨在构建一个统一的框架,考察改革开放以来我国收入分配的演化历程、现状及影响因素,并给出调节收入分配结构的有益对策。

中国城乡间、地区间和行业间的收入分配差距长期呈现扩大的趋势。尽管2008年之后这一趋势有所缓解,但不论从哪个维度看,居民的收入不平等依旧处在较高的水平上,并没有明显缩小的趋势。进一步,我们考察了造成居民收入分配差距扩大的原因,发现人口流动、区域发展战略、税收制度和贸易自由化这四个因素在促进中国经济增长的同时,也推动了居民收入差距的不断扩大。

当前中国的经济发展战略正在从数量型增长转向质量型增长,经济结构的调整也成为主要任务之一。中国应当抓好这一机遇,改变收入分配格局。短期内,在采用结构性货币政策"保增长"的同时,设计并采用符合国情的转移支付制度对国民收入进行再分配,遏制收入不平等的扩大趋势。从中长期来看,应当积极推进要素市场改革,放松对资本和劳动力流通的限制,缩小规模性收入分配差距;同时,大力实行供给侧改革,调整产业结构,优化功能性收入分配格局。此外,还应当通过征收财产税的方法遏制财富不平等,并推行教育均等化制度维持后代的人力资本平等,以此防止收入分配差距和财富分配差距的相互传导。

具体地说,本章分析得出以下基本结论:

第一,伴随中国社会主义市场经济建设和改革,特别是中国特色的社会主义公有制为主、多种所有制经济共同发展的基本制度的形成和完善,推动分配领域中的国民收入初次分配格局发生了深刻变化。在以"按劳分配为主,多种分配形式并存"的新型分配制度下,参加国民收入初次分配格局的各个方面(统计上称为"机构部门",包括非金融企业部门、金融机构部门、政府部门和住户部门)把其在生产过程中的要素投入作为取得要素收入的重要报酬,劳动者取得劳动报酬;企业取得营业盈余和固定资产折旧;政府获得生产税净额及其他财产性收入;各种财产拥有者获得红利、利息、地租等财产收入;而利用他人财产进行生产活动则必须付出财产支出。这一分配的实现过程总体上是以市场机制为基础,但在多种要素以市场价格的方式获取要素收益分配时,尽管形式上都是市场收益,但在本质上各种公有制经济中的劳动者的劳动报酬不仅具有劳动力价格的市场运动形式,而且在本质上是公有制决定的"按劳分配"的不同实现形式,并不能简单地等同于劳动力商品价格;各种财产要素通过市场所获得的要素收益,其本质取决于财产所有制的性质。在市场经济条件下,公有制本身的资产运用于生产过程同样要通过市场以要素价格的方式获得收入。正是这种公有制为主体的基本制度,才能够从本质上决定"劳动报酬"的"按劳分配"性质,决定要素收入的"共享"可能,从而在根本上克服资本主义私有制下的资本利润集中并无限积累,而广大无产者绝对或相对贫困趋势难以遏制,从而在制度上形成经济危机和周期性失衡的动因。与社会主义市场经济中非公经济的存在及与之相适应的多种分配方式的存在,是社会主义市场经济发展历史阶段的客观要求,尽管也采取市场交易的方式,但在本质上其要素收益的分配性质与其所赖以存在的所有制性质是统一的,不断完善这种基本制度与分配制度的结构,不仅是深化供给侧结构性改革的重要命题,而且也是社会主义市场经济宏观上实现均衡、微观上保持竞争活力的特殊基础。在这一制度演变和构建过程中,中国国民收入的初次分配格局发生了重要变化。2004—2013年间财产收入和财产支出占GNI的比重由10%左右上升至18%左右。劳动者报酬在国民收入中的比重虽然变化不大,但在传统公有制下取得的劳动报酬占总劳动报酬的比重在减少,非公经济支付并主要通过市场定价的劳动报酬占全部劳动报酬比重已近85%以上。

第二,国民收入初次分配后,再经过经常转移支出(主要包括各个机构部门对政府支付的收入税和财产税,政府和其他机构部门之间的社会保障收支等),形成各机构部门的可支配收入,2004—2013年,中国非金融企业部门可支配收入占国民可支配收入的比重由20.9%下降到17.2%,金融机构部门的比重由0.9%上升到2.6%,政府部门的比重由20.9%下降到18.9%,住户部门的比重由57.8%上升到61.3%,即非金融企业部门和政府部门的比重是下降的,金融机构部门和住户部门的比重是上升的。

第三,从国民可支配收入的构成变化上看,住户部门的可支配收入的增长率并不低于非金融企业部门和政府部门,但在可支配收入的使用上却一直保持着高储蓄的趋势,住户部门的储蓄率(总储蓄占可支配收入的比重)由2004年的31.6%上升为2013年的38.5%,其中有50%左右用于住户部门本身的投资,如个体经营者的投资和居民家庭购买住宅等,另外50%则成为净金融投资,通过银行等金融机构转移成非金融企业部门的投资,而非金融企业部门则相反,其可支配收入的增长率相对较低,但其资本形成都增长得较快,2013年非金融企业部门的可支配收入总额为10万亿元,但资本形成总额却达到17.3万亿元,其中7.3万亿元(42%)来自其他部门(主要是住户部门的储蓄)的融资,由此产生大量的利息支出,企业生产活动对金融机构的依赖增加了金融机构的收入,但也增大了企业生产成本中的融资费用,加大了国民经济的风险,供给侧结构性改革要切实推进降成本、去杠杆。企业竞争力水平的提高,改善国民收入宏观分配结构十分重要。

第四,从居民内部的收入分配结构看,近些年来,中国城乡居民收入分配差距经过了一个逐步扩大,又重新开始逐渐缩小的过程,基尼系数在2008年前后达到最高点后开始下降,若分别从城乡居民内部收入差异看,城乡居民内部相互之间的基尼系数仍在通常所说的警戒线水平以下城镇居民本身在0.4以下（2013—2014年在0.35左右），农村居民内部的基尼系数也在警戒线水平（0.4）以下，但城乡合并计算的基尼系数仍然偏高，并且长期高于警戒线水平。进入21世纪以来多数年份在0.45以上（2013—2014年为0.47左右，2015年略有降低，但仍有0.46）。这种状况一方面表明城乡差距，即农业与非农业劳动生产率和发展水平的差距是中国城乡居民收入差距扩大的重要的发展性原因，另一方面表明长期居高不下的收入分配差异会从供给侧结构上严重影响国民经济投资及资本形成结构，并严重影响需求结构，甚至成为内需不足的重要动因。

第五，劳动者报酬在中国居民可支配收入中占绝大比重（80%以上），这与中国按劳分配为主体同时结合按要素贡献的分配方式有关，通过对按国民经济行业分类的从业人员的人均劳动报酬的分析可见，近些年来中国城乡居民及城镇居民内部收入差距扩大的主要影响因素是行业因素，首先是农业和非农业就业人员之间平均劳动报酬存在很大差异；其次是在非农业内部，传统行业与新兴行业之间存在较大差异；再次是从所有制看，国有经济部门与非公经济部门及相应的垄断性行业和一般竞争行业存在较大差异；最后，产业结构高度与地区的劳动者报酬水平存在明显联系。因此，提高产业结构高度，对于缩小城乡间和地区间劳动报酬差距有重要意义。

第六，要深化国有企业改革，使之更加适应社会主义市场经济机制的要求、更具竞争性，在发展过程中，逐渐缩小国有经济与社会总体收入水平的差距，在降低高收入人群和低收入人群比重的基础上，提高中等收入人群的比重。通过从供给侧入手展开深入的国民收入分配机制改革，并推动分配结构逐步完善，引导需求的有效适度扩张，深化国民经济产业结构升级，提升企业竞争力。

党的十九大明确提出中国特色社会主义进入新时代，经济发展进入新阶段，中国社会主要矛盾已经转化为人民日益增长的美好生活需要与不平衡不充分的发展之间的矛盾。不断完善分配关系是这一新的历史方位的必然要求，分配的不平等问题本身在很大程度上就是由于发展的不平衡不充分造成的。解决收入分配的不平等问题，根本上就是要解决发展的不平衡不充分问题。

在决胜全面建成小康社会，开启全面建设社会主义现代化国家新征程上，不断扩大中等收入群体，不断改善行业间、地区间、不同的收入群体间的居民收入分配差距，是迈向全体人民共同富裕的必经之路。

第一,必须坚持和完善以公有制为主体、多种所有制经济共同发展的生产资料所有制,坚持以按劳分配为主、多种分配方式并存的分配制度,坚持社会主义市场经济机制等中国特色社会主义基本经济制度。必须毫不动摇巩固和发展公有制经济,坚持公有制主体地位,发挥国有经济主导作用,不断增强国有经济的活力、控制力、影响力。这是按劳分配为主体的制度保证。必须毫不动摇鼓励、支持、引导非公有制经济发展,激发非公有制经济的活力和创造力。这是让全体人民共享发展机会的必然要求。

第二,深化供给侧结构性改革。根据马克思主义政治经济学的基本原理,生产环节(供给侧)对分配、交换、消费具有决定性作用,是社会再生产顺利进行的基础。各种生产要素在生产过程中的投入所产生的收入分配结构和分配关系,又影响着社会的需求总量和需求结构。从保证社会再生产和经济增长水平的角度看,只强调需求拉动,而不注重供给侧和分配领域的根本改革,经济增长必然会出现总量与结构的失衡。以供给侧结构性改革为主线,推动经济发展质量变革、效率变革、动力变革,一方面是解决我国发展不平衡不充分的结构性矛盾,另一方面也是通过改变要素的投入结构、提升要素的生产效率,进而改善要素的收入分配结构,使之成为有效连接供给侧和需求侧的纽带与桥梁。

第三,坚持走中国特色新型工业化、信息化、城镇化和农业现代化道路,加快建设实体经济、科技创新、现代金融、人力资源协同发展的产业体系,实施创新驱动战略、乡村振兴战略和区域协调发展战略,不断改善行业、地区、城乡、实体经济与虚拟经济等部门之间的分配关系。从中国目前的居民收入分配格局看,导致中国基尼系数较高的重要原因是农业和非农行业劳动者报酬之间存在显著差异,改变这种现象的根本途径要通过中国的工业化、城镇化和现代化进程来改变就业结构,降低农业劳动力在全部劳动力中的比重。此外,在现阶段尤其应该重视提高非金融企业部门可支配收入的比重、减少金融杠杆和降低居民部门的储蓄率,降低经济增长中的系统性风险。

第四,加快完善社会主义市场经济体制,完善产权制度和要素市场化配置。社会主义市场经济体制直接关系到国民收入的初次分配,不论是从按要素分配的角度,还是实现公有制经济从商品等价交换关系向按劳分配关系转化的角度,产权有效激励、要素自由流动、企业优胜劣汰的市场竞争机制作用都是十分必要的。要坚持和发展现代产权制度,承认各种生产要素在生产活动中的积极作用及合理回报。社会主义市场经济体制应该为竞争性的国有企业、非公有制经济创造更加公平的发展条件、更加有序的市场环境,尤其是在行业准入、金融服务等方面,要消除对民营经济和个体经济的政策性歧视,为它们提供更大的发展空间。

第五,不断提高保障和改善民生水平,使全体人民共享发展成果。要扩大中等收入群体,就要减少低收入人群和高收入人群所占的比重,这主要是通过社会再分配机制和政府的再分配政策来实现的。对于低收入人群,国家一方面要保持甚至加大对于困难群体的经常转移支出,另一方面要重视提高低收入的农村劳动力的收入,包括支持农业发展提高农业劳动力的收入、继续对外转移农业劳动力、对贫困地区和贫困家庭实施精准扶贫和精准脱贫。政府在提供社会基本公共品方面要发挥主导作用,进一步完善教育、医疗等公共服务体系,并按照兜底线、织密网、建机制的要求,全面建成覆盖全民、城乡统筹、权责清晰、保障适度、可持续的多层次社会保障体系。

第五章

新时代中国特色社会主义政治经济学的经济增长和宏观调控问题：需求管理与供给侧结构性改革

一、宏观经济分析与 GDP 核算

1. 宏观经济分析的提出和经济总量的核算

经济增长的基本含义是国民经济的总量扩张，总量扩张的直接体现便是 GDP 的增长，宏观经济分析首先必须明确 GDP 的含义及运动状态。经济学自产生起，先是以资源配置为研究内容，而资源配置问题又是首先作为微观现象存在的，涉及的是市场中的生产者行为和消费者行为，总量问题并不在研究范围内。从理论上来说，形成这种经济学的态度是基于古典经济学的经济自由主义传统，在古典经济学看来，充分竞争的市场机制犹如"看不见的手"，能够促使分散自发的竞争自动趋于总体协调均衡，不需要国家干预，相应地不需要从理论上开展总量研究。从实践上来说，自由竞争时代的资本主义的确未发生周期性的严重总量失衡的经济危机，历史上第一次经济危机发生在 1825 年的英国，因而在相当长的历史时期里，政府只是扮演"守夜人"的角色，并不直接干预市场经济运行，相应地也就不存在系统性的政府宏观经济政策。尽管有些经济学家对这种经济自由主义的理论和实践传统提出过怀疑，但直到 20 世纪 30 年代经济大危机发生和凯恩斯《就业、利息和货币通论》发表之前，古典经济学的经济自由主义始终占据主导地位,经济学中并无总量分析,也无相应的宏观经济政策研究。

英国经济学家凯恩斯1936年发表了著名的《就业、利息和货币通论》,对古典经济学(包括新古典经济学)的自由主义传统提出了挑战,即所谓"凯恩斯革命"。"凯恩斯革命"基于1929—1933年资本主义经济大危机的历史事实,大危机的发生表明市场机制作为"看不见的手"难以自动实现总体上的供求均衡,有效需求不足成为常态,因而需要政府对总需求进行宏观管理,相应地也就需要考察宏观经济总量问题。凯恩斯在经济学方法上提出不能局限于微观研究而必须展开宏观分析;在经济学理论上提出"看不见的手"难以实现均衡,总需求不足是常态;在经济政策上提出政府不能仅仅作为"守夜人"维持秩序,而必须系统地运用宏观政策,包括财政政策和货币政策,特别是财政政策刺激总需求,推动总量均衡实现有效增长。"凯恩斯革命"标志着在西方资产阶级经济思想史上宏观经济学和宏观经济政策分析的系统提出。

对国民经济总量进行考察,或者说宏观经济分析,就是对国民收入(总产出)进行分析,所谓国民收入是指一国在一年时间里按最终产品价值计算的总产值。国民收入(总产出)可以从需求和供给两方面加以考察,从总供给角度看,国民收入是指一国经济在一年时间内生产部门提供的可用于最终消费和投资使用的产品及劳务总和;从需求角度看,国民收入是指一国经济在一年时间内市场购买者对产品和劳务的购买支出总和。总量均衡即指总供给等于总需求,总供给等于总需求条件下形成的国民收入,即为均衡国民收入。均衡国民收入水平规定经济增长的实际水平。如果总供给既定(通常认为总供给在短期里难以有显著改变),那么决定均衡国民收入水平即决定实际经济增长的是总需求。如果总需求小于总供给,则经济增长不足,产生失业;如果总需求大于总供给,则存在通货膨胀。如果总供给发生了变化,尽管总供给的显著变化是长期里发生的,但会影响与总需求之间的均衡关系,如果这种变化导致总供给大于总需求,则同样会产生经济增长不足;如果这种变化导致总供给小于总需求,则同样表现出通货膨胀。从总需求方面进行政府政策干预和管理即通常所说的需求管理,从总供给方面进行政府政策干预和管理即通常所说的供给管理。凯恩斯强调的是需求管理,"供给学派"强调的是供给管理。无论是需求管理还是供给管理,目标都是通过宏观经济政策的干预,实现充分就业、稳定物价、适度经济增长和国际收支均衡等宏观经济目标。政府运用的宏观经济政策主要是财政政策和货币政策,财政政策主要包括财政支出政策和财政收入政策,货币政策工具主要包括数量工具和价格工具。根据总量失衡的状况,财政政策和货币政策可以采取"双紧"(在通货膨胀压力上升的条件下),也可以采取"双松"(在经济衰退压力上升的条件下),还可以采取"松紧搭配"(在"滞涨"的条件下)。①

对国民收入进行总量分析必须对这一总量有所计量,对于国民经济总量进行计量进而进行实证分析是进入20世纪之后的事情。从20世纪20年代库兹涅茨对国民收入的计量及经济总量的研究(为此获1971年诺贝尔经济学奖),到40年代理查德·斯通主持的国民经济账户体系研究(为此获1984年诺贝尔经济学奖),传统的国民收入统计发展成为国民经济核算体系,GDP是这一核算体系的核心指标。围绕这一核心指标,传统的国民收入核算与投入产出分析、资金流量分析、国际收支平衡分析、资产负债分析等组合成一个完整的账户体系,在这一基础上发展成为著名的国民经济账户体系(the system of national accounts, SNA),成为当代进行经济统计和计量研究的国际标准,宏观经济学和经济增长理论也因此获得了进一步发展。20世纪80年代之前,包括中国在内的传统计划经济国家建立起独特的国民经济统计体系,即物质产品平衡表体系,主要区别在于这个体系中只包括工农业物质资料生产,不包括服务部门。20世纪80年代之后,伴随计划经济向市场经济的转轨,中国国民经济统计和核算体系也逐渐转换到SNA上来。中国于1985年在山西省试点,1987年开始全面进行GDP核算。②

2. 宏观经济政策和目标

宏观经济政策总的目标就是运用政府政策特别是宏观经济政策,对国民经济运行中的失衡特别是市场失灵导致的失衡进行调整,使之趋向于均衡,包括总量均衡和结构均衡。首先是总量均衡,根本是结构均衡,进而能够实现较为

---

① 刘伟主编:《经济学教程:中国经济分析》(第二版)。北京:北京大学出版社2005年版,第十七章。
② 同上。

稳定的宏观经济政策目标,包括充分就业、稳定物价、适度经济增长、国际收支均衡等目标。

宏观经济政策工具主要是财政政策和货币政策,财政政策包括财政收入政策和财政支出政策。财政政策的运用形式主要包括:内在稳定器作用的财政政策(自动稳定经济行为和预期政策),相机抉择的财政政策(补偿性财政政策),赤字财政政策(长期存在赤字的扩张性政策)。无论是财政收入政策还是财政支出政策,都既有总需求效应,又有总供给效应,不同的是其总需求效应能在较短的时期里显现,而其总供给效应则要相对较长时期才能显现。

货币政策工具包括货币数量工具和货币价格工具,货币数量工具即指货币供应量的调节,货币价格工具即指利率的调节。在一般成熟的市场经济国家,利率是市场化的,同时利率又往往被作为货币政策控制的唯一中间指标,即通过货币政策影响货币供给量,进而影响货币市场供求关系的变化,以影响市场利率的变化,使市场实际利率与政府货币政策的目标利率相互接近,达到货币政策的中间目标——利率的控制。在这里,利率是货币政策的目标(中间)而不是政府可以直接操纵的工具,利率本身是市场决定的,政府间接地通过调整货币供给量影响货币供求关系,达到影响利率的政策目标。一般而言,在成熟市场经济国家,货币政策工具的运用形式主要有三种:一是公开市场操作(央行在金融市场上买卖政府债券以影响货币供求关系),二是再贴现政策(央行通过调节贴现率来影响货币供求关系),三是法定准备金率政策(央行通过调整法定准备金率来影响货币供求关系)。货币政策同样具有总需求效应和总供给效应,不同点同样是政策效应显现的时期有差异。

需要特别说明的是,①宏观经济政策是政府作为政策主体制定并实施的经济政策,但政府对国民经济的政策干预并非仅限于宏观经济干预,相应地并非仅限于首先主要针对总量产生效应的财政政策和货币政策,还包括其他结构性的干预政策和微观性质的干预政策,比如产业结构、技术创新、区域经济布局、城乡经济关系等一系列结构性政策,又比如举办并调整国有企业区域分布、市场产业组织、价格干预等微观行为的政策介入。这些结构性和微观性的政策介入,对于市场经济发育尚不成熟,或者说正处于经济体制转轨进程中的国民经济而言,更有其客观必要性。②宏观经济目标是多重的,同时宏观经济失衡的类型也是多样的,这就要求宏观经济政策的选择和运用具有多样性与灵活性,包括各种宏观经济政策的同方向性,或是同方向的扩张,或是同方向的紧缩;包括政策性的反方向的组合,比如财政政策与货币政策的反方向组合(松紧搭配);同时,无论是扩张性还是紧缩性,抑或是"松紧搭配"的政策选择,都需视经济失衡的程度而确定合适的力度,以更为有效地推动多重宏观经济目标的均衡实现;此外,由于财政政策和货币政策均有需求效应与供给效应,虽然一般说来需求效应显现相对较快,供给效应显现相对较慢,但需求管理和供给管理作为宏观经济调控的两种方式或两个方向,是有内在联系的,需求管理在具有较显著的短期政策性的同时,也具有长期累积性效应;供给管理在具有较显著的长期政策效应的同时,也具有短期性效应。在总量失衡和结构失衡相互交织,对需求管理和供给管理均提出深刻要求的条件下,一方面,在需求管理和供给管理之间需明确重点所在;另一方面,还需协调政策的短期性和长期性。③不同国民经济发展和运行的经济制度及体制的不同,客观上规定了宏观调控体系和方式的不同,西方资产阶级宏观经济学传统的宏观调控体系即"IS-LM 模型"是指在存在市场失灵的条件下,经济无法通过市场价格的调整恢复到瓦尔拉斯均衡状态,因而需要政府通过需求管理政策推动经济趋于均衡。但经济失衡的复杂性,特别是自 20 世纪 60 年代以来开始出现的"滞涨",本身表明单纯的需求管理有局限,需要引入供给管理。同时,只要存在价格刚性(特别是在市场机制欠成熟的发展中国家和转轨经济国家中),即使是当代发达市场经济体,在宏观调控体系中除需求管理和供给管理外,还需要价格管理政策。价格管理政策的目的不是更多地直接定价,而是消除价格刚性,推动市场机制功能的恢复和健全。对于市场机制尚不成熟的发展经济体而言,市场失灵不仅表现在价格刚性的存在上,而且表现在多方面,特别是表现在竞争的公平性和自由度上的市场失灵严重,这在宏观调控体系上就不仅要有针对价格刚性的干预纠正政策,还要有一系列针对其他市场失灵的政策,包括构建较完善的市场竞争体系,培育能够真正接受市场竞争规则硬约束的市场竞争主体(企业制度),维护能够贯彻公平竞争原则的市场竞争秩序(价格制度),建立和健全市场经济的法治秩序与法律制度,弘扬市场经济的道德秩序,树立和完善市场经济信用体系等,总之需要不断深化市场化的改革,否则无论是需求管理还是供给管理都难以切实有效。对于中国现阶段的宏观调控体系而言,需求管理、供给管理、深化市场化改革三个方面缺一不可。①

进入经济新常态的中国经济失衡出现了一系列新特点,不仅需要宏观调控上的总需求调控,而且特别需要采用总供给管理;不仅需要缓解经济总量失衡,而且特别需要克服结构性失衡;不仅需要政策性经济调控,而且特别需要深化经济改革;不仅需要稳定经济增长等短期宏观经济目标,而且特别需要经济长期可持续发展。

二、供给管理与需求管理

1. 供给管理与需求管理的提出背景及局限

供给和需求是国民经济的两端,简单地说即生产及产出和社会需要。因而,供给可区分为产能和产品,需求可区分为相对有效需求和绝对实际需求。②在不同条件下,供给和需求会采取不同的社会形式,两者之间的内在联系也会采取不同的机制得以实现。经济学自产生之日起就离不开对国民经济这两端的研究,但不同社会历史条件下,对这两端的理论分析和政策实施所强调的重点不同,所体现的经济哲学观和历史价值观也不同。

英国古典政治经济学之前的重商主义或重农主义学说,对财富的性质和生产认识虽有局限,但本质上是关于财富来源的讨论,属于供给研究。古典政治经济学本质上更是侧重于供给分析的经济学说,强调分析国民生产,强调价值来源的探讨,强调劳动和产业的生产性质研究,典型代表即斯密的《国富论》。古典经济学既是对资本主义制度确立、对自由竞争时期的资本主义市场经济的政治经济理论的回应,也是对大机器工业替代工场手工业的产业革命的回应。因而,一方面,从供给的角度集中并系统地讨论经济增长的动力、源泉、效率;另一方面,从生产者的角度特别强调私有制的清晰和市场竞争的充分自由(实际上这两方面也构成了后来西方经济学中所谓"供给学派"的核心思想传统),包括后来的古典经济学家李嘉图等,其理论和政策主张都是以突出供给方面的分

---

① 刘伟、苏剑:《中国特色宏观调控体系与宏观调控政策——2018年中国宏观经济展望》,《经济学动态》,2018年第3期,第4—12页。

② 《马克思恩格斯选集》(第2卷)。北京:人民出版社2012年版,第480—485页。

析为特征的。对此,马克思甚至指出,这些古典经济学家"只注重供给而不管需求"①。古典经济学瓦解之后直到马歇尔的经济学整合,都坚持以供给分析为重点。其中以19世纪中叶的法国经济学家萨伊最为典型,他所强调的"供给创造需求"②等思想被后人概括为"萨伊定律"。其实,古典经济学之后直到凯恩斯之前的西方正统经济学(马克思称之为"庸俗经济学")均强调供给分析,特别是强调在供给与需求的相互关系上,供给起决定性作用,并且可以创造需求,进而与需求自动平衡。这种观点在本质上,不仅是在生产能力仍不够发达的条件下,对资本主义以大机器工业为基础的社会化大生产的强调,而且更重要的是作为资产阶级的政治经济学,对资本主义制度优越性和公正性的强调。自1825年资本主义经济首次出现经济危机之后,古典经济学的"看不见的手"的自动协调和均衡学说受到冲击,"资本主义市场经济的自由竞争能否形成总体和谐,进而资本主义制度是否有效"成为必须回答的问题。萨伊等学者与所谓"供给可以自动创造需求"的观点,包括19世纪末20世纪初的马歇尔的《经济学原理》中对多种学说的综合,都是在集中论证资本主义市场经济可以形成供求均衡,而之所以出现供求之间的矛盾,是因为资本主义市场竞争不够自由和充分,而不是资本主义市场经济本身内在的矛盾所致。③ 直到凯恩斯主义产生,才开始打破西方经济学的这种强调供给分析而忽视需求分析的传统,系统地否定了萨伊定律,并特别指出,供给与需求的均衡是偶然的,甚至只是理论上的假设,在现实中是难以成立的,实际经济中的常态是有效需求不足下的失业和生产过剩的危机。④

就西方经济思想史演变而言,这种争论背后存在经济哲学观上的分歧。从英国古典经济学开始确立经济自由主义的正统地位,到19世纪中叶德国历史学派和稍后的美国制度经济学对经济自由主义的质疑,再到20世纪初马歇尔

---

① 《马克思恩格斯选集》(第2卷)。北京:人民出版社2012年版,第716页。
② 〔法〕萨伊:《政治经济学概论》。北京:商务印书馆1963年版,第142—145页。
③ 庸俗经济学家中,马尔萨斯曾特别强调对需求的重视,但一方面,马尔萨斯的理论并不是主流,另一方面也不完全反映资本利益,而是带有为地主阶级辩护的色彩。此外,对于需求与供给失衡原因的分析也缺乏根据。参见陈岱孙等:《政治经济学史》。长春:吉林人民出版社1981年版。
④ 〔英〕凯恩斯:《就业、利息和货币通论》(中译本)。北京:商务印书馆1999年版。

新古典经济学对经济自由主义的重新阐释,又到20世纪30年代大危机后凯恩斯主义的市场失灵和政府干预理论的系统提出,直到20世纪后半期学术界对凯恩斯主义的批评及经济自由主义的重振,以及以此为基础的货币主义、合理预期学派、新古典综合派、新制度经济学派、后凯恩斯学派等学说的兴起和活跃,都从不同角度以不同的方式体现着这一分歧。就强调供给分析和需求分析的分歧而言,自古典经济学强调供给分析开始,直到20世纪80年代西方经济学和政策实践中出现的"供给革命",在经济哲学观上的共同点在于强调经济自由主义,强调市场竞争的自发自由性质,强调完善和维护市场充分竞争的公平秩序(这一点是我们在讨论新常态下供给侧结构性改革必须注意的)。自"凯恩斯革命"之后对总需求分析的强调,在经济哲学观上与古典传统重要的不同,在于强调政府从总需求管理上对经济干预的不可或缺性。① 自古典经济学确定经济自由主义正统地位的传统以后,政府长期被作为市场经济秩序的"守夜人",真正开始发挥宏观调控的作用,是在1929—1933年危机之后的凯恩斯主义基础上。1929—1933年危机深刻暴露了资本主义制度的内在矛盾,暴露了市场这只"看不见的手"的局限,经济生活现实中所谓自发自由的市场竞争并不能自动地趋于平衡,深刻而又普遍发生的是有效需求不足,生产相对过剩的经济危机成为常态。如何认识这种危机并为资本主义生产方式寻求新的出路,成为资产阶级经济学家面对的重要命题。围绕这一命题的探讨,产生了一系列新的学说和观点,其中在理论和实践上影响最大的便是凯恩斯主义,即所谓"凯恩斯革命"。一是经济学方法上的革命。传统以经济自由主义为基础的古典经济学不主张政府从总体上干预经济,因此经济学本身是关于资源配置的理论,是研究企业个体和消费者个体在市场间的自发自由竞争的过程的理论,经济总体上的状态是分散自发竞争的自然结果,市场本身有能力使之在总体上趋于协调,所以在理论上不需要研究总体经济的宏观经济学。凯恩斯则认为微观的市场活动并不能使国民经济总体上自然和谐,而需要引入宏观经济学和宏观经济分析。二是经济学观点上的革命。传统古典经济学认为供给与需求能够自动趋于协调,供给可以创造需求,需求可以自动均衡,分散的市场个体自发的竞争行

---

① 方福前:《寻找供给侧结构性改革的理论源头》,《中国社会科学》,2017年第7期,第49—69页。

为可以自动收敛于供求均衡的位置。凯恩斯则认为,由于存在投资的边际报酬递减,消费的边际效用递减和人们的灵活偏好三大法则,投资需求、消费需求递减以至于总需求不足是常态,需求与供给之间不能自动均衡。三是经济政策上的革命。传统经济自由主义古典经济学不主张政府系统地干预经济,政府的职能更多的应是维护竞争秩序,凯恩斯则认为由于供求依靠市场无以自动均衡,因而必须引入政府系统干预,特别是运用财政政策和货币政策从宏观上对需求加以调节,以克服有效需求的不足,推动经济趋于均衡。与"凯恩斯革命"相呼应的美国"罗斯福新政"取得的反危机成效,很快使政府系统干预经济成为主要资本主义国家的政策倾向。此后,学术界尽管对凯恩斯主义及其政府干预的政策有不同的认识,并且不断补充和修正,但其主流经济理论和政策的基调并无根本变化,不过是把短期调节与长期调节,把经济自由主义与国家干预主义的不同政策要求,在一定程度上加以综合。自20世纪60年代末以来,主要资本主义国家经济出现"滞胀",推动了对凯恩斯主义宏观经济学和政策主张的批评与修正,并进一步促使人们开始重新重视供给管理,形成所谓当代西方经济学中的"供给学派经济学",即所谓针对传统凯恩斯主义需求管理的"供给革命",也被称为对"凯恩斯革命"的革命。

供给学派针对凯恩斯主义需求管理注重政策对市场上的消费者的影响,转而强调关注政策对供给侧的生产者的影响,强调在短期内通过降低税率等措施来刺激经济,提高企业的竞争力以增加就业,实现在需求增长不足条件下的均衡增长(如所谓"拉弗曲线"所描述的情况)。这种供给管理政策是被作为需求管理的替代物而提出来的,其目的就是应对"滞胀"条件下需求端调控的局限性,以缓解短期经济波动。在供给学派经济学家看来,供给管理政策之所以能对经济进行短期调节以替代需求管理(需求管理本质是短期调节),就在于它能够改变对包括企业、产业和劳动者在内的生产者的激励。一个经济的资本、劳动力、自然资源、技术能力等在短期内可能无法发生根本性变化,但生产者所面临的激励是可以随时发生变化的。因此,调节作为企业的生产者面临的激励是短期供给管理政策的核心,而税收政策就是调节激励的最基本的工具;调节作为劳动者的工人面临的激励取决于两个相对价格,即工作和闲暇的相对价格,未来消费与现代消费的相对价格,前一个相对价格决定着工人的劳动积极性,后一个相对价格决定着工人的储蓄积极性。

但是在实践中面对"滞胀"时,20世纪80年代的美国里根政府和英国撒切尔夫人政府大量采取供给学派的政策,并未获得预期的成功,加之人们对于"滞胀"的理解进一步深入,供给管理政策的短期效应受到质疑,需求管理政策又重新占据了宏观经济政策体系中的主要位置,供给管理政策在主流宏观经济学的视野中逐渐淡出。20世纪90年代之后,伴随以信息技术、生物技术为代表的技术革命带来的产业结构演变、经济全球化所导致的世界区域经济布局的深刻变化,以及人们对长期经济增长及可持续发展命题关注程度的不断提高,使得技术创新政策、产业组织和产业结构政策、全球化及区域结构政策,以及针对总供给的长期增长政策等,被作为长期性供给管理政策的主要构成部分,在淡化供给管理的短期政策效应的同时,重新引起了人们的关注。但运用供给管理政策处理一系列长期性矛盾,尤其是处理长期结构性失衡矛盾时,需要深刻的制度创新,特别是要处理好政府与市场的关系,而在资本主义私有制条件下的市场经济机制,在基本制度上无以协调政府理性调节和市场自发竞争的矛盾,因而供给管理政策的长期效应在实践中也难以取得明显成效,这就加深了人们对供给管理政策及所谓供给革命的短期效应和长期效应的质疑。

马克思的政治经济学就供给和需求分析而言,是以供给分析为主的,其本质是分析社会生产方式及其历史运动,特别是考察资本主义生产方式,其突出特点在于以下三点。

第一,马克思是在生产、分配、交换、消费的生产关系矛盾运动的不同方面的统一中阐释供给与需求的关系,并且在这一生产关系矛盾运动中,论证生产(供给)是决定性的,需求作为一定的前提制约和影响着供给。马克思的供给分析本质上是资本主义生产关系与运动的深入系统的剖析,并且在生产、分配、交换、消费的相互作用关系中阐释了资本主义生产(供给)与需求之间难以协调的根本性制度矛盾。在供给与需求的关系上,马克思特别强调指出供给对需求的决定性作用,供给的总量和结构从根本上决定着需求实现的总量和结构,供给的内在矛盾规定需求的内在矛盾,生产决定着分配、交换和消费。生产方式规定着分配方式,并影响着交换和消费方式,同时需求反作用于供给,也制约着供给。消费、分配、交换关系,在一定意义上又构成生产的前提约束条件。①

第二,马克思关于供给的分析,不是论证资本主义市场经济供求之间或者可以自动均衡(看不见的手),或者可以通过完善市场竞争实现均衡(萨伊定律),或者可以引入政府干预克服失衡(凯恩斯主义),或者可以通过所谓"供给革命"实现再均衡(供给学派)等,而是把失衡的根源归结为资本主义制度,并从资本主义私有制与社会化大生产之间的根本冲突出发,揭示了这种失衡的不可克服性。而要克服这种失衡,必须从根本上消除资本主义私有制,消除资本私有制下的市场盲目自发的竞争,以社会共同占有制下的自觉且有计划的配置资源为制度条件,才能真正统一生产和需要,真正直接实现生产的社会性。马克思特别指出,资本主义生产方式供求之间产生矛盾的根源,在于资本主义私有制基础上的市场竞争,缓和矛盾的方式在于经济危机周期性地发生,追求趋于供求均衡的根本目的在于实现资本利润最大化,无论是资本积累和扩大再生产,还是盲目竞争形成严重总量及结构失衡后再以危机方式进行调整,都是出于资本追逐利益最大化的需要,而不是为满足社会需要。②

第三,马克思的经济哲学观根本不同于资产阶级经济学中的经济自由主义或国家干预主义。一方面,资产阶级经济学不同学派关于经济自由主义和国家干预主义的长期争论是建立在共同承认资本主义制度的历史观基础上的,虽然出发点和价值取向有所不同,但根本宗旨与落脚点都是解释和论证如何使资本主义制度更为有效,并认为资本主义制度是有可能有效实现供给均衡的,而马克思主义经济学的历史观则是根本否定资本主义的这种制度可能;另一方面,马克思主义经济学所运用的方法是历史唯物主义和辩证唯物主义,是从生产力与生产关系矛盾运动的历史和辩证分析中,揭示资本主义生产方式的运动规律,揭示未来理想社会自由人联合体以社会共同所有制替代一切私有制,以直

---

① 马克思:《政治经济学批判导言》,载《马克思恩格斯选集》(第2卷)。北京:人民出版社1995年版,第1—30页。马克思关于供给与需求相互关系的论述极为丰富深刻,因其重点是分析供给,并从供给分析出发揭示资本主义供求非均衡的必然性和不可克服性,但需求的作用怎样实现等方面的问题仍有待研究,比如在讨论价值决定时,从供给(生产条件)分析给出的"社会必要劳动时间"范畴是指平均的生产条件下所耗费的时间,不包含需求因素,需求只影响价格,但在总供求关系的讨论中,社会必要劳动时间又包含需求意义,只有满足社会需要才是必要的劳动时间,那么,价值量的决定中需求是否有作用?这形成了长期争论(参见《马克思恩格斯全集》(第46卷)。北京:人民出版社2006年版,第717页)。

② 《马克思恩格斯全集》(第26卷)。北京:人民出版社2006年版,第601—602页。

接自觉地体现生产的社会性的资源配置方式替代间接异化地实现生产的社会性的市场机制。马克思的供给和需求的真正统一与均衡,是建立在未来否定资本主义市场经济机制之后的,经过历史否定之否定运动重新建立起来的"社会个人所有制"基础上的理想社会中,作为自由人联合体,具体的生产与社会共同需要间的直接统一,生产结构与需要结构间的自觉协调,"一切人的自由发展是整个社会发展的前提",个体人的自由全面成长与社会全面发展成为同一过程。①

2. 供给管理与需求管理的主要不同

供给管理与需求管理对经济失衡的影响是不同的,主要体现在短期调节上。一是作用对象不同,即政策的出发点和着眼点不同。供给管理政策针对的是国民经济中的生产者,包括企业和劳动者,而需求管理政策针对的主要是市场上的购买者,包括购买最终消费品的消费者和购买投资品的企业。供给管理政策主要调节生产者的积极性,这种生产者的积极性在短期内主要是改变了对生产者的激励,在长期内主要是提升生产者的创新及竞争能力;需求管理政策则主要调节市场上购买者的购买力(有效需求)。二是作用效果不同,即政策的实现过程及政策成本不同。同样性质的(扩张性或紧缩性)供给管理政策和需求管理政策,供给管理政策使价格水平同总需求反方向变动而需求管理政策使价格水平同总需求同方向变动。面对特定的经济失衡,可以采用供求管理政策加以调节,也可以采取需求管理政策,还可以采取二者的结合,从而使经济趋于均衡,但在这一过程中价格水平的变化是不同的。以价格水平下降为例,衰退的经济需要扩张性措施,如果采取需求管理政策,随着总需求的扩张,价格水平一般会上升,企业在给定的生产成本下利润上升,进而会增大产出,增加就业;如果采取供给管理政策,随着供给的增加,价格水平一般会下降,这时总需求量就会随着价格的下降而增加,即价格下降能创造需求,于是均衡产出上升,同样会增加就业;但前者需要支付通货膨胀的代价,而后者则不需要。三是政策作用空间不同,即政策的落脚点和政策效应的体现不同。需求管理政策影响的主要是总量,而供给管理政策则主要是影响结构,当存在"滞胀"时,需求管理政策

---

① 《马克思恩格斯全集》(第26卷)。北京:人民出版社2006年版,第601—602页。

的总量效应降低,或者说宏观政策方向陷于两难的情况下,供给管理政策便成为必需的选择,政府可以突出供给管理政策的结构性特征,并通过结构性调整影响总需求(供给创造需求),使得政府宏观调控更具针对性,而且降低宏观调控的成本。同时,当经济失衡出现"滞胀"或同时面临失衡方向不同的"双重风险"时,作为需求管理政策运用的财政政策和货币政策难以统一到同一个方向,既不能全面扩张(双松),也不能全面紧缩(双紧)。如果采取财政政策与货币政策的反方向组合(松紧搭配),政策效应会由于方向相反而减弱,就需求管理而言,政策工具较少,作用对象也较为笼统。因此,面对这种失衡,政策工具相互产生矛盾时,协调空间相对狭小;而供给管理政策工具种类繁多,作用对象也灵活多样,在面对复杂失衡政策工具间产生的矛盾时,可以让协调的手段更丰富、空间更广阔。四是对于分配关系的影响不同。供给管理政策可以直接调节收入分配差距过大而形成的效率损失。宏观经济总量失衡的重要原因,可能源于供给侧的国民收入分配结构失衡,比如国民收入宏观上在部门之间的分配结构失衡,会导致投资与消费的结构性失衡,进而导致国民经济生产成本结构失衡;国民收入微观上在居民内部分配结构失衡,差距过大,会导致社会公平目标的损失,同时会降低社会消费倾向,影响经济增长的消费需求动力。对于克服国民收入分配上的宏观和微观意义上的失衡,需求管理政策具有较大的局限性,因为需求管理涉及的是需求总量,难以触及社会收入分配结构,而供给管理政策可以综合运用税收、价格、补贴等多种政策工具,从结构上进而从总量上对收入分配做出调节。五是中央政府与地方政府的作用不同,即政策实施行为主体不同。供给管理政策在具有中央宏观调控效应的同时,给地方政府的调控留出了更广阔的空间,也提出了更深刻的要求。一方面,从需求管理政策的制定上看,无论是财政政策还是货币政策,都主要是中央政府宏观决策上的权力,地方政府更多的是贯彻执行,并无多少决定权。而供给管理政策涉及企业、劳动者、产业的激励和发展竞争条件,地方政府具有更加直接的影响力和决策权。事实上,供给管理政策在相当大的程度上需要依靠地方政府,根据当地发展需要和资源禀赋具体制定和贯彻;另一方面,各地具体差异显著,利益诉求不同,发展阶段和约束条件区别很大,中央政府与地方政府行为会形成差异,无论在行为目标上还是在行为周期上都存在不同,因此中央政府与地方政府行为目标和周期性差异也会削弱中央需求总量管理的效应。需求管理的总量特征和中央集中管理的特征难以适应差异显著的地方经济发展要求,对于地方政府来说,供给管理政策更具适应性和针对性。事实上,中国现阶段地方政府间竞争发展中运用较多的政策手段,大都是供给管理政策,比如税收优惠、低价土地供应、给招商引资的优惠和吸引人才的政策等。六是政府对政策效果的预期和可控性不同。相对于需求管理政策而言,政府运用供给管理政策可以更加直接地控制政策效果。比如,作为财政政策工具的税率及作为货币政策工具的利率,在具有需求效应的同时也具有供给效应,作为供给管理政策产生的作用(特别是对企业生产成本的影响程度,如减少多少税负、降低多少利息等),中央政府是可以有较为清楚的预期的,因而可降低宏观调控政策中的不确定性,进而降低宏观调控的盲目性和风险性。对于地方政府而言,需求管理具有相对更强的不确定性,地方政府采取多种措施提高当地居民收入(购买力),但在开放的市场经济条件下,当地居民未必全部在当地消费,这样地方政府刺激需求的政策效应就会溢出,而供给管理所产生的效应具有更明显的属地性。

3. 供给管理政策的工具及特点

(1) 作为供给管理的政府监督和规制

第一,政府对价格的监管,包括对价格水平和上涨率的监管,一般包括对原材料、能源、土地、资金、劳动及一些重要商品和要素,特别是上游投入品价格的监管。在市场经济条件下,作为政府供给管理政策工具运用的价格监管,不同于计划经济体制下的政府定价,而是政府对市场价格的决定及其波动幅度的监控,定价本身是由市场竞争机制决定的。在管制价格方面最为极端的措施是冻结价格和工资水平,政府强制企业不得调整工资和价格。这种政策在市场经济现实中运用时,可以抑制企业生产成本上升,特别是工资及以其他形式支付给工人的报酬(如住房公积金、社会保障费用和补贴等)上升过快会导致"滞胀",如果政府出面加以干预或冻结,或以法律形式强制降低甚至取消一些支出,可以降低企业实际成本,使企业生产积极性和竞争力提升,从而使失业率和通货膨胀率都得以控制,总供给曲线可以右移,在不增大需求的条件下扩大产出。

第二,政府对资源配置活动价格之外的经济监管。一是对资源使用方向的监管,即政府对资源使用方向和使用条件的确定。二是对企业市场行为的监管,即政府的反不正当竞争措施,这些措施能产生供给效应,特别是通过政府管企业的垄断行为或过度竞争,可以提高资源配置的竞争性效率。三是对要素流动性的监管,包括管制和放松。一般来讲,对于要素流动性的管制会使资源配置的市场竞争性效率降低,从而使生产可能性边界内移。在世界范围内,最常见的是对资本流动和劳动力流动的限制,由于种种原因,这种限制往往是不可避免的,从而会影响资源配置的效率。相反,管制的放松、竞争性的加强,有助于扩大生产可能性边界。四是政府可能采取的其他监管措施也具有供给效应,比如政府对企业的生产质量、环境质量、安全标准等方面的监管,往往会影响企业成本。

(2) 作为供给管理政策运用的财政政策及其特点

财政政策通常被看作需求管理的主要政策工具,其实,财政政策同时也具有供给政策效应。财政政策是作为需求管理政策还是作为供给管理政策被运用,需看其主要针对生产者还是消费者,主要针对消费者的财政政策一般是需求管理政策,主要针对生产者的财政政策一般是供给管理政策。作为供给管理政策运用的财政政策影响的是企业的实际生产成本,包括税收、工资成本、利息成本、原料成本等四个基本方面。

作为供给管理政策的财政政策工具包括以下三种。

第一,税收政策。调节企业缴纳的各种税收,包括增值税、企业所得税、营业税及出口退税等,影响企业的实际生产成本。在减税时,在同一需求决定的价格水平下,企业实际生产成本下降,因而总供给曲线发生右移。调节个人所得税,也能对总供给产生影响,其影响途径有两条:一是个人所得税降低可能导致私人储蓄增加,利率下降,从而使生产者贷款利息支出的财务费用下降,生产者平均成本下降;二是个人所得税降低可能导致工人劳动积极性提高,使生产效率上升,从而使生产者平均成本下降。可见,对企业或个人的税收政策,既有需求管理的政策效应,比如减税可以增加企业和个人的收入,进而刺激其投资支出和消费支出,同时也有供给管理政策效应,如减税同样可以降低企业生产成本。问题在于,同一税收政策如减税,到底是对需求的刺激大还是对供给的刺激大?在西方经济学中,这一问题自供给学派产生以来就未能真正解决,但税收政策同时具有需求效应和供给效应,则是人们普遍承认的,也是客观存在的。

第二,生产补贴政策。包括针对企业生产的产出补贴,或者针对企业使用特定生产要素的投入进行补贴,比如工资补贴、利息补贴、研发补贴、出口补贴等。补贴相当于降低了企业的生产成本,其作用机理与作为供给管理的减税政策一样,其中出口补贴、研发补贴较为常见。

第三,再分配政策。比如转移支付、食品券、社会福利和社会保障政策等,都可能影响居民的积极性和储蓄率,进而会对总供给产生影响。

上述作为供给管理的财政政策,不仅在当代西方国家经济调控中被普遍运用,在中国的经济调控中,特别是从改革开放以来,同样得到了深入广泛的运用。如1998—2003年,为应对亚洲金融危机的冲击,扩大内需、保障增长、稳定就业,中央采取的一系列积极的财政政策就既具有需求效应,也具有供给效应。2004年进入新一轮增长周期和宏观调控之后,以减税进而降低企业生产成本为基调的财政收入政策从未间断,其供给效应也是明显的。比如在2004年新一轮税制和政策调整中,中央开始实行新的出口退税办法,提高并加快了出口退税的水平和速度;在东北老工业区试行增值税转型,由生产型转为消费型增值税,增大企业增值税抵扣额度,减轻企业实际成本;上调个人所得税起征点,降低个人所得税水平以提高劳动者积极性;统一内外资企业所得税,使内资企业所得税由当时的33%降至与外资一致的25%;2006年之后,全国普遍取消农业税,包括政府对农产品各类摊派收费等,以降低农户生产成本;2007年开始,针对房地产企业过快发展势头,开始征收土地增值税等;2008年之后,进入全面反危机的政策轨道,营改增等税制改革加快推进,特别是经济进入新常态提出深化供给侧结构性改革以来,中央围绕降低企业生产成本,从生产端入手实施宏观财政政策,取得了显著的供给效应。

(3)作为供给管理政策运用的货币政策及其特点

在传统的西方宏观经济学中,货币政策是被视为需求管理政策的。实际上,同财政政策一样,货币政策同时也是供给管理政策,因为它不仅影响总需求,而且影响总供给,所以货币政策既可以是需求管理的政策工具,也可以是供给管理的政策工具。但是,货币政策的需求效应和供给效应哪个更大?这取决于总需求和总供给哪个对利率更敏感,因为利率是货币政策发挥作用的主要渠道,对于发达国家而言,货币政策的需求效应很可能大于供给效应,主要原因在于市场主体受市场约束力度强,利率市场化程度高,市场主体对市场利率反应敏锐;但对于大多数发展中国家来说,货币政策的需求效应则很可能小于供给效应。

作为供给管理政策,货币政策主要通过三条途径产生作用。

第一,货币政策对资本的使用成本的影响。货币政策的重要手段是利率调节,而利率变动对经济有两方面的影响。以降低利率为例,一方面,降低利率可以使投资需求增加,从而扩大总需求,这属于需求效应的管理政策;另一方面,利率也是影响资本使用成本的主要因素,降低利率可以使生产的要素成本降低,使总供给曲线右移,从而扩大总供给,这属于供给效应的管理政策。由于利率的降低,影响的是现有资本使用的成本,而现有资本又是多年累积的存量,因此利率降低对成本降低的作用是巨大的。利率变动的总需求效应和总供给效应都会使均衡产出增加,但在这一过程中对于价格水平的影响是不同的,总供给效应在增大产出的同时使价格水平下降,而总需求效应则使价格水平上升。在实际经济运行中,价格水平是上升还是下降,取决于这两种效应的相对大小。从货币政策的实际作用效果看,总需求效应一般大于总供给效应,因而总体上说,宽松的货币政策通常会导致价格水平上升。

第二,货币政策对企业和工人的实际税负的影响。首先,货币发行本身就是一种税收。其次,由于各国的税率大都是累进的,而且税收是根据名义收入征收的,当实施宽松的货币政策时,企业和工人的名义收入一般会增加,从而使其边际税率上升,并进一步影响到企业和工人的生产积极性,进而影响总供给;反之,当采取紧缩的货币政策时,同样会影响到企业和工人的实际税负,进而影响总供给。

第三,货币政策对企业判断经济形势的影响及相应的对企业决策的影响。当货币供给增加时,企业产品价格就会上升,但企业拥有的货币供应量等的信息不如政府充分,因而不知道自己产品价格上升是由于市场对其产品需求上升,还是由于总价格水平上升,所以不好做出抉择。也就是说当货币增长率上升时,企业面临的不确定性增强,从而增大企业的价格信号提取的复杂性,企业为缓和不确定性上升的影响,就可能采取保守措施,降低总供给。

(4)作为长期管理的结构性调控的供给管理政策及特点

以上所讨论的供给管理政策,无论是政府监管,还是作为供给管理运用的财政政策及货币政策,其所形成的供给效应多为短期中即可产生的,具有一定的短期性。而供给效应的突出特征在于其长期效应,即短期效应累积基础上的长期变化,短期供给效应更多地体现在政策作用形成的供给数量和规模变化上,长期供给效应则更多地体现在政策作用累积而成的供给质量和结构的演变上。一是产业组织结构政策及市场结构的引导和规范等方面的制度安排及政策规制,主要指同一产业市场内企业与企业之间的组织方式和结构政策,包括规模经济的控制、进入与退出壁垒的制定、大中小企业间的结构、产业内部链条的衔接等方面的政策;二是产业结构政策及产业结构高度演进的引导和推动,主要指不同产业之间的结构政策,包括主导产业群的选择、夕阳产业的退出、新兴战略产业的扶持和引导、三大产业间的结构和高度推进、技术结构的选择、教育结构及人力资本结构的组织等方面的政策;三是产业空间布局结构政策,主要指区域经济发展战略、区域经济结构布局、区域经济分工与协调等方面的规划和政策;四是国民收入分配结构政策,主要指国民收入初次分配和再分配过程中的结构性政策,国民收入分配结构直接影响国民经济中的投资与消费结构、资本形成结构、投入产出结构等。国民收入分配本身属于供给侧调控首先必须面对的问题。作为总供给,即国民经济的总产出,从实物形态上看是产品的总和即产品结构和产品质量,从价值形态上看是生产出的总价值或新创造出来的价值。供给侧管理,从实物形态上看首先是如何使产品结构和质量数量能够适应市场需求的变化,进而可以适应市场竞争并创造和引领市场需求,从价值形态上看则首先面对的是如何对国民收入进行分配,宏观分配和微观分配、初次分配和再分配,都属于供给侧的范围。

4. 西方正统经济理论忽视供给管理的原因

在西方正统的宏观经济理论和政策体系中,往往将宏观经济调控等同于总需求管理,供给管理政策虽然也是宏观经济政策的组成部分,在经济实践中也有所运用,但却未能得到应有的承认,反而在理论和实践中常常被忽视。究其原因,主要是以下几方面。

第一,制度和体制性原因。供给管理要求政府和市场之间充分协调、准确定位,政府调控必须以充分自由竞争的市场机制为基础,市场运行必须以有效的更好的政府调节为前提,否则供给侧调控可能促使经济体制产生根本否定市场机制作用的倾向,因为供给侧调控政策作用的着眼点和出发点是生产者,包括企业和产业等,因而系统地运用供给管理政策会直接影响到国民经济的微观主体行为和市场竞争的结构,从而使政府政策干预的深入和具体程度可能高于需求管理政策,需求管理一般说来是宏观的和总量的政策干预。这就要求在运用供给管理政策时,政府与市场之间需要建立更为有机的协调统一机制,本来在市场经济条件下的供给管理的引入,是在承认和尊重市场竞争机制的基础上,通过调整和改变市场竞争中生产者所面临的激励和竞争条件,使其市场竞争能力和效率得以提升,进而提升整个国民经济的竞争能力,并形成结构升级的动力,而不是建立在否定市场机制基础上的对厂商市场竞争权利和责任的否定。越是强调供给管理,越需要强调市场竞争的充分和自由,同时需要保护厂商的权利和独立。但是,在资本主义私有制基础上的市场经济,就基本制度而言,难以为建立协调有效的政府与市场统一的机制创造可能,资本主义生产社会化与资本主义私有制之间的根本冲突,使其协调统一政府调控与市场调控的关系产生根本性困难,私有制下市场竞争的自发性与盲目性从根本上排斥着政府有效的总体干预和宏观调控,政府深入到市场内在竞争过程的干预,导致与资本私有制的企业性质发生根本的抵触。正因为如此,供给管理在历史实践中难以深入运用,在经济理论上难以被重视。其实在西方经济学演进中所谓经济自由主义与国家干预主义的长期争论,正是这一矛盾的经济哲学层面的反映。

事实上,若脱离市场经济机制基础,政府的供给管理很可能导向所谓"计划经济"。一方面,计划经济的实质是通过政府计划直接决定供给的制度安排和政策体系,计划经济从政策和制度效应上首先是针对社会生产,直接支配并约束生产者行为,这与供给管理政策的着眼点针对生产者是相似的。另一方面,在计划经济中需求是被忽视甚至是不被承认的,因为需求的复杂性及变化的多样性,使得政府不可能充分及时地占有需求信息,即使力图掌握,其成本也极其高昂,使之成为不可能。同时,在否定市场机制的计划经济中,市场需求无以真正形成,也就不可能被关注、被发现,更不可能根据需求变化去调节供给,当经济失衡时只能以供给作为政策调控的切入点,不可能从需求端展开调控,这又进一步增加了供给管理与计划经济的相似性。因此,西方正统理论和主流政策对计划经济的疑虑和计划经济本身在实践中的低效率,使其难以接受供给管理。

第二,凯恩斯主义对需求管理的偏好及相应形成的对供给管理的忽视。由于凯恩斯主义作为现代宏观经济学的始创,对需求管理予以特别的强调,同时在实践中需求管理政策在战后资本主义经济发展中取得了重要的历史性成果，从而奠定了需求管理的主导性地位。由此形成的对供给管理的忽视，特别是从西方主流经济学层面上看，虽然对传统凯恩斯主义理论多有批评和修正，但在强调总需求管理上并无根本分歧，产生分歧的方面主要集中在如何更有效地实施总需求管理上。

凯恩斯的理论和政策面对的是西方资本主义1929—1933年大萧条的经济。如何治理大萧条、促使经济走出危机？在政策治理上，凯恩斯认为问题的关键在于降低实际工资，可以有两种方法：一是提高价格水平，二是降低企业工资。提高价格需要刺激总需求，属于需求管理政策；而降低工资的目的是降低企业实际生产成本，属于供给管理政策。在凯恩斯看来，降低工资的社会阻力太大，会受到工人和工会组织的反对，因此在政策上行不通；而刺激总需求、提高价格水平，不仅可以刺激厂商扩大产出的积极性，而且可以同时达到降低实际工资的目的，进而提高企业竞争力，不仅可行，而且在短期便可能迅速产生需求效应。

其实西方经济理论面对1929—1933年的危机，就如何走出危机提出了许多政策主张，除凯恩斯主义外，也有主张从供给侧入手缓解失衡的理论和政策主张，比如费希尔（Fisher）在其《安全与进步的冲突》中，根据发达国家经济史演进的产业结构特征，把经济成长的历史划分为三大阶段，与这三大阶段演进相适应，形成第一、第二、第三产业的划分和逻辑演进历史。在费希尔看来，资本主义社会经济之所以发生大危机，根本原因在经济发展不同阶段有不同的结构演变特征，当经济发展经历了农业社会、工业社会之后，进入第三阶段，而第三阶段的特征在于资本和劳动应大量从物质资料的实物经济部门转向服务业（第三产业）。因为社会需求结构发生了深刻的变化，当人们对工农业物质产品的需求满足之后，会更多地对第三产业提出需求，大危机发生的根本原因恰恰在于供给方面的生产未能适应这种需求结构的深刻变化，资本和劳动等要素仍大量投入物质资料生产领域，特别是工业制造业，从而形成以产品过剩为基本特征的经济危机。克服危机的根本办法应当是从供给方面入手，调整产业结构，把集中于农业和工业等物质资料生产部门的劳动和资本转移出来，投入到以生产服务为产出的第三产业。而"服务"不仅能满足社会需求的历史变化，而且"服务"本身的生产过程和消费过程在时间与空间上是同一过程，因此不存在独立于生产之外的产品过剩的可能,生产的同时也就被消费了,不存在过剩的危机。尽管费希尔在经济思想史上首次提出三大产业划分的概念,但在当时并未引起重视,特别是他提出这一概念的目的是为走出 1929—1933 年的大危机提供对策,而他所提出的政策恰恰又是从供给端展开产业结构调整,这种供给端的结构调整是长期的,并且必定涉及以往大量的存量矛盾,因此困难多且短期难以见效,这就难以为政府采纳,特别是在西方民主选举政体下,政府行为目标和周期预期与选举任期密切相关,难以超越选举任期确定政策目标,而凯恩斯主义的宏观总需求管理则见效更快,因而也就更容易被采纳。

第三,20 世纪 80 年代供给学派在政策实践上的失败,加剧了人们对供给管理的怀疑。20 世纪 70 年代,"滞胀"的出现使凯恩斯主义需求管理的局限性逐渐显现,供给管理政策开始引起人们的重视,在西方经济学中形成所谓"供给学派经济学革命"(对凯恩斯革命的革命),强调从供给端入手,运用供给管理政策以克服"滞胀",尤其重视税收政策的运用,强调税收政策对总供给产生的影响,认为税率的变动会影响人们的积极性和生产者的竞争力,从而影响总供给。政府要刺激经济增加就业,最好的办法便是降低税率,进而在不刺激总需求因而加剧需求拉上的通货膨胀的同时,增大总供给产出,加快增长,提高就业。供给学派理论中著名的"拉弗曲线"就是关于税率与政府收入间关系的系统表述。美国里根政府和英国撒切尔夫人政府在 20 世纪 80 年代接受了供给学派的政策建议,但他们并未取得成功。随着人们对"滞胀"理解的进一步深入,在供给管理政策失败和经济学对"滞胀"做出新解释的实践与理论的双重背景下,需求管理政策又在宏观经济管理中重新占据了主导地位。[①]

供给管理在西方经济发达国家的实践中之所以失败,根本原因在于其制度和体制方面。在基本制度层面,社会化的大生产与资本主义私有制根本上的冲突,使之难以避免周期性的经济危机,供给管理政策直接作用于生产者,作用于资本企业及由企业竞争形成的产业市场,资本私有制在根本上排斥这种政府作用的深入。在运行机制层面,政府和市场之间如何协调?引入供给管理政策对

---

① 刘伟、苏剑:《供给管理与我国现阶段的宏观调控》,《经济研究》,2007 年第 2 期,第 4—15 页。刘伟、苏剑:《供给管理与我国的市场化改革进程》,《北京大学学报(哲学社会科学版)》,2007 年第 5 期,第 97—104 页。

政府与市场的相互关系提出了更深刻的要求,资本主义市场经济条件下难以保证适应这一要求,因为引入供给管理实际上要更深入地协调总量与结构、宏观与微观、短期与长期之间的调控,统一需求管理与供给管理要求在经济运行机制上政府与市场的关系更为合理。从资本主义社会经济发展的历史和现实来看,不从根本上改变资本主义制度,是难以实现运行机制的转变的,这种在实践上的失败自然会推动在理论上对供给管理的怀疑。

5. 中国供给侧结构性改革与西方"供给革命"的根本区别

中国经济进入新常态后提出深化供给侧结构性改革,在本质上是不同于西方经济中的供给管理的。[①] 一是中国作为一个发展中国家,在经济进入新常态后,经济增长和发展中的矛盾主要方面在于供给侧。企业创新力弱、劳动生产率水平低、经济结构性失衡严重、二元结构性特征显著、区域结构失衡、国民收入分配结构扭曲等,均属于供给侧的问题。不同于资本主义发达国家经济社会矛盾的主要方面首先集中于需求侧,资本主义私有制与生产社会化的矛盾运动特征表现为:一方面是资本扩张的积累,另一方面是广大劳动者的贫困积累(绝对或相对),有效需求相对不足成为经济失衡中的常态,周期性相对需求不足而产生的生产过剩成为资本主义经济危机的特征。因此,中国作为发展中国家,宏观调控注重供给侧管理更具针对性。二是资本主义社会的基本矛盾是其政府与市场机制之间难以有效协调,因而难以为有效实施供给管理创造必要的制度和体制条件,需求管理与供给管理作为宏观经济管理的两种方式难以统一,在理论上也长期陷于经济自由主义与国家干预主义的争辩中。中国特色的社会主义市场经济制度努力创造的是以公有制为主体、多种所有制经济长期共同发展的基本制度,与在资源配置中起决定性作用的市场机制的统一,从而为有机统一政府与市场创造着制度可能,为协调需求管理与供给管理创造着必要的基础条件,所以特别强调改革。三是供给侧结构性改革的落脚点是结构性调整,是国民经济结构的演变,而在西方正统经济理论和政策看来,政府政策应主要针对需求总量调控。经济结构和产业结构的形成及升级应主要是市场竞争

---

① 刘伟:《我国供给侧结构性改革与西方"供给革命"的区别》,《中共中央党校学报》,2017年第6期,第22页。

的过程和结果,政府不应主动干预,所以所谓"供给学派革命"提出的措施主要集中在减税上,主要是通过影响企业实际生产成本增大企业总产出,达到政府"减税等于增税"的目标,主要还是涉及总供给效应,既不包含产业结构政策,也不包含结构变化政策效应,并且恰恰相反,为尽可能避免结构性调控可能产生的政策歧视,防止对市场公平竞争秩序的干扰,不主张引入结构性调整政策。新常态下中国经济的供给侧结构性改革,根本的政策效应恰恰应集中在结构演进上。四是供给侧结构性改革的着眼点是生产者。作为供给管理运用的各项政策,其制定和运用的出发点及着眼点,首先是视其对生产者的效率、成本、竞争能力产生怎样的影响,而在西方正统经济理论和政策看来,政府政策直接作用于生产者,可能导致政府对企业权利及自由竞争原则的否定,进而导致对市场自由经济的否定,因此难以深入运用供给管理。20 世纪 80 年代的美国里根政府和英国撒切尔夫人政府所推行的"供给革命"之所以中途退出,重要的原因也在于此。而中国特色社会主义市场经济在使市场机制发挥资源配置上的决定性作用的同时,更好地发挥政府作用,有可能使政府政策对生产者的作用与市场机制对生产者更有效的约束统一起来,使需求管理与供给管理、宏观调控与微观调控统一起来。五是从供给侧入手针对生产者竞争力和国民经济结构高度提升展开的调控,是以效率提高为基础的,而效率则是创新的函数。创新包括技术和制度创新是长期的,因此,总需求效应短期可明显见效,而供给效应一般来说更具长期累积性,这就要求政府作为宏观调控者,其实施的政策必须具有长期连续性和法治权威性,而西方当代多党制政体选举任期制使之难以更多地考虑跨任期的政策效应,这也是为何"供给革命"在西方难以有效实施的重要政策机制性原因。中国在中国共产党领导下能够超越党派、团体利益的局限,在最广泛的程度上代表广大人民利益,并且能够从根本和长远利益上代表生产力发展的历史要求,就使供给侧结构性改革具有更深度的机制基础。六是供给侧调控在给地方政府更多权利的同时,提出了更多的责任要求。需求管理主要是中央政府的权力和责任,无论是财政税率政策,还是货币政策及汇率政策等,决策权均是代表国家权力中心的中央政府,地方政府更多的是贯彻执行权,供给管理则主要依靠地方政府的配合和落实;同时,需求政策效应对地方政府来说具有更强的不确定性,本地居民收入增长形成的需求可能到国外、域外实现,而供给效应则具有明确的属地性,因此,要求协调好中央政府与地方政府间的关系,在供给管理上既有中央宏观政策,又有地方政府的能动性,而这种协调机制在当代西方的政体下是难以建立的。正如习近平同志所指出的:"纵观世界经济发展史,经济政策是以供给侧为重点,还是以需求侧为重点,要依据一国宏观经济形势做出抉择,放弃需求管理谈供给侧或放弃供给侧谈需求侧都是片面的,二者不是非此即彼、一去一存的替代关系,而是相互配合、相互协调推进。"① 为此,必须努力创造必要的体制机制条件。

三、 中国经济进入新常态下的经济失衡与供给侧结构性改革

从根本上说,供给侧结构性改革战略思路的提出是源于中国社会生产力发展的历史需要,是适应经济新常态下生产力发展内在要求而提出的深刻的生产关系的变革,是中国经济进入新的历史发展时期生产力与生产关系矛盾运动的必然要求,正如习近平同志所说:"推进供给侧结构性改革是我国经济发展进入新常态的必然选择,是经济发展新常态下我国宏观经济管理必须确立的战略思路。"②

1. 经济新常态下的新机遇新挑战与深化供给侧结构性改革

进入新常态的中国经济具有一系列新特点,经济发展进入新阶段,达到新水平,面临新的历史发展机遇和挑战,尤其是约束经济发展的基本经济条件发生了深刻而系统的变化,因而使得经济失衡有了新特征。正是新常态下经济失衡的新特征,使总需求管理的宏观调控方式和宏观经济政策面临严重的挑战,有极大的局限性,这种局限性的存在和面临的挑战,要求引入供给侧结构性改革。

在新的发展阶段上,约束经济发展的基本条件发生了深刻变化。从供给侧看,国民生产的总成本相对前期显著上升,包括劳动力成本和人口红利、土地和

---

① 习近平:《在省部级主要领导干部学习贯彻党的十八届五中全会精神专题研讨班上的讲话》,载中共中央文献研究室编:《习近平关于社会主义经济建设论述摘编》。北京:中央文献出版社 2017 年版,第 99 页。

② 习近平:《在十八届中央政治局第 38 次集体学习时的讲话》,载中共中央文献研究室编:《习近平关于社会主义经济建设论述摘编》。北京:中央文献出版社 2017 年版,第 119 页。

自然资源价格、环境与生态条件、技术进步和创新成本等,都发生了系统性的变化,要素成本低的核心竞争优势不再突出,要求发展方式从以往主要依靠要素投入量扩张拉动经济高速增长,转变为主要依靠要素生产率和全要素生产率提升带动经济可持续发展,否则经济不具竞争力,无以增长,成本推动通货膨胀压力上升,经济严重失衡。从需求侧看,相对于显著扩张的供给能力而言,包括投资需求、消费需求在内的总需求可能出现长期疲软,由于创新力和结构升级动力不足,导致有效的投资机会减少,进而投资需求疲软;由于供给结构和收入分配结构扭曲,导致消费倾向普遍降低,进而消费需求疲软。经济短缺、需求膨胀的市场条件不再存在,要求根本改变经济增长方式,寻求新动力,否则经济增长乏力,产能严重过剩,经济衰退,总量和结构性失业压力凸显。由此,形成成本推动的高通货膨胀与需求疲软推动的高失业并存的矛盾。

上述供给侧和需求侧两方面基本条件的变化带来的种种新矛盾,具体表现在中国进入经济新常态之后,形成了"三期叠加"(即经济增长速度的换挡期、结构调整的阵痛期、前期反危机刺激政策的消化期)的新特征。正如习近平同志在《经济工作要适应经济发展新常态》讲话中所概括的"中国经济进入了新常态,出现了'三期叠加'的新特征,形成了九个方面的变化和新趋势:一是消费需求的'羊群效应'没有了,必须创新供给激活需求;二是投资需求相对缺乏,对创新投资方式提出了新要求;三是全球总需求不振,利用低成本比较优势发生了转化,必须培育新的比较优势;四是从生产能力和产业组织上看,供给不足转化为产能过剩;五是从生产要素相对优势看,要素驱动必须让位于创新驱动;六是从市场竞争特点看,数量扩张和价格竞争逐步转向质量型、差异型为主的竞争,必须通过供给创新满足需求;七是从资源环境约束看,环境承载力达到上限,必须推动形成绿色低碳循环发展新方式;八是从经济风险看,高速增长掩盖的风险逐步显性化,必须建立健全化解各类风险的体制机制;九是从资源配置模式和宏观调控方式看,从需求方面全面刺激政策效果明显递减,从供给方面看,既要全面化解产能过剩,还要探索产业发展新方向。"[①]

上述矛盾集中到一点,便有可能形成"中等收入陷阱",即社会经济发展长

---

① 习近平:《经济工作要适应经济发展新常态》,载《十八大以来重要文献选编》(中)。北京:中央文献出版社2016年版,第241—245页。

期停滞在中等收入阶段,难以穿越,社会矛盾不断加剧,甚至发生深刻危机。习近平同志提出:"我国正处于跨越中等收入陷阱并向高收入国家迈进的历史阶段,矛盾和风险比低收入国家迈向中等收入国家时更多更复杂。"①"中等收入陷阱"产生的根本原因在于新的发展条件下,传统的发展方式出现严重的不适应,要转变发展方式,需要树立全新的发展理念,新的发展理念说到底是要历史地诠释公平与效率,但是陷入中等收入陷阱的国家都未能处理好公平与效率的命题,使社会既无成长又不和谐。中国经济新常态下之所以提出深化供给侧结构性改革,根本动因就在于适应新的历史条件下的解放和发展生产力的要求,作为实践"新理念"转变发展方式的需要提出的历史性命题。

2. 经济新常态下新失衡的特点与深化供给侧结构性改革

就宏观经济而言,进入新常态的中国宏观经济失衡具有了新特点,因此要求宏观经济调控方式和宏观经济政策必须做出深刻的调整,深化供给侧结构性改革便是适应这种宏观调控方式和宏观政策变化所提出的战略举措。

改革开放以来,中国宏观经济失衡大体上可以划分为三大阶段。第一阶段自1978年至1998年上半年,在这近20年的时间里,除中间少数年份外,中国宏观经济失衡的总体特征是需求膨胀、供给不足、国民经济长期处于短缺经济状态。主要原因在于,一方面,从经济发展性原因上看,经济发展基础薄,生产力水平落后,再加上长期忽视经济发展,使得供给能力无论是数量还是质量、规模还是结构都远远不能适应需要;另一方面,从经济体制性原因上看,长期计划经济体制的软预算约束,市场化水平低下,市场失灵普遍,因而促使经济短缺不断加剧。与之相适应,宏观经济失衡的突出矛盾是通货膨胀,特别是需求拉上的通胀压力巨大。中国改革开放以来三次大的抢购风潮,均发生在这期间,即1985年[消费者物价指数(consumer price index,CPI)上涨9%以上]、1988年(CPI上涨18%以上)和1994年(CPI上涨24%以上)三次严重的通货膨胀,因而宏观经济政策包括财政政策和货币政策等长期紧缩政策,以控制总需求、抑制通货膨胀。第二阶段自1998年下半年至2010年年底,在这期间除少数年份

---

① 习近平:《在中央经济工作会议上的讲话》,载中共中央文献研究室编:《习近平关于社会主义经济建设论述摘编》。北京:中央文献出版社2017年版,第318—319页。

外,经济失衡的突出特点与前一阶段恰恰相反,不再是需求膨胀,而是需求疲软、供给过剩、经济增长动力减弱、下行压力增大。就内需来看,由于改革开放以来的经济迅速增长和体制变迁形成的市场约束加强等发展性和体制性原因,相对于市场需求而言,出现产能过剩,并且不断加剧,从20世纪90年代中后期的工业消费品产能过剩,逐渐演变为21世纪进入经济新常态以来的工业投资品产能过剩;就国际市场需求而言,恰恰在这一时期先后发生1998年的亚洲金融危机和2008年的世界金融危机,对中国经济产生了严重的冲击,总需求疲软的矛盾更为突出。因而,应对内需疲软、缓解金融危机冲击,以稳定经济增长、保障就业目标实现,成为这一阶段实施宏观经济调控的首要目标。相应的宏观经济政策从前一时期的长期紧缩转变为扩张,首先是扩大内需,从1998年下半年起,中央放弃了长期坚持的紧缩性政策,开始采取"积极的财政政策,稳健的货币政策"(相对于前一时期的长期紧缩政策,无论是"积极的"财政政策,还是"稳健的"货币政策,都属于扩张性的政策倾向),取得了明显的成效。[①] 2008年,世界金融危机对我国经济产生了深刻影响,需求疲软,经济下行压力进一步增大,从工业消费品到工业投资品产能过剩日益普遍且不断加剧。为应对金融危机的冲击,中央自2008年下半年开始采取"更加积极的财政政策,适度宽松的货币政策",进一步提升扩张强度,强力刺激经济,直到2010年年底。第三阶段自2010年年底开始,中国率先从全面反危机政策轨道退出,宏观经济政策重回金融危机之前的"积极的财政政策,稳健的货币政策"的松紧搭配的反方向组合格局,同时根据经济失衡的演变,在松紧搭配的结构下,对松紧力度进行一定的调节,以求对新阶段的宏观经济新失衡加以具有针对性的有效调控,在这一时期,中国宏观经济失衡出现了新特点,"三期叠加"的特点明显,国民经济运行和发展出现了一系列新变化和新趋势,表现在宏观经济失衡的新特点既有潜在的通货膨胀压力,又有严峻的下行威胁,即出现"双重风险"并存的新失衡(类似于20世纪60年代末西方发达国家经济出现的"滞胀")。新失衡对宏观经济调控方式和宏观经济政策提出了新的要求,特别是使传统的总需求管理方式及从

[①] 在亚洲金融危机冲击下同时坚守人民币不贬值的承诺,中国经济取得了高增长、低通货膨胀的发展,1998年中国经济增长7.8%,1999年为7.6%,2000年为8.4%,2001年为8.3%。4年里,平均年增长率达到8%以上,同期CPI保持很低水平,甚至有人提出警惕通货紧缩(CPI上涨率在2%以下),参见《中国经济统计年鉴2008》。

总需求入手并针对需求端的宏观经济政策的局限性日益显现,要适应新常态下新失衡的挑战,克服传统总需求管理的历史局限,从供给端入手进行调控并据此深化供给侧结构性改革,便成为必然的选择。以总量均衡为目标的宏观调控的逻辑,自然要求引入以结构均衡为目标的供给管理。因为在双重风险并存的条件下,从总需求端入手治理失衡,一般而言,治理其中一重风险,所采取的针对总需求的宏观政策,往往同时成为加剧另一重风险的因素,要采取同一目标、同一方向、同一力度的需求管理的宏观经济政策,难以同时兼顾"双重风险"治理的政策目标。在改革开放以来的前两个经济发展阶段,包括财政政策和货币政策在内的全部宏观政策可以统一在同一目标、同一方向上,比如在第一阶段(1978—1998年)由于失衡的方向是单一且明确的,矛盾集中表现为需求膨胀、供给短缺,通货膨胀压力突出,因此宏观政策可以也需要长期紧缩;第二阶段(1998—2010年),虽然失衡的方向与第一阶段不同,但同样是清晰明确的,矛盾集中表现为需求疲软、产能过剩、下行压力明显,因此宏观经济政策能够统一到扩大内需上来;但在进入经济新常态出现"双重风险"并存(滞胀)的条件下,从需求管理看,既难以全面紧缩,也难以全面扩张,从供给端入手进行宏观经济调控,成为克服需求管理两难选择的必然要求。

从当代经济发达国家的宏观调控实践和正统的宏观经济理论来看,需求侧调控及管理是主要的方式和手段,但在经济出现"滞胀"的背景下,这种调控方式和手段便出现了严重的缺陷。

第一,长期运用传统的凯恩斯主义需求管理会导致金融及经济危机。2008年爆发的金融危机产生的根源,重要的便是自20世纪70年代以来西方经济发达国家为缓解"滞胀"采取需求管理政策所形成的积弊所致。就货币政策而言,通过降低利率或量化宽松货币政策,刺激出来的投资需求大多是低效率的劣质需求。表面上看,低利率和放宽要求标准,能够使原本不被市场竞争承认的项目有新的可行的投资机会,从而既刺激了需求,又降低了企业的融资成本,一方面缓解了经济停滞,另一方面又降低了成本推动的通货膨胀压力,进而缓解了"滞胀"。但实际上这是以降低投资效率和竞争力为代价的,伴随经济增长,资本和经济的约束力度逐渐提升,一旦利率上升,低利率刺激起来的企业投资及产能就会因缺乏必要的市场竞争力而难以为继,进一步扩展便会引发金融危机及经济危机。美国自2007年发生的次贷危机,进一步演变为金融危机并引发经济危机便是典型。就财政政策而言，通过财政扩张刺激经济增长会导致巨额债务，长期积累下来会形成政府债务危机，如果财政扩张形成的投资未经市场竞争，所形成的投资需求本身也难以保证是优质有效的需求，即使投资于长期发展所需要的基础设施，也还是存在如何平衡预算的问题，这些都可能形成政府债务危机的压力。如果是在现代西方民主政治体制下，政府对选民的承诺本身就会加剧财政矛盾，欧洲债务危机便是典型。总体上看，传统的凯恩斯主义需求管理不仅不能从根本上克服"滞胀"，而且会导致经济出现所谓"肥胖症"，其典型特征为：一是巨大的资本泡沫，二是严重的产能过剩，三是巨额政府债务，进而形成金融危机和经济危机的隐患。

第二，在科技进步率及相应的创新力下滑的条件下，传统凯恩斯主义需求管理政策的效力会不断降低。由于科技进步率下滑，经济中缺乏有效的投资机会和有效拉动经济增长的消费热点，缺乏优质需求，从而使得财政政策和货币政策刺激投资需求的效率下降，消费者的边际消费倾向也下降，政策的有效性会持续降低；同时，随着货币政策刺激出来的投资预期收益率的不断降低，投资者的投资积极性会不断减弱，最终经济将陷入流动性陷阱，到利率降无可降甚至连预期收益率接近于零的投资机会都被利用完后，货币政策的扩张效应便根本无法奏效了。在现阶段，欧盟、日本等国采取的负利率政策就是在正常的货币政策失效的情况下，不得已而采取的措施。

第三，经济全球化也在抑制一国货币政策的效果。需求管理政策即使刺激出需求，但在经济全球化背景下，这种需求未必是对本国产品的需求，完全可能是对外国产品的需求，一国刺激需求的政策或许可以使本国居民的购买力提升（有效需求增长），但本国居民可能在本国市场购买外国进口产品，也可能到外国去购买和消费，结果本国的扩张政策带来的却是对别国经济的拉动效应，虽然别国经济增长可能通过扩大世界市场需求而拉动本国经济，特别是扩大本国出口，但这种拉动效应具有很强的不确定性，这就使得宏观经济管理政策的效应具有极大的不确定性。在经济日益全球化的背景下，需求管理的有关经济作用的局限性会更为显著，进而更进一步突出了供给侧的重要性。越是经济全球化，越要求供给端的竞争力提升。

可见，西方正统宏观经济理论和政策强调总需求管理，在其自身的实践中也面临一系列深刻的矛盾。中国在经济新常态下不仅不能照搬西方正统宏观经济理论和调控模式,而且特别需要强调深化供给侧结构性改革。虽然在西方经济发展史上,如20世纪80年代的美国和英国面对长期严重的"滞涨",尝试过所谓"供给革命",但一方面从理论上来说,所谓西方经济学的"供给革命"是针对"凯恩斯革命"的再革命,从凯恩斯主义的需求管理转向供给管理,本质上是回到古典经济学的立场。古典经济学的经济哲学观是经济自由主义,而这种古典经济学的经济自由主义传统面临的挑战和争论,在资本主义市场经济及资产阶级经济学的发展史上,从未平息,也从未被真正解决。另一方面,源于资本主义制度的内在矛盾,即资本主义生产资料私有制与社会大生产之间的不适应性,使其周期性的经济危机成为规律,根本无以克服。就基本制度而言,无论是从需求侧还是从供给侧入手,都难以根本缓解供求之间的失衡矛盾。就运行机制而言,无论是强调市场自由竞争还是强调政府干预,资源配置中的市场失灵和政府失灵并存都将成为常态。

3. 经济新常态下新失衡的动因与深化供给侧结构性改革

新常态下经济失衡表现为既有通货膨胀的潜在压力,又有经济下行的严峻威胁的双重风险并存的特征,这种双重风险在现象上是总量失衡,但深层次的动因在于一系列深层次的结构性失衡,表现出的问题是在需求侧,但真正的原因在于供给侧的矛盾。克服这些结构性失衡,缓解供给侧的深层矛盾,依靠需求侧的调控和管理难以奏效。需求管理影响的是需求总量,难以深入到结构,而供给侧结构性改革的着眼点和出发点,恰恰是作用于劳动者和生产者,以提高其劳动生产率及企业竞争力和产业竞争力,供给侧结构性改革的落脚点和效应恰恰是体现在效率提升的基础上,推动产业结构升级和经济结构演进。结构演进实质上是效率改善的函数,而效率改善又是创新的函数,市场创新的主体恰恰是生产者,包括劳动者、企业(劳动者与生产资料的结合)和产业(企业的集合),因此供给侧结构性改革对于新常态下克服新失衡,特别是对于克服深层次的结构性失衡有着根本性意义。

第一,经济下行的深层原因主要在于供给侧。中国经济进入新常态的突出变化之一在于,经济增长速度从高速向中高速甚至可能更低的状态转换的"换挡期"。改革开放四十多年里,中国年均GDP增速在9.5%以上,但2011—2016年年均为7.8%左右,2013—2016年进一步降为年均7.2%左右,近年来已降至

7%以下,直接原因首先在于需求侧的变化。从外部需求来看,世界金融危机及危机后全球经济复苏迟缓,对中国经济增长产生了较大冲击。从内部需求来看,包括投资需求和消费需求均表现出增长乏力的趋势,投资需求(固定资产投资增速)由改革开放以来年均增长20%以上,到2013年降至20%以下,近年来仅为10%略强;消费需求(社会消费品零售总额增速)由年均增长15%以上,降至近年来的10%左右,内需不足成为中国经济下行的主要威胁。

但究其原因,需求疲软的深层动因在于供给侧的结构性矛盾。就投资需求而言,关键在于实体经济供给侧创新力不足,产业结构升级动力匮乏,缺乏有效吸纳资本投资的项目和机会。从国有企业投资需求增长动力不足来看,并非因为缺乏资本,对于大多数大型和特大型国有企业来说,无论是直接融资还是间接融资,渠道都是通畅的,问题的关键在于创新力不足,特别是核心技术自主研发能力不强。经济发展进入上中等收入阶段,与此前相比,技术进步的方式逐渐由模仿为主向自主研发为主转变,可模仿的空间逐渐变小,核心技术必须依靠自主研发创新驱动,一旦自主创新动力不足,外来新技术引进受阻,产业结构和技术结构会升级迟缓,国民经济中有效的投资机会会普遍减少。若在结构不变、技术不变的基础上,强行刺激投资规模扩张,只能是低水平的重复扩张,加剧劣质产能的总量过剩和结构性过剩。在经济存量产能过剩矛盾尖锐特别是在退出反危机政策轨道后,消化反危机刺激政策成本压力巨大的条件下,这种低水平的重复投资不具宏观经济可能。尤其是伴随改革的全面深化,国有企业受市场约束的力度不断加强,这种不顾市场约束的强行重复扩张不可能持续。从民营企业投资需求增长乏力来看,一方面,在自主创新力普遍不足的条件下,民营资本同样存在创新力不足进而难寻有效投资机会的问题;另一方面,民营企业在现阶段大多为中小企业,而中小企业融资难是全球性问题,即使是民营大企业,在制度和体制上也面临一定的资本市场的歧视,国有银行或国有企业控股金融机构为主体的金融市场体系结构与非公经济的民营企业的融资需求之间,存在一定的体制机制性障碍,加剧了民营企业的融资困难。若依靠"民间借贷",则又面临很高的融资成本和资本市场竞争的无序,高成本与高风险并存,使得民营企业投资需求增长呈现更为显著的下滑势头。

就消费需求而言,之所以出现增长乏力势头,根本原因同样首先不在需求侧,并不是国民收入及城乡居民收入未能增长,而在于供给侧的问题。一方面,从供给的实物形态上看,产品质量、品种结构、安全标准等多方面存在的问题,使供给难以适应需求的变化,在克服了短缺进入上中等收入阶段之后,消费需求较之以往低收入低水平发展阶段,发生了一系列深刻的变化,总量上的"羊群效应"难以再普遍持续发生,结构上的个性化、多样性无以满足,供给侧难以引领、适应需求侧的发展变化要求,更难以从供给侧刺激需求,从而抑制了需求应有的增长。另一方面,从供给的价值形态上看,消费需求增长相对疲软的重要原因在于国民收入总供给分配结构性扭曲,这种扭曲集中体现在三方面:一是国民收入宏观初次分配上的结构性扭曲,初次分配在直接参与并服务于生产活动过程的政府、企业、劳动者三者之间进行,分别获取财政税收、资本盈余、工资报酬。改革开放相当长的时期以来,总体上三者增长最快的是税收(年均增长18%以上,按当年价格计算,同按可比价,GDP 年均增长 14%以上),其次是资本盈余,增速最为缓慢的是劳动者工资报酬,相应的工资报酬在国民收入总构成中的占比不断下降[①],而这一部分恰恰是支撑消费需求增长的主要部分。虽然"十二五"期间强调居民收入增速不能低于 GDP 增速,在初次分配中工资报酬增速及份额比重有所提高,但变化并不显著,并且近期工资增速又出现低于GDP 增速的迹象,这既是导致中国城乡居民收入增速放缓的重要的宏观分配上的原因,也是中国经济增长长期主要依靠投资拉动,而消费需求拉动作用相对较低的重要原因。二是国民收入分配在区域间、城乡间、产业间的结构性扭曲,中国发达与落后地区间差异显著,消费需求增长在区域间严重失衡,严重限制了消费需求总量的扩张,而且区域间的差异主要原因在于城乡差距。长期以来,城市居民人均可支配收入与农村居民人均纯收入相差三倍以上,而不同地区居民收入平均水平的差异与地区间城市化率差异高度相关;城乡收入差距的重要发展性原因又在于产业间劳动生产率水平的差距,农业的劳动生产率明显低于非农产业,直到目前在 GDP 的产值构成中,农业占 9%左右,而在就业结构中,农业占比达 30%。在以往长期发展中,这种产值比与就业比的失衡更为严重,尽管在农业的产业 GDP 中,绝大部分(97%以上)都作为农户收入分配给了农民,政府在其中并无参与多少分配(2006 年起中国取消了农业税),但在初次

[①] 刘伟、蔡志洲:《完善国民收入分配结构与深化供给侧结构性改革》,《经济研究》,2017 年第 8 期,第 4—16 页。

分配中占全部就业30%以上的农村农业劳动力分配占GDP的总量9%，而占比70%的非农业劳动力分享GDP的90%以上，这种产业间相对劳动生产率的差距决定了初次分配中产业间的收入差距，而这种产业间的差距又在相当大的程度上决定着中国城乡间居民收入水平的差距，如果再考虑到在再分配过程中多种向城市居民的倾斜政策，不仅未能通过再分配有效缩小初次分配中的产业差距及相应的城乡差距，而且进一步扩大了这种差距。事实上，中国城乡居民收入差距之所以长期较高，首要原因在于城乡的收入差距，这种差距的存在和扩大，会从总体上限制国民经济中消费需求的增长。三是居民收入分配结构失衡，包括城市居民和农村居民在内的全部居民收入差距较大，且短期内难以明显缩小，自2002年国家统计局开始公布中国居民基尼系数以来，基尼系数始终在通常所说的警戒线水平(0.4)以上，很多年份在0.45以上，有的年份甚至超过0.49(2007年)，2008年之后虽开始有所下降，但十分缓慢，直到2016年仍在0.46以上。这种收入差距显著的态势，必然会促使全社会消费倾向进一步降低。

可见中国经济进入新常态，内需不足进而"下行"压力增大的深层原因，集中于供给侧的一系列结构性矛盾，尤其是由于国民经济供给侧(生产)的自主创新力不足，导致产业结构升级动力不足，形成投资需求增长乏力；由于国民经济供给侧的产业结构和质量与需求结构变化要求不适应，供给侧的国民收入分配结构扭曲导致消费倾向降低等，形成消费需求增长乏力。要从根本上遏制经济下行，仅仅从总需求方面刺激经济是难以奏效的。扩大投资问题的关键不在扩大投资规模，而在于从供给侧创造更多有效的、高质量的投资机会，以刺激出有效的、高质量的投资需求。扩大消费问题的关键不在于扩张居民收入总量，而在于改善供给结构和收入分配结构，以促使社会消费倾向普遍提高，并能创造和刺激有效消费需求。这就需要深入推进供给侧结构性改革，关键在于创新驱动提升效率，使投资需求得以有效地和高质量地扩张；重点在于克服国民收入分配结构性失衡，使消费需求增长与国民经济增长切实相适应。就存量而言，现阶段从供给侧"去产能、去库存、去杠杆、降成本、补短板"成为结构性调整的迫切任务；就增量而言，"大众创业、万众创新"以引领结构升级成为关键性命题。供给侧结构性改革全面提升供给质量，不仅能为投资创造好的机会，而且能够引领并创造有效消费需求，劣质的供给不仅会抑制投资需求的有效增长，而且会抑制消费需求增长。

第二,潜在的通货膨胀压力主要原因也在于供给侧。经济新常态下宏观经济失衡的双重风险中的另一种风险在于潜在的通货膨胀压力,其形成的首要原因并非由于经济增长速度过快形成的需求过热的拉动。事实上,中国经济进入新常态以来"下行"压力严重,需求疲软态势明显,潜在的通货膨胀压力主要来自供给侧的结构性失衡,从现阶段实际价格水平及变化上看,生产价格指数(producer price index,PPI)已经长期处于通货紧缩状态(价格指数为负增长),PPI处于通货紧缩的临界水平(考虑到统计的量差,一般CPI上涨率低于2%,就应注意防止通货紧缩)①,因而通货膨胀总体上来说仍是潜在的。也正因为这种潜在压力的存在,使得宏观经济政策特别是货币政策选择上难以全面实施反通货紧缩措施,而不得不保持稳健(中性)的导向。这种潜在的通货膨胀压力主要来自两方面,一方面是需求拉上的潜在压力,另一方面是成本推动的潜在压力,但这两方面的潜在压力形成的深层原因,重要的在于供给侧结构性矛盾。

就需求拉上的潜在压力看,并非由于经济增长速度过快形成的总需求过热形成拉动通货膨胀压力,中国经济进入新常态后"三期叠加"特征中,首要的便是增长速度进入了"换挡期",流通中的广义货币供应量(M2)存量之所以较大,与总量扩张政策特别是2008年下半年至2010年年底的全面反危机时期采取的"更加积极的财政政策与适度宽松的货币政策"有关,但更为长期发生作用同时也是真正难以根本扭转的是国际收入长期结构性失衡,由于国际收支领域中长期收大于支的收支结构性严重失衡,在中国定期结汇的体制下,国家外汇储备规模大且持续上升,在汇率不变的条件下,结汇量的不断扩张意味着"外汇占款"规模不断增大,由此增大了基础货币供应量。在相当长的时期中,外汇占款成为中国经济中货币供应量增大的重要(甚至有时成为首要)原因,进而形成潜在的需求拉上的通货膨胀压力,而要克服国际收支结构性失衡矛盾,在于供给侧结构性改革,在于中国国民经济结构与世界经济格局演变之间的再平衡。

就成本推动的潜在压力来看,主要形成原因在于国民经济供给侧的投入产出水平和结构与要素成本的上升及成本结构的变化不相适应。实际上,中国经济新常态下,需求拉上和成本推动共同作用下形成潜在通货膨胀压力,需求拉

---

① 对于通货紧缩的定义和理解存在不同认识,有人认为经济负增长的同时价格水平负增长为"通货紧缩",也有人认为只要价格水平出现负增长,即为"通货紧缩"。

上是次要的,也更具潜在性,成本推动是首要的,且更具现实风险性。在其他条件不变的情况下,国民生产的总成本下降,可以形成良性通货紧缩。一般而言,通货紧缩现象可以分为良性与恶性两大类,如果是因为供给侧成本下降形成的通货紧缩,相应地在提高企业市场竞争力的同时,在即使不刺激市场需求的条件下,同样可以推动经济增长、增加就业,形成无通货膨胀(甚至是通货紧缩)下的经济增长,因而称为良性通货紧缩;如果是因为需求疲软、经济增长乏力形成的通货紧缩,相应地伴随经济衰退和失业率上升,称为恶性通货紧缩。对通货紧缩现象的出现需要做全面客观深入的分析,有效区分良性通货紧缩与恶性通货紧缩。① 中国经济进入新常态以来,从实际现象看,存在需求疲软所形成的恶性通货紧缩的压力,也存在供给侧方面生产成本下降如国际原油市场价格下跌等因素形成的良性通货紧缩效应,但从主要的潜在压力上看,成本推动的通货膨胀压力仍然较大,主要原因在于经济进入新常态后,国民经济供给侧各方面要素成本大幅度、系统性提高,如果经济增长方式转变迟缓,效率提升滞后,全面上升的要素成本更成为推动价格上升的重要动因,这种动因存在的根源在于创新力不足,要素效率和全要素生产率提高不快,产业结构难以在创新驱动效率提升的基础上实现不断升级,投入产出结构变化不适应要素成本结构的变化,难以从微观要素效率和结构配置效率上消化成本上升压力,从而只能使之进入价格,成为潜在的同时具有刚性的成本推动压力。总体上看,供给侧成本推动的通货膨胀压力更为持久,短期难以克服,而原油价格下降的良性通货紧缩效应更具短期性,并且也不稳定。

因此中国经济中存在的潜在通货膨胀压力的风险,是需求拉上和成本推动共同作用的结果,就其潜在性而言,之所以还没成为严峻的现实,主要是由于实际市场需求疲软,内需不足,世界经济复苏迟缓,缺乏优质的投资机会和充分的消费热点,因而未能使潜在的价格上升压力转变为现实的通货膨胀。就其深层动因而言,主要在于供给侧的效率滞后和成本推动。

既然中国经济进入新常态后宏观经济失衡、双重风险并存的深层动因主要集中于供给侧,特别是集中于供给侧的一系列结构性失衡,那么宏观调控就不

---

① 刘伟、苏剑:《良性与恶性"通缩"冲击下的中国经济增长和宏观调控——对近期中国经济趋势的考察》,《经济学动态》,2014年第9期,第4—9页。

仅需要从总需求入手,而且更需要从供给侧入手,供给侧入手的着眼点在于生产者的效率,落脚点在于经济结构变化效应,对于从根本上缓解中国经济新常态下的新失衡更具针对性。

四、 经济新常态下宏观调控方式的转变与深化供给侧结构性改革

经济新常态下的新失衡要求宏观经济政策、宏观调控方式必须作出深刻调整和变革,在"双重风险"并存的条件下,总需求管理的宏观政策,无论是在政策方向的选择上,还是在政策的有效性上,都遇到了极大的困难和局限性,进而要求宏观经济调控方式和政策机制发生根本性变化,特别是需要在实施需求端调控的同时,引入供给侧调控,以推动需求管理与供给管理、总量调控与结构变革、近期宏观均衡与长期发展协调多目标之间的统一与协调,为此必须全面深入地推动一系列制度改革,尤其需要在经济、政治、法制等基本制度方面深化制度创新,在经济制度上全面深化社会主义市场经济改革,在法制建设上全面推进依法治国,在政治制度上全面落实从严治党,为深化供给侧结构性改革进而为宏观调控方式的有效变革创造制度基础。

1. 经济新常态下的新失衡导致传统的需求管理产生严重的失灵

经济新常态下的新失衡导致传统的需求管理产生的严重失灵主要表现在三个方面。

第一,短期里宏观经济政策的倾向难以明确。显然在存在"双重风险"并存的失衡状态(滞胀)下,针对总需求而言,货币政策和财政政策等宏观政策一般不能采取"双松"(全面扩张)或"双紧"(全面紧缩),"双松"或许可能扼制经济"下行",但不利于稳定通货膨胀,甚至很可能以加剧通货膨胀为代价(正如"菲利普斯曲线"所描述的状态),"双紧"或许能抑制通货膨胀,但会加剧经济下行,进而增加失业(正如"奥肯定律"①所给出的经验),这就使得宏观经济政策的目标导向难以选择。如果财政政策和货币政策强行统一到同一方向,不论是

---

① 奥肯定律,由美国学者阿瑟·M. 奥肯(Arthur M. Okun)提出,说明失业率与实际国民收入增长率之间关系的经验统计规律,证明两者之间呈反方向变动。

扩张还是紧缩,都意味着就总需求管理而言,在短期里宏观调控政策选择一种风险的控制,而置另一种风险于不顾,甚至以加剧另一重失衡为代价。

第二,长期里以刺激需求为主导带动的经济增长的质量难以保障。无论是以"减税"为特征的财政政策,还是以"降息"为特征的货币政策,在存在"滞涨"的条件下,尽管可以在降低企业成本的同时,刺激需求特别是刺激企业的投资需求,从而一方面减轻成本推动的"通货膨胀"压力,另一方面拉动经济增长,以缓解"滞胀",但这种增长和对"滞胀"的缓解,在长期里是以降低经济增长质量为代价的。自20世纪70年代以来,为应对"滞胀",美国等西方发达经济体的宏观经济政策的主流,从凯恩斯"财政最重要"的传统向注重货币政策方面转变,而在货币政策运用中又从强调货币数量目标逐渐转变为以货币价格为中间目标,在运用货币政策的价格工具时,长期坚持降低利率以达到既刺激企业投资需求以拉动增长(以低利率刺激企业投资需求),同时又能降低企业成本以缓解成本推动的通货膨胀压力(以降低利率从而降低企业财务成本),从而缓解"滞胀"的困扰。但长期累积下来,以不断降低利率刺激起来的投资需求,意味着投资项目的市场竞争能力不断降低。2008年金融危机导致2009年出现第二次世界大战后全球经济首次负增长,之所以危机如此深刻,实际上是自20世纪70年代以来为缓解"滞胀"而采取的片面刺激需求以低水平扩张投资拉动增长,进而降低了经济增长质量所付出的代价和逻辑必然性。

第三,宏观经济政策的力度缺乏客观标准,强度调整缺乏根据。其实,只要宏观政策要同时兼顾双重风险目标,需求管理的政策强度就始终处在矛盾和不确定中。学术界对中国2008年金融危机后的宏观经济政策之所以有质疑,原因也出于此。总体上看,中国在应对2008年世界金融危机时,展现出了较强的体制优势和发展优势,在世界经济危机严重冲击的条件下,中国经济保持了稳健增长。[1] 其中,"更加积极的财政政策和适度宽松的货币政策"发挥了重要的宏观政策效应[2],但也由此产生了一系列新问题,使得人们对中国2008年年末至2010年10月(宣布首先退出反危机政策轨道)采取的全面扩张性政策提出

---

[1] 根据国家统计局核算,中国2008年GDP增长9.6%,2009年为9.2%,2010年为10.4%,2011年为9.3%,2012年和2013年均为7.7%。

[2] 中国自2008年第四季度开始明确将自1998年6月以来的"积极的财政政策和稳健的货币政策"调整为"更加积极的财政政策和适度宽松的货币政策",进入全面刺激政策轨道。

质疑:一是中国应对金融危机的宏观政策调整是否滞后。2008年年初的《政府工作报告》提出的宏观政策目标是"双防",一防经济过热,二防通货膨胀。应当说这种"双防"的政策目标在逻辑和方向上是一致的,即宏观政策总体上是相对从紧的,而此时世界金融危机已在全球蔓延,全球主要经济体均已采取全面扩张的宏观政策以应对危机,中国则采取了与全球主要经济体方向相反的宏观政策,直到2008年年末才根本转变[1],在时间上的确与全球主要经济体反危机政策选择存在差异。但2007年中国经济增长率高达14.2%,2003—2007年,中国年均经济增长率在10%以上,不仅明显高出同期世界经济增长,而且明显高于中国改革开放以来的其他时期,因而就中国自身经济增长而言,2008年年初提出防过热、防通货膨胀的"双防"目标并非没有根据。问题在于根据经济增长反映出来的总需求变化,应当如何认识并以此科学地制定宏观政策?就总需求本身及其变化而言,并不存在绝对或明确的"热"或"冷"的标准,在经济全球化趋势加深的条件下就更加具有不确定性。二是与此相联系,若反危机政策方向调整滞后,那么全面反击的扩张性政策强度是否过猛?财政政策与货币政策双扩张[2],一方面急速增大了潜在的需求拉上的通货膨胀压力,另一方面急速的投资需求扩张加剧了低质量的产能过剩。问题在于,以扩张性政策刺激需求拉动增长,上述两方面问题的发生是客观的反危机的经济代价,同时,宏观政策对总需求的刺激强度是否过猛,本身也缺乏客观标准,从总需求管理入手很难明确地判断。中国与欧美发达经济体不同。2008年金融危机源自欧美发达国家,并且是其金融系统首先发生危机,因而其金融部门为非金融部门尤其是为企业提供货币的能力急速下降,其金融市场上的失衡突出表现为,实体经济等非金融部门对货币(资本)有需求,而金融部门缺乏货币(资本)的供给能力,进而危机从金融部门传导到非金融部门,使实体经济面临严重的困难。因此,金融部门和实体经济部门对政策的共同要求是增大货币供应、增大流动性,因而扩张性的财政政策和货币政策特别是扩张性的货币政策成为普遍要求。中国则不然,金融危机对中国的影响是自外部输入的,中国自身金融系统并未产生危机,其为

---

[1] 到2008年6月,金融危机对中国经济冲击已经显现,中国宏观政策从"双防"调整为"一保一控一调",即保增长、控物价、调结构,通货膨胀仍是政策控制目标。

[2] 2009年中国财政赤字达9 500亿元,占GDP比重已近3%,M2增速达到27.7%,M2的存量与上年GDP规模相比已超出近1倍。

非金融部门提供信贷支持的能力是强劲的,国际金融危机是由外部输入到中国的,并且不是首先影响金融部门(金融部门与国际金融市场间是有制度和体制性间隔的,即所谓的"防火墙"),首先影响的是中国实体经济,由于国际市场疲软,抑制了对中国实体企业的出口需求,再加上中国实体经济本身创新力不足等多种原因,增长缺乏有效的市场需求支持,自身也难以创造新的有效的投资机会,因而对货币(资本)的有效需求严重不足,反映到金融市场上的失衡矛盾表现为,与欧美发达经济体相反的特征,不是实体经济具有对货币的需求而金融部门供给能力不足,而是金融部门的货币供应能力充分而实体经济对货币的有效需求不足,对政策的要求重点不是增大货币供应量和流动性扩张,而是培育市场中实体经济对货币的有效需求,推动实体经济创造更多的投资机会以吸纳投资,否则任何扩大总需求的宏观政策都有力度过猛之虑。也就是说,单纯地就总需求进行刺激,缺乏供给侧的改革,特别是实体经济创新力的提升和结构升级的推动,不仅不可能有效刺激增长,而且会加剧潜在的通货膨胀压力。三是与强度是否过猛相联系,2010年10月,中国宣布率先推出反危机政策轨道是否过早?突出的表现在于2010年年底,退出反危机政策轨道,重回之前的"积极的财政政策,稳健的货币政策"之后,在2011年第一季度至2012年第三季度连续七个季度经济增长持续下滑,比2008年受金融危机影响的连续五个季度下滑的时间更久。事实上,主要依靠政府宏观政策刺激需求拉动增长是难以持久的,在经济衰退、市场力量不足时,必要的政府扩张甚至政府直接投资拉动,都是需要的,政府反危机强力拉动政策退出的时机把握,关键不在于时间的长短,而在于市场力量的复苏。一方面,政府投资本身受其能力限制,受财政赤字及相应的通货膨胀能力的约束;另一方面,政府未经市场充分竞争的投资需求难以保证是优质需求,短期可以缓解危机,但长期会形成低效率、产能过剩的经济泡沫,需要支付高昂的反危机之后的退出成本。脱离供给侧的企业竞争力和创新力的提高,脱离市场力量的复苏,政府任何时候对总需求扩张的政策的停止及退出,都会相对"过早"。

　　无论是质疑中国宏观经济调控应对2008年世界金融危机过程中的政策调整是滞后、过猛,还是退出过早,针对总需求展开的政策调控是否适度的判断标准,就需求本身而言是难以明确的。中国反危机的宏观政策取得了显著的经济增长效应,在内需疲软、世界经济陷入深刻危机的条件下,中国应对危机的全面扩张的宏观政策的需求效应明显,特别集中体现在经济增长上。但与之相伴随,这种强力刺激需求的政策效应也产生了一定的代价,这一代价集中体现在:低效率低竞争力的投资项目的启动,加剧了产能过剩的矛盾,特别是加剧了劣质产能过剩的矛盾;需求端的扩张拉动增长的同时,深化了供给端结构性失衡的矛盾,重复投资引发的结构性过剩的矛盾进一步激化;强力扩张需求的政策短期里迅速增大了流通中的货币量,M2存量与经济规模之间比例严重失衡,加大了潜在的通货膨胀风险,加剧了原已存在的货币供给充分而对货币的有效需求不足的矛盾,使金融部门与实体经济间的结构性矛盾、实体经济的供给与市场需求结构变化间的矛盾、金融部门本身脱实向虚的矛盾等进一步激化,等等,这一系列新的或更深刻的结构性失衡产生的原因极为复杂,但却与反危机的强力扩张总需求相关,表明在经济新常态下,不深化供给侧结构性改革,而强行刺激需求,对经济可持续增长不仅没有积极作用,反而会加剧新失衡。一定意义上可以说,提出深化供给侧结构性改革的战略举措,是对反危机全力扩张总需求产生的代价的支付。推动供给侧结构性改革是在"三期叠加"下消化反危机后退出成本的重要方式和路径。

2. "双重风险"的新失衡要求宏观财政政策与货币政策采取松紧搭配的组合

总体来说,财政政策与货币政策采取反方向组合的目的,是更有效地运用宏观政策淡化经济周期波动性(而不是强化波动幅度)。两者之间的组合方式可以有多种选择,如何选择并适时做出调整,主要应根据经济失衡的特殊性及其变化来决定。

如果国民经济的国际收支领域是均衡的,但经济中存在"滞胀"(或通货膨胀与经济下行双重风险),财政政策与货币政策难以统一到单一目标上来,可以考虑采取反方向组合的政策选择,具体有:财政政策与货币政策采取怎样的反方向组合?是松的(积极的或称扩张的)财政政策与紧的(稳健的或称紧缩的)货币政策相组合,还是反过来紧的财政政策与松的货币政策相组合?相关银行危机案例研究表明,财政政策指数(FPI)对危机期间(短期中)的经济增长有显著影响,对同期的通货膨胀水平不具显著影响,但危机过后的若干年里(长期中),扩张性的财政政策对经济增长不具正向作用,而其负向作用会逐渐显现,特别是长期采取扩张性财政政策,其财政赤字对加剧通货膨胀的作用会越来越突出。货币政策指数(MPI)对危机期间(短期中)的通货膨胀水平具有显著正向影响,对同期的经济增长不具显著影响,但危机过后的若干年里(长期中),扩张性的货币政策对通货膨胀水平并无显著影响,对长期中的经济增长也不具显著影响。[①]

因此,就短期(需求管理)而言,如果经济周期进入危机阶段(或承受危机严重冲击时),并且国民经济中存在"滞胀"的双重风险,就宏观政策的组合而言,可以采取扩张性的财政政策,以刺激短期危机时的经济增长,又不致因此而加剧危机冲击时的通货膨胀;同时采取紧缩性的货币政策,以抑制短期中的通货膨胀,又不致因此而抑制危机冲击时的经济增长。扩张性的财政政策与紧缩性的货币政策的松紧反方向搭配组合,能够在短期里有效地缓解应对危机冲击中的"滞胀"风险,不应反过来以扩张性的货币政策与紧缩性的财政政策相组合,因为危机时扩张性的货币政策对经济增长并无显著作用,反而对通货膨胀有显著刺激作用,同时,紧缩性的财政政策则对经济增长具有显著的抑制作用,从而会加剧经济"滞胀"。

就长期而言,危机过后,国民经济中仍长期存在"滞胀",财政政策与货币政策反方向组合方式需要做出调整,扩张性的财政政策应适时退出,因为其在危机后的长期里对经济增长不起显著的拉动作用,其负向作用,特别是财政赤字形成的通货膨胀压力会逐渐释放,而紧缩性的财政政策则能有助于抑制通货膨胀。货币政策是从紧还是扩张?如果国民经济中不存在严重的结构失衡,特别是不存在普遍严重的产能过剩,如果国民经济中创新力有显著提升,尤其是为产业结构升级创造了必要的空间,从宏观政策而言,应当辅之以相对适度宽松的货币政策,至少不因此有损于增长,同时又不致因此加剧通货膨胀。因而,采取紧缩性的财政政策与扩张性的货币政策组合是可能的,一般不应继续长期采取扩张性的财政政策与紧缩性的货币政策的组合,特别是不应长期采取扩张性的财政政策,否则既不利于长期增长,又会加剧通货膨胀压力。但是,如果国民经济中结构失衡突出,产能过剩严重,产业升级缺乏空间,那么,宽松的货币政策的方向和力度就必须另作讨论。只要实际失业率不会明显上升而严重影响

[①] 马勇、陈雨露:《货币与财政政策后续效应评估:40 次银行危机样本》,《改革》,2012 年第 5 期,第 24—32 页。

国民经济运行,只要经济增长率能达到保就业的水平,货币政策就不宜过于宽松,以减轻对重复投资的刺激,从而减轻产能过剩的泡沫,辅之以稳健的货币政策是需要的。因此,现阶段采取的"积极的财政政策与稳健的货币政策"的反方向组合,是符合中国经济失衡的特点的,问题的关键在于如何掌握政策作用力度,问题的根本在于提高经济创新力和竞争性效率,推动结构升级。①

如果国内经济存在失衡,同时国际收支也存在严重失衡,财政政策与货币政策也可以考虑采取反方向组合。但如何组合?需要视失衡的不同类型而有所不同。一般而言,如果国内经济不景气,失业率居高不下成为突出问题,同时国际收支存在赤字,可以考虑采取扩张性的财政政策与紧缩性的货币政策松紧组合。扩张性的财政政策可以刺激需求、增加就业,虽然可能因此而刺激进口、加剧国际收支赤字,但由于财政政策对国内需求的影响程度通常大于其对国际收支的影响程度,因而其扩张带来的增长效应相对会高于其带来的国际收支赤字效应。紧缩性的货币政策会促使利率上升,从而促进资本流入,减少国际收支赤字,虽然可能因此抑制国内需求、增加失业,但由于货币政策对国际收支的影响程度通常高于其对国内需求的影响程度,其对国际收支均衡的促进作用相对高于其对国内经济的抑制效应。

如果国内经济失衡的突出问题是通货膨胀、需求过热,同时国际收支失衡中存在大量盈余,可以考虑采取紧缩性的财政政策与扩张性的货币政策的紧松组合。紧缩性的财政政策可以抑制需求、缓解通货膨胀压力,虽然可能因此减少进口,增大国际收支失衡中的盈余,但其对国内需求的抑制作用通常会高于其对国际收支的作用程度。扩张性的货币政策可以增大资本流出,减少国际收支失衡中的盈余,虽然可能因此刺激国内总需求,加剧通货膨胀,但其对国际收支的影响程度通常高于其对国内需求的影响程度。

当然,无论采取怎样的财政政策与货币政策反方向组合,其政策力度、松紧程度都需视国民经济对于失衡的承受力而定。②

中国现阶段经济失衡的特点是,国内经济的主要矛盾既不是单纯的通货膨

---

① 刘伟:《经济"新常态"对宏观调控的新需求》,《上海行政学院学报》,2014年第5期,第4—14页。
② 刘伟:《我国现阶段财政与货币政策反方向组合的成因、特点及效应》,《经济学动态》,2012第7期,第13—19页。

胀,也不是单纯的失业,而是潜在通货膨胀与经济下行双重风险并存,同时国际收支存在巨大盈余,外汇储备规模大且不断增加。显然,这种失衡状况就需求管理而言,短期里难以运用财政政策与货币政策反方向组合的方式,来同时有效地促进国内经济均衡和国际收支均衡目标的实现,无论哪种松紧搭配的反方向政策组合都不可行。必须结合长期供给管理,在财政政策与货币政策反方向组合中强调其长期供给效应,提高国民经济微观活力,逐渐提升资本投资收益率进而真正刺激经济,特别是刺激实体经济投资需求,不断推动创新进而切实促进结构升级,尤其是缓解产能过剩,以促进稳定有效增长,扼制"下行"势头;同时,将宏观政策调控的着眼点切实放在提升企业效率并降低企业成本这一核心命题上,从根本上扼制成本推动的通货膨胀。在缓解国内经济双重风险并存矛盾的同时,兼顾国际收支均衡目标,同样需要在短期需求管理和长期供给管理相互协调的基础上,通过深化改革特别是深化要素市场化进程,尤其迫切需要加快金融市场化,加快利率和汇率的市场化。否则,即使采取紧缩性的货币政策,国际收支存在赤字,也难以通过利率、汇率等的市场性提高以推动资本流入,缓解赤字;即使采取扩张性的货币政策与紧缩性的财政政策组合,即使国际收支存在大量盈余,也难以通过利率、汇率的市场性下降以推动资本流出,缓解盈余。无论财政政策与货币政策怎样反方向组合,没有要素市场化的基础,都难以同时兼顾国内经济均衡目标和国际收支均衡目标的要求。

3. 经济新常态下的新失衡要求宏观调控必须统一需求管理与供给管理

在经济存在"双重风险"的失衡状态下,特别需要尽可能实现无通货膨胀或者说不需支付较大通货膨胀代价的有效增长,这就需要统一需求管理与供给管理,在运用总需求管理以克服市场需求疲软或市场失灵的同时,引入并且更加重视供给侧管理,协调供给与需求两端,使宏观调控在长期与短期、总量与结构、生产者与消费者之间取得协调。

引入供给侧结构性改革不是说可以忽视需求管理和调控,事实上,需求管理是宏观调控的重要内容,也是与供给管理相互统一的整体,尤其是就短期均衡目标而言更具现实性,只要潜在的经济增长率水平高于实际增长率,需求管理就具有有效的增长意义。问题在于,不能脱离效率目标,强行刺激劣质需求拉动的劣质经济增长,这种劣质增长会从根本上否定经济增长的有效性和可持续性,会从根本上否定供给侧结构性改革,会与供给管理根本对立起来。就供给侧结构性改革的必要性和可行性的重要前提而言,必须有适度的总需求管理,需求过度膨胀的失衡条件下,高居不下的通货膨胀率不可能支持供给侧结构性改革的深入,之所以提出供给侧结构性改革,重要原因就在于市场需求疲软的条件下,通过提高企业市场竞争力拉动增长,高通货膨胀会使企业失去供给侧深化改革的压力;需求严重不足的失衡条件下,严重的失业压力同样不可能支持供给侧结构性改革的深入,供给侧结构性改革最大的问题之一是如何安排失业人员的再就业,高失业率会使经济降低深化供给侧结构性改革的承受力。就深化供给侧结构性改革的最终目标而言,除可以创造需求、引领需求外,主要的甚至是基础性的目标在于适应需求及其变化,在于使生产能更充分有效地满足需求。当然,需求管理本身难以从根本上克服经济失衡,尽管可以缓解失衡,但本身并不能从深层次上克服失衡的动因,因为总量失衡的深层次动因在于供给侧结构性失衡,需要深化供给侧结构性改革;需求管理可以为供给侧结构性改革创造必要的宏观经济环境和总量均衡条件,使总量失衡控制在国民经济可承受的范围之内,为从深层次上深入持续进行供给侧结构性改革赢得时间,总需求管理本身并不直接触及结构性失衡,无论是哪种类型的总量失衡,包括通货膨胀、衰退、"滞胀"等,无论是怎样的宏观经济政策导向,包括扩张、紧缩、松紧搭配等,就需求侧而言,其失衡不过是规模数量上现象的表现,而深层次的根本原因主要集中在供给侧,对其展开宏观经济政策调控也只是在一定程度上实现短期缓解,而难以从根本动因上解决矛盾。

深化供给侧结构性改革需要一定的经济增长宏观条件,需求管理正是这种经济增长条件保障的宏观政策前提,通过总需求调控使经济增长保持在合理水平区间,以支持国民经济运行中的失业率和通货膨胀率等政策控制目标要求,特别是在"双重风险"并存的条件下,财政政策和货币政策针对总需求而言,在政策目标和方向上难以统一,只能在松紧搭配的反方向组合过程中,根据双重风险波动的失衡状况,针对一定时期里的主要矛盾,调整宏观经济政策松紧搭配的力度。因此,在短期经济增长目标的调控之上,一方面,要考虑就业目标的要求,根据奥肯定律所表明的经验性趋势,尽管具体数据在不同国家、不同时期有所差异,但在其他条件不变时,经济增长与就业(失业率)目标之间具有内在联系,是普遍的客观存在。为实现政策所要求的失业率控制目标,必须保证相应的经济增长率。对政府宏观经济政策目标而言,所谓经济过冷,关键在于能否承受住相应的失业率,稳增长重要的目的在于稳就业。另一方面,要考虑通货膨胀目标的要求,根据菲利普斯曲线所反映的趋势,通货膨胀率的变化受多种因素影响,但在其他条件不变时,经济增长率与通货膨胀率之间具有内在联系是客观事实,为实现政策所要求的通货膨胀率控制目标,需要使经济增长率控制在合理水平上,对政府宏观经济政策目标而言,所谓经济过热,关键在于能否承受住相应的通货膨胀率,控增长重要的点在于控通货膨胀。

实际上,只有在统一考虑就业目标(失业率)和通货膨胀目标(通货膨胀率)要求的基础上,才可能确定较为协调均衡的经济增长目标(增长率),在短期里,这些政策目标的实现及相互内在联系的协调,必须通过需求管理及运用相应的宏观经济政策。根据中国现阶段的经验,特别是近年来进入经济新常态的实际,以0.45%以下的城镇登记失业率(若以社会调查失业率为标准则会相对略高些)为政策目标控制的水平,则经济增长率应不低于6.5%;以3%左右的通货膨胀率为政策目标控制的水平,则经济增长率不超过7%即可。因此,近年来中国GDP增长率的目标控制在6.5%及以上。宏观经济政策的制定,包括财政政策、货币政策等,其需求效应集中体现在实现6.5%及以上的经济增长目标上。这种需求效应带动的经济增长,是兼顾就业目标(失业率4.5%以下)和通货膨胀目标(CPI上涨率3%左右)的增长目标[①],财政政策与货币政策的松紧搭配,以及在此格局下的松紧适度的政策力度调整,也是围绕这一增长目标及相应地就业目标和通货膨胀目标的政策标准体系展开的,在这一松紧适度的政策调整区间内,就业目标(4.5%的城镇登记失业率)实现所需要的经济增长目标不低于(6.5%)可以视为下限,通货膨胀目标(CPI上涨率3%左右)所要求的经济增长目标(6.5%以上)可以视为上限,宏观政策的松紧力度可根据实际失业率和CPI的变化所体现的经济失衡特点,适时加以调整,把经济失衡控制在国民经济运行可以承受的范围之内,使经济下行和通货膨胀双重风险的防范得以兼顾,进而为深化供给侧结构性改革创造宏观经济增长条件。否则,总量失衡

---

① 刘伟、苏剑:《从就业角度看中国经济目标增长率的确定》,《中国银行业》,2014年第9期,第20—26页。

严重,无论是高失业、高通货膨胀,还是严重的"滞胀",短期里宏观经济不稳定,长期里深化供给侧结构性改革不具经济可能和可行性。

但这种需求侧的宏观调控至少存在两方面的问题,一方面,在兼顾双重风险("滞胀")目标控制的条件下,从总需求入手进行宏观政策调控,尽管可以在双重风险之间有所倾斜,特别是根据不同时期双重风险的不同变化及对国民经济正常运行的威胁程度的不同,可以有政策重点选择的调整及政策松紧力度的变化,但双重目标的政策实现过程是相互矛盾的,一般而言,以紧缩总需求来控制潜在的通货膨胀压力转化为现实,会加剧经济下行压力,而以扩张总需求来刺激经济增长,会加剧通货膨胀的压力,互为代价,宏观经济政策只能在"两害相权取其轻"中做出两难的选择,宏观调控本身成本高,风险及不确定性强。这就特别需要深化供给侧结构性改革,如果从供给侧入手展开宏观经济调控,提高劳动生产率和企业效率,降低企业成本,推动结构升级,改善供给质量并提升竞争力,可以实现在市场需求不变或者说不需要强力刺激市场需求的条件下,以供给创造需求,以供给侧改革适应市场,进而实现没有通货通胀下的经济有效增长,在不需要支付或较少支付通货膨胀的代价下增加就业。这种将需求管理与供给管理、将需求调控与供给变革有机统一的宏观调控方式,不仅更为有效,而且成本相对更低,风险相对更小。从传统的总需求管理向这种宏观调控方式的转变,是中国经济新常态下克服失衡的客观历史要求。另一方面,松紧搭配的宏观经济政策以松紧力度的不断调整兼顾双重风险目标,只能在双重风险目标之间进行置换,即一定时期是最为突出的失衡先行得到控制,从而缓解总量失衡的严重程度,并缓解对国民经济的威胁程度,但并不能从深层结构性失衡方面克服总量失衡的真正动因。中国经济进入新常态出现的新失衡,无论是经济下行,还是潜在的通货膨胀压力,双重风险并存的深层原因主要集中于供给侧结构性矛盾。因此,总需求调控以缓解总量失衡更具短期的治标意义,只有同时从供给侧入手,深化供给侧结构性改革,才更具长期治本意义。作为国家现代治理结构的重要组成部分的宏观经济调控机制,需要针对宏观经济失衡加以标本兼治,这就进一步要求必须统一需求管理与供给管理,统一总需求调控与供给侧结构性改革。

供给与需求是统一体,供给管理与需求管理是这一统一体的政策作用两端,统一总需求调控与供给侧结构性改革是现代经济宏观调控方式演变的客观历史趋势,这一历史趋势的演进要求在中国经济发展进入新常态之后表现得尤其显著。只有在宏观调控中,把供给与需求作为统一体,才能真正把短期与长期、总量与结构等宏观经济目标的实现协调起来,才能真正有效地将经济增长目标、就业目标、通货膨胀目标等宏观经济目标的实现协调起来,才能真正把生产者、消费者对宏观经济政策的诉求和预期协调起来。这是宏观经济理论和政策的历史性的深刻革命,中国经济发展需要这种创造性的理论与政策的指导,同时也为这种理论和政策革命提供历史实践基础。

4. 经济新常态下的制度创新与深化供给侧结构性改革

宏观调控方式转变为统一并协调供给与需求两端,需要改革和完善宏观经济政策体系与传导机制。首先,由于需求管理政策作用对象或者说政策的出发点和着力点是消费者及购买者,而供给管理政策的作用对象及政策的出发点和着力点是生产者及劳动者,因此,统一协调需求与供给两侧的管理,在运用宏观财政政策和货币政策时,必须协调政策对生产者和消费者的不同作用,不仅要使之相互统一,而且要针对不同经济体的不同发展阶段及相应地经济失衡的特点(特别是要针对矛盾的主要方面——究竟是集中于供给端的生产者,还是集中于需求端的消费者)使政策作用重点有所调整;不仅要在短期里兼顾宏观经济政策的需求效应和供给效应,而且在长期里要协调消费者利益增长、国民消费水平的提高与生产者的竞争力和创新力持续增强间的矛盾;不仅在运用财政政策和货币政策时要关注其税收、赤字规模、信贷货币供应量等数量工具产生的市场需求变化,尤其是最终消费需求变化的政策效应,而且要关注税率、利率等非数量和价格工具产生的供给效应,尤其是对企业成本及投资创新力等相应竞争力发生的影响。当然,这种兼顾宏观政策的需求效应和供给效应的政策导向,对宏观调控机制、对政府与市场的关系等必然会提出新的要求。其次,由于需求管理政策的落脚点及其效应体现的是总需求的变化,政策效应主要体现为总量的市场需求的改变,而供给管理政策的落脚点及其效应体现的是总供给的结构变化,政策效应主要体现为经济结构的供给质态的改变,因而需求管理的政策工具主要是财政政策、货币政策等宏观政策手段,而供给管理除运用财政政策、货币政策等宏观政策工具外(但运用时强调的不是其对消费者的需求效应,而是强调其对生产者的供给效应),还特别强调运用一系列结构性政策,包括产业组织政策(产业内部的市场结构政策),产业结构政策(产业之间的结构高度及演变政策),区域经济结构政策,科技发展战略,人力资本的积累和相应的教育、医疗、健康等产业及事业发展的结构政策等,但如何协调总量政策和结构政策,不仅在理论上存在深刻分歧,而且在各国经济发展史上也有完全不同的政策实践选择,特别是围绕所谓"产业政策"的争论,也是经济思想史上不同经济哲学观分歧的反应。① 但是要协调需求管理与供给管理,必须统一总量政策效应与结构政策效应,这就同样对政策体系和传导机制提出了创新性要求,对经济运行机制和宏观调控机制提出了深刻的改革要求。最后,需求管理是通过政策影响需求总量变化,进而影响消费者行为及行为预期以实现需求政策效应,而供给管理则是通过政策直接影响生产者行为及行为预期,以提高其效率,实现供给管理的结构效应。因而,一方面,供给侧调控的目的是提高生产者竞争力,并在此基础上实现经济结构升级,这就需要把企业置于更充分、更公平、更自由的市场竞争条件中;另一方面,供给侧管理的政策手段又在更大程度上直接作用于企业,统一需求管理与供给管理必须在政策和体制上协调好市场竞争的决定性及政府政策的有效性之间的关系。如果说在经济思想史上,从古典经济学否定政府系统性干预经济、提出"看不见的手"开始,直到"凯恩斯革命"才真正开始承认政府对市场经济总量干预的必要,那么,从凯恩斯主义提出政府系统的总需求管理到现在,即使在西方经济理论界,政府干预是否应从总量(需求)再深入到结构(供给侧),仍存在争议。在实践上主要是难以协调政府与市场的关系,在机制上难以保证市场公平竞争的秩序与政府干预生产者的政策间的统一。实际上,这种矛盾和困难是源于资本主义私有制基础上的市场制度本身,资本主义私有制下市场竞争的盲目自发性,从根本上与政府自觉系统调控国民经济相对立,在实践上看起来是政府与市场的关系未能得到有效处理,在理论上看起来是经济自由主义与国家干预主义的长期争论,其实质上是

---

① "产业政策"究竟需不需要?产业结构及产业组织问题是市场自由竞争形成的状态,还是可以通过政府结构性政策作用形成?长期里哪种方式更有效?美国第二次世界大战后占主流的理论和政策是不承认"产业政策"作用的有效性的,而战后法国、日本等提出"产业政策",特别是日本系统地运用"产业政策"实现了"神武景气"。但自20世纪80年代中期后,日本经济进入长期低速增长,竞争力下降,是否与产业政策所推动的政府政策对市场竞争的冲击相关联?怎样认识中国的产业政策作用的必要性、有效性?……都存在严重分歧(参见刘伟、杨云龙:《中国产业经济分析》。北京:中国国际广播出版社1987年版,第305—313页)。

源于资本主义制度。马克思主义经济学,特别是《资本论》对此已做出深刻而科学的剖析。[①] 中国特色社会主义市场经济制度下能否实现这种有机统一? 供给侧结构性改革本身涉及的是基本制度的历史性革命。在社会主义初级阶段,在中国特色社会主义经济发展进程中,只有在公有制为主体、多种所有制经济共同发展的基础上,构建竞争性的市场竞争机制,才有可能从根本上克服资本主义私有制的内在矛盾,把生产的社会性、自觉性与市场竞争的自发性、盲目性历史地协调起来,为其内在的统一创造制度可能,进而为政府与市场调节的有效协调创造制度基础。

因此,从供给端针对企业入手,以影响生产者为政策出发点,以国民经济结构升级质态提升为政策落脚点的供给侧结构性改革的战略举措,从根本上来说是系统的深化改革的历史性命题。这种对于制度创新的要求主要体现在两方面。

第一,经济制度及机制的创新。在中国现阶段,这一创新集中体现为中国特色社会主义市场经济制度的建设,把公有制与多种所有制经济共同发展作为社会主义初级阶段的基本制度,这本身就是深刻的创新;把公有制为主体、多种所有制共同发展的基本制度与竞争性的市场经济机制统一起来,形成社会主义市场经济,更是科学社会主义发展史上的伟大创造。[②] 社会主义市场经济制度的构建,制度前提在于所有制体系的完善,体制目标在于有效协调政府和市场的关系,重要基础在于市场机制为配置资源发挥决定性作用,强调市场起决定性作用,要求:一方面,推动要素市场化。经过四十多年的改革开放,中国社会主义市场经济的建设和发展中的商品市场化,包括消费品和投资品的市场化程度已经达到相当高的程度,尽管商品市场秩序和竞争质量仍有待完善,但投资品和消费品绝大多数是经市场交易机制进行配置,并且其价格决定大都是市场决定。但是,要素市场化包括劳动力、土地、资本、外汇、环境生态、自然资源、技术专利等,无论是在市场化的程度上,还是在市场竞争质量上,都仍有极大不足。要素市场化是实现供给侧结构性改革的关键性市场条件,没有充分竞争的要素市场化机制,企业不可能真正处于公平竞争的市场硬约束中,也就不可能真正提升市场竞争力,供给侧结构

---

① 《资本论》。北京:人民出版社1975年版,第860—875页。
② 刘伟:《中国经济改革对社会主义政治经济学根本性难题的突破》,《中国社会科学》,2017年第5期,第23—43页,第205—206页。

性改革提高供给质量和生产效率的目标便无以实现。另一方面,推动市场竞争秩序的完善。市场内在竞争秩序包括:市场竞争中的主体秩序(企业产权制度),涉及的是企业作为市场竞争主体的根本权、责、利,直接关系到市场是否失灵,竞争是否有效;市场竞争的交易秩序(价格决定制度),涉及的是相互间交易条件决定规则是否合理,直接关系到市场竞争的公平性。要素市场化和完善市场经济秩序,分别从程度和质量上提升市场化的水平,脱离市场化水平的不断提升,不仅难以深入推动供给侧结构性改革,难以实现供给变革的初衷,而且可能导致政府政策对市场竞争的过多直接干预,甚至导致对市场配置资源决定性作用的否定,进而严重背离经济效率原则。在经济体制改革和转轨过程中,突出的困难在于政府自身的改革,社会主义市场经济制度建设的重要难题也在于政府职责的转变和机制改革,尤其是需要根据市场配置资源决定性作用发挥的程度和效率,明确市场失灵和局限,有针对性地明确政府职能,使政府职能与市场功能形成动态的有机协调。从某种意义上可以说,市场化进展到一定历史程度,政府职能的转变和改革会成为市场化历史进程的关键性制约因素,成为能否在实现市场在资源配置中起决定性作用的同时更好地发挥政府作用的决定性因素。中国改革开放的历史,从一定意义上可以说是探索社会主义所有制与市场经济的统一、探索在此基础上的政府与市场的协调的历史。

第二,法律制度和法治的建设。市场经济是法治经济,就其内涵而言,市场经济贯彻的是法权规则;就其方式而言,市场经济采取的是契约形式;这种内涵和方式都要求以法治的制度,来明确市场经济的制度安排。这就要求在制度创新过程中,必须推动法治化的深入。中国特色社会主义法治化的深入,重要的在于两方面:一方面,推动法治制度的建设和完善,建立较健全和完备的法律制度体系,提高法律制度供给的充分性和完备性,即"有法可依",同时不断提升法律的质量和有效性,即"法为良法";另一方面,推动社会法治精神的培育和弘扬,提高全社会遵法守法的自觉性,即法治的权威。否则,要么无法可依(法制建设不完备),要么有法难依(法为"恶法",贯彻代价极高),要么有法不依(法治精神匮乏,有法律未必是法治)。法律制度和法治精神的建设和培育,要从法制供给和法治贯彻两个方面提升法治化水平。供给侧结构性改革是在市场竞争更充分的基础上政府进行更深入的干预,这种更深入的干预不仅体现为政府一般地对总量失衡的纠正,更体现为对经济结构、市场竞争主体(生产者)行为的引导,这就尤其需要通过法治化的深入。一方面,切实有效地维护市场竞争主体的权利和公平竞争的秩序,即所谓维护市场竞争中的"私权",否则在强调政府更深入地干预和引导经济的过程中会损害竞争主体的"私权",损害市场竞争的自由和充分性,破坏市场竞争的公平性及有效性;维护"私权"本质上是以法治的方式明确市场竞争主体的权利与责任,肯定其权利的同时强调相应的责任约束,否则市场竞争主体权利与责任失衡,难以真正接受市场硬约束,市场主体的竞争行为不可能收敛于均衡的状态,市场将严重失灵。另一方面,切实有效有序地规范"公权",在强调政府对经济干预深化,特别是从总量深入到结构,从结构深入到生产者的过程中,对政府权力运用的范围、程序、方式、监督、约束等都需要以法治的方式加以规范,以防止"公权"的滥用,以及由此带来的对市场公平竞争规则的破坏;对"公权"的法治规范本身是从根本上保护"公权"的权威,"法制"与"法治"的重要区别在于,法制是法律制度的系统建设,但有法律制度未必是法治社会,也未必是法治国家和法治政府,法治则是运用法制治理社会、国家、政府的过程,其有效性不仅在于是否有法律制度规定,更重要的在于社会、国家、政府多方面是否具有自觉遵法守法的"法治精神",而这种法治精神的培育,最为重要也最为艰难的在于如何加强对国家、政府、立法执法者等本身权力运用的法律约束。市场经济与法治社会是统一体,中国特色社会主义市场经济的改革进程,同时也是中国社会主义法治化建设的过程,社会主义市场经济的发展要求使市场在资源配置中发挥决定性作用,同时更好地发挥政府的作用,这就要求在政府与市场的相互关系的协调上必须达到新的历史高度,这种新的历史高度的实现,除在基本经济制度上深入完善社会主义社会生产资料所有制结构与竞争性的市场机制间的结合和有机统一外,在法制上要求法治化水平必须与之相适应。统一需求管理与供给侧结构性改革作为宏观调控方式的根本性变革,是中国特色社会主义市场经济体制建设和改革的重要方面,不仅对政府与市场机制相互的关系提出了更深的要求,而且对法治化进程提出了更迫切的需要。中国特色社会主义经济的市场化和法治化,是有效推进供给侧结构性改革的制度保障。[①]

---

① 刘伟:《经济新常态与供给侧结构性改革》,《管理世界》,2016年第7期,第1—9页。

第六章

新时代中国特色社会主义政治经济学的经济发展问题：贯彻新发展理念与跨越"中等收入陷阱"

一、中国经济发展达到的水平及比较①

1. 中国经济总量的增长及水平

习近平同志在党的十九大报告中指出"经过长期努力,中国特色社会主义进入了新时代,这是我国发展新的历史方位"②。进入新时代的重要基础在于经济发展达到新的高度,面临一系列约束条件的新变化,进而形成一系列新特征。客观深入认识和剖析经济发展所达到的新高度与新变化,是理解新时代的重要方面。改革开放后,中国的经济增长和经济发展进入了一个新的阶段。一方面,随着经济高速增长,中国在经济发展上和先进水平国家之间的差距在不断缩小。现在,中国的经济总量在世界上已经居于领先位置,中国的国际经济地位不断提高,这已经是不争的事实。另一方面,由于中国是世界人口最多的国家,有超过14亿的人口,从以人均GNI所反映的经济发展水平看,中国和先进

---

① 该部分主要内容参见刘伟、蔡志洲:《新时代中国经济增长的国际比较及产业机构升级》,《管理世界》,2018 年第 1 期,第 16—24 页。
② 习近平:《决胜全面建成小康社会 夺取新时代中国特色社会主义伟大胜利——在中国共产党第十九次全国代表大会上的报告》。北京:人民出版社 2017 年版,第 10 页。

国家之间还存在不小的差距,仍然要把发展作为第一要务,特别是需要坚持贯彻新的发展理念,坚持社会主义市场经济改革方向,推动构建现代化经济体系,推动经济持续健康发展,特别是在新时代矛盾转化条件下,在这么高的经济总量的基础上,中国经济能否保持继续增长?通过对经济总量、人均国民收入、产业结构的国际比较,可以看出中国的经济增长还有很大的潜力。如果我们能真正回答好中国发展问题,那么,不仅中国现代化目标能够如期实现,而且"拓展了发展中国家走向现代化的途径,给世界上那些既希望加快发展又希望保持自身独立性的国家和民族提供了全新选择,为解决人类问题贡献了中国智慧和中国方案"[①]。

(1) 三年平均汇率法与购买力平价法

目前,对世界各国经济总量的比较,较常用的有两种方法,即三年平均汇率法和购买力平价法(purchasing power parity)。三年平均汇率法是按照汇率把一个国家的经济总量(主要是GDP)换算成按美元计算,同时,考虑到各个时点的汇率可能因为各种市场因素发生较大的波动,因此采取的是三年的平均汇率;购买力平价法则要复杂得多,它的思想是将各国产出的各种最终商品和服务再加上净出口,都用美国的市场价格计价,最后算出各国用国际元(与美元等值)计算的经济总量。但在现实中这很难做到,世界银行的国际比较项目(international comparison program, ICP)采用的方法是抽取一部分商品和服务的价格,再按照一定的权数加权,计算出换算系数,并以此推算出各个国家按照购买力平价估价的经济总量。从目前的情况看,汇率法在国际比较中的认同度较高,主要有以下两方面的原因:一是从数值的权威性看,汇率法的数据是根据各国官方统计公布的数据换算的,官方统计有权威性,而汇率则是在市场上客观存在的,得出的数据是唯一的;而购买力平价法是学术研究的结果,不但世界银行、IMF等国际机构在进行研究,各国官方和民间的很多机构和个人也在研究,对代表性商品和服务的选取及价格和权数的确定,都存在很大的争议。所以对于中国的经济总量在2009年超过了日本这个结论,经济学界不存在什么争议,而对2014年中国的经济总量从某种程度上说已经超过了美国,人们的认可度却

[①] 习近平:《决胜全面建成小康社会 夺取新时代中国特色社会主义伟大胜利——在中国共产党第十九次全国代表大会上的报告》。北京:人民出版社2017年版,第10页。

并不高。二是从汇率和购买力平价的关系看,汇率是在国际经济关系(商品、服务与资本往来)中形成的,虽然也存在政府干预等非市场因素的影响,但主要还是取决于市场因素的作用,尤其是国际市场各种因素的作用,实际上是承认各国经济发展水平与因加入全球化程度上的差别而存在的商品和服务的价格差异;而购买力平价法则是要试图消除这种差异。一般而言,一个国家商品价格的总体水平是和它的经济发展水平相关的,经济发展水平越高,工业化程度越高,其制造业产品的相对价格就可能越低,而劳动密集型产品和服务的相对价格则可能较高,经济发展水平较低的国家的情况可能恰恰相反。这种情况导致的结果是,一个国家的经济发展水平越高,它的整体价格水平也就越高;反之亦然。一个国家的不同地区之间,其实也存在这种现象。[1] 具体地看,按照世界银行国际比较项目的研究结果,一个国家的人均 GNI 或人均 GDP 的水平高出美国越多,那么它的购买力平价折算系数(即按购买力平价法计算的 GDP 除以三年平均汇率法 GDP 所得到的数值)也就越高;反之亦然,且数值高低的程度与这个国家的人均 GDP(用任何一种方法计算)成正比。从这个意义上看,三年平均汇率法和购买力平价法所计算的结果反映的差异,实际上也是一个国家经济发展水平的特征。购买力平价法所得到的结果高出三年平均汇率法所得到结果的程度越高,这个国家的经济发展水平及融入全球化的程度也就越低。因此,用三年平均汇率法进行经济总量的国际比较时,不仅是对相关国家经济总规模的比较,也包含对这些国家经济发展水平上的考虑,人们对其的认可度较高。而购买力平价法也有它的优点,这就是在计算人均 GDP 或人均 GNI 时,能更好地反映人民生活的真实水平。因此,进行国家间经济总量的比较时,通常采用的仍然是三年平均汇率法。

(2)近年来中国经济总量国际地位的变化

2012 年中共十八大召开当年,中国的经济增长速度由上一年的 9.5% 下降到 7.9%。在 20 世纪 90 年代末亚洲金融危机和 2008 年全球金融危机时,每当经济增长速度出现这样的回落时,中央政府都是通过需求刺激政策,让经济增长速度回到 8% 以上。但是这一次,中央根据中国经济发展的实际情况,提出要

---

[1] 江小涓、李辉:《我国地区之间实际收入差距小于名义收入差距——加入地区间价格差异后的一项研究》,《经济研究》,2005 年第 9 期,第 11—18 页。

充分发挥市场在配置资源上的决定性作用,后来又提出了供给侧结构性改革的思路,没有再出台大规模的需求刺激政策来提升经济增长速度,而是允许经济增长速度调整到8%以下,在保持一定的经济增长速度的同时,更加重视经济增长的质量。从此,中国由高速经济增长时代转入中高速经济增长时代。2012—2016年,中国的GDP增长率分别为7.9%、7.8%、7.3%、6.9%和6.7%,2017年的GDP增长率略有回升,但和上年相比没有显著变化,保持在6.9%,2018年则再降至6.6%,这就是中国经济增长的新常态的特点之一。虽然从动态上看,中国在新常态下的经济增长率与之前的30年(年均GDP增长率达到10%左右)相比,下降了大约3%,但是和世界其他国家相比仍然更高,而且由于总量在不断提升,每增长1个百分点所带来的数额也在不断提升,中国的国际地位也在不断提高。

一个国家以三年平均汇率法按现行价格计算的GDP及其变动,主要受三个因素影响,一是经济总量及其变动,二是国内通货膨胀因素,三是汇率及其变动。其中,经济总量及其变动发挥着基础性作用。在表6-1中可以看到,2012—2016年,美国GDP的年均名义增长率是3.54%,比20个主要经济体GDP的年均名义增长率高3%,比世界年均名义增长率高3.3%,其GDP占世界的比重由21.6%增加到24.6%,提高了3%。这说明美国的经济仍然保持着活力。具体地看,这期间美国的年均实际GDP增长率为2.17%,国内价格总水平(反映为GDP价格折算系数)的年均上涨幅度为1.42%。[①] 和表6-1中其他的发达经济体相比较,这已经是较高的经济增长。而日本GDP的年均名义增长率为-5.54%,占世界经济的比重约下降了2%;而在实际上日本这一期间的年均实际GDP增长率为1.13%,国内价格总水平的年均上涨幅度为0.08%,虽然表现不理想,但仍然是正增长。但由于经济增长乏力、通货紧缩,人们对日元的预期降低,从而导致日元兑美元的汇率出现大幅下跌,使按照汇率法计算的GDP占世界经济的比重出现大幅下降。而巴西则属于另外一类情况,巴西的年均实际GDP增长率是-1%(其中后两年的实际增长率都在-3%以下),但年均价格总水平上涨的幅度则是7.89%(高通货膨胀),这样用本国货币计价的名义GDP是大幅提高了,但由于经济恶化、货币贬值,本国货币兑美元的汇率大幅降低,

---

① 数据参见世界银行数据库GDP的相关资料,其他国家的数据来源相同,不一一注释。

导致其按汇率法计算的 GDP 及其在世界所占的份额大幅降低。美国、日本和巴西是国际比较中三个较为典型的例证,分别说明了经济增长保持稳定、经济增长预期变差和经济增长恶化对一个国家按汇率法计算 GDP 的影响,也说明用汇率法计算的 GDP 确实能够较好地反映一个国家国际经济地位的变化。

表 6-1 2012—2016 年世界最大的 20 个经济体经济总量比较

按 2016 年 GDP 排序	国家	GDP(按三年平均汇率计算)(万亿美元)		年均名义增长率(%)	占世界 GDP 的比重(%)	
		2012 年	2016 年		2012 年	2016 年
1	美国	16.16	18.57	3.54	21.6	24.6
2	中国	8.56	11.20	6.95	11.4	14.8
3	日本	6.20	4.94	−5.54	8.3	6.5
4	德国	3.54	3.47	−0.55	4.7	4.6
5	英国	2.65	2.62	−0.26	3.5	3.5
6	法国	2.68	2.47	−2.08	3.6	3.3
7	印度	1.83	2.26	5.49	2.4	3.0
8	意大利	2.07	1.85	−2.80	2.8	2.4
9	巴西	2.47	1.80	−7.61	3.3	2.4
10	加拿大	1.82	1.53	−4.31	2.4	2.0
11	韩国	1.22	1.41	3.65	1.6	1.9
12	俄罗斯	2.17	1.28	−12.31	2.9	1.7
13	西班牙	1.34	1.23	−2.00	1.8	1.6
14	澳大利亚	1.54	1.20	−5.93	2.1	1.6
15	墨西哥	1.19	1.05	−3.10	1.6	1.4
16	印度尼西亚	0.92	0.93	0.39	1.2	1.2
17	土耳其	0.87	0.86	−0.47	1.2	1.1
18	荷兰	0.83	0.77	−1.80	1.1	1.0
19	瑞士	0.67	0.66	−0.20	0.9	0.9
20	沙特阿拉伯	0.74	0.65	−3.19	1.0	0.9
	以上国家合计	59.46	60.74	0.54	79.5	80.4
	世界合计	74.80	75.54	0.25	100.0	100.0

资料来源:世界银行数据库。

表 6-1 中列出了世界最大的 20 个经济体的经济总量及变化情况,2016 年这 20 个国家的 GDP 总和占世界 GDP 的 80% 以上,所以我们可以通过这些国家来观察世界经济增长的变化。在这些国家中,GDP 年均名义增长率为正数的国家只有 5 个,分别为中国(6.95%)、印度(5.49%)、韩国(3.65%)、美国(3.54%)和印度尼西亚(0.39%);其他 15 个国家都是负增长,其中衰退程度最大的 5 个国家分别是俄罗斯(-12.31%)、巴西(-7.61%)、澳大利亚(-5.93%)、日本(-5.54%)和加拿大(-4.31%)。中国是世界上经济增长形势最好的国家。而从占世界 GDP 比重的变化上看,中国也是增加最多的国家,增加了 3.4%,高于美国的 3%。而印度和韩国增加的份额分别是 0.6% 和 0.3%,印度尼西亚的份额没有增加。美国经济总量的基数大,每增加 1 个百分点增加的数额超过中国,但是中国的 GDP 增长率高,增加的总量超过了美国;印度的经济增长率要高一些,但仍然要低于中国,经济总量的基数也显著低于中国,虽然增长势头不错,但份额的变化只有中国的 1/6 左右。由于增长率和经济体量的共同作用,中国目前是对世界经济增长贡献最大的国家,这一纪录已经保持多年。由于强劲的经济增长,中国和美国在经济总量上的差距也在缩小,从表中可以看到,2012 年,中国按汇率法计算的 GDP 为美国的 53%,2016 年提升到 59%,4 年提高了 6%。到 2018 年中国 GDP 总量首次超过 90 万亿元人民币,按汇率法折算超过 13 万亿美元,进一步缩小了与美国 GDP 总量上的差距。在全球格局中,中国 GDP 占全球的份额由改革开放初期占全球的 1.8% 上升至 2018 年的占全球 16% 左右。

(3) 中国的经济总量何时能赶超美国

在经济总量上赶超世界先进水平,是中国现代化进程的一个重要标志。中国作为世界上人口最多的大国,经过多年的发展,已经成为世界第二大经济体,按汇率法计算的 GDP 目前已经是名列第三的日本的两倍以上,按购买力平价法计算的 GDP 在 2014 年就已超越美国成为世界第一。因此,按照汇率法计算的 GDP 什么时候能赶超美国,就成为很多人关心的问题。从前面的分析中可以看到,2012—2016 年这五年中,中国的汇率法 GDP 为美国现价 GDP 的比重每年提高近两个百分点,按照这一速度,中国要用 20 年以上的时间才能赶上美国。也就是说,在其他条件(年均增长率、通货膨胀程度和汇率变动程度)保持不变的情况下,要到 2040 年左右中国才能赶超美国。但在现实生活中,这些情况都可能发生变化。我们分别根据不同的情况,对赶超进程中可能出现的前景加以分析(见表6-2)。

表6-2 2012—2016年中美经济总量及其变化的相关指标

	年均GDP实际增长率(%)	年均通货膨胀率(GDP折算系数)(%)	人民币兑美元3年平均汇率年均上涨率(%)	2016年GDP(万亿美元)
美国	2.17	1.42	—	18.57
中国	7.16	1.09	-1.27	11.20

资料来源:根据世界银行数据库有关数据计算。

2012—2016年,随着经济增长进入新常态,中国经济增长速度有所下降,但从总体上看仍然保持了中高速经济增长,年均GDP增长率为7.16%,大约高出美国5个百分点。从价格总水平的变化上看,由于中国经济进入了调整阶段,而美国仍然是实施量化宽松政策,美国价格总水平的上涨幅度大约高出中国0.3个百分点。而从汇率关系上看,这一阶段人民币兑美元汇率的长期趋势是向下的,5年内的近三年平均汇率年均下降1.27%。我们在前面分析购买力平价时已经指出,经济发展水平较低的国家的物价总水平通常低于经济发展水平高的国家,经济发展水平较低的国家的物价上涨程度与较高国家相仿甚至较低时,如果经济增长率更高,从长期看,汇率应该是上升的,至少不会继续下跌。但从短期看,受市场各方面因素的影响,也可能出现波动。从目前的情况看,中国经济经过深化改革尤其是深化供给侧结构性改革,经济增长开始趋向于平稳,2017年的GDP增长率已经高于2016年,未来10年的长期潜在经济增长率有可能保持在6%以上。如果其他因素(价格总水平、汇率)保持不变,并假定未来10年美国的年均GDP增长率为2.5%(相当于美国过去20年的年均GDP增长率),中国为6.5%(存在这样的增长潜力),那么中国按汇率法计算的GDP大约在13年后也就是2030年前后会赶上美国。如果再考虑经济发展阶段对于中国的价格总水平和人民币兑美元汇率的变化的影响,假设每年价格与汇率的综合上涨程度比美国价格上涨程度高1%—2%(如价格总水平年均上涨2%—3%,汇率年均上涨0.5%—1%),那么只需要8—10年,也就是在2025年前后中国的经济总量就会赶上美国。显然,这并不是能轻易实现的,无论是保持中高速经济增长,还是保持价格总水平适度上涨、保持国际收支平衡和汇率稳定,都需要我们付出巨大的努力。但从中国社会经济可持续发展、资源可持续利用的要求看,我们又需要适度的经济增长和价格、汇率的稳定,在实现了这些目标后,中国就有可能用10年左右的时间在经济总量上赶超美国。习近平同志在党的十九大报告中指出,从现在到2020年是全面建成小康社会决胜期,如果按照党的十六大、十七大、十八大提出的全面小康目标的各项要求均满足,实现第一个百年目标,在此基础上再用30年实现第二个百年目标,在这一过程中的第一个阶段,2020—2035年基本实现现代化,从经济总量的相对国际比较而言,很可能是超越美国成为世界第一大经济体的跃升期。经济总量赶超美国不是中国经济增长的目标,即使中国的经济总量达到了那个水平,我们仍然要保持中国的可持续发展,继续提高我们的综合国力与人民生活水平,但经济总量赶超美国是中国现代化进程的一个重要标志,同时也意味着中国的国际地位提高到一个新的水平。①

2. 经济发展程度的国际比较

(1) 中国人均GNI的提升及在世界银行收入分组中地位的变化

一个国家的一般经济发展水平,可以从多个不同的方面来反映,但目前使用最多的还是人均GDP或人均GNI。在实际应用中,人均GNI使用得更为广泛,世界银行的低、中、高收入分组,就是以人均GNI为标志的。② 改革开放初期,中国的人均GNI只有200多美元,按照世界银行的标准,中国属于低收入发展中国家;通过20年的发展,1998年人均GNI达到了800美元,中国成为下中等收入国家;又用了12年,2010年人均GNI达到了4 340美元,中国成为上中等收入国家;2016年,中国按三年平均汇率法计算的人均GNI超过了8 000美元,为1998年的10倍多,比2010年翻了接近一番(见表6-3)。

---

① 北京大学中国国民经济增长研究中心:《中国经济增长报告2016》。北京:北京大学出版社2016年版,第1—26页。
② GDP与GNI分别用生产和收入账户计量了国民经济的总量,从具体数值上看,二者之间相差了一项"来自国外的要素收入净额",从人均水平的具体计算结果来看,二者相差的数值通常很小,不会影响国际比较的结果。

表 6-3　1998—2016 年世界银行的收入水平分组及中国所属的组别

年份	世界银行按收入水平划分的分组（美元）				中国人均 GNI（美元）	为高收入标准的%	中国所属的组别
	低收入	下中等收入	上中等收入	高收入			
1998	≤760	761—3 030	3 031—9 360	>9 360	800	8.5	下中等
1999	≤755	756—2 995	2 996—9 265	>9 265	860	9.3	下中等
2000	≤755	756—2 995	2 996—9 265	>9 265	940	10.1	下中等
2001	≤745	746—2 975	2 976—9 205	>9 205	1 010	11.0	下中等
2002	≤735	736—2 935	2 936—9 075	>9 075	1 110	12.2	下中等
2003	≤765	766—3 035	3 036—9 385	>9 385	1 280	13.6	下中等
2004	≤825	826—3 255	3 256—10 065	>10 065	1 510	15.0	下中等
2005	≤875	876—3 465	3 466—10 725	>10 725	1 760	16.4	下中等
2006	≤905	906—3 595	3 596—11 115	>11 115	2 060	18.5	下中等
2007	≤935	936—3 705	3 706—11 455	>11 455	2 510	21.9	下中等
2008	≤975	976—3 855	3 856—11 905	>11 905	3 100	26.0	下中等
2009	≤995	996—3 945	3 946—12 195	>12 195	3 690	30.3	下中等
2010	≤1 005	1 006—3 975	3 976—12 275	>12 275	4 340	35.4	上中等
2011	≤1 025	1 026—4 035	4 036—12 475	>12 475	5 060	40.6	上中等
2012	≤1 035	1 036—4 085	4 086—12 615	>12 615	5 940	47.1	上中等
2013	≤1 045	1 046—4 125	4 126—12 745	>12 745	6 800	53.4	上中等
2014	≤1 045	1 046—4 125	4 126—12 735	>12 735	7 520	59.0	上中等
2015	≤1 025	1 026—4 035	4 036—12 475	>12 475	7 940	63.6	上中等
2016	≤1 005	1 006—3 955	3 956—12 235	>12 235	8 260	67.5	上中等

资料来源：世界银行数据库。

世界银行的收入水平分组中的低收入和下中等收入分组，参考了世界银行的业务分类（the operational categories），收入较低的国家或地区能够有一定的贷款优惠；但是上中等收入和高收入分组，则是根据经济分析的要求来确定的。从表 6-3 中可以看到，高收入的标准是在不断变化的，最初的标准是由世界银行根据 1987 年"工业化"国家的典型水平 6 000 美元来确定的。因为全球的价格总水平在不断提升，因此这个标准要把全球价格一般水平的因素考虑进去，而调整的依据是 IMF 的特别提款权折算系数（the "SDR deflator"）。中国 1987

年的人均 GNI 为 320 美元①,为当年高收入标准 6 000 美元的 5.33%,而在 2016 年则为当年高收入标准(12 235 美元)的 67.5%。30 年来的变化是巨大的。可以看出,1998—2016 年,虽然这一比重在不同时期提高的幅度有所不同,但每一年都在提高,如果中国能够保持持续稳定的增长,按三年平均汇率法计算的人均 GNI 为高收入标准的比重每年平均提高 3 个百分点以上,那么不到 10 年,也就是在 2025 年以前,中国有可能成为按照世界银行标准分组的高收入国家,也就是工业化国家。

(2) 中国人均 GNI 的国际比较

表 6-4 列出了世界最大的 20 个经济体的人均 GDP 情况,表中的排序为世界银行提供了数据的 216 个国家和地区的排序,但其他国家的经济总量相对较小,所以我们仍然选择这 20 个国家进行分析。表中分别列出了以三年平均汇率法和购买力平价法计算的各国人均 GNI。可以看到,用两种方法计算得到的人均 GNI 虽然数值有所不同,但除个别国家外,大多数国家在世界上的排序情况不会出现太大差别,按汇率法排序靠前的国家,按购买力平价计算也是靠前的;反之亦然。还可以看到,人均收入较高的国家,其购买力平价法得到的结果为汇率法的倍数通常较低;反之亦然,这说明人均收入水平与价格总水平的高低之间确实存在密切的关系。

表 6-4 2016 年世界最大的 20 个经济体人均 GNI 情况

国家	人均 GNI（汇率法）美元	在全世界排序	人均 GNI（购买力平价法）（国际元）	在全世界排序	购买力平价法为汇率法的倍数
瑞士	81 240.0	7	63 660.0	14	0.78
美国	56 180.0	14	58 030.0	18	1.03
澳大利亚	54 420.0	17	45 970.0	29	0.84
荷兰	46 310.0	21	50 320.0	24	1.09
德国	43 660.0	25	49 530.0	27	1.13
加拿大	43 660.0	24	43 420.0	32	0.99
英国	42 390.0	27	42 100.0	37	0.99

① 世界银行数据库数据。

(续表)

国家	人均 GNI（汇率法）美元	在全世界排序	人均 GNI（购买力平价法）（国际元）	在全世界排序	购买力平价法为汇率法的倍数
法国	38 950.0	33	42 380.0	36	1.09
日本	38 000.0	34	42 870.0	35	1.13
意大利	31 590.0	41	38 230.0	44	1.21
韩国	27 600.0	45	35 790.0	48	1.30
西班牙	27 520.0	46	36 340.0	47	1.32
沙特阿拉伯	21 750.0	52	55 760.0	20	2.56
土耳其	11 180.0	82	23 990.0	71	2.15
俄罗斯	9 720.0	87	22 540.0	77	2.32
墨西哥	9 040.0	89	17 740.0	88	1.96
巴西	8 840.0	90	14 810.0	103	1.68
中国	8 260.0	93	15 500.0	102	1.88
印度尼西亚	3 400.0	147	11 220.0	122	3.30
印度	1 680.0	170	6 490.0	148	3.86
世界	10 302.4		16 095.1		1.56
高收入国家	41 045.7		46 965.2		1.14
上中等收入国家	8 209.6		16 537.1		2.01

资料来源：世界银行数据库。

表中的高收入国家最多，共有13个，排序大多在50名之前，以欧美发达国家为主体；接下来是上中等收入国家，包括土耳其、俄罗斯、墨西哥、巴西和中国，其中俄罗斯原先是高收入国家，但经济衰退和油价下跌使其在2015年重新变为上中等收入国家。上中等国家中的墨西哥和巴西，是南美国家的两个代表，其他南美国家的人均GNI也和它们差不多，有的已经进入了高收入国家行列（如智利），有的成了高收入国家之后又退了回来（如委内瑞拉），这些国家是所谓"中等收入陷阱"的典型代表，人均收入水平到达上中等收入组的上限或高收入组的下限后，经济陷入停滞，多年徘徊不前。对比表6-1可以看到，在主要经济体的上中等国家中，只有中国仍然保持着强劲的势头。接下来就是印度尼西亚和印度，二者都是下中等收入国家，这几年都保持了正增长，印度的经济增长还相当强劲,在主要经济体中仅次于中国。

从人均 GNI 在世界的排序看,中国在全世界 216 个列入排序的国家和地区中名列第 93,进入了前 100 以内。从绝对水平看,按三年平均汇率法计算已经高于上中等国家的平均水平(8 209.6 美元),但和世界平均水平(10 302.4 美元)相比还有一点差距;按购买力平价法计算则达到了 15 500.0 国际元,和上中等国家的平均水平(16 537.1 国际元)与世界平均水平(16 095.1 国际元)已经非常接近。显然,在这个发展水平上如果用人口加权计算世界经济总量,由于中国所占的权数大,中国经济无疑会对世界经济产生重大影响。但是和高收入国家相比(按汇率法计算的平均人均 GNI 为 41 045.7 美元),中国的人均 GNI 仍然很低,仅为它们的 20%,如果从赶超的角度看还有巨大的空间。在经济发展史上,已进入高收入阶段的 70 多个国家,人均 GDP 水平达到上中等收入起点后完成跨越进入高收入阶段起点,总体上平均用了 12—13 年时间,其中人口 5 000 万以上的人口大国用了 11—12 年。我国人均 GDP 水平在 2010 年达到世界银行划分的上中等收入水平线,到 2020 年全面小康之后不长的时间,2023 年前后跨越上中等收入阶段是有根据的。从资源条件、科技发展、市场需求及供给能力来看,跨越世界银行的"高收入"标准现在已经不是太高太远的目标,经过努力完全是有可能实现的。在跨越这一水平之后,由于有较好的社会经济发展环境,中国还有可能保持相当长时间的高质量发展。因此,虽然中国已进入新时代,经济发展达到新阶段,一系列矛盾特别是社会主要矛盾发生了变化,但正如习近平同志所说:"没有改变我们对我国社会主义所处历史阶段的判断,我国仍处于并将长期处于社会主义初级阶段的基本国情没有变,我国是世界最大发展中国家的国际地位没有变。"[①]

(3)经济发展水平与中国的国际地位

从改革开放以来的经济发展历史看,中国每跨越一次经济发展水平的节点,都对自身甚至是世界的经济发展产生着深远的影响。改革开放伊始,邓小平同志提出到 20 世纪末要实现经济总量翻两番、人均 GNP 达到 1 000 美元左右、初步进入小康社会。这在当时看是一个伟大的目标,而从后来的发展看则

---

① 习近平:《决胜全面建成小康社会 夺取新时代中国特色社会主义伟大胜利——在中国共产党第十九次全国代表大会上的报告》。北京:人民出版社 2017 年版,第 12 页。

是一次成功的实践。也就在这个时候,中国实现了由低收入国家向下中等国家的跨越;进入21世纪前后,中国进行了一系列深化市场化改革,又成功地加入了WTO,国内经济和出口都出现了积极的发展,这使中国迅速成为世界上新的制造业中心。经过十多年的发展,中国在2010年又实现了由下中等收入向上中等国家的跨越。伴随这种跨越,中国在全球经济中的地位也在不断上升。2009年,中国的商品出口超过德国,中国成为世界最大的出口国[1];2010年,根据当年公布的数据,中国的GDP超过日本,成为世界第二大经济体[2];而到了2013年,中国的商品进出口总额则超过了美国,成为世界第一。从主要生产部门来看,1998年中国成为下中等收入国家之前,农业增加值已经超过了美国;而进入21世纪后,制造业开始加速增长,正好在中国成为上中等收入国家的2010年,制造业超过美国成为世界第一(见表6-5)。而整个工业和第二产业,则在2011年超过美国成为世界第一。[3] 从表6-5中可以看到,中国由下中等收入国家发展为上中等收入国家这一期间,是中国工业化迅速发展的1998—2010年,中国GDP占美国的比重由11.3%提高到了40.8%,而制造业增加值所占比重则由22.8%上升为106.6%。所以这一阶段的中国现代化进程,主要是由以制造业为代表的工业和第二产业带动的。从表中还可以看到,中国的农业和制造业的增加值总量超过美国这一世界最大经济体后,发展并没有停滞,还在继续发展,而我们的第三产业,还没有真正发展起来。因此,中国经济发展的空间是巨大的,只要我们不像拉美国家那样出现制度问题和发展问题,那么再用10年左右的时间,中国完全有可能再前进一步,跨越高收入国家的标准,经济总量将会赶超美国,将会成为对世界经济更有影响力的国家。决胜全面小康社会的时期,也正是中国跨越"中等收入陷阱"的关键时期,实现这一目标之后到2035年,经济总量将可能实现对美国经济的超越,在此基础上,中国到2050年建成社会主义现代化强国,人均GDP水平将超过高收入国家的平均水平。中国在改变自己的同时,也在改变着整个世界。

---

[1] 根据WTO。
[2] 根据世界银行后来公布的数据,中国的GDP在2009年就超过了日本。
[3] 根据中国国家统计局和美国经济分析局公布的分行业增加值分析计算。

表 6-5 1998—2012 年中美三个经济总量指标的比较

年份	美国（按现价美元计算，亿美元）			中国（按现价美元计算，亿美元）			中国为美国的比重（%）		
	GDP	农业增加值	制造业增加值	GDP	农业增加值	制造业增加值	GDP	农业增加值	制造业增加值
1998	90 892	1 103	14 232	10 290	1 766	3 246	11.3	160.1	22.8
1999	96 606	1 112	14 814	10 940	1 757	3 422	11.3	158.1	23.1
2000	102 848	1 183	15 420	12 113	1 778	3 849	11.8	150.3	25.0
2001	106 218	1 198	14 648	13 394	1 873	4 191	12.6	156.3	28.6
2002	109 775	1 064	14 585	14 705	1 956	4 567	13.4	183.8	31.3
2003	115 107	1 301	15 160	16 603	2 050	5 390	14.4	157.6	35.6
2004	122 749	1 536	16 039	19 553	2 526	6 252	15.9	164.4	39.0
2005	130 937	1 493	16 878	22 860	2 661	7 337	17.5	178.3	43.5
2006	138 559	1 416	17 876	27 521	2 924	8 931	19.9	206.5	50.0
2007	144 776	1 523	18 377	35 522	3 653	11 497	24.5	239.9	62.6
2008	147 186	1 642	17 981	45 982	4 714	14 757	31.2	287.0	82.1
2009	144 187	1 478	17 026	51 100	5 001	16 119	35.4	338.4	94.7
2010	149 644	1 704	18 059	61 006	5 814	19 243	40.8	341.3	106.6
2011	155 179	2 055	18 829	75 726	7 144	23 688	48.8	347.6	125.8
2012	161 553	1 943	19 566	85 605	8 064	26 243	53.0	415.1	134.1

资料来源：世界银行数据库，中国和美国的相关数据分别取自 API_CHN_DS2_en_excel_v2 和 API_USA_DS2_en_excel_v2。

2020 年是实现第一个百年目标、全面建成小康社会之年，就经济增长和经济发展水平而言，经济总量将比 2010 年翻一番，按 2010 年不变价格达到 90 多万亿人民币，按汇率法折算近 17 万亿美元，从现在相当于美国的 60% 以上提升到 80% 左右，进一步缩小与世界第一大经济体美国间的总量差距；人均 GDP 的水平，特别是城乡人均收入水平将实现倍增，从现在的按汇率法折算人均 8 260 美元（高于当代上中等收入国家平均水平——8 209 美元）上升至当代世界平均水平之上（10 302 美元），同时实现新型工业化，并在此基础上推动信息化、城镇化、农业现代化同步发展。

2017—2022 年，党的十九大至二十大，是"两个一百年"奋斗目标的历史交汇期,根据当代世界经济发展史经验,高收入国家自进入上中等收入起到达高收入阶段起点,平均经历了12—13年时间,中国自2010年进入上中等收入阶段,用12—13年或者更短的时间实现从上中等收入阶段向高收入阶段的跨越,即穿越"中等收入陷阱"是有历史根据的,即2023年前后进入当代高收入阶段,在人均GDP水平上达到高收入阶段的起点水平(世界银行2016年标准为人均GDP 12 235美元以上),为实现第二个百年奋斗目标打下良好基础。

从2020年到2035年,实现全面小康目标之后到21世纪中叶,是新时代实现现代化目标的第一阶段。中国基本实现现代化,这一时期在经济增长总量上有可能实现对美国的超越,成为世界第一大经济体。从2035到2050年是实现新时代现代化的第二个阶段。在基本实现现代化的基础上,中国要建成富强、民主、文明、和谐、美丽的社会主义现代化强国,在经济发展水平上,人均GDP水平将达到甚至可能超过高收入国家的平均水平(2016年世界高收入国家人均国民收入平均为41 045美元以上),真正赶上发达国家水平。[1]

二、 新时代中国经济仍然是发展中国家经济[2]

改革开放以来,中国的经济发展取得了举世瞩目的成就。党的十八大以后,中国又逐步实现由高速经济增长向高质量发展的转变,在全面建成小康社会的攻坚阶段取得了一系列重大进展,政治、经济、社会、文化、生态文明建设等方面更加协调,国际地位进一步提升。从动态发展上看,中国仍然处于上升和繁荣时期,和已经进入缓慢发展甚至是停滞的发达国家相比,中国的经济发展更有活力,仍处于重要的战略机遇期;从经济规模上看,中国已进入世界的前列。但是,从人均发展水平上看,中国和世界发达国家仍然存在一定的差距,中国仍然属于发展中国家。正因为这样,党的十九大才提出,我们在建党100年前后实现全面建成小康社会的目标后,将开启全面实现现代化的新征程。这里既有对中国现阶段发展水平的客观判断,也表明了在新时代真正实现中华民族

---

[1] 习近平:《决胜全面建成小康社会　夺取新时代中国特色社会主义伟大胜利——在中国共产党第十九次全国代表大会上的报告》。北京:人民出版社2017年版,第29页。

[2] 该部分主要内容参见刘伟、蔡志洲:《如何看待中国仍然是一个发展中国家》,《管理世界》,2018年第9期,第1—15页。

伟大复兴的雄心壮志。

1. 发达国家与发展中国家

发展中(developing)国家和发达(developed)国家的提法,是 20 世纪 60 年代以后流行起来的。1961 年,一些欧美发达国家共同建立了经济合作与发展组织(OECD),讨论如何将真实资源(real resources)由富国(发达国家)向穷国(发展中国家)转移,从此,"发达"(developed)和"发展中"(developing)这一对概念在世界上得到了越来越广泛的应用(Pearson,1969)。顾名思义,发达国家就是已经发展起来的国家,主要是指经济已经得到了发展、人均 GNI 或人均 GDP 较高的(高收入)国家,发展中国家则是指经济正在发展中但发展水平还不高的国家或者根本没有得到发展(least developing countries,LDC)的(中低收入)国家。这是对世界各国经济发展水平的最简单分类。OECD 宣称,发达国家应该在经济上支持发展中国家,实现共同发展。这一思想也体现在各个国际组织的运作中,如世界银行、IMF、联合国开发计划署(UNDP)、WTO 等,都有对发展中国家或中低收入国家提供优惠的政策。

但是在统计实践中,对于如何定义发达国家和发展中国家的边界,各个国际组织之间存在差异,有的甚至没有明确或清晰的标准。[①]

第一,WTO。WTO 明确指出,要对发展中国家提供过渡期的优惠。但是,并不存在发达国家和发展中国家的 WTO 定义。一个国家是否属于发展中国家由这个国家自行宣布,而别的国家可以提出质疑。[②] 中国在 2001 年加入 WTO 时,人均 GDP 还不到 1 000 美元,无疑属于发展中国家,但是在 17 年之后的 2018 年,中国的发展水平已经大大提高。一些国家由此对中国在 WTO 享受发

[①] 发生争议的主要原因除经济发展水平上难以按统一统计口径(比如计划经济国家长期不采用 GDP 核算体系,而是采取工农业物质资料生产核算体系)进行比较外,还涉及体制和制度之间的不可比性。许多西方发展经济学家在定义"发展"过程时,将其历史内涵归纳为:发展意义上的落后国家实现"工业化",体制意义上的传统经济实现"市场化",甚至有学者将"发展"的本质归结为制度变迁意义上的"市场化"。而计划经济国家虽然在当时其"工业化"水平已达相当高度,但囿于统计口径上的不一致也难以确定,更重要的是体制上的"计划经济"与"市场化"的差异,使之难以被纳入"发达"行列,从而形成既不属"发展"又不属"发达"的争议(参见刘伟、杨云龙:《比较经济学》。北京:中国经济出版社 1991 年版,第 1—13 页)。

[②] Definition of a "developing country" in the WTO, https://www.wto.org/english/tratop_e/devel_e/d1who_e.htm。

展中国家的优惠提出质疑①。因为WTO对一个国家是否属于发展中国家,并没有自身的定量标准。

第二,联合国统计局。联合国统计局为统计用途制定的标准国家和地区代码中,把世界各个国家分为发达地区(developed regions)和发展中地区(developing regions)。发达地区(包含66个国家)包含北美、大洋洲、欧洲的大多数国家,俄罗斯、捷克甚至阿尔巴尼亚等前苏联东欧中央计划经济国家都被包含在内,但亚洲只有日本一个国家;发展中地区则包含亚洲、非洲和拉丁美洲的广大地区的国家和地区,其中,既包含印度、孟加拉国等南亚低收入国家,也包含韩国、新加坡等东亚高收入国家,还包含沙特阿拉伯等中东石油输出国家,中国内地、中国香港和中国澳门也被同时包含进这一地区。联合国统计局强调指出,这一分类的制定是为了统计工作的方便,而不是对一个特定国家或地区发展阶段的判断。② 从这一分类中及在分类下包含的国家和地区中,我们可以看到"发达"和"发展中"的区别,但它们的边界是模糊的。

第三,世界银行的分类。1978年,世界银行发布了第一期世界发展报告(WDR),以世界发展指数(WDI)为统计依据,把世界各国分为三个类别:①发展中国家,②工业化国家(industrialized countries),③资本剩余石油输出国家(capital-surplus oil-exporting countries)。发展中国家包括低收入国家(人均GNI在250美元以下)和中等收入国家(人均GNI在250美元以上但在工业化国家水平以下);工业化国家则用OECD替代,但是希腊、葡萄牙、西班牙和土耳其仍然被看作发展中国家。南非不是OECD成员国,但也被列入工业化国家。1989年,世界银行对收入分类作了进一步改革,按照人均GNI水平把各个国家和地区分为低收入国家、中等收入国家(其中又具体分为下中等收入国家和上中等收入国家)和高收入国家。低收入和下中等收入分组,参考了世界银行的业务分类,人均收入较低的国家和地区能够有较大的贷款优惠,并随着收入水平的提升而减少,而人均收入到达一定水平时,则从国际复兴开发银行(IBRD)支持

---

① 根据中国商务部《中国与世界贸易组织》白皮书(2018年7月),在货物贸易领域,早在2010年,中国降税承诺就已全部履行完毕,关税总水平由2001年的15.3%降至9.8%;在服务贸易领域,截至2007年,中国开放承诺就已全部履行完毕,100个服务业分部门已按承诺开放。这意味着中国在WTO中已经不再享受"过渡期优惠"。

② https://unstats.un.org/unsd/methodology/m49。

的国家中"毕业",不再享受世界银行的"软"贷款;但是上中等收入和高收入分组,则是根据经济分析的要求来确定的。1989 年,世界银行研究部门向世界银行提供了一篇工作报告"人均国民收入:估算国际比较数字"(Per Capita Income: Estimating Internationally Comparable Numbers),提出以 1987 年 6 000 美元为"工业化"(industrialized)①经济体的人均 GNI 的标准,也就是说,作为高收入经济体人均 GNI 的下限,如果达到了这一标准,那么这个国家就是"工业化"国家,当然也就是高收入国家。正如前文所说高收入的名义标准下限每年都在变化(2016 年为 12 235 美元),而调整的依据是 IMF 的特别提款权折算系数。这也就是说,从 1989 年以来,世界银行的"工业化"或"高收入"的标准一直是按 1987 年可比价格(constant price)的 6 000 美元规定的,没有发生变化②,即按折算系数折算为 1987 年的 6 000 美元水平。同时,世界银行还将分析分类与工作分类相结合,将人均 GNI 在 480 美元以下的国家归为低收入(low income)国家,人均 GNI 为 480—1 940 美元的国家为下中等收入(lower middle income)国家,人均 GNI 为 1 940—6 000 美元的国家为上中等收入(upper middle income)国家。目前,各个分组的名义人均 GNI 标准大约为 1987 年的 2 倍。2016 年低收入组为 1 005 美元及以下,下中等收入组的标准为 1 006—3 995 美元,上中等收入组的标准为 3 996—12 235 美元。低收入国家和下中等收入国家无疑属于发展中国家,能够享受发展中国家的"软贷款",而上中等收入国家则被认为逐渐从 IBRD 软贷款支持的发展中国家中"毕业"(graduation),享受的贷款优惠及贷款明显减少直至取消,但从经济分析的观点看,仍然把它们归入发展中国家③。高收入国家则无疑属于工业化国家或发达国家。

第四,UNDP 的国家发展分类。目前,UNDP 在每年发布的人类发展报告(Hunan Development Report)④中,都要计算和发布各个国家人类发展指数(human development index, HDI)并由此对各国进行排序和归类。HDI 是对一

---

① 严格地说,这个"industrialized"翻译成"产业化"更加合理,因为它指的不仅仅是工业的发展,而反映的是一个国家现代化的水平。
② World Bank: How are the income group thresholds determined? https://datahelpdesk.worldbank.org/knowledgebase/articles/378833-how-are-the-income-group-thresholds-determined。
③ World Bank: World Development Index Indicators 2009, p. xxi.
④ 也被翻译成人文发展报告,相应地,"human development index"有时也被翻译成"人文发展指数"。其实,这里的"发展"指的是用收入、受教育程度和平均预期寿命反映的人的发展,相比较而言,用"人类发展"来翻译似乎更接近原意。

个国家按购买力平价计算的人均 GNI、人均受教育程度及人均预期寿命这三类指标进行综合处理并进行加权计算得出的结果,是一个 0—1 的无量纲的量,用来反映一个国家的人民生活状况发展程度的相对水平。由 HDI 计量的发展水平和用人均收入计量的发展水平的排序结果可能有所差别,例如马来西亚 2015 年的人均 GNI 高于智利,但人均受教育程度和人均寿命则低于智利,综合计算的结果是智利(0.847)高于马来西亚(0.789)。2015 年,参与排序的国家和地区有 188 个,前 5 名分别为挪威(0.949)、澳大利亚和瑞士(0.939,并列第 2 名)、德国(0.926)、丹麦和新加坡(0.925,并列第 5 名),后 5 名分别为中非共和国(0.352)、尼日尔(0.353)、乍得(0.396)、布基纳法索(0.402)和布隆迪(0.404),中国的排序为第 90 位,恰好在中间位置。188 个国家和地区中,HDI 在 0.8 以上的国家为极高人类发展水平(very high human development)国家,约占排序国家的前 1/4,包括美国、俄罗斯联邦等在内,共有 51 个国家和地区,为发达国家;HDI 在 0.8 以下的国家为发展中国家,中国的 HDI 为 0.738,仍然属于发展中国家[①]。

第五,IMF 的划分。IMF 每年出版《世界经济展望》,在 2019 年的年度报告的国家分类中包括两个组别:先进经济体(advanced economies)及新兴和发展中经济体(emerging and developing economies)。IMF 指出,这一分组并不是按照经济或其他方面严格的数据标准得出的,而是服务于合理而有意义的分析目标。[②] 其中,先进经济体包括 40 个国家和地区,具体包括七国集团、欧盟国家、大洋洲国家、新加坡、韩国、中国香港、中国台湾及中国澳门;其他被列入分类的 154 个国家和地区被归入新兴和发展中经济体,中国内地、俄罗斯、印度、土耳其等国家和地区都被包含在内。

从以上的讨论中可以看出,就"发达"和"发展中"这一对概念而言,人们对它们的总体理解是一致的,即经济发展、人民生活及相应的其他方面发展在世界上达到了高水平,就属于"发展了的"或者是"发达"国家,否则就属于"发展中"国家。但是,发展同时又是一个动态的概念,随着各国的经济增长和经济发

---

① 在 UNDP2016 人类发展报告中的表 6"多维贫困指数—发展中国家"中,对包括中国在内的 102 个国家计算了多维贫困指数。

② IMF, *World Economic Outlook* 2018.

展的情况不同,各个国家之间发展水平的分布在不断变化,尤其自20世纪60年代以来,出现了一批发展水平持续迅速提升的国家和地区,被称为新兴(市场)国家和地区,或者是新兴经济体。"新兴"是对发展状态而不是发展水平的描述,韩国、中国、印度都是新兴经济体,目前在世界上都保持着较高的发展速度,但在发展水平上却存在明显的差别。韩国已经迈过两类国家之间的门槛,进入发达国家的行列,但中国和印度仍然是发展中国家。

那么,发达国家的门槛究竟在哪里?从前面的综述中可以看出,对于这个"门槛"有明确定量规定的国际组织主要有两个,一个是世界银行,另一个是UNDP。世界银行主要是从人均GNI来看的,把1987年的6 000美元作为"高收入"或"工业化"的固定标准,一个国家按照可比价格计算的人均GNI达到了这个标准就成为高收入国家,就可以认为是"工业化了的"或"发达国家"。而UNDP的标准是相对标准,即把HDI达到0.8以上的国家归入极高人类发展国家即发达国家,否则为发展中国家。

从表6-6中可以看到,在世界银行的列表中,高收入国家在30年里增加了20个。从这20个国家的初始状态上看,主要可以把它们分为三类,一是原来的下中等收入国家,只有智利一个;二是当年没有公布和提供统计数据的国家,主要是原来实行计划经济的前苏联和东欧国家,包括波兰、匈牙利、捷克、斯洛伐克、爱沙尼亚等;第三类为原来的中等收入国家,包括葡萄牙、韩国、马耳他、波多黎各,还有一些太平洋上的小国。从地区分布上看,欧洲国家最多;从历史上看,这些国家(主要指东欧国家)的工业化和城市化发展已经有一定的基础,原来大多已经接近或达到高收入国家的水平,加入欧盟后经济又得到了一定的发展。俄罗斯原来也属于高收入国家,但2015年又重新变成了上中等收入国家。拉美国家包括智利、乌拉圭和波多黎各等。问题在于一些国家长期发展停滞,好几个国家多年来一直在上中等收入和高收入国家之间徘徊,委内瑞拉和阿根廷在2014年成为高收入国家,但2015年委内瑞拉又成为上中等收入国家,而阿根廷则在2016年也变回上中等收入国家,智利也发生了类似的情况。所谓的"中等收入陷阱"问题,在拉美国家表现得非常明显,即所谓"拉美漩涡"。亚洲从中等收入国家发展成高收入国家的虽然只有韩国一个国家,但其发展得较为成功,人均GNI已经接近3万美元,已属于发达国家。

表 6-6　1987—2016 年间进入世界银行高收入组的国家　（单位：美元）

	国家	1987 年现价人均 GNI	2016 年现价人均 GNI
1	智利	1 670	13 540
2	乌拉圭	2 210	15 230
3	塞舌尔	3 200	15 410
4	韩国	3 480	27 600
5	圣基茨和尼维斯	3 480	15 690
6	葡萄牙	4 160	19 870
7	安提瓜和巴布达	4 440	13 560
8	特立尼达和多巴哥	4 490	16 240
9	马耳他	4 930	24 190
10	波多黎各	5 350	19 430
11	斯洛文尼亚		21 700
12	爱沙尼亚		17 830
13	捷克		17 630
14	斯洛伐克		17 010
15	巴巴多斯		15 210
16	立陶宛		14 790
17	拉脱维亚		14 570
18	波兰		12 680
19	匈牙利		12 570
20	帕劳		12 330

资料来源：世界银行数据库，http://databank.worldbank.org/data/Databases.aspx。

2. 中国仍然属于发展中国家

改革开放之后，随着持续的高速经济增长，中国以人均 GNI 所反映的经济发展水平也在不断提高。从表 6-7 中可以看到，在改革开放 20 年之后的 1998

年,中国的人均GNI达到800美元,由低收入国家迈入了下中等收入国家的行列;经过12年的努力,到2010年人均GNI达到4 340美元,迈入了上中等国家的行列。从表中还可以看到,中国的人均GNI与高收入国家的下限之比初期提高得非常缓慢,1987—1997年仅提高了2.5%,平均每年仅提高0.25%,但是到了后期则提高得非常快,2008—2016年提高了41.5%,平均每年提高5.19%。中国近年来人均GNI占高收入国家下限的比重每年的提高幅度,相当于改革开放初期20年所提高的总幅度。虽然在改革开放初期时,我们实现了经济起飞和高增长,但经济总量的绝对量低,人均水平就更低,每增长1个百分点中所包含的绝对增量很小,而现在情况已经大不相同,人均水平已经较高,在较高的增长率下,占比提高的幅度也大。改革开放初期,中国的人均GNI不到300美元,每增长10%只有不到30美元,仅为6 000美元的0.3%,但是现在中国的人均GNI已经达到8 000美元以上,哪怕只增长5%,绝对量也达到了400美元,为12 000美元的3%。这也说明了中国实现赶超目标之艰难,经过长达40年的努力,才走近最终需要跨越的门槛。从表6-7中可以看出,2016年中国的人均GNI已经超过世界银行高收入门槛的2/3。从发展趋势看,中国成为高收入国家已经不会很远,在全面建成小康社会的目标实现后,中国有可能进入按照世界银行分组的高收入国家的行列。从世界银行的人均GNI排名上看,在2003年公布的数据中[①]中国的人均GNI为1 100美元(后来又有所调整),在列入排名的207个国家和地区中排第134位,2016年人均水平已提升为8 250美元,在列入排名的216个国家和地区中排第95位。而根据IMF公布的2018年《世界经济展望》中的数据,中国2018年的预期人均GNI将达到10 088美元,在列入排名的191个国家和地区中排第72位。在经济总量上,中国取得的成就更为明显,2009年,中国的GDP超过了日本,成为世界第二大经济体。[②] 2010年中国的制造业增加值超过美国,至今一直保持世界第一。中国的货物进出口总额则在2013年赶上了美国,此后排名顺序虽然和美国之间互有变化,但已经是世界领先。中国在改革开放以来取得的伟大成就是有目共睹的,生产力水平得到

---

① 世界银行每年都公布上一年世界各国的人均GNI数值和排序(分别按三年平均汇率法和购买力平价法计算),参见世界银行数据库。
② 根据世界银行的数据,如果按购买力平价法计算的GDP,中国在2014年已经超过美国成为世界第一。但是在国际比较中,按照汇率法计算的结果进行比较是被更为广泛接受的方法。

显著发展,人均国民收入和可支配收入得到巨大提升,人民生活水平明显改善。

表 6-7 1987—2016 年世界银行的收入水平分组及中国所属的组别

年份	世界银行按收入水平划分的分组(美元)				中国人均 GNI（美元）	为高收入标准比重(%)	中国所属的组别
	低收入	下中等收入	上中等收入	高收入			
1987	≤480	481—1 940	1 941—6 000	>6 000	320	5.3	低
1992	≤675	676—2 695	2 696—8 355	>8 355	390	4.7	低
1997	≤785	786—3 125	3 126—9 655	>9 655	750	7.8	低
1998	≤760	761—3 030	3 031—9 360	>9 360	800	8.5	下中等
2003	≤765	766—3 035	3 036—9 385	>9 385	1 280	13.6	下中等
2008	≤975	976—3 855	3 856—11 905	>11 905	3 100	26.0	下中等
2009	≤995	996—3 945	3 946—12 195	>12 195	3 690	30.3	下中等
2010	≤1 005	1 006—3 975	3 976—12 275	>12 275	4 340	35.4	上中等
2011	≤1 025	1 026—4 035	4 036—12 475	>12 475	5 060	40.6	上中等
2012	≤1 035	1 036—4 085	4 086—12 615	>12 615	5 940	47.1	上中等
2013	≤1 045	1 046—4 125	4 126—12 745	>12 745	6 800	53.4	上中等
2014	≤1 045	1 046—4 125	4 126—12 735	>12 735	7 520	59.0	上中等
2015	≤1 025	1 026—4 035	4 036—12 475	>12 475	7 940	63.6	上中等
2016	≤1 005	1 006—3 955	3 956—12 235	>12 235	8 260	67.5	上中等

资料来源:世界银行数据库,http://databank.worldbank.org/data/Databases.aspx。

(1) 人均收入水平

目前世界上虽然有很多对各国的发展水平进行排序的方法(如 HDI、幸福指数、国际竞争力、宜居程度等),但使用最普遍的还是人均 GNI 或人均 GDP 方法,二者简单而且得到广泛认可。统计表明,各种度量发展水平的排序方法,往往都和人均 GNI 或人均 GDP 有较高的相关程度。我们首先从人均 GNI 的国际比较上来看中国的发展水平。

首先,从世界各大地区的发展上看,中国目前的发展水平和广大的上中等收入发展中国家相当。

从表 6-4 和表 6-8 中可以看到,中国 2016 年的人均 GNI 水平,按汇率法计算,略低于东亚和太平洋地区的平均水平,相当于拉丁美洲和加勒比地区的平均水平,略高于中东和北非地区的平均水平。从收入水平分组上看,大约相当于上中等收入国家的平均数。而按照购买力平价法计算,中国2016年的人均GNI为15 470国际元,在列入排序的215个国家和地区中排第103位,低于东亚和太平洋地区、中东和北非地区,与拉丁美洲和加勒比地区相当,在收入水平分组上略低于上中等收入国家的平均水平与世界平均水平。也就是说,用购买力平价法计算,中国人均GNI在国际上的相对水平略有下降,但没有发生显著变化。

表6-8 2016年世界各大地区人均GNI水平

	人均GNI		购买力平价法为汇率法的倍数
	按汇率法计算（美元）	按购买力平价法计算（国际元）	
世界	10 321	16 176	1.57
东亚和太平洋地区	9 852	17 038	1.73
欧洲和中亚地区	23 168	31 042	1.34
拉丁美洲和加勒比地区	8 272	14 847	1.79
中东和北非地区	7 654	19 566	2.56
北美地区	55 552	57 246	1.03
南亚地区	1 611	6 052	3.76
撒哈拉以南非洲地区	1 516	3 605	2.38
低收入平均	618	1 666	2.70
下中等收入平均	2 077	6 771	3.26
上中等收入平均	8 176	16 649	2.04
高收入平均	41 254	47 208	1.14

资料来源:世界银行数据库,http://databank.worldbank.org/data/Databases.aspx。

表6-8中的地区分类主要是地理概念,而邻近的国家之间的发展水平可能有比较大的差距,如东亚和太平洋地区既包括日本和澳大利亚这样的高收入国家,也包括印度尼西亚和菲律宾这样的下中等收入国家;欧洲和中亚地区既包括德国、英国、法国这些重要大国,也包括北欧的高收入国家,但也有收入较低的中亚国家。但是就总体而言,它仍然大致地描述了世界各个区域经济发展的总体格局:北美地区是世界上人均收入水平最高的地区,欧洲和中亚地区次之,

接下来是东亚和太平洋地区。从收入水平上看,北美地区、欧洲和中亚地区属于高收入地区,东亚和太平洋地区、拉丁美洲和加勒比地区、中东和北非地区属于上中等收入地区,南亚地区和撒哈拉以南非洲地区则主要属于低收入和下中等收入地区。

其次,中国持续的高速经济增长大大提升了东亚地区平均发展的水平,甚至改变了世界经济格局。原先的中低收入发展中国家和高收入发达国家两端分布的格局,已经形成了中低收入发展中国家、上中等收入发展中国家与高收入发达国家三足鼎立的新格局。

从表6-9中可以看到,2016年世界的人均GNI比1987年增加了50%以上,年均增长率为1.56%,但各个主要地区的增长幅度不同,以发达国家为主的OECD成员国和北美地区的经济增长率分别只有1.29%和0.98%,低于世界平均增长率;而撒哈拉以南非洲地区和联合国定义的最不发达国家的增长率也低于平均增长率,分别为1.14%和1.48%,这说明最发达国家和最不发达国家之间的相对差距没有显著的变化。年均增长率高于平均水平的主要是三个地区,分别是拉丁美洲和加勒比地区(2.60%)、南亚地区(2.99%)、东亚和太平洋地区(3.29%),拉丁美洲和加勒比地区的起点较高(1987年为1 963美元,刚刚跨过上中等收入的门槛),而南亚地区的起点较低(1987年为343美元,属于低收入组),经过近30年的发展,拉丁美洲和加勒比地区仍然在上中等收入组,但已经接近高收入组的门槛,而南亚地区则进入了下中等收入的行列。

表6-9 1987—2016年世界主要地区人均GNI和人口变动

国家和经济体	人均GNI（美元,现价）		1987—2016年真实增长率(%)		人口（亿）	
	1987年	2016年	累积	年均	1987年	2016年
世界	3 296	10 321	56.57	1.56	50.20	74.44
东亚和太平洋地区	1 927	9 852	155.63	3.29	17.38	22.99
东亚和太平洋地区（高收入国家除外）	382	6 667	772.64	7.76	15.26	20.53
欧元区	11 733	36 133	53.98	1.50	3.08	3.41
欧洲和中亚地区	6 651	23 168	74.17	1.93	8.28	9.12

(续表)

国家和经济体	人均 GNI (美元,现价)		1987—2016年真实增长率(%)		人口(亿)	
	1987年	2016年	累积	年均	1987年	2016年
欧盟国家	9 950	33 331	67.49	1.79	4.73	5.11
拉丁美洲和加勒比地区	1 963	8 272	110.70	2.60	4.21	6.38
拉美和加勒比地区(高收入国家除外)	1 921	7 955	107.05	2.54	3.99	6.10
联合国定义的最不发达国家	312	956	53.21	1.48	4.71	9.79
北美地区	20 949	55 552	32.59	0.98	2.69	3.59
OECD成员国	12 872	37 297	44.88	1.29	10.44	12.90
南亚地区	343	1 611	134.84	2.99	10.60	17.66
撒哈拉以南非洲地区	546	1 516	38.83	1.14	4.71	10.33

资料来源:世界银行数据库,http://databank.worldbank.org/data/Databases.aspx。表中真实增长率已经扣除了价格变动的影响,这期间,世界价格总水平大约上升了100%,即2016年为1987年的2倍。中东地区和北非地区也属于中等收入地区,2016年人均GNI为7 654美元,人口为4.36亿,但由于没有1987年的人均GNI数据,未将其列入表中。

东亚和太平洋地区的增长率是所有地区中最高的,人均GNI从1987年的1 927美元(下中等收入)上升为2016年的9 852美元(上中等收入)。20世纪80年代,东亚和太平洋地区的各个国家和地区在发展水平上存在巨大的差异,既包括日本、澳大利亚等高收入发达国家,也包括中国这样的低收入发展中国家。如果不包括高收入国家,那么东亚和太平洋地区1987年的人均GNI为382美元,与南亚地区相当,属于低收入组。这种情况和拉丁美洲国家的情况有很大差别,拉丁美洲和加勒比地区在排除高收入国家后,人均GNI只有很小的变化。可以看到,不包含高收入国家在内的东亚和太平洋地区的经济增长率是全世界最高的,年均增长率为7.76%。2016年这一地区的人口为20.53亿,而中国的人口为13.82亿,占这一地区的67%,显然,中国的高速经济增长为提升这一地区的发展水平做出了巨大的贡献。这一地区的其他国家的增长虽然没有中国这么强劲,但也有不错的表现(如东盟国家),这使世界上近1/3的人口在这 30 年间由低收入组进入上中等收入组的行列。

从表 6-9 中还可以看到,1987 年,属于上中等收入组的主要地区有拉丁美洲和加勒比地区,人口为 4.21 亿,约占当时世界人口的 8%,欧洲和中亚地区(8.28 亿)、北美地区(2.69 亿)和亚太地区的高收入国家(2.12 亿人(17.38-15.26))的人口为 13.09 亿,约占当时世界人口的 26%;而南亚地区(10.60 亿)、东亚和太平洋地区(高收入国家除外)(15.26 亿)和撒哈拉以南非洲地区(4.71 亿)的低收入和下中等收入(主要是低收入)总人口为 30.57 亿,约占当时世界人口的 60.9%。由此可以看出,当时世界上两极分化的现象非常明显,高收入地区所占的人口在 30% 左右,上中等收入地区所占的人口在 10% 左右,而 60% 以上的人口在低收入和下中等收入区(见图 6-1)。

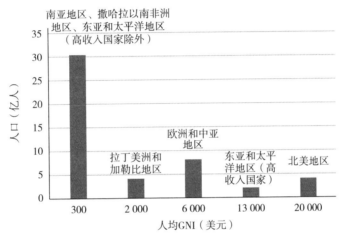

图 6-1　1987 年世界主要地区人均 GNI 及人口

而到了 2016 年,由于中国带动的东亚和太平洋地区(高收入国家除外)的人均 GNI 进入上中等收入组,世界人均收入的地区布局发生了巨大的变化,高收入组(欧洲和中亚地区、北美地区、东亚和太平洋地区(高收入国家))的人口为 15.17 亿,人均收入 3 万美元以上,占世界人口的 20.38%;下中等和低收入组(南亚地区和撒哈拉以南非洲地区)人口为 27.99 亿,人均收入不到 2 000 美元,占世界人口的 37.6%;上中等收入组(东亚和太平洋地区(高收入国家除外)、拉丁美洲和加勒比地区)的人口为 26.91 亿,人均收入 8 000 美元左右,占世界人口的 36.15%(如果把中东和北非的人口也包括进来,则这一收入组的人口总量为 31.27 亿,占比提高到 42.01%,为占比最大的收入组)。这就在世界上形成了三足鼎立的局面(见图6-2),上中等收入的发展中国家成为世界经济秩序中不能忽视的重要力量。但是无论从上中等收入地区的人均GNI上看还是从形成的经济总规模看,都还和高收入的发达地区存在一定的差距,如何在发展中不断提高收入水平,是上中等收入国家共同面临的重大挑战。从这个意义上而言,中国即使跨过了世界银行的高收入国家的门槛,也和这些上中等收入的国家和经济体一样,还远远称不上发达国家,还要经过长期的发展,才能实现赶超目标。

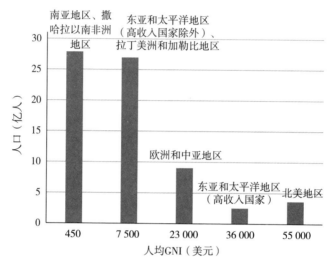

图6-2 2016年世界主要地区人均GNI及人口

(2)产业结构

GNI是一个国家或经济体在生产活动中获得的总收入,重点在于"收入",所以世界银行在进行人均比较时,更重视人均GNI。"收入"是"生产"创造的,在国民经济(或国民收入)核算中,直接反映生产总额的指标为GDP。它是各个生产部门(或行业)的增加值的总额,从具体数值上看,GNI与GDP之间的差别只在于一项"来自国外的要素收入",但是如果从内容上看,GNI主要反映一个国家或经济体的各个广义生产要素(劳动、资本、政府、土地等)所获得的收入,而GDP则反映各个生产部门或行业的活动成果,是各个行业增加值的总和。而一个国家或经济体的增加值结构及相应的就业结构即产业结构,是反映一个国家或经济体经济发展阶段的重要指标。

第一,看中美之间增加值结构的比较。表6-10列出的是中国和美国2014年① GDP 按国民经济行业分类的情况,从表中可以看到,2014年中国的农、林、牧、渔业的增加值已经是美国的4.8倍(9 793.6/2 031.9),制造业的增加值是美国的1.5倍(31 842.4/20 994.3),而建筑业的增加值是美国的1.1倍(7 305.5/6 720.5)。这说明中国的赶超进程也遵循了配第—克拉克定理所揭示的经济发展规律。改革开放后,我们首先在农、林、牧、渔业领域推动改革,使农、林、牧、渔业即整个第一产业获得了迅速发展,实现了经济总量上的赶超,从目前的水平看,按全部人口计算的人均第一产业产值已经和美国相当。此后,中国的制造业和整个第二产业发展了起来,实现了总量上的赶超,2014年第二产业产值已经是美国的1.3倍(45 371.9/35 372.9)。但是从第三产业上看,我们的总量和美国还存在很大的差距,中国仅仅为美国的36.4%(49 658.5/136 526.2)。因而,中国和美国之间经济总量上的差距(2014年中国的汇率法 GDP 只占美国的60%),关键不在于第一产业和第二产业发展不足,而是第三产业落后。

表6-10 2014年中美 GDP 结构比较

	美国		中国		中国	
	总额(亿美元)	占比(%)	总额(亿元)	占比(%)	总额(亿美元)	为美国的比重(%)
GDP	173 931.0	100.0	643 974.0	100.0	104 824.0	60.3
农、林、牧、渔业	2 031.9	1.2	60 165.7	9.3	9 793.6	482.0
第一产业合计	2 031.9	1.2	60 165.7	9.3	9 793.6	482.0
采矿业	4 827.1	2.8	23 417.1	3.6	3 811.8	79.0
制造业	20 994.3	12.1	195 620.3	30.4	31 842.4	151.7
电力、热力、燃气及水生产和供应业	2 831.0	1.6	14 819.0	2.3	2 412.2	85.2
建筑业	6 720.5	3.9	44 880.5	7.0	7 305.5	108.7
第二产业合计	35 372.9	20.3	278 736.9	43.3	45 371.9	128.3

---

① 目前,中国还不能像美国与其他发达国家一样,在当年结束时及时公布按国民经济行业分类的 GDP 数据,仍然还是按照三大产业来公布数据。因此,我们只能根据已经公布的2014年的数据进行对比分析。推动供给侧的结构性改革,需要有更加及时和细致的统计数据作为分析基础。

(续表)

	美国		中国		中国	
	总额(亿美元)	占比(%)	总额(亿元)	占比(%)	总额(亿美元)	为美国的比重(%)
批发和零售业	20 515.1	11.8	62 423.5	9.7	10 161.1	49.5
交通运输、仓储和邮政业	5 101.9	2.9	28 500.9	4.4	4 639.3	90.9
住宿和餐饮业	4 867.2	2.8	11 158.5	1.7	1 816.3	37.3
信息业	7 931.7	4.6	15 939.6	2.5	2 594.6	32.7
金融业	12 511.5	7.2	46 665.2	7.2	7 596.0	60.7
房地产业	22 448.5	12.9	38 000.8	5.9	6 185.6	27.6
教育	1 951.5	1.1	21 159.9	3.3	3 444.3	176.5
医疗卫生	12 231.6	7.0	12 734.0	2.0	2 072.8	16.9
其他服务业	48 967.4	28.2	68 489.0	10.6	11 148.4	22.8
第三产业	136 526.2	78.5	305 071.4	47.4	49 658.5	36.4

资料来源:美国的数据引自美国经济分析局(BEA)官方网站数据,中国的数据根据世界银行和中国统计年鉴数据分析整理。

中美两国各自的增加值结构,反映了两国处于不同的经济发展阶段。美国三大产业占GDP的比重分别是1.2%、20.3%和78.5%,属于后工业化时期的产业结构。而中国三大产业所占的比重分别是9.3%、43.3%和47.4%,尽管已经初步形成了第三产业比重最大、第二产业次之、第一产业最小的现代国家的产业格局,但是从具体构成数值上看,中国仍然是一个处于工业化进程中的发展中国家。这就是作为发展中国家的中国和发达国家的美国之间在经济结构上的发展差距。

第二,看中美两国就业结构的比较。美国的就业结构与其增加值结构是相似的。2005年,美国按三次产业计算的增加值构成分别是1.6%、20.6%和77.8%[①],而在2016年,这一结构发展为1.1%、20.0%和78.9%,十多年间只有很小的变化(见表6-11)。从表中还可以看到,美国的增加值构成和就业结构是

---

① 参见《2016年中国统计年鉴》有关国际数据。

非常接近的,这是发达市场经济下平均收益规律的表现,如果一个产业或行业的平均收益(人均增加值)高于另外一个产业或行业,那么资本和劳动力就会向这个产业或行业流动,从而达到产业和行业间的均衡。但中国的情况则有所不同:两个结构之间存在较大的差别,虽然都已经初步形成了现代经济的产业结构,即第三产业的比重最大,第二产业次之,第一产业最小,但具体占比之间存在差距,第一产业的就业占比要比增加值占比高20%左右,第二产业和第三产业则要低10%左右,相比较而言,第二产业具有较高的平均收益,这也说明了中国为什么近些年来第二产业会获得更多的发展。如果用就业结构来说明产业结构的话,中国与美国之间的差距就更大,第一产业的就业占比要比美国高26%,而第三产业的就业占比则和美国相差36.5%。第三产业就业不仅反映了一个国家服务业和社会分工的发展程度,它同时也是国民收入再分配的重要途径,更多的劳动者投入第三产业为社会提供服务并取得收入,将对改善全社会的收入分配产生重要影响。

表6-11 2016年世界部分国家增加值和就业构成　　　　(单位:%)

	增加值构成			就业结构		
	农业	工业	服务业	第一产业	第二产业	第三产业
越南	18.1	36.4	45.5	43.6	23.1	33.3
巴基斯坦	25.2	19.2	55.6	43.5	22.5	34.0
印度尼西亚	13.5	39.3	43.7	32.9	22.2	44.9
泰国	8.3	35.8	55.8	32.3	23.7	43.9
菲律宾	9.7	30.8	59.5	29.1	16.2	54.7
斯里兰卡	8.2	29.6	62.2	28.2	26.0	45.2
中国	8.6	39.8	51.6	27.7	28.8	43.5
埃及	11.9	32.9	55.2	25.8	25.1	49.1
土耳其	6.9	32.4	60.7	20.4	27.2	52.4
哈萨克斯坦	4.8	33.5	61.7	18.0	20.6	61.4
墨西哥	3.9	32.7	63.5	13.0	25.3	61.2
马来西亚	8.7	35.7	55.7	12.5	27.5	60.0
波兰	2.4	33.3	64.3	11.5	30.4	57.8
巴西	5.5	21.1	73.3	10.3	22.2	67.3

（续表）

	增加值构成			就业结构		
	农业	工业	服务业	第一产业	第二产业	第三产业
俄罗斯	4.7	32.4	62.8	6.7	27.2	66.1
韩国	2.2	38.6	59.2	4.9	24.9	70.2
日本	1.1	28.9	70.0	3.5	24.3	70.7
法国	1.5	19.4	79.2	2.8	20.1	75.3
澳大利亚	2.6	24.3	73.1	2.6	19.5	78.0
美国	1.1	20.0	78.9	1.6	18.4	80.0
德国	0.6	30.5	68.9	1.4	27.7	70.9
英国	0.6	19.2	80.2	1.1	18.5	79.7

资料来源：《2017年中国统计年鉴》，其中少数国家使用的是邻近年份（2014年或2015年）的数据，参见《2017年中国统计年鉴》中国际数据的有关说明。

第三，看世界各国产业结构的比较。表6-11中的国家是按第一产业就业在全部就业中的比重而排序的，从表中可以看出，一个国家（尤其是千万人口以上的大国）的发达程度和其产业结构（尤其是就业结构）有很高的相关关系。一般来说，由于第二产业具有较高的机械化水平，它所容纳的就业是有限的，表中的国家中，第二产业就业占比最高的是波兰，为30.4%，最低的是菲律宾，为16.2%，大多数国家在20%—30%，中国为28.8%，德国为27.7，俄罗斯为27.2%，制造业大国韩国和日本都在24%左右，而美国只有18.4%，差别并不十分显著，且波动较小。所以看就业结构，主要看第一产业与第三产业的就业比重差异，一般地说，对于一个经济和就业规模较大的经济体而言，第一产业就业的占比越低，第三产业的就业占比则越高，其发达程度也就越高。而从增加值结构与就业结构的比较上看，第一产业的产值占比与就业占比之间的差别越大，其发展水平也就越低；反之发达程度则较高。这表明了第一产业劳动生产率与第二、第三产业之间的差距。这也说明产业结构高度确实从质态上说明了一个国家的经济发展水平。从表中可以看到，从发展中国家到发达国家的排序中，中国大约位于中间位置，属于发展水平已经得到提高的发展中国家。

第四，从产业结构的自身变化看，中国正处于迅速发展阶段。表6-11主要是从静态上比较各个国家产业结构的变化，主要反映的是各个国家的发展程度,但各个国家的产业结构是不断变化的,变化的程度说明发展的状态。对于增长缓慢的经济体而言,产业结构的提升也是缓慢的,而高速增长的经济体则会伴随产业结构的迅速提升,日本和亚洲四小龙都经历过这样的过程。现在中国也在经历这一过程。从表6-12中可以看到,2011—2016年,中国第一产业增加值占比没有显著变化,仅下降了0.8%,但是就业比重下降了7.1%,而且是逐年稳步下降;相应地,第三产业的增加值占比和就业占比每年都在稳步提升,每年提高1个百分点以上。目前,中国第三产业占比和发达国家一般水平还存在很大的差距,发达国家第三产业的增加值和就业占比大多到达70%以上,如果中途不发生停滞,按照每年提高1个百分点推算,那么中国在2030年前后才能达到发达国家的产业结构水平。这说明中国虽然在经济增长中已经取得了很大的成就,但在发展水平和发展阶段上仍然落后于发达国家,仍属于发展较好的发展中国家。而从变化率上看,中国则快于世界上大多数国家,我们必须保持持续的经济发展,才能进一步缩小和发达国家之间的差距。

表6-12 2011—2016年中国增加值结构与就业结构

年份	增加值结构(%,三次产业合计=100)			就业结构(%,三次产业合计=100)		
	第一产业	第二产业	第三产业	第一产业	第二产业	第三产业
2011	9.4	46.4	44.2	34.8	29.5	35.7
2012	9.4	45.3	45.3	33.6	30.3	36.1
2013	9.3	44.0	46.7	31.4	30.1	38.5
2014	9.1	43.1	47.8	29.5	29.9	40.6
2015	8.9	40.9	50.2	28.3	29.3	42.4
2016	8.6	39.8	51.6	27.7	28.8	43.5

资料来源:《2017年中国统计年鉴》。

(3) 人类发展

目前在国际上,另外一个反映各国发展水平的重要指标是人类发展指数(HDI),它是一个相对指标(0和1之间),是通过对按照购买力平价计算的人均GNI、教育水平和人口预期寿命加权处理得到的结果,数值越高,说明人类发展水平也越高。

从表6-13中可以看到,在UNDP公布的2015年HDI中,中国在188个国家中位居第 90。如果以 HDI 排序来反映发展水平,那么中国正好处于世界中等发展水平。HDI 的分类基于其固定分界点,这些分界点来自 HDI 构成指标的四分位数,分别为:低人类发展水平(low human development):HDI 值小于 0.550;中等人类发展水平(medium human development):HDI 值介于 0.550 和 0.699 之间;高人类发展水平(high human development):HDI 值介于 0.700 和 0.799 之间;极高人类发展水平(very high human development):HDI 值大于等于 0.800①。按照《人类发展报告 2010》的划分,极高人类发展水平组中的国家为发达国家。其余三组则为发展中国家。② 从动态上看,中国的 HDI 值提高得非常快,1990 年中国的 HDI 值仅为 0.499,中国为低人类发展水平国家;2001 年到达 0.600,中国成为中等人类发展水平国家;2010 年则到达 0.700,中国成为高人类发展水平国家③。改革开放给中国带来的变化是巨大的,但中国仍然是发展中国家。我们还可以分别从具体指标上看中国的人类发展水平。

第一,看出生预期(平均)寿命,这是根据人口学上的生命表计算的预期平均寿命。这是一个高度综合的指标,一个国家人口预期寿命的长短和很多方面的因素有关,如营养水平、生活质量、医疗水平、养老水平、生态环境等。从表 6-13 中可以看到,在四个分组中,分组水平越高,预期寿命往往就越长。当然也有一些例外的情况,如俄罗斯属于极高人类发展水平国家,但出生时预期寿命只有 70.3 岁,而古巴属于高水平国家,出生时预期寿命达到了 79.6 岁。④ 中国内地的出生时预期寿命是 76.0 岁,在高人类发展水平国家中位于领先水平,但和西欧(80 岁以上)、北欧(80 岁以上)、北美(80 岁左右)、大洋洲(80 岁以上)、亚洲(日本、韩国、中国香港地区,80 岁以上)的发达国家和地区相比,仍然存在差距。⑤ 从动态变化上看,中国内地 1990 年的人口预期寿命是 69.0 岁,25 年提高了 7 岁,这说明人民的生活水平和生活质量在总体上是提高的。但同时也要看到,在这一期间,发达国家的出生预期寿命也在不断提高,日本 1990 年的出生

---

① UNDP:《人类发展报告 2016》。
② Lynge Nielsen, "Classifications of Countries Based on Their Level of Development: How it is Done and How it Could be Done", IMF working paper.
③ UNDP 数据库:http://hdr.undp.org/en/data。
④ 俄罗斯的人均 GNI 水平较高,而古巴较低。
⑤ UNDP:《人类发展报告 2016》。

预期寿命为 79.4 岁,2015 年则为 83.7 岁,提高了 4.3 岁。[①] 预期寿命的人类发展环境的全面改善,远比发展经济更为复杂,但又需要经济发展为基础。处理好经济发展与全面发展的关系,使人民的生活水平和质量再有明显的提升,是我们在新时代发展的重要任务。

表 6-13　2015 年世界部分国家和地区人类发展指数情况

HDI 排序	国家和地区	人类发展指数(HDI)	出生时预期寿命(年)	预期受教育年限(年)	平均受教育年限(年)	人均 GNI(按 2011 年购买力平价价格计算)
极高人类发展水平(very high HDI)						
1	挪威	0.949	81.7	17.7	12.7	67 614
2	澳大利亚	0.939	82.5	20.4	13.2	42 822
4	德国	0.926	81.1	17.1	13.2	45 000
5	新加坡	0.925	83.2	15.4	11.6	78 162
10	美国	0.920	79.2	16.5	13.2	53 245
12	中国香港	0.917	84.2	15.7	11.6	54 265
16	英国	0.909	80.8	16.3	13.3	37 931
17	日本	0.903	83.7	15.3	12.5	37 268
18	韩国	0.901	82.1	16.6	12.2	34 541
21	法国	0.897	82.4	16.3	11.6	38 085
45	阿根廷	0.827	76.5	17.3	9.9	20 945
49	俄罗斯	0.804	70.3	15.0	12.0	23 286
高人类发展水平(high HDI)						
56	哈萨克斯坦	0.794	69.6	15.0	11.7	22 093
59	马来西亚	0.789	74.9	13.1	10.1	24 620
68	古巴	0.775	79.6	13.9	11.8	7 455
69	伊朗	0.774	75.6	14.8	8.8	16 395
71	土耳其	0.767	75.5	14.6	7.9	18 705
73	斯里兰卡	0.766	75.0	14.0	10.9	10 789

---

① UNDP 数据库:http://hdr.undp.org/en/indicators/69206。

(续表)

HDI 排序	国家和地区	人类发展指数（HDI）	出生时预期寿命（年）	预期受教育年限（年）	平均受教育年限（年）	人均GNI（按2011年购买力平价价格计算）
77	墨西哥	0.762	77.0	13.3	8.6	16 383
79	巴西	0.754	74.7	15.2	7.8	14 145
83	阿尔及利亚	0.745	75.0	14.4	7.8	13 533
87	秘鲁	0.740	74.8	13.4	9.0	11 295
87	泰国	0.740	74.6	13.6	7.9	14 519
90	中国内地	0.738	76.0	13.5	7.6	13 345
97	突尼斯	0.725	75.0	14.6	7.1	10 249
105	乌兹别克	0.701	69.4	12.2	12.0	5 748
中等人类发展水平（medium HDI）						
111	埃及	0.691	71.3	13.1	7.1	10 064
113	印度尼西亚	0.689	69.1	12.9	7.9	10 053
115	越南	0.683	75.9	12.6	8.0	5 335
116	菲律宾	0.682	68.3	11.7	9.3	8 395
119	南非	0.666	57.7	13.0	10.3	12 087
131	印度	0.624	68.3	11.7	6.3	5 663
139	孟加拉	0.579	72.0	10.2	5.2	3 341
143	柬埔寨	0.563	68.8	10.9	4.7	3 095
147	巴基斯坦	0.550	66.4	8.1	5.1	5 031
低人类发展水平（low HDI）						
151	坦桑尼亚	0.531	65.5	8.9	5.8	2 467
152	尼日利亚	0.527	53.1	10.0	6.0	5 443
153	喀麦隆	0.518	56.0	10.4	6.1	2 894
169	阿富汗	0.479	60.7	10.1	3.6	1 871
174	埃塞俄比亚	0.448	64.6	8.4	2.6	1 523
181	南苏丹	0.418	56.1	4.9	4.8	1 882
188	中非共和国	0.352	51.5	7.1	4.2	587

资料来源：UNDP：《2016年人类发展报告》。

第二,看受教育程度。HDI中包含两个受教育程度指标,一是预期受教育年限(expected years of schooling),指的是在校学生预期的学习时间,它既是对一个国家教育事业发展水平的度量,也反映了当前教育对一个国家的未来发展的贡献。二是平均受教育年限(mean years of schooling),指的是25岁及以上的成年人平均受教育的时间,它是以往的教育所形成的结果,主要反映了当前劳动力的平均受教育水平。从表中可以看到,极高人类发展水平组中的国家和地区预期受教育年限基本上在15年以上,平均受教育年限基本上在11年以上。在两个指标中,改善前一个指标需要持续加大教育投入(这是从供给方看,从需求方看,还要有对受教育群体不断增长的需求),而后一个指标则是前期教育投入所产生的结果。从表中可以看到,前苏联中的俄罗斯、哈萨克斯坦及乌兹别克,都有较高的平均受教育年限(古巴、东欧原计划经济国家也有这个特点),这说明这些国家在计划经济时期对教育已经非常重视。中国内地1990年时预期受教育年限为8.8年,2000年提高到9.6年,2010年提高到12.8年,2015年已经是13.5年,发展得非常快,从发展趋势看,2020年前后有可能达到15年,赶上发达国家的基本水平。但是从平均受教育年限看,中国内地目前只有7.6年,还需要较长的时间才能达到发达国家的水平。

第三,看人均收入。在HDI中,为了更好地反映国家间由收入反映的生活水平,人均GNI是以世界银行国际比较项目所得出的购买力平价折算的,经过这一折算后,高收入国家的人均GNI大多比三年平均汇率法计算的结果数值有所下降,而包括中国在内的发展中国家的人均GNI则有所提升。这对国家之间人均收入的比较有影响,以中日比较为例,按三年平均汇率法计算2016年日本的人均GNI是中国的4.6倍,而按购买力平价法计算则为2.8倍。但如果是进行人均收入的排序,那么各国所处的基本位置并不会发生显著的变化,按三年平均汇率法计算,日本和中国在216个国家或经济体中分别位列第34位和第95位,而按购买力平价法计算,日本和中国在215个国家或经济体中分别位列第34位和第103位。日本属于发达国家而中国属于发展中国家,这个分析结果没有改变。所以在大多数情况下,世界银行按人均GNI分组和UNDP按HDI分组所得出的分析结论是相近的,即高收入国家大多有较高的HDI,低收入国家的HDI则往往比较低,但也有一些特殊的例子,如斯里兰卡按汇率法计算的人均GNI为3 780美元,它属于下中等收入国家,但它的HDI值却高达0.766,它为高人类发展水平国家。

对中国而言,在过去的近30年中(UNDP从1990年开始公布HDI),中国的人类发展水平及其各个方面无论是预期寿命、教育水平还是人均收入都有显著改善,中国从一个低人类发展水平国家发展成为高人类发展水平国家,但与极高人类发展水平国家相比仍有较大差距。这说明改革开放极大地提升了中国的发展水平,缩小了和发达国家的差距,但中国仍然是一个发展中国家,在人类发展水平上仍然有很大的提升空间。

3. 区域发展和城乡收入差异

党的十九大指出,随着中国特色社会主义进入新时代,中国社会主要矛盾已经转化为人民日益增长的美好生活需要和不平衡不充分的发展之间的矛盾。这正是中国从发展中国家向发达国家逐渐转变的过程中,我们所需要面对的挑战。改革开放以来,党和国家坚持以经济建设为中心,坚持发展是硬道理,使我们实现了持续四十多年的高增长。一方面,为了实现经济起飞和加速经济增长,我们最先采取的策略是打破在传统计划体制下低效率的均衡,让一部分人、一部分地区在逐步建立和发展起来的市场经济中先富起来,并带动其他人和其他地区的发展,实践证明这是一个正确的选择,中国的综合实力、人民生活和国际地位因此得到重大的提升。但是在另一方面,在长期的发展过程中,发展不平衡和不充分的矛盾开始显露出来,不同人群、不同地区、不同产业、不同方面的发展差异,已经显著地高于过去,也高于世界上众多发展水平与中国类似的国家。中国是一个大国,人口规模甚至大于世界上很多的大洲(欧洲、北美洲、拉丁美洲、非洲、大洋洲等),各个地区、各个方面的发展条件也存在很大的差异,而在工业化和现代化进程中,这些差异必然导致经济发展及其他方面的发展不平衡,这正是中国作为一个发展中国家的发展特征。所以中国在开启全面现代化建设的进程中,不仅要继续提高经济总量和人均水平,还要在结构上改变发展的不平衡,通过高质量的可持续发展,使中国接近和赶上世界先进水平。

(1)地区经济发展

从表6-14中可以看到,中国各个地区(省、自治区、直辖市,除港、澳、台地区)的经济发展水平之间存在差距。如果用世界银行的人均收入标准来进行比较[①],北京、上海、天津三个直辖市和江苏、浙江两省已经进入了高收入地区的行列,属于我国的发达地区,地区人口占全国的近15%,经济总量占GDP的25%左右。而其他的25个地区仍属于上中等收入地区,这个组数值所包括的跨度大,组内差异也比较大。这个地区包含的人口占全国的85%以上,经济总量占GDP的75%左右。人均GDP最高的地区北京(17 784美元)与最低的地区甘肃(4 153美元)相比,北京为甘肃的4.28倍。高收入地区人均GDP(14 974美元)为上中等收入地区(7 432美元)的2倍左右。应该说,中国地区间经济发展水平上的差距已经随着近年来的高速经济增长有了明显改善。在21世纪初,中国发达地区和欠发展地区的人均GDP的差别曾达到10倍以上,到2016年已经缩小了一半,但是区域间发展差异仍然比较明显。

表6-14 2016年中国各省、自治区、直辖市(除港、澳、台地区)的GDP、人口及其对比

地区	GDP（万元）	人口（万人）	人口比重（%）	人均GDP（元）	人均GDP（美元）
高收入地区(>12 235美元)					
北京	25 669	2 173	1.57	118 127	17 784
上海	28 179	2 420	1.75	116 442	17 530
天津	17 885	1 562	1.13	114 501	17 238
江苏	77 388	7 999	5.80	96 747	14 565
浙江	47 251	5 590	4.05	84 528	12 726
小计	196 372	19 744	14.31	99 459	14 974
上中等收入地区(3 956—12 235美元)					
福建	28 810	3 874	2.81	74 368	11 196
广东	80 854	10 999	7.97	73 510	11 067
内蒙古	18 128	2 520	1.83	71 937	10 830
山东	68 024	9 947	7.21	68 386	10 296
重庆	17 740	3 048	2.21	58 202	8 762
湖北	32 665	5 885	4.26	55 506	8 356

---

① 世界银行的收入比较使用的是人均GNI,表6-14中所使用的是人均GDP,两个指标含义虽然不同,但是在数值上通常比较接近,可以进行近似的替代比较。

(续表)

地区	GDP（万元）	人口（万人）	人口比重（%）	人均GDP（元）	人均GDP（美元）
吉林	14 776	2 733	1.98	54 065	8 140
陕西	19 399	3 813	2.76	50 876	7 659
辽宁	22 246	4 378	3.17	50 813	7 650
宁夏	3 168	675	0.49	46 933	7 066
湖南	31 551	6 822	4.94	46 249	6 963
海南	4 053	917	0.66	44 198	6 654
青海	2 572	593	0.43	43 373	6 530
河北	32 070	7 470	5.41	42 932	6 463
河南	40 471	9 532	6.91	42 458	6 392
黑龙江	15 386	3 799	2.75	40 500	6 097
江西	18 499	4 592	3.33	40 285	6 065
新疆	9 649	2 398	1.74	40 238	6 058
四川	32 934	8 262	5.99	39 862	6 001
安徽	24 407	6 196	4.49	39 392	5 930
广西	18 317	4 838	3.51	37 861	5 700
山西	13 050	3 682	2.67	35 443	5 336
西藏	1 151	331	0.24	34 773	5 235
贵州	11 776	3 555	2.58	33 125	4 987
云南	14 788	4 771	3.46	30 996	4 666
甘肃	7 200	2 610	1.89	27 586	4 153
小计	583 684	118 240	85.69	49 364	7 432
GDP	780 056	137 984	100.00	56 532	8 511

资料来源：根据《2017年中国统计年鉴》中关于2016年人口、地区生产总值和年平均汇率（1美元兑6.6423元人民币）计算整理。表中GDP为各地区生产总值加总结果，和年鉴中全国数值（744 127万元）存在统计误差。

图6-3是中国人均GDP的人口分布。从图中可以看到8 000美元是上中等收入组的中点，在其附近有两个分布稠密区，分别在6 000美元和11 000美元的附近，人均8 000美元附近（7 000—9 000美元）的人口分布相对较少，12 000—18 000美元的区域中，人口分布比较平坦（即集中趋势不明显）。更广泛地看，是8 000—18 000美元的人口分布比较平坦。具体地看，在6 000美元

人均GDP附近(8 000美元以下)区域中分布的人口大约有8亿人,约占中国人口的57%,这些地区的经济发展水平较低。在8 000—12 000美元区域的人口大约有4亿人,约占我国人口的28%,其余15%是高收入地区人口。这种人口分布鲜明地反映出中国"发展中"的经济特征,即有包含相当大国土、相当多人口的地区(主要是西部的非沿海地区)的经济发展水平还需要上一个台阶,改变其相对落后的面貌,不应因为有一部分地区(主要是东部沿海地区)已经获得了较好的发展,就对整个国家的发展水平产生错判。但从另一个方面来看,发展水平相对较低的地区也有它们的后发优势:从本地层面看,有生产要素的比较优势;从国家层面看,则有中国作为一个日益崛起的大国所能够提供的日益增加的政策与财力的支持;从地区协作的关系看,又能通过地区间经济活动的梯度转移获得发展。这正是中国作为一个发展中国家,能够保持持续发展的重要基础。

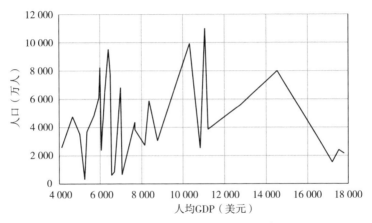

图6-3 2016年中国人均GDP分布

(2) 城乡差距

改革开放后中国经济高速增长,是由加速的工业化带动的,并在此基础上带动了第三产业的发展。在这一过程中,以农业为主的广大农村地区的经济当然也得到很大发展,但比起以第二、第三产业为主的城镇地区,农村地区的发展相对较慢。因此,一个地区的工业化程度和城镇化程度越高,这个地区的经济发展水平也就越高。表6-15列出了2016年中国各省、直辖市、自治区(除港、澳、台地区)城镇人口占全部人口的比重(以下简称"城镇化率"①),可以看出,

---

① 对城镇化指标有很多讨论,本书的"城镇化率"是对本书中"城镇人口占全部人口的比例"的简称,不涉及有关讨论。

这个排序和地区的发达程度是有关联的。一般来说,一个地区的城镇化率越高,其经济发展水平通常也较高。将表6-15中的排序与表6-14中的排序之间计算等级相关系数,结果为0.8996,相关程度很高。当然,农村地区也可以发展非农产业如旅游业,那么相应地农村人口就属于第三产业就业。但是在中国目前的情况下,城镇化率较低的地区的农村,往往是以农业为主,而且承载着大量低效率的农业就业,在这种情况下,城镇化率就成为一个地区经济发展水平的重要标志。从表6-15中可以看出,中国整体的城镇化率现在仍然不高,只有57.35%,具体地看,城镇化率超过60%的省、直辖市、自治区只有10个,城镇化水平还需要有一个极大的提高。

表6-15 2016年中国各省、直辖市、自治区城镇人口占全部人口比重

(单位:%)

排序	省份	城镇人口占全部人口比重	排序	省份	城镇人口占全部人口比重
1	上海	87.90	17	吉林	55.97
2	北京	86.50	18	陕西	55.34
3	天津	82.93	19	河北	53.32
4	广东	69.20	20	江西	53.10
5	江苏	67.72	21	湖南	52.75
6	辽宁	67.37	22	安徽	51.99
7	浙江	67.00	23	青海	51.63
8	福建	63.60	24	四川	49.21
9	重庆	62.60	25	河南	48.50
10	内蒙古	61.19	26	新疆	48.35
11	黑龙江	59.20	27	广西	48.08
12	山东	59.02	28	云南	45.03
13	湖北	58.10	29	甘肃	44.69
14	海南	56.78	30	贵州	44.15
15	宁夏	56.29	31	西藏	29.56
16	山西	56.21		全国	57.35

资料来源:《2017年中国统计年鉴》。

表 6-16 列出的是 2010 年中国(除港、澳、台地区)城乡居民可支配收入的情况,自 2013 年国家统计局实施城乡一体化住户收支与生活状况调查后,中国城乡居民的收入实行了统一口径,这就为我们进行城乡居民收入的比较提供了数据基础。从表 6-16 中可以看出中国城乡居民人均可支配收入的分布,至少有以下几个特点。

表 6-16　2016 年中国(除港、澳、台地区)城乡居民人均可支配收入

	地区	居民人均可支配收入(元)	城镇居民人均可支配收入(元)	农村居民人均可支配收入(元)	城镇居民收入为农村的倍数
1	上海	54 305.3	59 691.7	25 520.4	2.34
2	北京	52 530.4	57 275.3	22 309.5	2.57
3	浙江	38 529.0	47 237.2	22 866.1	2.07
4	天津	34 074.5	37 109.6	20 075.6	1.85
5	江苏	32 070.1	40 151.6	17 605.6	2.28
6	广东	30 295.8	37 684.3	14 512.2	2.60
7	福建	27 607.9	36 014.3	14 999.2	2.40
8	辽宁	26 039.7	32 876.1	12 880.7	2.55
9	山东	24 685.3	34 012.1	13 954.3	2.44
10	内蒙古	24 126.6	32 974.9	11 609.0	2.84
11	重庆	22 034.1	29 610.0	11 548.8	2.56
12	湖北	21 786.6	29 385.8	12 725.0	2.31
13	湖南	21 114.8	31 283.9	11 930.4	2.62
14	海南	20 653.4	28 453.5	11 842.9	2.40
15	江西	20 109.6	28 673.3	12 137.7	2.36
16	安徽	19 998.1	29 156.0	11 720.5	2.49
17	吉林	19 967.0	26 530.4	12 122.9	2.19
18	黑龙江	19 838.5	25 736.4	11 831.9	2.18
19	河北	19 725.4	28 249.4	11 919.4	2.37
20	山西	19 048.9	27 352.3	10 082.5	2.71
21	陕西	18 873.7	28 440.1	9 396.4	3.03
22	宁夏	18 832.3	27 153.0	9 851.6	2.76

(续表)

	地区	居民人均可支配收入(元)	城镇居民人均可支配收入(元)	农村居民人均可支配收入(元)	城镇居民收入为农村的倍数
23	四川	18 808.3	28 335.3	11 203.1	2.53
24	新疆	18 534.7	28 463.4	10 183.2	2.80
25	河南	18 443.1	27 232.9	11 696.7	2.33
26	广西	18 305.1	28 324.4	10 359.5	2.73
27	青海	17 301.8	26 757.4	8 664.4	3.09
28	云南	16 719.9	28 610.6	9 919.8	2.88
29	贵州	15 121.4	26 742.6	8 090.3	3.31
30	甘肃	14 670.3	25 693.5	7 456.9	3.45
31	西藏	13 639.2	27 802.4	9 093.8	3.06
	全国	23 821.0	33 616.2	12 363.4	2.72

资料来源:《2017年中国统计年鉴》。

第一,城乡居民收入之间存在明显差异。从整体上看,城镇居民的人均可支配收入为农村居民的2.72倍。农村地区收入水平最高的地区是上海,人均可支配收入为25 520.4元,城镇地区收入水平最低的地区为黑龙江,人均可支配收入为25 736.4元,农村的最高收入水平低于城镇的最低收入水平。从地区之间的比较看,一般来说,人均可支配收入较高的地区因为经济比较发达,农村地区的非农产业可以得到较大的发展,城镇居民与农村居民可支配收入的差距也就相对较小(如天津、浙江),而在西部地区(云南、贵州、西藏等),全体居民的人均可支配收入较低,说明经济发达程度较低,城乡居民的收入差距反而更大。对表6-16中的排序与表6-14中的排序计算等级相关系数,二者的相关系数为0.9371,说明各个地区的人均可支配收入与人均GDP之间有较强的相关关系;而对表6-16与表6-15的排序计算等级相关系数,得到的结果是0.8956,说明各个地区城市化率与城乡居民的收入之间也有较强的相关关系。但不同地区的城乡居民之间差异并不悬殊,二者之间倍数最低的天津为1.85倍(天津作为一个工业化程度较高的地区,乡镇非农产业比较发达),倍数最高的甘肃为3.45倍,大多数地区在2倍与3倍之间,比较密集地分布在全国平均数2.72倍附近,集中程度较高。这说明各个地区的城乡收入之间有一定的联动关系,即一个地区的经济发展将同时带动城镇居民和农村居民收入的提高。当然,由于城市化程度的不同,这种带动对于全体居民人均可支配收入的影响是不同的,城镇人口所占的比重越大,城乡差距就越小,那么在城乡居民收入同幅度上升时,由于权重的关系,全体居民收入可支配收入的上升幅度也就越大。

第二,在不同的地区之间进行比较时,城乡居民构成往往是居民总收入的重要影响因素。以上海和贵州为例[①],上海全体居民的可支配收入为贵州的3.59(54 305.3/15 121.4)倍,其中城镇为2.23(59 691.7/26 742.6)倍,农村为3.15(25 520.4/8 090.3)倍,城镇与城镇比或乡村与乡村比之间的差距,小于总体收入上的差别。再看北京和甘肃的比较,北京全体居民的可支配收入是甘肃的3.58(52 530.4/14 670.3)倍,其中城市为2.23(57 275.3/25 693.5)倍,农村为2.99(22 309.5/7 456.9)倍,也是农村和城市居民合并计算后,可支配收入的差别扩大。这是因为欠发达地区农村人口的权重大,发达地区城镇人口的权重大,因而使总体收入上的差别更大,说明各个地区城乡人口构成及他们的收入,同时影响着他们的总体收入。

可以看出,一方面,尽管改革开放后中国的工业化进程推进得很快,现在已经成为全球最大的制造业中心,但是另一方面,通过各个地区城镇化率的比较,各个地区的工业化程度存在较大的差异,各个地区的发展不平衡,城市和农村的发展也不平衡。工业化、城镇化进程较慢的广大地区的居民收入(尤其是农村居民的可支配收入)仍然不高。由于这些地区的农村居民可支配收入较低,而农村人口占全部人口的比重又大,造成这些地区的整体居民的可支配收入偏低。从表6-16中可以看到,有16个地区的居民可支配收入在20 000元以下,有7个地区的农村居民可支配收入在10 000元以下。虽然中国的人均GNI或人均GDP在世界上已经达到了上中等收入的水平,但由于中国仍然处于高增长阶段,储蓄率和投资率都比较高,与人均GDP相近的国家相比较,在国民收入中形成住户部门可支配收入的比例相对较低。中国目前的人均GDP已经达到了8 000美元以上,但是全体居民的可支配收入只有3 700美元左右,住户部门的可支配收入只占全部国民收入的45%左右,大多数国家的比重至少达到

---

① 最后一位本来是西藏,但西藏人口少,又是少数民族地区,因此选择和西部的贵州相比,事实上排在表6-11后几位的地区情况都是类似的。

50%以上。而在有限的居民可支配收入中,又存在由于发展程度不同造成的收入不平衡(主要是城乡居民收入发展不平衡,农业劳动力的数量大,人均劳动报酬低),这种二元经济结构是中国在全面现代化进程中要解决的重要问题。

就储蓄率而言,它更体现出中国处于发展中国家进入加速发展期的特征。从改革开放以来,中国国民储蓄率一直居世界前列,全球平均储蓄率为19.7%,中国则为46%(2015年)。同时,由于中国国民收入分配过程中形成住户部门可支配收入的比重偏低,只占全部国民收入的45%左右,进而在总储蓄增长中大部分(80%)来自政府部门和企业部门,住户部门只占20%。而在居民储蓄中大部分又来自高收入群体,2016年收入前10%的家庭储蓄率达66.8%,储蓄额占当年中国总储蓄额的62.5%,同时有40%的中国家庭当年没有储蓄。① 这就进一步降低了总消费率。

城乡二元经济结构不仅反映在收入上,也反映在居民所享受的公共服务上,农村的教育、医疗、退休、社会福利等方面的发展都明显落后于城市,这种局面短期很难改变。这种发展的不平衡和不充分,正是中国作为一个发展中国家的特征。所以,观察和判断中国在发展过程中所处的阶段,不能只从局部取得的成就上看,还必须从整体上看我们所存在的不足,才能做出客观的判断。

4. 中国能够实现全面现代化的目标

从前面的分析中可以看到,目前和中国处于相近发展水平的国家(即人均GNI在1万美元左右的上中等收入国家)在世界上有很多,如拉美国家、东亚和太平洋地区高收入国家以外的国家、西亚和北非国家、中亚国家等,但中国的情况和大多数上中等收入的发展中国家有所不同,中国的政治、经济、社会、文化、环境等五位一体各个方面的发展正处于积极的上升时期,而很多国家到了这一阶段,各项发展尤其是经济发展就开始陷入停滞。如以富国俱乐部著称的OECD的35个成员国中,有32个成员国为发达国家,但仍然有3个成员国被UNDP分类为发展中国家(智利、墨西哥和土耳其)②,这些发展中国家很早就是上中等收入国家,但一直徘徊在发展中国家和发达国家的分界线外。更有大量

---

① 甘犁、何青:《促进消费关键在改善收入分配》,《环球时报》,2018年7月18日,第15版。
② UNDP:《2016年人类发展报告》,第194页。

的发展中国家进入上中等收入阶段后,长期难以成长为发达经济体。① 在经济规模较大的经济体中,只有韩国等少数国家发展得比较好,通过持续增长成为发达国家。

经过四十多年的改革开放,中国开辟了中国特色社会主义道路,已经找到实现可持续发展的正确途径和方式。一方面,发展不平衡、不充分从静态国际比较上看,是我们的不足,但在另一方面也是我们的发展优势,我们可以通过改善发展的不平衡和不充分,实现进一步发展。目前,中国特色社会主义进入新时代,在优先发展的地区,很多领域在体制、科技、市场、产业发展、消费升级等诸多方面逐渐赶上甚至超过了世界先进水平,为国家的整体发展形成了示范效应,而发展较慢的领域和地区则有生产要素上的比较优势,可以通过国家和先进地区的扶持与带动形成跨越式发展。虽然中国人均GDP还处于上中等收入发展中国家的水平,但是中国作为一个有14亿人口的大国,经济总量是巨大的,如果说在改革开放初期我们在集中力量办大事方面已经比其他发展中国家有了一些优势,那么到了现在这种优势就更加凸显,为我们的高质量发展和解决经济社会发展的短板问题提供了有力的支持。从需求方看,14亿人所形成的广泛的国内市场无论在水平上还是在范围上都还有非常大的提升空间,已经形成了4亿多人规模的中等收入阶层,中国国内市场的消费需求超过美国,成为第一大国内消费力的国家。在国际上,随着"一带一路"倡议在世界各国得到广泛响应,加上对外经济合作的升级,中国在全球经济中的地位将不断提升;而从供给方看,我们通过供给侧结构性改革,在体制、经济结构、收入分配等领域进行了一系列深化改革以解决发展中的矛盾,极大地改善了高质量发展的基础。在各国际机构的年度报告中,脱贫、环境可持续发展一直是重要的主题,很多发展中国家就是因为无法解决这些方面的矛盾而无法由上中等收入国家发展成为高收入的发达国家,关键就是它们没有或无法解决发展的体制和机制问题,没有找到和建立适合本国国情的经济、社会的体制及确定合适的发展道路。但是在中国,我们根据现阶段的发展要求,开展了决胜全面建成小康社会的三大攻坚战,即确保风险隐患得到有效控制,确保脱贫攻坚任务全面完成,确保生态

---

① 有西方学者将其称为"中等收入陷阱"。参见〔美〕印德尔米特·吉尔、霍米·卡拉斯著,黄志强译:《东亚复兴:关于经济增长的观点》。北京:中信出版社2008年版,第18页。

环境质量总体改善,这对中国来说同样是艰巨的任务。但是由于有各级政府尤其是中央政府的高度重视及制度保障,通过全体人民的共同努力,我们就完全有可能在这一方面取得突破,在整体改善民生的同时,也为未来的可持续发展创造好的条件。习近平同志在党的十九大提出了在完成全面建成小康社会的目标后,将开启全面现代化建设的新征程,并提出了分两阶段实现全面现代化的宏伟战略。这一战略正是建立在对中国现阶段发展水平的科学判断的基础上的,是通过全中国人民的共同努力所能实现的。中国完全有可能避免很多上中等收入国家所出现过的经济徘徊的老路,并通过不断突破取得发展,从发展中国家发展成为发达国家,建设成为中国特色社会主义现代化强国。

三、经济增长中的历史局限与新发展理念的提出

1. 克服"贫困陷阱"中的经济增长①

人类历史进程实际上是以发展为基本内涵的,但作为系统性的经济学命题的提出,却主要是在20世纪特别是冷战之后的事情。20世纪40年代之前人们很少使用"经济发展"范畴②,第二次世界大战后许多新独立的经济落后的发展中国家,面临加快发展、摆脱贫困的迫切历史要求,相应地关于经济发展的研究成为被普遍关注的问题。但这种研究是在西方主流经济学理论和政策主导下展开的,因为在当时的历史背景和西方中心主义的殖民观念下,普遍认为经济发展的基本思路不可能由落后国家提出来,需要并只能由发达国家的理论推动,因此"给土人提建议"成为经济发展研究的主流。③

克服贫困成为战后发展中国家面临的主题,但如何摆脱贫困成为西方主流经济学研究的专利,并据此形成了当代西方主流的发展经济学理论和制度及政策体系,其政策倾向和历史价值观概括而言具有以下两方面特点:一是在制度上建立资源配置的现代市场化机制。贫困的重要原因在于市场失效,即不存在

---

① 刘伟:《总结克服"贫困陷阱"经验,开启新时代现代化新征程》,《经济理论与经济管理》,2018年第1期,第5—10页。
② 〔英〕杰拉尔德·M.迈耶主编,谭崇台等译:《发展经济学的先驱理论》。昆明:云南人民出版社1995年版,第1页。
③ 同上书,第200页。

完善的竞争性市场机制,只有通过充分竞争的市场机制才可能解决落后的发展中国家的贫困问题,只有通过自由的价格机制才可能把资源配置推近到帕累托状态,实现公平与效率。① 与这种资源配置市场化机制相适应,生产资料所有制和企业产权制度必须实行纯粹的私有化,即不是其他历史形式的私有化,而是资本主义的私有化,特别需要反对国有化,因为落后的发展中国家本身经济生活政治化和政府低能低效的失灵情况严重,会导致对市场化的根本否定,并对公平竞争形成破坏。二是在发展上推动现代工业化进程,以工业化改造传统经济结构。不发展和贫困的根源在于传统落后的农耕经济结构②,摆脱贫困的实质是实现所谓"二元经济结构"的转换③。与这种工业化的发展目标要求相适应,如何实现二元结构转换,则以西方发达国家经济史为依据,按照发达国家经济结构改造落后的发展中国家的经济结构,推动产业结构工业化升级,目标——以发达国家今天的经济结构状态作为发展中国家明天要努力达到的经济结构高度;战略——加快资本积累,尽快补齐工业化不足,以发展结构短板为重点,而不是突出传统优势,以缩短与发达国家的现代工业化差距;方式——实施进口替代,以弥补现代资本密集、技术密集产业的不足。④

问题在于,西方主流经济学开出的发展药方对于许多发展中国家并不灵验,按照这种体制模式和发展模式,首先表现出的矛盾是所谓资本和外汇的"双缺口"状况,更进一步则是绝大多数发展中国家不仅未能有效摆脱贫困,却反而长期滞留于"贫困陷阱",即贫困的恶性循环,贫困不断再造贫困,贫困本身成为更加贫困的原因。从供给方面看,贫困即收入水平低,收入水平低则居民储蓄力弱,储蓄力弱则再转化为资本积累的能力弱,资本积累能力弱则经济增长慢,

---

① 〔美〕查尔斯·金德尔伯格、布鲁斯·赫里克著:《经济发展》。上海:上海译文出版社1988年版,第211—212页。

② 熊彼特在其《经济发展理论》(Theory of Economic Development)(牛津大学出版社1961年版)特别强调了"发展"的结构变化意义。把工业化视为发展的主要任务的观点,早期是由威廉·吕彼克1938年写的《农业国家的工业化:一个科学的问题》所阐释(据张培刚教授考证,参见《发展经济学往何处去——建立新型发展经济学刍议》,《经济研究》,1989年第6期,第15页)。

③ "二元经济结构概念",最早由伯克在1910年提出后,成为主流发展经济学的重要概念和分析方法,如刘易斯等的主流经济学说(参见梁小民:《评刘易斯的二元经济发展理论》,《经济科学》,1982年第2期,第63—67页。刘吉瑞的《向贫穷挑战——发展经济学和发展战略比较研究》,《经济社会体制比较》,1986年第5期,第52—55页)。

④ 林毅夫教授在其《新结构经济学》(北京大学出版社2012年版)中对此做过系统概括。

经济增长慢则新增就业机会少,就业机会少则居民收入水平低,收入水平低则更加贫困。从需求方面看,贫困即收入水平低,收入水平低则居民购买力弱,居民购买力弱则对投资吸引力低,投资增长慢则经济增长速度低,经济增长速度低则新增就业机会少,就业机会少则居民收入水平低,收入水平低则更贫困。可见,无论是从供给端还是从需求端考察,落后国家之所以贫困的原因就在于其"贫困"。①

从实际发展历史看,落后国家依照这种模式,不仅未能缩小与发达国家间的差距,而且其差距不断扩大。就经济绝对水平看,从第二次世界大战后发达国家与落后国家实际水平差距存在的现实出发,即使假定落后国家的年均增速高于发达国家平均增速一倍以上,由于现实基础差距过大,实际绝对总规模之间的差距在一百多年里仍将不断扩大,人均 GDP 水平的绝对差距在相当长的时期里同样持续扩大。② 就经济相对水平看,落后国家的经济规模和人均 GDP 水平相当于发达国家的比重在不断下降,即相对差距始终在扩大③,虽然直到 20 世纪 70 年代之前,世界上绝大多数落后的发展中国家均采取了西方主流发展经济学所设计的模式,但是在初期取得了短期的投资拉动的高速增长外,长期里严重停滞,并且周期性波动幅度剧烈,经济既不均衡,也无实质性发展。

相对于其他发展中国家而言,中国并没有按照西方主流经济学的逻辑和价值观设计发展模式,而是坚持中国特色社会主义道路,其突出特点在于:一是坚持公有制为主体、多种所有制经济长期共同发展的社会主义生产资料所有制,和与之相适应的按劳分配为主体及按要素分配的基本分配制度,既不是采取传统经济的纯而又纯的公有制和平均主义的分配制度,也不是采取西方主流理论所主张的全面推进资本主义私有化。二是坚持社会主义生产资料所有制与市场经济机制的有机统一,既不是恪守把社会主义与市场经济对立起来的传统,也不是简单地实行自由主义价值取向下的市场化,而是坚持社会主义市场经济方向,使市场在资源配置中发挥决定性作用,同时更好地发挥政府作用,努力形成政府与市场的有机统一,而不是相互分割,避免了其他发展中国家市场失灵、

---

① 〔美〕讷克斯著,谨斋译:《不发达国家的资本形成问题》。北京:商务印书馆 1996 年版,第 6 页。
② 刘伟、杨云龙:《比较经济学》。北京:中国财政经济出版社 1990 年版,第 44—47 页。
③ 林毅夫:《新结构经济学》。北京:北京大学出版社 2012 年版,第 12—57 页。

政府失效的两难矛盾。三是坚持马克思主义发展最终是为人民的利益的观点,把部分人先富起来与逐渐实现共同富裕作为统一历史进程,根据马克思主义的贫困观,从社会生产方式的源头遏制贫困,追求发展的成果能够更公正、更充分地为人民共享,并以此形成推动社会主义社会经济持续发展的强劲动力。四是在发展观上,把发展作为执政兴国的第一要务,坚持以经济建设为中心,坚持发展是硬道理,坚持科学发展,坚持根据发展实践的历史变化丰富新发展理念,坚持以解放和发展生产力作为检验制度创新的根本标准。五是在投资增长方式上,调动各方面的积极性,形成国家与市场、中央与地方、市场与企业、国有与民营、城市与乡镇、内资与外资等多方面联动格局,打破落后国家低储蓄、低投资增长的困局。六是在发展战略上,把发挥自身竞争优势与补短板、进口替代与出口替代、规模扩张与结构升级统一起来,从国情出发,从竞争效率出发,而不是简单地以发达国家现存结构模式作为发展追赶目标。七是在改革开放的路径和逻辑上,既不采取"休克疗法",也不长期"路径依赖",而是在存量改革与增量改革、分配关系改革与生产方式改革、企业改革与政府改革、农村改革与城市改革、价格改革与产权改革、特区开放与内地开放等方面协调推进。八是坚持中国共产党的领导,中国共产党的性质和宗旨是代表全体中国人民的长远根本利益,真正把发展作为第一要务,把人民利益作为发展的根本目的,因而能够凝聚全体人民的智慧和力量,推动改革开放,等等。中国打破贫困的循环,实现共同富裕的历史进程的伟大实践,还有许多方面的特征有待经济理论上的深入探讨,以上所列的若干突出特点恰与西方主流经济学所开药方根本不同,同时又集中体现了中国特色社会主义的制度优势和发展优势。

2. 改革开放以来经济增长目标的提出及实践①

现代化是一个动态的标准,就是发展要达到世界先进水平。世界在发展,这一标准也在不断提高。自鸦片战争使中国的大门被列强打开之后,实现现代化始终是中国人的梦想,但在很长时间里它一直离我们非常遥远。改革开放后,我们重新开始了现代化建设,而如何实现现代化却有很多争论。在这样的背景下,邓小平提出了发展是硬道理;提出了"三步走"的发展战略;提出了一部

---

① 刘伟、蔡志洲:《新时代全面现代化建设与经济增长》,《求是学刊》,2018年第1期,第7—17页。

分人、一部分地区先富起来,再带动全体人民共同富裕。这使中国找到了突破口和实现现代化的路径,这就是改革开放首先要为加快经济增长服务。从现代化的观点看,要缩短和世界先进国家之间的差距,首先要缩短和它们之间在经济发展水平上的差距。此后,在党的十九大以前的历次全国代表大会上,都把经济增长作为基本的经济发展目标,并且明确规划了经济增长幅度和倍增目标。1982年党的十二大报告明确提出,要在20世纪末实现中国的国民经济总量"翻两番"。党的十三大上,"三步走"的战略构想则被完整地写进大会的报告中,即"第一步,实现国民生产总值比一九八〇年翻一番,解决人民的温饱问题,这个任务已经基本实现。第二步,到本世纪末使国民生产总值再增长一倍,人民生活达到小康水平。第三步,到下个世纪中叶,人均国民生产总值达到中等发达国家水平。"①党的十四大报告提出:"九十年代我国经济的发展速度,原定为国民生产总值平均每年增长百分之六,现在从国际国内形势的发展情况来看,可以更快一些。根据初步测算,增长百分之八到九是可能的,我们应该向这个目标前进。"②党的十五大报告提出:"展望下世纪,我们的目标是,第一个十年实现国民生产总值比二〇〇〇年翻一番,使人民的小康生活更加宽裕,形成比较完善的社会主义市场经济体制;再经过十年的努力,到建党一百年时,使国民经济更加发展,各项制度更加完善;到世纪中叶建国一百年时,基本实现现代化,建成富强民主文明的社会主义国家。"③党的十六大报告提出:"在优化结构和提高效益的基础上,国内生产总值到2020年力争比2000年翻两番,综合国力和国际竞争力明显增强。"④2007年,党的十七大报告中,对全面建设小康社会提出了更高的要求:"在优化结构、提高效益、降低消耗、保护环境的基础上,实现人均国内生产总值到二〇二〇年比二〇〇〇年翻两番。"⑤党的十八大报告则提出实现经济持续和健康发展,要在"转变经济发展方式取得重大进展,在

---

① 《邓小平文选》(第三卷)。北京:人民出版社1993年版,第266页。
② 江泽民:《中国共产党第十四次全国代表大会文件汇编》。北京:人民出版社1992年版,第19页。
③ 江泽民:《高举邓小平理论伟大旗帜 把建设有中国特色社会主义事业全面推向二十一世纪》。北京:人民出版社1997年版,第4页。
④ 江泽民:《全面建设小康社会 开创中国特色社会主义事业新局面》。北京:人民出版社2002年版,第19页。
⑤ 胡锦涛:《高举中国特色社会主义伟大旗帜 为夺取全面建设小康社会新胜利而奋斗》。北京:人民出版社2007年版,第19页。

发展平衡性、协调性、可持续性明显增强的基础上,实现2020年国内生产总值和城乡居民人均收入比2010年翻一番。科技进步对经济增长的贡献率大幅上升,进入创新型国家行列。工业化基本实现,信息化水平大幅提升,城镇化质量明显提高,农业现代化和社会主义新农村建设成效显著,区域协调发展机制基本形成。对外开放水平进一步提高,国际竞争力明显增强。"①

从历次党的全国代表大会确定的经济增长目标及后来经济增长的实践看,我们对经济增长的要求经历了一系列的变化。

第一,我国经济增长的长期目标,最早是由邓小平同志以美元为计量单位提出来的,显示了中国要实现现代化、赶上世界先进水平的雄心壮志。这就是中国不能只和自己的过去比,还要和世界各国的发展相比,要看到自己的差距,并且通过自己的努力来缩小甚至消除这种差距。而十年翻一番或二十年翻两番的长期目标,具体到年均增长率,大约为7.2%,这既考虑到了中国经济发展水平较低,需要通过高增长来改变落后局面,又考虑了中国经济增长长期处于徘徊状态的现实,不能把预期增长率定得太高。而提出这个目标,首先就是要打破经济增长长期停滞的局面,实现经济起飞,再通过长期的较快的经济增长来逐步地改善人民生活和增强综合国力,最终实现赶超世界先进水平的目标。两个"翻两番"目标的提出,使得当时中国的现代化建设有了明确的数量目标,从此开启了中国现代化建设的新征程。现在看来,这是一个具有深远历史意义的伟大决策。

第二,在改革开放四十多年来的实践中,大多数年份的经济增长率都远高于预期,各次党的全国代表大会上提出的增长目标都已经超额完成或即将完成。党的十六大和十七大提出2020年GDP或人均GDP要比2000年翻两番,这两个目标在2016年和2017年分别已经提前完成;而党的十八大提出的2020年GDP和城乡居民可支配收入比2010年再翻一番的目标,我们只要把2018—2020年的年均增长率保持在6.3%以上就能完成,现在看来已经没有什么大问题。我们实现了人类经济发展历史上年均增长率最高、持续时间最长的经济增长,从根本上改变了中国的落后面貌。横向比较看,根据世界银行的数据,1978年中国的GDP总量为1 495亿美元,约为美国的6.3%;而到了2018年中国的

---

① 胡锦涛:《坚定不移沿着中国特色社会主义道路前进 为全面建成小康社会而奋斗》。北京:人民出版社2012年版,第17页。

GDP已经达到了13万亿美元以上,为美国的63%左右,中国成了世界第二大经济体。按照可比价格计算,中国现在的GDP已经达到美国1978年水平的2倍以上,大约相当于美国20世纪90年代后期的水平。纵向比较上看,中国2018年的经济总量已经达到90万亿元以上,按不变价格计算约为1978年的35倍,年均增长率为9.5%左右,持续地按照几何级数增长,使中国经济每一年创造的增量越来越大,对世界经济增长的贡献力和影响力也越来越大。虽然中国经济进入新常态以来,中国的年均增长率较以前有所降低,但仍然保持在7%左右(2013—2018年),属于世界上最好的经济增长。这说明在相当长的一段时期里,中国以经济增长为中心来推动现代化建设,虽然也存在一些问题,但是从总体上看,所取得的成就是巨大的,没有改革开放以来的高速经济增长,就没有今天的中国。

第三,从党的历次全国代表大会对经济增长目标的表述来看,约束条件是不断变化的。十一届三中全会之后,我们把工作的重点转移到经济建设上来,首要任务就是要让整个国民经济运转起来,实现经济起飞并能够保持持续的高速增长。当时的一系列改革开放措施,都是为了实现这一目标,从实践上看也取得了明显的效果。但随着中国经济增长到了一定的阶段,当原有的一部分矛盾得到了解决或改善时,新的矛盾又暴露了出来,尤其是如何更多地通过技术进步而不是增加投入来扩大生产,因此党的十六大提出了要在"优化结构和提高效益的基础上"实现经济增长;在经济增长和其他各项发展的关系上,出现了发展失衡的现象,能源环境方面的问题突出,于是党的十七大提出了"在优化结构、提高效益、降低消耗、保护环境的基础上"实现经济增长;而党的十八大则更进一步提出"在发展平衡性、协调性、可持续性明显增强的基础上"实现经济增长,并且就科技创新与信息化、工业化和城市化进程、农村建设、环境保护、区域经济协调等各个方面的发展与经济增长的关系提出了要求。党的十八大更进一步提出了要改善居民收入的目标,强调居民收入必须和经济同步增长。但是从总体上看,把单纯的GDP增长或经济数量规模扩张作为我们经济发展和现代化建设中的中心任务,已经不能适应新时代的要求。这一方面是因为通过长期的市场化改革,中国微观领域的自我发展机制培育起来之后,经济增长的内生动力已经建立了起来,各级政府就应把关注的焦点提高到更高的层次,让市场成为配置资源的基本或者是决定性的力量。另一方面是随着中国经济发展水平的提高,人民群众和全社会对全面发展已经提出了越来越高的要求,单纯追求经济增长已经不能反映现代化建设的需要。但经济增长不能等同于经济发展,更不能等同于现代化意义上的社会发展,"发展"具有更为丰富而深刻的历史内涵,就经济发展而言,更多地关注发展的质量、效率、方式、结构、目的等多方面内容,而不只是单纯的经济增长;就社会发展而言则更为广泛,正如我们党所概括的"五位一体"总体布局所提出的发展要求。因此,不以GDP增长为中心,并不意味着放弃党在社会主义初级阶段基本路线中的以经济建设为中心的基本要求,"解放和发展社会生产力,是社会主义的本质要求"[①]"发展为了人民,这是马克思主义政治经济学的根本立场……坚持以人民为中心的发展思想,把增进人民福祉、促进人的全面发展,朝着共同富裕方向稳步前进,作为经济发展的出发点和落脚点"[②]。必须坚持"以人民为中心""以经济建设为中心"的有机统一,"以人民为中心"是发展的根本目的,是由党的宗旨、社会主义制度的性质所规定的,"以经济建设为中心"是发展的基本方略,是由社会主义初级阶段的基本国情、基本矛盾规定的。"要牢牢把握社会主义初级阶段这个基本国情,牢牢立足社会主义初级阶段这个最大实际,牢牢坚持党的基本路线这个党和国家的生命线、人民的幸福线,领导和团结全国各族人民,以经济建设为中心,坚持四项基本原则,坚持改革开放。"[③]

因此,党的十九大提出在2020年全面建成小康社会之后,分两阶段推动全面建设社会主义现代化国家的新目标。而在新目标中,没有再按照往年的传统提出GDP长期增长目标,这说明在改革开放40年之后,随着中国经济社会发展取得了伟大成就,我们有了更高的发展目标。这并不是说全面建成小康社会之后,我们就不需要经济增长了,恰恰相反,对于任何国家来说,经济增长对经济社会发展来说都有基础性的意义。但是对于中国来说,现在经济发展中的主要矛盾已经不再是经济增长的速度能不能提高、能不能保持,而是如何全面推进社会主义现代化建设的问题,经济增长只是它的一个基本环节,必须为其他方

[①] 习近平:《决胜全面建成小康社会 夺取新时代中国特色社会主义伟大胜利——在中国共产党第十九次全国代表大会上的报告》。北京:人民出版社2017年版,第35页。

[②] 习近平:《在十八届中央政治局第二十八次集体学习时的讲话》,载《习近平关于社会主义经济建设论述摘编》。北京:中央文献出版社2017年版,第30—31页。

[③] 习近平:《决胜全面建成小康社会 夺取新时代中国特色社会主义伟大胜利——在中国共产党第十九次全国代表大会上的报告》。北京:人民出版社2017年版,第12页。

面的发展服务,与其他方面的发展相适应和相协调。十九大不再提出具体的经济增长数量目标,实际上是中国现代化进程进入一个新阶段的重要标志。正如十九大报告所概括的,从2020年全面实现小康目标之后到2035年基本实现社会主义现代化,将以往所说的到21世纪中叶基本实现现代化目标的时间表提前了15年;从2035年到21世纪中叶,在基本实现现代化的基础上,建成富强、民主、文明、和谐、美丽的社会主义现代化强国,从可比的经济发展水平上看,到2020年实现全面小康目标即第一个百年目标,至少达到当代世界的人均GDP平均水准,大体上接近经济发展史上从现在的上中等收入(2010年达到世界银行划定的"上中等收入起点"水平)跨入当代高收入阶段的起点,实现跨越"中等收入陷阱";到第二个百年目标,即本世纪中叶赶上高收入国家经济发展的平均水平(通常所说的中等发达国家水平),"从全面建成小康社会到基本实现现代化,再到全面建成社会主义现代化强国,是新时代中国特色社会主义发展的战略安排"①。

3. GDP的局限与新发展理念的提出②

(1) GDP的历史局限

一个国家的GDP是这个国家在一定时期内生产或使用的货物和服务的总和,而经济增长则是按可比价格反映的这种总和动态对比的结果。GDP总量越大,增长得越快,为社会和居民提供的福利也就可能越多。但是这并不是经济发展的全部,这些货物和服务在全社会是如何生产、分配和使用的,是不是满足了效率、公平以及可持续发展的要求? 一个国家的经济发展并不等于经济增长。而一个国家除了经济发展,还有社会、资源和环境发展等一系列问题,一个国家的经济发展水平越高,各方面协调发展的要求也就越复杂。一个国家的现代化不能只反映在GDP上,还要反映在各个方面的发展上。党的十九大提出,新时代中国社会的主要矛盾是人民日益增长的美好生活需要和不平衡不充分的发展之间的矛盾,必须坚持以人民为中心的发展思想,不断促进人的全面发

---

① 习近平:《决胜全面建成小康社会 夺取新时代中国特色社会主义伟大胜利——在中国共产党第十九次全国代表大会上的报告》。北京:人民出版社2017年版,第29页。
② 刘伟:《GDP与发展观——从改革开放以来对GDP的认识看发展观的变化》,《经济科学》,2018年第2期,第5—15页。

展、全体人民共同富裕。这一论述实际上对中国的经济发展阶段做出的新判断,这就是经过中国人民上百年的努力,尤其是经过改革开放四十多年以来的奋斗,中国总体上已经不再是一个生产力落后的国家,但是经济社会资源等各个方面的发展还不平衡不充分,还需要在发展中不断改善。这实际上就对中国的经济增长提出了更高的要求,不仅从数量上看,有持续增长不断充实的要求,还需要在生产结构、分配结构和产出结构上实现均衡发展。

为什么在现阶段中国长期的发展目标不再适合以具体的数量指标特别是高速度增长指标来规定? 党的十八大提出在2020年实现GDP和城乡居民可支配收入比2010年翻一番。这从表面上看只不过增加了一个指标,但是在实际操作过程中,就明显增加了实现经济增长目标的难度。简单地说,这两个指标之间的关系可以用充分必要条件的关系来进行表述。GDP翻一番是居民可支配收入翻一番的必要条件,但不是充分条件,因为在GDP翻一番的情况下,如果不把足够的生产成果所形成的收入转化成居民可支配收入,居民可支配收入可能就翻不了一番;但是如果反过来,居民人均可支配收入如果要翻一番,那么国内生产就必须翻一番甚至更多,或者说,居民可支配收入的增长的充分必要条件是经济增长。因此在新形势下,如果不对GDP提出要求,而仅仅对居民可支配收入的增长提出要求,那么就必须完成一定的经济增长目标。但一个社会的发展所包括的内容远远不只是有居民收入,还有教育、科学、技术、文化、体育、医疗、国防、民主与法制建设、社会保障等众多方面,这些发展对经济增长的常年或短期贡献可能不大,如发展教育可能要通过几十年才能见到成效,对当年的GDP所提供的贡献相对较小,但如果仍然以GDP为中心,那么教育可能就发展不起来,反而可能影响长远的经济增长和其他各个方面的发展。如果要发展教育就需要有一定的支出,而这些支出需要从经济增长中所形成的国民收入中支付,这对经济增长也形成了更高的要求。所以解决新时代主要矛盾的基础还是要发展,这些发展要求是多种多样的,或多或少需要人力、财力和物力的支持,最终对经济增长提出要求。所以在新时代全面建设现代化的进程中,不是不要经济增长了,而是对经济增长提出了更高、更复杂的要求。在这种情况下,各个不同时期的GDP就要根据当时社会经济发展的任务及发展条件有所变化,分别有不同时期的预期和目标以及约束条件,如在环境条件恶化的情况下,考虑到可持续发展的要求,就可以牺牲一部分经济增长而治理环境,使长远的经济增长建立在环境改善的基础上。虽然从表面上看,GDP 好像没有生产出那么多,但是却给人民和全社会带来了更多的福利,能更好地满足人们对美好生活的追求。

毫无疑问,GDP 统计和核算体系有其科学性,这一体系的产生和不断完善,极大地提升了经济资源配置核算的系统性和科学性。GDP 作为一个指标体系,从国民经济活动的起点(生产)到终点(需求),综合反映国民经济生产、分配、交换、消费的各个环节和全过程,经过长期发展,这一指标体系已相当完善,或者说很难用其他指标来取代它。因而,萨缪尔森等著名经济学家称,GDP 是 20 世纪人类最伟大的发明①,但 GDP 体系本身确有局限或有限性,在运用这一体系引导国民经济发展时,若忽视其局限性,必然产生严重的问题。

第一,GDP 指标从总量和规模上反映一国经济所达到的水平,包括总量和人均水平,作为一个完整的国民经济核算体系,尽管其中包括了一系列的部门结构、投入产出结构分析,但就 GDP 本身而言,其强调的是最终数量,也难以直接体现 GDP 背后运行中的经济结构差异。不同的经济结构可以有相同的 GDP 水平,规模领先的 GDP 水平也可能建立在极为落后的经济结构基础上,进而扭曲经济增长与经济发展的关系,即所谓有经济增长但无经济发展,有量的扩张但无质的结构升级,有要素投入量增长的支撑但无要素和全要素效率的提升。因为,增长更多的是规模扩张,即 GDP 的增长,但经济发展更多的在于结构高度演进,结构变化是效率的函数,结构高度是经济发展的本质,经济发展的真正困难,也集中于结构性矛盾的克服。② 过于强调 GDP 数量增长,一方面,可能忽略经济结构演进的重要性,忽略要素效率和全要素生产率提高的重要性,而过于依赖要素投入规模的扩张进而实现 GDP 扩张,并且这在短期内是可以实现的,因而更容易成为政府的短期政策目标;另一方面,可能引发和加剧经济发展深层次的结构性失衡,从而使得宏观经济短期失衡加剧,长期可持续发展受到

---

① 刘伟、蔡志洲:《走下神坛的 GDP》。北京:中信出版社 2006 年版,封底页。
② 例如中国 19 世纪上半叶 GDP 的规模占全球的 30%以上,居第一位,但之所以在 1840 年之后迅速衰落,除其他原因外,在经济上重要的是结构质态落后,产业结构仍以传统农业为主,社会生产组织结构仍以家庭小生产为主,相比较近现代史来的欧美国家的以产业革命为支撑的产业结构,以现代资本主义企业制度为基础的生产社会组织结构,存在质的区别。又如当代高收入的石油出口国,GDP 水平在总量和人均方面均处于领先地位,但其经济畸形,严格地说属于高收入国家但不属于真正现代化国家,因而在划分类别时,往往不被作为"发达国家",而是作为"石油输出国"。

严重限制。

第二，GDP作为核算体系，反映的是一定时期（一年）经济活动中的流量，而国民财富是经济生活中的长期积累起来的存量，如果只有年度流量的GDP，而无流量的有效持续积累，最终就难以形成财富积累和国力的提升。尽管GDP作为核算方法提出了处理存量和流量关系的原则，但这一核算体系本身体现的主要是以年度为期限的流量性质的经济活动，即一年时间里创造的增加值。从某种意义上说，这种存量和流量的差异并不是源自GDP体系本身，而是GDP在核算时的特点，但在运用GDP方法时，若忽略流量特征，甚至将其极端化，便会对国民经济带来严重损害，尤其是使经济活动目标严重短期化，而不顾财富积累和可持续发展。①

第三，GDP核算体系反映的是以货币价格计量的市场经济行为，未通过市场交易进而没有市场价格的经济活动是难以进入GDP核算统计体系的，但市场机制并不是经济活动的全部机制，相当部分的经济活动和资源配置并不通过市场或并不完全通过现实的市场机制进行，例如，军队、警察、政府部门提供的服务，有经济资源的投入，也形成产出，但在原则上不能通过市场机制配置，又如家务活动，相当部分也未经过市场交易，其确切的市场定价也难以估算，因此难以客观全面地纳入国民经济核算体系。更进一步，如果片面追求GDP增长，大量非市场机制下的资源配置和经济活动容易被排斥在国民经济核算体系之外，进而被忽视，形成严重"短板"，市场失效的领域难以获得应有的发展。②

第四，社会发展和现代化进程不仅是经济发展和经济增长，如果片面突出经济发展和经济增长，忽略社会全面发展，必然扭曲现代化进程。因此，从国民经济核算来看，仅仅对GDP进行核算并以此规划发展目标是不充分的，核算和评价现代化应包括国民经济核算和其他社会发展方面的核算与规划，比如经济发展与生态环境的关系问题、经济发展与人类社会全面发展的关系问题、经济发展与人们的幸福满意程度的关系问题等，都是需要处理但GDP指标体系本

---

① 投资一个项目所有相关的经济活动会计入当年GDP，但第二年拆除这一项目的全部经济活动同样会计入第二年的GDP，但财富积累（存量）却为零，同时又在过程（流量形成）中耗费了大量的经济资源，损害了未来可持续发展的潜能。

② 改革开放以来，中国先后进行过三次经济普查，从普查数据看，GDP未能充分统计的部分主要是"服务"。

身难以反映的问题。因此,在国民经济核算体系的完善和改进中,人们又提出了"绿色 GDP"、人类发展指数、幸福指数等指标体系,以在理论上补充 GDP 指标体系的不充分性,在实践上引导社会发展协调推进。①

(2) 新发展理念的提出

GDP 作为核算体系和方法的种种局限,在实践中日益被人们所认识,因而人们不断质疑 GDP 指标体系,并不断完善这一体系。② 在中国改革开放初期,社会经济发展处于极为落后的贫困状态,中国提出以 GDP 增长为代表的国民经济翻番目标,是有其历史客观性的。一方面,穿越"贫困陷阱"迫切要求必须首先持续加快经济增长,这是中国社会解放和发展生产力的迫切历史要求;另一方面,在当时低水平的经济发展条件下,比较而言,资源生态环境问题、社会其他方面的发展问题等相对处于次要地位,与经济发展间的矛盾相对还不十分尖锐,或者说矛盾的主要方面尚集中在经济增长和经济发展水平低下这一方面,因此在邓小平同志的倡导下,自党的十二大以后首次采取 GDP 价值量指标来规划长期发展目标,在实践上以 GDP 来制定增长和发展纲要,具有重要的必要性,同时也具有历史可行性。③ 必须看到,在跨越"贫困陷阱"的历史进程中,中国 GDP 的增长及相应规划目标的不断实现,为实践"以经济建设为中心"的基本路线,为贯彻"发展是第一要务"的辩证唯物史观,起到了巨大的无可替代的基础支撑作用,正是这种持续高速的经济增长和经济发展,推动中国发生了

---

① "绿色 GDP"也称环境经济综合核算体系(SEEA),是在现有国民经济核算基础上融入资源和环境因素,这是一个非常现代先进的理念,但又是一项非常复杂的工作,目前世界上还没有一个国家建立起完善的并付诸实践的环境经济综合核算体系。"人类发展指数"(HDI)从生存状况、文化水平和富裕程度三个方面反映国家的人类社会发展程度,主要运用寿命、教育和人均 GDP 三个变量来分别反映。"幸福指数"是由世界价值调查(WVS)公布,通过调查政治、经济、社会、家庭、宗教等多方面问题,然后归结为:幸福吗? 通过对受访者答案的统计处理得出各国幸福指数(参见刘伟主编:《经济学教程》。北京:北京大学出版社 2005 年版,第 17 章第 2—3 节)。

② 例如美国前总统罗伯特·肯尼迪早在 20 世纪 60 年代初就指出:"GDP 既不表现我们的身体健康,也没有反映社会的教育质量;既不代表文采的优美,也不体现家庭的和谐;既不证明辩论的智慧,也不显示政府的廉洁。它既没有衡量我们的勇气,也没有反映我们对国家的贡献。"(参见刘伟、蔡志洲:《走下神坛的 GDP——从经济增长到可持续发展》。北京:中信出版社 2006 年版,封底页)。

③ 党的十二大开始仍以工农业生产总产值的形式,提出在 20 世纪最后 20 年实现经济总量翻两番的目标,后来又改用为邓小平同志提出的 GDP 翻两番的表述,最后明确为按照国际通用做法,采用 GDP 的方式来规划(参见刘伟、蔡志洲:《走下神坛的 GDP——从经济增长到可持续发展》。北京:中信出版社 2006 年版,第 4—7 页)。

深刻的历史性变化,并使中国特色社会主义进入新时代。

问题在于,进入新时代的中国社会发展面临的约束条件发生了系统性、根本性的变化,这些变化集中体现为社会主要矛盾的深刻转化,进而使得中国发展既面临新的机遇,又面临新的挑战,使中国发展空前接近实现伟大复兴目标,同时面临如何穿越"中等收入陷阱"并在此基础上进一步基本实现现代化(2035年)和建成社会主义现代化强国(2050年)的历史性挑战。沿用以往的增长方式,显然不可能持续均衡协调发展。从社会经济发展来看,约束经济增长的基本条件发生了深刻变化,就供给侧而言,劳动力、自然资源、生态环境、技术进步等方面的成本大幅上升,传统的成本绝对和相对竞争优势逐渐消失;就需求侧而言,经济短缺、需求膨胀的市场环境已为需求疲软、产能过剩所取代;因而,无论是实现稳定均衡增长、防止成本推动的高通货膨胀、保障适度充分就业,还是实现长期可持续发展、推动社会全面成长,都要求根本转变发展方式,要从以往主要依靠要素投入量扩大的高速增长的轨道转到主要依靠效率推动的高质量增长轨道上来,这就需要提出新的发展理念作为指导思想,需要建立新的经济发展体系作为贯彻新发展理念的途径和方略。我们党提出了"五位一体"总体布局,在协调政治、经济、社会、文化、生态建设的总体布局中推动新时代的现代化发展历史进程。与此相适应,党的十八大以来,习近平总书记提出了"创新、协调、绿色、开放、共享"的五大"新发展理念",并特别强调,发展理念是具有战略性、纲领性、引领性的,是发展思路、发展方向、发展着力点的集中体现,按照"新发展理念"推动中国经济社会发展,是中国发展的总要求和大趋势。[①] 党的十九大对"新发展理念"的本质特征及其贯彻又做出了进一步深入概括和具体部署,使之成为习近平新时代中国特色社会主义思想体系中的重要组成部分,把马克思主义历史辩证唯物主义的发展观与新时代中国特色社会主义发展实践深入结合,系统地阐释了破解新发展难题的指导思想和行动纲领。[②]

根据马克思主义辩证唯物史观,社会生产力发展与生产关系变革之间的矛盾运动是历史发展和时代变迁的基本矛盾。在这一矛盾运动的过程中,不同历

[①] 中共中央文献研究室编:《习近平关于社会主义经济建设论述摘编》。北京:中央文献出版社2017年版,第21—45页。

[②] 习近平:《决胜全面建成小康社会 夺取新时代中国特色社会主义伟大胜利——在中国共产党第十九次全国代表大会上的报告》。北京:人民出版社2017年版,第21—22页。

史发展的形态和时代具有相应的历史发展的生产力基础,生产力基础决定并规定相应的生产关系及其变革;在这种生产力与生产关系矛盾运动形成的社会经济基础上,形成并推动一定社会上层建筑的演变。根据这种历史演变的特征,可以对人类文明历史时代形态演变过程做出历史性的划分。大的历史形态如此划分,在同一社会历史形态下不同时代阶段性划分的方法同样如此。① 正如恩格斯所提出的,马克思有两个伟大的发现,一是辩证唯物史观——人类历史的发展规律,二是剩余价值理论——资本主义生产方式的矛盾运动规律。认识时代的历史进程,需要坚持和运用马克思主义的辩证唯物史观。列宁坚持创造性地运用这一基本方法,对其所处的资本主义发展时代做出了新的认识,论证了资本主义进入垄断资本主义即无产阶级革命和帝国主义的时代。列宁指出:"只有首先分析从一个时代转变到另一个时代的客观条件,才能理解我们面前发生的各种重大历史事件。哪一个阶级是这个或那个时代的中心,决定了时代的主要内容,时代发展的主要方向,时代的历史背景的主要特点等。只有在这个基础上,首先估计到区别不同时代的基本特征(而不是个别国家历史上的个别情节),我们才能正确地制定自己的策略;只有认清了这个时代的基本特征,我们才能以此为根据估计这国或那国的更详细的特点。"② 可见,根据马克思列宁主义的时代观和方法论,无论是人类历史的基本形态的划分,还是在基本形态下的不同时代阶段性的划分,均首先要从社会存在和发展的客观条件变化出发,即生产力与生产关系和经济基础与上层建筑的矛盾运动特征出发,进而认识一定社会历史形态和时代的社会基本矛盾和主要矛盾的变化,把握历史时代的基本特征和中心问题,尔后才能确定自己的发展道路及制定自己的策略。

---

① 参见《马克思恩格斯选集》(第2卷)。北京:人民出版社1995年版,第776页。根据马克思主义辩证唯物史观,把人类历史按社会生产方式的本质特征划分为原始社会、奴隶社会、封建社会、资本主义社会、共产主义社会。尽管西方学者提出许多历史划分标准,如摩尔根《古代社会》(Ancient Society)中划分了为上古、中古、近古;亚当·斯密在《国民财富的性质和原因的研究》(An Inquiry into the Nature and Causes of the Wealth of Nations)中,把经济史划分为渔猎、游牧、农工、工商等不同阶段;费希尔在《安全与进步的冲突》(The Conflict of Progress and Security)中划分为第一阶段——农业即第一产业,第二阶段——工业制造业即第二产业,第三阶段——服务业即第三产业;罗斯托在《经济增长的阶段》(The Stages of Ecomnic Growth)中提出从起飞前的准备到起飞,再到工业化,直至追求生活质量阶段的划分。显然,这些划分都更多地依据历史的时序或生产的现象性形态,而未深入到生产力与生产关系、经济基础与上层建筑矛盾运动的本质,马克思的划分更为深刻和科学。

② 《列宁全集》(第26卷)。北京:人民出版社1985年版,第142—143页。

习近平同志在党的十九大报告中正是坚持运用马克思列宁主义的辩证唯物史观和方法,对中国特色社会主义的历史进程做出了新的科学阐释,指出:中国特色社会主义进入了新时代①,这一判断建立在深刻准确剖析中国生产力与生产关系、经济基础与上层建筑矛盾运动客观条件发生的变化,特别是经过近40年的改革开放,自党的十八大以来日益清晰体现出来的各方面历史变化的基础上。这种深刻的历史变化使中国特色社会主义事业的时代使命和基本命题发生了新的改变,新时代成为决胜全面小康进而实现现代化的时代,是逐步实现全体人民共同富裕的时代,是中国日益走近世界舞台中央的时代。这种深刻的历史变化的集中体现,在于我国社会主要矛盾已经转化为人民日益增长的美好生活需要和不平衡不充分的发展之间的矛盾,这种主要矛盾的转化是关系中国特色社会主义事业全面发展的历史性变化,相应地,这种历史性变化对发展提出了新的历史性要求,需要制定一系列新方略。

4. 新时代中国经济发展的理论逻辑②

习近平同志指出:"当前,我国处于近代以来最好的发展时期,世界处于百年未有之大变局,两者同步交织、相互激荡。"特别是,"从党的十九大到党的二十大,是实现'两个一百年'奋斗目标的历史交汇期,在中华民族伟大复兴历史进程中具有特殊重大意义。"③新时代中国特色社会主义的发展,具有新时代的历史特征和要求。习近平新时代中国特色社会主义经济思想的新发展理念,指出了中国社会经济到21世纪中叶实现中华民族伟大复兴的发展方向、发展方式和发展路径。

(1)历史逻辑:发展主题的新内涵

第一,经济发展新常态。第二次世界大战后许多新独立的发展中国家,面临的摆脱贫困的急切历史任务,成为发展经济学研究的基本主题,但其理论研究和政策制定却成了西方主流经济学的专利,"给土人提建议"成为西方发展经

---

① 习近平:《决胜全面建成小康社会 夺取新时代中国特色社会主义伟大胜利——在中国共产党第十九次全国代表大会上的报告》。北京:人民出版社2017年版,第8页。
② 本部分内容作为笔谈文章,发表于《中国社会科学》,2018年第9期,第16—25页。
③ 《坚持以新时代中国特色社会主义外交思想为指导 努力开创中国特色大国外交新局面》,《人民日报》,2018年6月24日,第1版。

济学的主流。① 但在实际结果上就绝对水平看,相当多数的发展中国家不仅未能据此有效地摆脱贫困,反而长期滞留于恶性循环的"贫困陷阱"(马尔萨斯陷阱)中②;就相对水平看,绝大多数发展中国家与发达国家之间的差距不仅未能缩小,反而在不断扩大③。

改革开放的伟大历史实践,成功推动世界上人口及贫困人口规模巨大的中国跨越了"贫困陷阱"。在以毛泽东为主要代表的中国共产党领导下,中华民族站起来了,屹立于世界民族之林。在邓小平理论、"三个代表"重要思想、科学发展观和习近平新时代中国特色社会主义思想的指引下,高举中国特色社会主义伟大旗帜,中国基本实现了小康社会目标,正在向全面建成小康社会迈进,经济发展成就举世瞩目。社会经济的这些迅速发展,成为推动中国特色社会主义进入新时代的基本动因。

第二,经济条件的系统性变化。进入新时代,约束经济增长和发展的条件必然发生系统性的深刻变化。习近平同志全面论述了这种变化,进而明确中国经济发展进入了新常态,具有新的时代性特征。归结起来看,一方面,供给侧原有的比较竞争优势——要素成本(包括劳动力、自然资源、生态环境、技术进步等成本)低,已发生了根本性逆转,需要培育新优势;另一方面,需求侧原有的广阔增长市场空间即长期经济短缺(包括投资需求和消费需求等),也发生了超越温饱、寻求美好生活的方向性转变。这些约束条件的变化,推动着社会主要矛盾的转化,进而形成新的发展机遇和挑战,要求根本转变发展方式,必须首先树立新的发展理念,调整以往以 GDP 增长为核心引领指标的指导思想。以这样的指标体系制订发展规划,在克服贫困的过程中,有其历史的必要性和合理性,尤其对于跨越"贫困陷阱"来说更是如此。因此在改革开放初期,总设计师邓小平极富远见地提出,以 GDP 指标为标志实现"三步走"战略。跨越"贫困陷阱"进入上中等收入阶段后,中国发展面临新的挑战,以 GDP 为核心指标的粗放型发展战略凸显了其局限性。因此,不能再以 GDP 论英雄。为反映

---

① 董国辉:《劳尔·普雷维什经济思想研究》。天津:南开大学出版社 2003 年版。〔英〕杰拉尔德·M.迈耶主编,谭崇台等译:《发展经济学的先驱理论》。昆明:云南人民出版社 1995 年版,第 200 页。

② "贫困陷阱"(马尔萨斯陷阱)系指贫困的累积性效应(马太效应)(参见〔美〕R.讷克斯著,谨斋译:《不发达国家的资本形成问题》。北京:商务印书馆 1966 年版,第 6 页)。

③ 林毅夫:《新结构经济学》。北京:北京大学出版社 2012 年版,第 4—15 页。

新时代历史发展的要求,党的十八大提出了"五位一体"的总体布局,党的十八大五中全会进而提出了创新、协调、绿色、开放、共享五大理念的新发展指导思想。

第三,经济发展新特点。发展主题的历史内涵、约束条件、发展方式和政策及制度安排等均发生着深刻变化。在深入实践中运用马克思主义基本方法和原理,在理论和实践上回应时代变化的历史需要,构成习近平新时代中国特色社会主义经济思想的重要内容。①中国社会主义初级阶段从克服贫困现象、实现富起来阶段进入强起来阶段,必须树立新的发展理念。②约束经济增长的条件发生了系统性变化,必须根本转变经济发展方式,从要素投入量扩张为主拉动规模扩张的增长方式,转变为主要依靠质量变革、效率变革、动力变革的调结构发展方式。③中国必须面对挑战和机遇的历史性变化,距离实现现代化的目标从来没有如此之近;面临的风险和矛盾则比以往更为复杂。要求加快完善和发展中国特色社会主义制度,全面推进国家治理体系和治理能力的现代化。④宏观经济失衡具有结构性特征,从以往单一总量方向性失衡,演变为总量和结构失衡并存,面临"双重风险"①,要求根本改变宏观调控机制,特别是在兼顾需求管理的同时,突出深化供给侧结构性改革。⑤世界经济格局与中国经济发展之间的关系起了深刻变化,"修昔底德陷阱"的作用很可能产生影响,必须构建新的内外联动的开放格局。⑥最为重要的是,必须确立高质量发展的核心目标,建设现代化经济体系,包括构建新的产业体系,培育更具竞争性的资源配置机制等。

(2)理论逻辑:构建新的经济发展理论

理论须呼应历史,思想须回应时代。经济理论创新要适应经济发展历史实践的要求,必须在分析生产力与生产关系的矛盾并联系经济基础与上层建筑矛盾的运动过程中,以唯物史观为指导,探讨与解放和发展生产力相适应的生产关系变革,以及与经济基础相适应的上层建筑变革,明确经济理论创新的方法论和历史观,聚焦生产力与生产关系矛盾运动发展的突出问题,并提出解决问题的基本原则和根本途径。

第一,方法论和历史观:价值取向。要以马克思唯物史观关于生产力决定

---

① "双重风险"指成本推动的潜在通货膨胀压力和需求疲软导致的经济下行压力。

生产关系的基本原理,作为指导新时代中国特色社会主义政治经济学研究的历史观和方法论,探索新时代中国特色社会主义经济发展的规律性问题。这一原理是坚持党在社会主义初级阶段基本路线的根本依据。一方面,在理论上,中国特色社会主义经济发展理论只能在分析中国特色社会主义建设过程里的生产力与生产关系的矛盾运动中,认识生产力发展的根本要求,并以此推动生产关系的变革和完善,进而反过来推动生产力的进一步解放和发展。习近平同志指出,"解放和发展社会生产力,是社会主义的本质要求"[①]。这也是对新时代中国特色社会主义经济发展理论的基本方法、根本目标、价值取向的集中概括。另一方面,在实践中,生产力的解放和发展是中国社会主义制度优越性的根本体现,是对改革开放实践的根本检验,是推动中国特色社会主义发展的根本动力。更为重要的是,人民群众是生产力发展的主体,离开了以人民为中心的发展思想则一事无成。

第二,世界性难题:体制目标。在生产力与生产关系的矛盾运动中,分析新时代中国特色社会主义生产关系,其突出的问题和难点在于,如何坚持社会主义市场经济改革方向,如何建立健全中国特色社会主义市场经济制度,并在社会制度上将其作为新时代中国特色社会主义经济发展重要的体制机制保障。初级阶段中国特色社会主义改革发展实践的突出特征在于,将社会主义公有制为主体、多种所有制经济长期共同发展的基本经济制度,与竞争性的市场配置资源决定性作用这一机制有机地统一起来,其经济运行的关键又在于协调政府与市场的关系。[②] 正如习近平同志指出的,"我国基本经济制度是中国特色社会主义制度的重要支柱,也是社会主义市场经济体制的根基,公有制主体地位不能动摇,国有经济主导作用不能动摇。这是保证我国各族人民共享发展成果的制度性保证,也是巩固党的执政地位、坚持我国社会主义制度的重要保证。""在社会主义条件下发展市场经济,是我们党的一个伟大创举。我国经济发展获得巨大成功的一个关键因素,就是我们既发挥了市场经济的长处,又发挥了社会主义制度的优越性。我们是在中国共产党领导和社会主义制度的大前提下发

[①] 习近平:《决胜全面建成小康社会 夺取新时代中国特色社会主义伟大胜利——在中国共产党第十九次全国代表大会上的报告》。北京:人民出版社2017年版,第35页。

[②] 刘伟:《中国经济改革对社会主义政治经济学根本性难题的突破》,《中国社会科学》,2017年第5期,第23—43页。

展市场经济,什么时候都不能忘了'社会主义'这个定语。之所以说是社会主义市场经济,就是要坚持我们的制度优越性,有效防范资本主义市场经济的弊端。我们要坚持辩证法、两点论,继续在社会主义基本制度与市场经济的结合上下工夫,把两方面优势都发挥好,既要'有效的市场',也要'有为的政府',努力在实践中破解这道经济学上的世界性难题"①。这一所有制性质与运行体制的有机结合,至少涉及两个层次的基本理论问题。一是中国特色社会主义公有制如何与商品货币的市场经济关系实现内在的统一。二是在中国特色社会主义基本经济制度基础上,如何实现政府调节与市场调节的有机协调。在经济思想史上,西方资产阶级经济学根本否定上述二者统一的可能性,传统的马克思主义政治经济学理论在逻辑上也质疑二者的兼容性。"东欧剧变"最终以放弃公有制、实现私有化和市场自由化为归宿,以实施"华盛顿共识"告终。中国特色社会主义道路的根本特点之一,便是在背离这种所谓"共识"的基础上,对这道世界性难题的不断破解。

第三,跨越中等收入陷阱:发展使命。到21世纪中叶实现中华民族伟大复兴的中国梦,首先需要完成从中等收入阶段向高收入阶段的跨越,能否成功跨越中等收入陷阱,成为现阶段中国现代化持续健康发展的重要课题。从人类现代化发展史看,世界上的高收入国家和地区(70个左右)从上中等收入进入高收入阶段,总体上平均经历12—13年,其中的人口大国和地区(20个人口过1 000万的国家或地区)平均经历11—12年,而以发展中国家和地区计,实现跨越的只有约13个;大部分发展中国家和地区,或者仍处于贫困阶段(现阶段约36个国家和地区仍处于低收入阶段,人均GNI在1 005美元以下),或者虽然进入中等收入阶段(现阶段下中等收入国家和地区54个,人均GNI在3 955美元以下;上中等收入国家54个,人均GNI在12 235美元以下,12 236美元高收入标准相当于1987年的6 000美元,此为工业化标准),但长期难以实现跨越,被称为"中等收入陷阱"。② 20世纪70年代拉丁美洲多国形成的"拉美漩涡"表

---

① 中共中央文献研究室编:《习近平关于社会主义经济建设论述摘编》。北京:中央文献出版社2017年版,第63—64页。

② The World Bank,"World Bank GNI per Capita Operational Guidelines & Analytical Classifications", http://siteresources.worldbank.org/DATASTATISTICS/Resources/OGHIST.xls, World Bank Database, 2017, 2018年5月10日。

明,这些国家虽进入上中等收入阶段已近半个世纪,但因经济长期停滞和连续遭遇危机,至今未能迈入高收入阶段。东南亚的马来西亚、泰国、菲律宾、印度尼西亚等国,进入上中等收入阶段迄今为止已有30多年,也未能实现向高收入阶段的发展,还引爆了1997年的东亚金融危机,即所谓"东亚泡沫"。地处中东的西亚北非许多国家,进入上中等收入阶段也已20多年,但因局势动荡战乱不断,未能迈入高收入阶段,即所谓"西亚北非危机"。

5. 新时代中国经济发展的实践逻辑[①]

坚持历史逻辑与思想逻辑、理论逻辑与实践逻辑的统一,是马克思主义辩证历史唯物主义方法的基本要求,是习近平新时代中国特色社会主义思想体系在方法论上的突出特点,这一特点在其中国特色社会主义经济思想中体现得尤为鲜明。深入准确把握这一内在逻辑联系,是融会贯通和深入理解习近平新时代中国特色社会主义经济思想的关键。

(1) 发展是新时代中国特色社会主义不变的主题

"时代是出卷人。"[②]"问题就是时代的口号。"[③]习近平新时代中国特色社会主义经济思想体系的构建,首先是从问题出发,要回答新时代中国特色社会主义经济发展的根本命题。正如习近平总书记反复强调的:发展是人类社会永恒的主题。[④] 党的十九大报告再次强调:发展是我党执政兴国的第一要务。[⑤] 这是马克思主义坚持解放和发展生产力的历史辩证唯物主义观点的体现,与改革开放以来我们党始终强调的"发展是硬道理""三个代表"学说、科学发展观的指导思想一脉相承。在实践上,解放和发展社会生产力是社会主义的本质要求和根本任务,在理论上,解放和发展生产力"点明了中国特色社会主义政治经济

[①] 本部分主要内容已发表,参见《习近平新时代中国特色社会主义经济思想的内在逻辑》,《经济研究》,2018年第5期,第4—13页。

[②] 新华社:《习近平在学习贯彻党的十九大精神研讨班开班式上发表重要讲话》,http://www.gov.cn/xinwen/2018-01/05/content_5253681.htm。

[③] 《马克思恩格斯全集》(第40卷)。北京:人民出版社1982年版,第289页。

[④] 中共中央文献研究室编:《习近平关于社会主义经济建设论述摘编》。北京:中央文献出版社2017年版,第14页。

[⑤] 习近平:《决胜全面建成小康社会 夺取新时代中国特色社会主义伟大胜利——在中国共产党第十九次全国代表大会上的报告》。北京:人民出版社2017年版,第29页。

学的核心"①。

在新时代中国特色社会主义建设伟大历史进程的现阶段,社会经济发展达到的水平、约束社会经济发展的条件、经济发展面临的机遇和挑战、经济失衡的特点和动因、影响经济发展的因素和矛盾等,都发生了历史性的系统变化。② 尤其是社会主要矛盾的转化,要求对"发展"做出新的理解,必须根本克服对"发展"的各种曲解和片面认识。新时代中国特色社会主义的经济发展必须也只能是"五位一体"总体布局中的"发展",这是新时代中国特色社会主义发展的历史逻辑提出的实践要求。

在这样一个新阶段,一方面"我国发展仍处于重要战略机遇期"③,另一方面,我国面临"中等收入陷阱"挑战,习近平总书记提出:"我国正处于跨越'中等收入陷阱'并向高收入国家迈进的历史阶段,矛盾和风险比从低收入国家迈向中等收入国家时更多更复杂。"④如何实现"中等收入陷阱"的跨越?什么时候跨过去?跨过去以后如何更好地发展?这些问题成为关键。⑤

(2)"新发展理念"是实现新时代中国特色社会主义主题的历史要求

要回答和处理新时代中国特色社会主义经济发展命题,需要树立全新的发展理念。那么,"新发展理念"包括怎样的历史内涵和突出特征?正如习近平同志所说:"坚持创新、协调、绿色、开放、共享的发展理念。这五大发展理念不是凭空得来的,是我们在深刻总结国内外发展经验教训基础上形成的,集中反映了我们党对经济社会发展规律认识的深化,也是针对我国发展中的突出矛盾和问题提出来的。"⑥因而,"按照新发展理念推动我国经济社会发展,是当前和今

---

① 习近平:《决胜全面建成小康社会 夺取新时代中国特色社会主义伟大胜利——在中国共产党第十九次全国代表大会上的报告》。北京:人民出版社2017年版,第35页。《习近平关于社会主义经济建设论述摘编》。北京:中央文献出版社2017年版,第10页。
② 中共中央文献研究室编:《习近平关于社会主义经济建设论述摘编》。北京:中央文献出版社2017年版,第79页。
③ 习近平:《决胜全面建成小康社会 夺取新时代中国特色社会主义伟大胜利——在中国共产党第十九次全国代表大会上的报告》。北京:人民出版社2017年版,第2页。
④ 中共中央文献研究室编:《习近平关于社会主义经济建设论述摘编》。北京:中央文献出版社2017年版,第318—319页。
⑤ 同上书,第97页。
⑥ 同上书,第21页。

后一个时期我国发展的总要求和大趋势"①。在党的十九大报告中,对于"新发展理念"的本质特征又加以系统的概括,指出发展必须是科学发展,必须是贯彻"五大理念"的发展,必须坚持和完善我国社会主义基本经济制度和分配制度,必须在资源配置机制上市场起决定性作用,更好地发挥政府作用,必须坚持新型工业化、信息化、城镇化、农业现代化同步的发展,必须是更高层次的开放型经济的发展。②把"发展"命题概括为科学发展、深化改革、更高层次开放三方面有机统一的整体。

进一步,应当以怎样的方式、方略来实现和贯彻"新发展理念"？在党的十九大报告中,习近平同志对此做出了集中阐释和战略部署,贯彻新发展理念必须建设现代化经济体系,并以此作为实现方略,特别指出"建设现代化经济体系是跨越关口的迫切要求和我国发展的战略目标"③。他强调,国家强,经济体系必须强。只有形成现代化经济体系,才能更好地顺应现代化发展潮流和赢得国际竞争主动,也才能为其他领域现代化提供有力支撑。建设现代化经济体系是一篇大文章,这是一个重大理论命题,更是一个重大实践课题,需要从理论和实践的结合上进行深入探讨,既是我国发展的战略目标,也是转变发展方式、优化经济结构、转换经济增长动力的迫切要求,必须深刻认识建设现代化经济体系的重要性和艰巨性,科学把握其目标和重点。④

现代化经济体系有怎样的内涵呢？概括而言,主要是坚持一个主线,推进发展和改革两个方面工作,构建七个方面的体系。"一个主线",即以供给侧结构性改革为主线,推动经济发展质量变革、效率变革、动力变革,提高全要素生产率,带动创新型国家建设、乡村振兴战略、区域协调发展战略,完善体制,推动"一带一路"倡议开放新格局等方面的战略实施,以此为基础建设现代化经济体系。"两个方面",即一方面推动发展,特别是提高产业竞争力,优化升级产业结

---

① 中共中央文献研究室编：《习近平关于社会主义经济建设论述摘编》。北京：中央文献出版社2017年版，第45页。
② 习近平：《决胜全面建成小康社会 夺取新时代中国特色社会主义伟大胜利——在中国共产党第十九次全国代表大会上的报告》。北京：人民出版社2017年版，第21—22页。
③ 同上书，第30页。
④ 《深刻认识建设现代化经济体系重要性，推动我国经济发展焕发新活力迈上新台阶》，《人民日报》，2018年2月1日，第1版。

构和产业组织,加快建设包括实体经济、科技创新、现代金融、人力资源在内的协同发展的现代化产业体系等;另一方面深化改革,特别是深化企业产权制度、要素市场化改革、宏观调控机制等方面的改革,着力构建市场机制有效、微观主体有活力、宏观调控有度的经济体制。① "七个方面的体系",即建设创新引领、协同发展的产业体系,建设统一开放、竞争有序的现代市场体系,建设体现效率、促进公平的收入分配体系,建设彰显优势、协同联动的城乡区域发展体系,建设资源节约、环境友好的绿色发展体系,建设多元平衡、安全高效的全面开放体系,建设充分发挥市场作用、更好地发挥政府作用的经济体制,并且强调以上体系是统一整体,要一体建设和一体推进。② 事实上,在建设现代化经济体系的理论和实践探索中,其内涵的形成必然是一个不断丰富发展的过程。

(3) 怎样推动现代化经济体系建设——以深化供给侧结构性改革为主线

为什么建设现代化经济体系要以深化供给侧结构性改革为主线? 推进供给侧结构性改革是在综合分析世界经济长周期和中国经济发展新常态基础上,对中国经济发展思路和工作着力点的重大调整,是化解中国经济发展面临矛盾和困难的重大举措,也是培育增长新动力、形成先发优势、实现创新引领发展的必然要求和选择③,核心是进一步解放和发展社会生产力,提高供给体系的质量和效率,使供给体系有效适应需求结构变化,实现由低水平供需平衡向高水平供需平衡跃升④。

事实上,我们围绕现代产业体系建设,围绕提高整个国民经济供给体系质量所实施的一系列战略,包括创新型国家建设、振兴乡村战略、区域协调发展战略、"一带一路"倡议等,都是以提高效率和全要素生产率为基础的,而这正是深化供给侧结构性改革的根本目的,因此,必须以深化供给侧结构性改革为主线。

建设现代化经济体系是国民经济诸多体系协同推进的过程,在贯彻深化供给侧结构性改革为主线的基础上,需要一系列政策举措。习近平总书记指出:

---

① 习近平:《决胜全面建成小康社会 夺取新时代中国特色社会主义伟大胜利——在中国共产党第十九次全国代表大会上的报告》。北京:人民出版社2017年版,第30—34页。
② 《深刻认识建设现代化经济体系重要性,推动我国经济发展焕发新活力迈上新台阶》,《人民日报》,2018年2月1日,第1版。
③ 中共中央文献研究室编:《习近平关于社会主义经济建设论述摘编》。北京:中央文献出版社2017年版,第107页。
④ 同上书,第108页。

一是要大力发展实体经济,筑牢现代化经济体系的坚实基础;二是要加快实施创新驱动发展战略,强化现代化经济体系的战略支撑;三是要积极推动城乡区域协调发展,优化现代化经济体系的战略布局;四是要着力发展开放型经济,提高现代化经济体系的国际竞争力;五是要深化经济体制改革,完善现代化经济体系的制度保障。这些举措既需要以深化供给侧结构性改革为主线,也是现代化经济体系的内在要求。

(4)需要为现代化经济体系建设及深化供给侧结构性改革创造怎样的宏观经济环境——稳中求进总基调

习近平同志指出,"坚持稳中求进工作总基调,'稳'的重点要放在稳住经济运行上,确保增长、就业、物价不出现大的波动,确保金融不出现区域性系统性风险。'进'的重点要放在调整经济结构和深化改革上"[1],怎样实现稳中求进?重要的在于处理好需求管理与供给管理的关系。

深化供给侧结构性改革需要需求管理创造宏观环境。习近平同志指出:"供给侧管理和需求侧管理是管理和调控宏观经济的两个基本手段。需求侧管理,重在解决总量问题,注重短期调控,主要是通过调节税收、财政支出、货币信贷等来刺激或抑制需求,进而推动经济增长。供给侧管理,重在解决结构性问题,注重激发经济增长的动力,主要是通过优化要素配置和调整生产结构来提高供给体系质量和效率,进而推动增长。"[2]在不同时期和不同条件下,是以需求管理为主还是以供给管理为主,应视不同国情而定,但不能将两者割裂开来,"放弃需求侧谈供给侧或放弃供给侧谈需求侧都是片面的,二者不是非此即彼、一去一存的替代关系,而是要相互配合、协调推进"[3]。这就要求统一需求管理与供给管理,即统一短期与长期调控,总量与结构调控。一方面,需求管理若失控,或需求膨胀,经济增长过快,进而导致严重的通货膨胀,那就不需要也不必深化供给侧结构性改革,企业面对市场抢购环境不需要深化供给侧结构性改革;或是需求疲软,经济萧条,进而失业压力巨大,那就不可能也不敢深化供给侧结构性改革,供给侧结构性改革的重要困难在于过剩产能化解中的就业矛

---

[1] 中共中央文献研究室编:《习近平关于社会主义经济建设论述摘编》。北京:中央文献出版社2017年版,第321页。

[2] 同上书,第99页。

[3] 同上。

盾,在失业压力很大的宏观条件下难以加大供给改革力度。另一方面,即使以需求管理为目标,保持适度增长,进而在通货膨胀率和失业率之间保持均衡,以适度增长维持短期均衡,但若不深化供给侧结构性改革,则失衡的深层动因得不到克服,不仅短期总量的均衡难以长期维持,而且最终还会因为宏观经济环境的恶化导致深化供给侧结构性改革的"窗口"关闭。问题的根本在于深化供给侧结构性改革,否则不仅深层次失衡动因难以缓解,总量均衡也不可能长期维持。①

因此,"稳中求进"是宏观调控的总基调,正如习近平同志所强调的:"稳中求进工作总基调是我们治国理政的重要原则,也是做好经济工作的方法论。"②"稳中求进"是统一总量与结构、短期与长期、增长与发展、发展与改革所必需的宏观经济政策要求。

(5) 需要为构建现代化经济体系及深化供给侧结构性改革创造怎样的制度条件——"四个全面"战略布局

为什么许多发展中国家陷入"中等收入陷阱"?根本原因是在新的发展阶段难以转变发展理念和发展方式,无以适应新阶段上的新变化、新挑战。为什么难以实现发展理念和发展方式的转变?重要的不仅是认识上的问题,而且是制度创新滞后,缺乏改革的动力,难以实现公平与效率的有效统一和提升。一是经济制度创新和改革关键是资源配置中的政府与市场关系的问题,能否真正实现市场竞争机制发挥决定性作用,同时更好地发挥政府作用。习近平同志指出,"理论和实践都证明,市场配置资源是最有效率的形式。市场决定资源配置是市场经济的一般规律,市场经济本质上就是市场决定资源配置的经济",但"发展社会主义市场经济既要发挥市场作用,也要发挥政府作用""市场作用和政府作用的职能是不同的,强调科学的宏观调控和有效的政府管理,是发挥社会主义市场经济体制优势的内在要求"③。二是法治体系建设和法治精神确立。市场经济是法治经济,因为市场经济贯彻的是法权原则,采取的是契约形式,无

---

① 刘伟、苏剑:《从就业角度看中国经济目标增长率的确定》,《中国银行业》,2014 年第 9 期,第 20—26 页。
② 中共中央文献研究室编:《习近平关于社会主义经济建设论述摘编》。北京:中央文献出版社 2017 年版,第 332 页。
③ 同上书,第 52—53 页。

论是维护法权还是保护契约的权威性,都要求法治,建设法治国家、法治政府、法治社会,对于经济生活而言根本在于保护市场主体的"私权",规范政府主体的"公权",即"私权赋予,公权约束"。三是现代化政治领导体制和治理机制的建设,根本在于凝聚最广大人民的共识,形成最大公约数,代表广大人民最大的根本利益,才能在最大程度上调动人们的积极性,来推动市场经济和法治经济的建设。没有政治上的凝聚力,没有治理机制和能力上的最大"公约数",是很难克服现代化市场经济和法治化历史进程中遇到的"特权"阻力的。四是道德秩序方面的培育。从传统社会向现代社会转型的过程中,道德秩序受到严重冲击。一方面是来自纵向的历史演进,传统的以"忠诚"为核心的自然经济的道德秩序发生了动摇,现代的以"诚信"为核心的市场经济的道德秩序尚未形成,在道德领域可能出现既不讲忠诚也不讲诚信的放纵;另一方面是来自横向的外部冲击,现代化转型必然是开放的,来自外部特别是西方发达国家的价值观必然冲击发展中国家的民族传统,而落后的发展中国家往往又缺失文化上的自信,进而形成道德秩序上的无序。由此,经济制度上政府与市场关系扭曲,市场失灵;市场在资源配置上难以有效发挥作用,政府替代市场,政府集权进而政府应当履行的职能缺失,政府失灵。法治建设滞后,对市场主体"私权"缺乏保护,对政府"公权"缺乏约束,使之可以滥用。进而,经济制度上政府官员集权,形成"寻租"(权钱交易的可能),法治体系上缺乏约束,政府权力可以不受约束滥用,企业为获得机会,不能通过公平的市场竞争获得(市场失灵),只能通过与政府谈判获得,"寻租"自然成为普遍现象,对公权缺乏约束,"寻租"的冲动自然形成现实。从而,资源配置既无公平也无效率,因为脱离市场公平竞争原则,按"寻租"强度配置资源,不可能有效率;权钱交易普遍,不可能公正。这种条件下特别需要政治治理上的纠正,但政府本身普遍陷入"寻租"因而不可能形成政治核心凝聚力,难以真正代表社会大多数人的长远利益诉求。所以,公平与效率的实现便在更大程度上依赖于道德的力量,依靠人们道德上的自我约束,但这一阶段恰恰又是道德容易出现无约束、无序的时期。因此,"中等收入陷阱"成为历史的真实。

中国要跨越"中等收入陷阱",必须坚持新发展理念;贯彻新发展理念,需要建设现代经济体系;推进现代经济体系,需要以深化供给侧结构性改革为主线;深化供给侧结构性改革,不仅要求稳中求进的宏观经济增长环境,更要求全面深入的制度创新,制度创新则至少包含经济、法治、政治制度和道德秩序,而转型社会恰恰在这些方面面临一系列"陷阱",诸如经济制度和法治体系缺陷所导致的"中等收入陷阱",政治制度和治理机制上的缺陷所导致的"塔西佗陷阱",道德精神秩序转型所导致的"道德无政府主义陷阱"。作为大国,中国在实现民族伟大复兴的现代化中国梦过程中,还存在国际关系上的"修昔底德陷阱",等等。正如习近平同志所说:我们要注意跨越"修昔底德陷阱""中等收入陷阱"[1],要注意防止"塔西佗陷阱"等。

正是基于此,党的十八大以来,在明确全面实现小康社会目标、贯彻新发展理念、转变发展方式的"五位一体"总体布局的同时(党的十八届五中全会决议),我们提出了:全面深化改革,特别是处理好政府与市场的关系(党的十八届三中全会决议);全面推进依法治国,坚持法治国家、法治政府、法治社会一体建设(党的十八届四中全会决议);全面从严治党,中国的政治核心力量在于中国共产党的领导和党自身的建设(党的十八届六中全会决议)。形成"四个全面"战略总布局,成为新发展理念下"五位一体"总体布局目标实现的基本方略和制度支撑,同时在非正规制度的精神领域明确并强调社会主义核心价值观的意义,以克服转型期可能出现的道德无序,以"一带一路"倡议支持"人类命运共同体"理念,进而为应对"修昔底德陷阱"贡献中国的智慧和方案,将现代化经济体系的建设与推动人类命运共同体统一为有机整体。十九届四中全会进一步系

---

[1] 中共中央文献研究室编:《习近平关于社会主义经济建设论述摘编》。北京:中央文献出版社2017年版,第89页。所谓"修昔底德陷阱"是美国哈佛大学政治学教授格雷厄姆·艾利森(Graham Allison)为了定位未来中美关系,借用雅典和斯巴达两个城邦所领导的同盟之间发生的"伯罗奔尼撒战争"所提出的概念,意指历史上大国崛起过程中必然发生战争,暗示中美未来必有一战。其文章原标题为"修昔底德陷阱已凸显于太平洋"(Thucydides's trap has been sprung in the Pacific)。"塔西佗陷阱"是南京大学美学教授潘知常在其2007年著作《谁劫持了我们的美感——潘知常揭秘四大奇书》所提出的概念,"在这种情况下,中国就出现了一个我把它称之为'塔西佗陷阱'的怪现状,'塔西佗陷阱'是什么意思呢? 古罗马的执政官塔西佗说过一句话:当政府不受欢迎时,好的政策和坏的政策同样会得罪人民"。"中等收入陷阱"是世界银行的经济学家在《东亚经济发展报告》中首次使用的概念,原意为由于缺乏规模经济,东亚的中等收入国家不得不努力保持其前所未有的高增长率,而以生产要素的积累为基础的战略可能会导致持续恶化的后果。"道德无政府陷阱"则是美国经济学家、诺贝尔经济学奖得主詹姆斯·布坎南(James Buchanan)概括的,认为人类社会发展从传统到现代相应的道德状态可分为三类,第一类是以"忠诚"为核心,与传统社会相适应,第二类是以"诚信"为核心,与现代社会相适应,第三类是以"无政府"为特征,与转轨社会相适应(参见刘伟、平新乔:《经济改革三论:产权论、市场论、均衡论》。北京:北京大学出版社1990年版,第398—399页)。

统阐释了中国特色社会主义制度的优势（13个方面）和必须坚持与完善的原则（13个坚持），明确了中国特色社会主义制度及其治理体系改革和完善的目标及历史进程，为实现现代化创造了基本制度、根本制度和重要制度条件。

（6）贯彻新发展理念的根本目的何在——以人民利益为根本

"人民是阅卷人。"贯彻和实践新发展理念等根本目的是什么？为什么发展？这一问题的回答不仅涉及发展的根本动因，而且涉及发展的根本动力。与其他资产阶级政党及资本主义国家不同，中国共产党领导下的中国特色社会主义事业所追求的"发展"是以人民为中心的发展，"坚持以人民为中心。人民是历史的创造者，是决定党和国家前途命运的根本力量"[①]。人民推动发展，人民共享发展。一方面，"牢牢坚持党的基本路线这个党和国家的生命线、人民的幸福线"[②]，把坚持以经济建设为中心与以人民为中心这一方式和目标作为有机统一体，而不是相互分割，更不是相互否定。"坚持以人民为中心的发展思想，把增进人民福祉、促进人的全面发展、朝着共同富裕方向稳步前进作为经济发展的出发点和落脚点。"[③]另一方面，在实现人民共创共享发展成果、实现社会主义社会共同富裕的进程中，坚持把社会主义按劳分配与按要素贡献分配相结合的原则，把按劳分配为主、多种分配方式并存的基本分配制度与实现共同富裕有机统一，而不是把做大蛋糕和合理分配蛋糕割裂开来，更不是对立起来。正如习近平同志提出的，落实共享理念，归结起来就是两个层面的事：一是调动人民群众的积极性、主动性、创造性，不断把蛋糕做大；二是把不断做大的蛋糕分好，使社会主义制度的优越性得到充分体现。分好蛋糕比做大蛋糕更重要，"主张分配优先于发展。这种说法不符合党对社会主义初级阶段和我国社会主要矛盾的判断"[④]。"新发展理念"就是要通过"共享"来体现发展为了人民这一根本宗旨和马克思主义辩证唯物史观。

"共享"理念注重的是解决社会公平正义问题，实质上就是"坚持以人民为

[①] 习近平：《决胜全面建成小康社会 夺取新时代中国特色社会主义伟大胜利——在中国共产党第十九次全国代表大会上的报告》。北京：人民出版社2017年版，第21页。

[②] 同上书，第12页。

[③] 中共中央文献研究室编：《习近平关于社会主义经济建设论述摘编》。北京：中央文献出版社2017年版，第31页。

[④] 同上书，第12页。

中心的发展思想,体现的是逐步实现共同富裕的要求"。因此,共享是全民共享、全面共享、全民共建、逐渐共享的社会主义事业全面发展的过程。① 党的十九大报告中,进一步阐释了设计共享政策的原则,强调"扩大中等收入群体,增加低收入者收入,调节过高收入,取缔非法收入。坚持在经济增长的同时实现居民收入同步增长,在劳动生产率提高的同时实现劳动报酬同步提高。拓宽居民劳动收入和财产性收入渠道。履行好政府再分配调节职能,加快推进基本公共服务均等化,缩小收入分配差距"②。同时,"共享"理念的落实对社会主义社会生产方式进一步提出一系列变革要求。在原则上生产决定分配,中国特色社会主义的基本生产制度——公有制为主体、多种所有制经济长期共同发展,决定着基本分配制度——按劳分配为主与按要素分配等多种分配制度相统一,进而决定着社会主义社会逐渐实现共同富裕的历史进程。社会生产的自然技术方式规定着"共享"的业态变化和实现的技术可能。但分配本身有其相对独立性,这种反作用既包括对生产的社会形式——生产的社会制度生产关系的变革要求,也包括对生产的自然形式——生产的技术方式(技术及业态)的变革要求。

  总之,习近平新时代中国特色社会主义经济思想,紧紧围绕"坚持和发展什么样的中国特色社会主义,怎样坚持和发展中国特色社会主义?"这一根本命题,从新时代中国特色社会主义历史实践出发,深刻揭示和系统把握新时代中国特色社会主义经济发展的内在逻辑和基本规律,为新时代中国特色社会主义经济发展提供了科学的理论指导和行动指南,与马克思列宁主义基本原理、毛泽东思想、邓小平理论、"三个代表"重要思想、科学发展观,既是一脉相承,更是创造性的发展。这一思想体系,首先从对新时代的特点分析出发,进而明确新时代中国特色社会主义经济建设的主题——发展,然后深入剖析新时代的"发展"面临新的机遇、挑战和约束条件,进而提出"新发展理念",即"五位一体"总体布局作为破解新时代新发展难题的指导思想和目标引领,再进一步提出如何贯彻实践"新发展理念",由此提出了建设现代化经济体系作为实践"新发展理

---

① 中共中央文献研究室编:《习近平关于社会主义经济建设论述摘编》。北京:中央文献出版社2017年版,第41—42页。

② 习近平:《决胜全面建成小康社会 夺取新时代中国特色社会主义伟大胜利——在中国共产党第十九次全国代表大会上的报告》。北京:人民出版社2017年版,第46—47页。

念"的基本方略。构建现代化经济体系的内涵是以深化供给侧结构性改革为主线,以发展现代化产业体系和培育社会主义市场经济体制为两个基本方面,以构建包含经济活动各个环节、各个层面、各个领域在内的有机整体的经济体系为主要任务;进而确定怎样推进现代化经济体系建设,或者说为实现现代化经济体系建设,需要创造怎样的基本条件。一方面是宏观经济条件,这就要求贯彻稳中求进总基调;另一方面是制度创新条件,这就要求协调推进"四个全面"战略布局,从经济、法治、政治制度等方面深化改革,为实现新发展理念创造制度条件,提升国家治理体系和能力的现代化水平。最后需要回答贯彻新发展理念,实践"五位一体"总体布局,以现代化经济体系推动新发展,以"四个全面"战略布局支撑现代化经济体系等的根本目的,即坚持以人民为中心的发展思想,更有效地处理发展中的社会公平正义命题,以"共享"体现逐步实现共同富裕的历史要求,并由此探索中国共产党领导下的中国特色社会主义事业发展的根本力量。

以上,构成新时代中国特色社会主义经济发展的历史实践逻辑。习近平新时代中国特色社会主义经济思想的理论逻辑正是基于对这种历史实践逻辑的深刻科学把握,深刻揭示了这一大逻辑的内在规律,进而开拓出当代马克思主义政治经济学中国化的"新境界"。

第七章

新时代中国特色社会主义政治经济学的开放问题：人类命运共同体与"一带一路"①

一、经济全球化与"人类命运共同体"及"一带一路"的提出

经济全球化是世界各国相互之间经济联系越来越密切，进而形成经济各方面逐渐趋向一体化的"命运共同体"的经济发展趋势。这一趋势是一个深刻演进的历史过程，不同时代有其不同的内容和形式，实现的方式和程度也具有不同时代的历史特征。从其发展的动因上看，就其生产力发展的物质基础而言，在于不断深化的产业革命和现代化进程；就其生产关系演进的制度背景而言，在于资产阶级革命和资本主义生产方式在全世界的扩展；就其实现的体制方式而言，主要在于市场化在全世界范围内的深化。

1. 资本主义生产方式开辟了人类经济发展历史进入世界经济的新阶段

正如马克思所指出的："资产阶级，由于开拓了世界市场，使一切国家的生产和消费都成为世界性的了。"②从15世纪初地中海沿岸开始出现资本主义萌

---

① 本章主要内容已在《管理世界》上发表。参见刘伟、王文：《新时代中国特色社会主义政治经济学视阈下的"人类命运共同体"》，《管理世界》，2019年第3期，第1—16页。
② 马克思、恩格斯：《共产党宣言》，载《马克思恩格斯选集（第一卷）》。北京：人民出版社1995年版，第226页。

芽到16世纪初地理大发现及海外殖民,资本主义贸易中心从地中海扩展到大西洋沿岸,形成潜在的世界市场和全球化可能;从18世纪中叶开始的第一次产业革命确立了资本主义制度在全球文明历史进程中的统治地位,到19世纪后半期开始的第二次产业革命进一步推动经济全球化并形成了资本主义生产主导下的国际经济格局;从20世纪初资本主义进入垄断时期并通过资本输出以殖民地或附属国的方式把广大落后国家统一于垄断资本主义(帝国主义)主导的世界经济结构,到第二次世界大战后以美国为首形成的新的世界经济体系(布雷顿森林体系);从布雷顿森林体系推动20世纪50年代之后形成经济一体化的全球经济高潮,到90年代后开始加速发展的经济全球化世界性新潮流,直至进入21世纪后在贸易自由化、金融国际化、全球网络化、经济区域化等各方面深入进展的推动下,在世界经济发展形成的不平衡问题、环境资源问题等形成的挑战不断加剧的条件下,经济全球化成为历史性的不断深化的趋势,同时也在人类经济发展史上不断对全球化提出更为深刻的要求。①

就制度演进而言,经济全球化是资本主义生产方式在世界范围内不断扩张、资本主义经济主导的资源配置方式市场化在全球范围内不断深化的历史进程,因而其作用具有二重性,一是促进资本在世界范围内有效流动和合理配置,从而全面提升全球资源配置效率和分工的水平,极大地推动生产力的进步和发展;二是加速资本主义生产关系内在矛盾在全球范围内的激化,生产的社会化与资本私有制之间的内在矛盾更加尖锐,运动空间更为广泛,从而进一步加剧发展的不平衡、不平等及发展的不可持续等多方面矛盾冲突。因此,迄今为止的经济全球化历史,一方面是资本主义国家以资本在世界范围内不断扩张的方式主导的,其不仅处于制定规则和秩序的中心地位,而且通过把广大发展中国家置于从属地位的方式,在全球化过程中获得最大的利益,发展中国家的利益增进必须是在能够首先满足发达资本主义国家利益最大化前提下才可能出现,这一进程必然是加剧利益冲突、扩大发达国家与发展中国家差距的矛盾深化过程;另一方面,资本主义生产方式的全球化是资本主义市场经济自由化在全

---

① 逄锦聚、洪银兴、林岗、刘伟主编:《政治经济学》(第五版)。北京:高等教育出版社2014年版,第194—215页。

深化的重要体现,因此必然是市场经济盲目自发竞争矛盾加深,进而经济危机演变为更为广泛、更深刻的世界经济危机的过程。

殖民主义和冷战时代结束之后,特别是进入21世纪,经济全球化的趋势更为迅猛,一方面是更为迅速的科技进步,尤其是信息技术革命,为经济全球化创造了新的技术和产业基础;另一方面是更为广泛的市场化,特别是传统计划经济国家向市场经济的转轨及大量发展中国家的市场化改造,为要素配置在全球范围的自由竞争创造了更为广阔的市场条件。此外,跨国公司的空前发展,从微观层面的要素流动上为经济全球化创造了更为坚实的企业制度基础;国际组织和多边机构(如 WTO 等)的发展,从宏观层面的国际经济联系机制上为经济全球化创造了更为自由的世界经济秩序条件。在这一进程中,中国经济迅速成长并逐渐走向世界舞台的中央,成为新时代经济全球化的突出特点,中国经济发展和体制转型成为推动新时代经济全球化的重要力量。同时,中国经济也是经济全球化的受益者,进而在新时代经济全球化背景下出现的全球治理赤字,要求包括中国在内的世界各国共同承担。正是在这一背景下,习近平同志提出"人类命运共同体"的思想理念,并进一步提出"一带一路"倡议,作为中国参与人类命运共同体建设的战略举措。

2. 治理赤字与全球治理新理念

总结以往的国际关系历史,特别是自15世纪末大航海时代资本主义生产方式产生以来,各国政治经济关系在开始构成世界性联系的同时,不同时期总会形成一个居领导地位的大国,在处理国际关系、确立国际规则、提供国际公共产品、维护世界秩序等方面起主导作用,甚至价值观上也居主流地位。亨利·基辛格(Henry Kissinger)在《大外交》(*Diplomacy*)开始就说:"仿佛是根据某种自然法则,每一个世纪总会出现一个有实力、有意志且有智识与道德动力的强国,依其价值观来塑造整个国际体系。"[①]诸如16世纪的葡萄牙,17世纪的荷兰,18—19世纪的英国,20世纪以来的美国等都拥有相应时代的国际主导地位。西方学者乔治·莫德尔斯基(Geroge Mookelski)将其概括为"世界政治长周期理

---

① Henry Kissinger, *Diplomacy*. New York: Simon & Sehuster, 1994, p. 17.

论"(又称"领导权周期论"),发现大体以一个世纪为间隔的长周期,每个周期又分为若干阶段:领导者大国的崛起阶段;领导国地位被世界承认阶段;世界领导国遭遇新崛起强国挑战阶段;挑战者失败,原有领导国的合作者上升为新的领导者阶段。① 这一理论的基本逻辑在于:世界政治经济体系需要一个领导者;领导国的地位是周期性循环变化的,周期为100—200年;领导地位的更替是通过全球性战争实现的,但战争的结果均是挑战者失败,但原有领导者也不再成为领导者,而是原领导者的合作者取代其领导地位。② 后来人们所说的"修昔底德陷阱"也包含类似的含义。伴随新时代中国发展的崛起,中国能否打破这种"周期"成为人们普遍关心的问题。

马克思强调,共同体是作为社会关系总和的个人生存与发展的内在前提,人类未来理想社会需要构建"真正共同体",使个人不再沦为孤立的原子式个体,在共同劳动中摆脱异己力量的支配,从而在融入世界历史进程的物质生产和精神生产中获得自由与全面发展。世界各地、各国之间的交往呈现着由相互孤立、隔绝到彼此交流、不断融合的发展趋势。然而,在西方的主流理论中,国与国之间都是为了争取本国利益的最大化,导致以主权国家为基石的国际体系所隐含的强权政治逻辑,与现代技术与资本发展所需的全球合作之间产生了巨大冲突,从而使得世界出现发展赤字、和平赤字和治理赤字等问题。随着技术革新与资本扩张,各地之间的联系日益密切,同时矛盾和冲突也在日益增多,国际秩序陷入托马斯·霍布斯(Thomas Hobbes)的"丛林假定"。各国之间利益、安全的矛盾及宗教纠纷的激化,最终导致了欧洲此起彼伏的混战。为了修正"丛林假定"背后野蛮争夺的失序倾向,西方政治经济思想家在对历史和现实的研究中,以现代民族国家制度理论为基石,构建了相应的延伸性体系,尝试将"自然社会"③中"一切人对一切人的战争状态"④,转化为有规则的"市场"争

---

① 王逸舟:《西方国际政治学:历史与理论》。上海:上海人民出版社1998年版,第432—440页。
② 典型例子如第一次世界大战和第二次世界大战时,德国挑战英国的领导地位均告失败,同时英国也不再成为领导者,而英国的伙伴美国成为替代者(参见苏剑等:《典型发达国家高速发展阶段海外区域战略的回顾与反思及对我国的启示》,载刘伟、郭濂主编:《一带一路:全球价值双环流下的区域互惠共赢》。北京:北京大学出版社2015年版,第277—292页)。
③ 〔英〕托马斯·霍布斯著,黎思复、黎廷弼译:《利维坦》。北京:商务印书馆1996年版,第94页。
④ 同上。

夺,为理解和指导现实国际问题做出了积极努力。以威斯特伐利亚和会为起点,一个以正式邦交形式和以召开国际会议为互动模式的国际关系体系不断演进,形成现代政治格局的雏形。进入 21 世纪以来,中国经济崛起成为全球政治经济关系中的最大变量。习近平同志倡导在和平发展中与世界各国命运休戚与共,构建以合作共赢为核心的新型国际关系,弘扬共商共建共享的全球治理理念,"构建人类命运共同体"①的理念应运而生。在全球化时代树立人类命运共同体意识,需要深入理解和进一步发展中国化马克思主义的矛盾论和辩证唯物史观,以辩证的思维方式把握世界历史进程中复杂的矛盾关系。中国正尝试改变零和对抗的博弈逻辑,而从中国传统"天下为公、世界大同"的理想中汲取智慧,为全球治理体系注入新的公平与发展理念。

"一带一路"倡议则是实现"人类命运共同体"理念的重要路径。正如习近平同志所提出的:"一带一路"倡议,唤起了沿线国家的历史记忆,在新的历史条件下,提出"一带一路"倡议就是要继承和发扬丝绸之路精神,赋予现代丝绸之路以全新的时代内涵。② 当代世界经济的运行,逐渐超越了传统的"中心—外围"③模式,正逐渐转变为以中国为中介、连接发达国家与发展中国家的"双环流"④体系。在这个体系下,中国提出了"一带一路"倡议,共建大区域治理平台,为世界各国创造发展机遇。世界各国共建"一带一路",将推动人类命运共同体持续发展,以开放的精神建构互惠互利的合作模式,推进公正合理的国际

---

① 习近平:《共同构建人类命运共同体——在联合国日内瓦总部的演讲》,《人民日报》,2017 年 1 月 20 日,第 2 版。
② 习近平:《在十八届中央政治局第三十一次集体学习时的讲话》,载中央文献研究室编:《习近平关于社会主义经济建设论述摘编》。北京:中央文献出版社 2007 年版,第 269—270 页。
③ 1949 年 5 月,普雷维什向联合国拉丁美洲和加勒比经济委员会《简称拉美经委会》递交了一份题为《拉丁美洲的经济发展及其主要问题》的报告,系统和完整地阐述了他的"中心—外围"理论。在这份报告中,普雷维什指出:"在拉丁美洲,现实正在削弱陈旧的国际分工格局,这种格局在 19 世纪获得了很大的重要性,而且作为一种理论概念,直到最近仍继续发挥着相当大的影响。在这种格局下,落到拉丁美洲这个世界经济体系外围部分的专门任务是为大的工业中心生产粮食和原材料。"(Raúl Prebisch, "The Economic Development of Latin America and its Principal Problems", *Economic Bulletin for Latin America*, Vol. 7, No. 1, February 1962, p. 1.)。
④ 刘伟、郭濂主编:《一带一路:全球价值双环流下的区域互惠共赢》。北京:北京大学出版社 2015 年版,第 3 页。

政治经济新秩序逐步形成。①

二、全球化的历史演进与世界政治经济体系发展

技术创新与资本积累促进了全球化的发展,而全球化的发展又推动了世界政治经济秩序的全新构建与价值观的重新塑造。站在全球化发展的新时代背景下,中国吸取了他国教训与历史经验,正在以新的方式参与并逐渐推动全球治理的变革,以"中国方案"向世界贡献更有效的实践智慧。

1. "全球化"的缘起与发展

回顾西方文明发展的历程,在全球性的紧密交往开始之前,西方人对于"世界"的概念就开始有了认知。西方人对世界的思考,可以追溯到古希腊对于神学和宗教的探讨,而后又转向自然的人类社会并且逐渐拓展到政治经济关系层面的世界秩序。古希腊时期,受到狭小城邦地理范围的影响,古希腊人对于世界的认知大多局限在自然和神学层面的对于宇宙和自然法则的想象。古希腊神话中所构建的层级分明的神之谱系,充分反映出城邦时代人们对于世界的认知,即整个世界都掌握在宇宙和神的秩序与法则之中。《荷马史诗》中所描述的正义作为宇宙的普遍准则,既规定着神的秩序,也规定着人类的秩序。工商业的发展和日益频繁的对外交往打开了古希腊人重新认识世界的大门。智者运动之后,苏格拉底、亚里士多德、柏拉图等哲学家将世界治理的主体从"宇宙"

---

① "一带一路"倡议提出以来,中国与沿线国家之间的合作取得了扎实进展。在政策沟通上,共建"一带一路"倡议的核心理念已写入包括联合国在内的多种国际机制的文件,政府间合作文件涉及150多个国家,范围从亚欧大陆扩展到非洲、拉美和加勒比地区及南太平洋地区。在加强设施联通上,"陆海天网"四位一体互联互通体系建设稳步推进;中欧班列到达境外15个国家49个城市;民航387条航线通达33个国家;等等。在贸易畅通上,货物贸易累计超过7万亿美元,在沿线国家合作建设了82个境外合作贸易区,累计投资超过了300亿美元,入区企业近4 000家。2018年对原沿线国家非金融类直接投资156.4亿美元,增长8.9%,累计新签对外承包工程合同额超过5 000亿美元。在资金融通上,已有11家中资银行在27个沿线国家设立了71家一级机构,已在7个沿线国家和地区建立了人民币清算安排,人民币跨境支付系统覆盖41个沿线国家和地区。与非洲开发银行、泛美开发银行、欧洲复兴开发银行等多边开发银行开展联合融资合作。在民心沟通上,已与60多个国家签订了文化合作协议,与沿线国家建立了17个海外中国文化中心,85个境外办学机构和项目,确定了300多个文化交流计划(参见国家发展和改革委员会《关于2018年国民经济和社会发展计划执行情况和2019年国民经济和社会发展计划》)。

"神""自然法则"等超乎人上的元素转到了人类自身,希望通过阐发构建人类最高美德——"善",在混乱的世界中构建正义与和平的世界秩序。公元前四世纪,犬儒学派哲学家第欧根尼公开宣称"我是世界公民"。同时期的斯多葛学派也表现出对自然法的追求和世界主义情怀,体现出对相同人性的发现及人类共同生活的理想。①

西罗马帝国崩溃后,欧洲进入漫长而黑暗的中世纪。宗教与世俗的持续斗争产生了近代的曙光,欧洲人对世界的认识和构想逐渐转移到了现实政治经济秩序上来。14世纪初,但丁在《论世界帝国》(De Monarchia)中提到,世界历史是各个国家和民族的历史。他注意到了世界疆域的辽阔属性,希望通过构建"一统天下的尘世政体或囊括四海的帝国"②保证国家的统一和世界和平。虽然早期西方思想家和哲学家对于世界的认知多囿于地中海沿岸一隅,但是他们对于世界主义的憧憬和世界秩序的构想,却在现实中不断地、历史地推动着人类世界的交往。

对于"全球化"的缘起,学术界有"地理大发现"说、"工业革命"说、"世界大战"说等不同解释。值得关注的是,全球化的最初形态是世界各国各地之间的商贸往来。商品的长途贩运、旅人的长途旅行,编织着古代世界的交往和联系网络。尤其是黄河文明、恒河文明和地中海文明在商贸往来中的相互碰撞和融合,更是深刻影响着人类历史文明的进程。作为世界上最古老的东西方贸易通道,古丝绸之路发展的动因在于与西方的商贸。15世纪的地理大发现使得世界轮廓渐趋清晰,给西欧商人带来了发展的幻想和机会。封建制度的瓦解和资本主义萌芽使得追求财富、"商业本位"的重商主义在欧洲兴起。重商主义者渴望通过对外贸易并且保持贸易顺差,使更多的货币回流本国,以积累财富。③ 全球化之初,各国通过建立在生产优势和资源禀赋基础上的国际分工,逐渐融入了全球化贸易的网络当中,成为全球体系的重要部分。第二次世界大战后,国际贸易格局发生了巨大的变化。在庞大的世界市场中,商品生产、销售、服务、交换的国际化已然基本实现,世界经济更加密不可分。

---

① 〔美〕梯利著,葛力译:《西方哲学史》。北京:商务印书馆2015年版,第103—124页。
② 〔意〕但丁著,朱虹译:《论世界帝国》。北京:商务印书馆1985年版,第2页。
③ Magnusson L G, *Mercantilism*. Routledge, 1994, p. 46.

国际贸易发展使得国际政治、经济、民族之间的往来越来越密切,全球化的内涵也不断丰富和拓展。正如安东尼·吉登斯(Anthony Giddens)提出全球化的四个维度:世界资本主义、全球性劳动分工、民族国家体系和世界军事秩序。这使"全球化"的概念超越了经济和贸易的维度,使得"世界范围内的社会关系强化"[①]。不容忽视的是,全球化面临全球经济的两极分化、全球生态的威胁、全球极权主义的存在及全球性战争等诸多新风险。全球化不仅代表全球贸易,更包含人类在政治、经济、文化、科技、安全、气候等多方面的全球性联系,包含更普遍的文化交流与碰撞、更自由的贸易体系及更深度的国际合作。

2. 技术创新与资本主义世界政治经济体系发展

马克思指出,"由于机器和蒸汽的应用,分工的规模已使脱离了本国基地的大工业完全依赖于世界市场、国际交换和国际分工"[②]。"全球化"促生了"历史"向"世界历史"的转变,而促成这一变化的正是生产力的发展及资本固有的扩张本性。

一方面,工业革命和科技革命为全球化奠定了物质基础,使全球性的分工和生产成为可能。前两次工业革命中产生的火车、轮船、汽车等交通工具及电报、电话等通信工具,历史性地推动着全球交通和通信的发展。随着第三次科技革命的兴起,高速铁路、航空、海运等多种交通运输方式迅速发展和改良,使世界各地的联系更加紧密。遍布五大洲的国际海运航线、总里程超过120万千米的全球铁路网、诸多国家的高速铁路系统建设、海底隧道和大陆桥的建设,联通了世界重要的港口和城市,极大提高了国际贸易运输规模,降低了国际商品的运输成本,缩短了运输时间。同时,全球范围快速发展的互联网络和移动通信帮助人类克服了时间、空间的障碍,及时地进行信息交互,不断拓展全球信息传播疆界,成为推动世界发展和联系的重要力量。全球范围内的技术革新和基础设施建设,奠定了世界各地互联互通的基础,逐渐相连的全球交通网、不断加速的全球信息网,正紧密地串联着世界各地的各个角落,连接着每一个人。

---

① 〔英〕安东尼·吉登斯著,田禾译:《现代性的后果》。南京:译林出版社2000年版,第47页。
② 《马克思恩格斯选集》(第4卷)。北京:人民出版社1995年版,第169页。

另一方面,资本积累也是全球化发展的内在动力。正如阿瑞吉所提到的[①],500多年的世界资本主义体系发展,是一个体系不断扩张的过程。这个体系的扩张并非空间地理的开拓,而更多的是资本主义的生产、贸易与金融扩张,使得中心地区的实力向边远地区不断渗透,进一步扩大了资本主义在全球的发展网络。为了实现资本扩张,各国基于各自的技术优势和要素禀赋,大量开展国际贸易,希望从国际贸易顺差中进行资本的累积。这就促使越来越多的跨国公司的创立和跨国直接投资的产生,全球的经济联系更加密切。资本的扩张推动了国际金融市场的形成,让全球资本的快速积累有了牢固的基础,还形成了庞大的全球资本流动循环。但也因资本的流动大、流速快,全球金融体系长期处于十分不稳定的无序状态,加深了全球性的经济危机。伴随西方国家资本积累而来的,还有逐渐失衡的国际经济秩序和不断扩大的国家间贫富差距。

此外,全球性的劳动分工是现代世界体系运行的重要机制,然而相伴劳动分工而产生的,并非理想中的全球共同发展和富裕,而是不同国家之间的不平等交换。这种状态下的世界体系特征,被称为世界体系中的"中心—边缘"结构(Wallerstein,2004),这一世界体系,实际上是"根植于资本主义的世界经济体系"[②]。拥有强大国家机器、掌握先进技术、控制贸易和金融市场的"中心国家",利用"边缘国家"廉价的劳动力、原材料及商品市场,从事具有高附加值的产品生产和销售;而"边缘国家"只能从事低附加值的初级生产,受到"中心国家"的支配。长期的劳动分工和不平等交换因为获利不同而不断使不同地区和不同阶级间的经济差距、劳工收益差距拉大,造成国际贸易体系的恶性循环。除了分工和不平等交换,"中心—边缘"结构中还存在"融入"和"边缘化"的机制,这也恰好反映了资本主义经济扩张的本能。也就是说,越来越多世界体系之外的国家不断"融入"到体系之内,而世界体系也在不断使新的国家"边缘化",并且这个"融入"和"边缘化"的过程,经常是在"中心国家"霸权的干涉和强制下进行的。

第二次世界大战以后,广大亚非拉国家先后摆脱了西方发达国家的殖民统

---

① 〔意〕乔万尼·阿瑞吉著,王宇洁译:《现代世界体系的混沌与治理》,载《社科新视野》,2003年第2期,第45页。

② Immanuel Wallerstein, *World-systems Analysis: An Introduction*. Durham: Duke University Press, 2004, p. 23.

治,实现了政治上的独立自主,然而在经济上却仍长期受制和依附于西方发达国家,处于国际生产体系的外围、全球产业链的底端,受到剥削和控制。究其原因,全球性资本主义生产体系所带来的不平等的国际经济秩序、国际分工和交换体系难辞其咎。欠发达国家的贫穷落后,并非因为其自身资源禀赋的缺陷,而是因为外来资本主义的渗透使欠发达国家的生产剩余受到了"中心国家"的挤占和攫取,外来的破坏性的竞争也摧毁了欠发达国家幼稚的民族工业。这种依附关系的形成,可以追溯到全球化发展的初期。早在16、17世纪的重商主义时期,欧洲国家长期使用武力在海外开拓殖民地,还通过"三角贸易"大量从殖民地获取原材料和黄金,之后又向殖民地倾销商品牟取暴利,这虽然一定程度上促进了殖民地的生产增长,推动其融入世界市场,但却使得殖民地经济发展长期依附于宗主国。当进入工业资本主义阶段,国际分工的开展深刻影响了殖民地的生产方式,其匮乏的经济资源和发展仍然使其在逐步完善和扩大的国际分工中处于劣势和被支配地位,其生产始终被局限在低端产品上,这也加剧了殖民地的不发达程度。虽然第二次世界大战后亚非拉国家相继独立,但由于经济基础脆弱,其自身很难独立自主地发展经济,只能依附于发达国家并延续被剥削状态。同时,发展中国家往往还会陷入"贫困陷阱"之中。[①] 由此,在"中心—边缘"结构的世界体系中,"边缘国家"往往由于"贫困陷阱"而陷入低收入和贫困的累积性恶性循环之中,难以凭借自身力量在现有世界政治经济体系下得到应有的发展,从而造成"贫国恒贫、富国恒富"的局面,导致失衡发展的世界体系结构固化。

从中华人民共和国成立到中国改革开放前的几十年里,中国被迫孤立于世界经济体系。随着中国改革开放的不断推进,中国恢复在联合国的合法席位,加入WTO、世界银行、IMF等众多国际组织,成为世界贸易中的重要组成部分和国际社会的内在部分。但西方国家在全球贸易、金融、气候变化、安全等诸多领域的规则制定和管理上,掌握着极大的优势和主导权,中国在西方主导的世界秩序中仍处于"边缘"地区。[②]

[①] 〔美〕理查德·纳尔逊著,李德娟译:《欠发达经济中的低水平均衡陷阱理论》,《中国劳动经济学》,2006年第3期,第97—109页。

[②] 于蕾、沈桂龙:《"世界工厂"与经济全球化下中国国际分工地位》,《世界经济研究》,2003年第4期,第35—38页。

全球化发展至今,虽然取得了巨大的进展,但是全球化并没有导致民族国家的消亡和终结,也并未产生世界国家或者全球政府等。纵观现今世界格局,民族国家仍然是国际舞台上最主要的行为体,保留着对国家权力和主权的强烈诉求。国际法、各类国际规则和各类国际组织都是由西方主导的、建立在主权和国家边界的基础之上的、旨在维护各自国家主权和利益的具有"排他性"的产物。由此,现存世界体系中各国对排他利益的追求,不可避免地带来国家间发展的巨大失衡,滋生霸权主义乃至帝国主义,导致国际间竞争、冲突乃至战争。

中国的发展及以此为基础在联合国、二十国集团(G20)、WTO等国际舞台上,积极参与全球治理,推动全球秩序的变革,为全球化带来了新的历史内涵。但这并非西方国家所指的中国要重回世界体系的中心,重新掌握支配权和控制权。相反,中国致力于做世界和平的建设者、全球发展的贡献者、国际秩序的维护者。努力打破"中心—边缘"的不平等发展格局,构建共有、共享的世界体系与"天下秩序",是"中国方案"的"世界智慧"和"天下情怀"。中国正通过"一带一路"和"人类命运共同体"等众多发展倡议,沟通中国智慧与世界智慧,连接中国梦与世界各国人民的梦,与世界人民共同开启全球合作新旅程。①

三、"人类命运共同体"的形成与发展

"共同体"的理念由来已久。伴随全球化,"共同体"理念逐渐深入到世界秩序与国际合作的各个细节,弥补着以民族国家为重心的世界秩序的局限。

1. "共同体"的含义及特征

德国社会学家斐迪南·滕尼斯(Ferdinasnd Tönnies)在1887年出版的《共同体与社会》一书中,运用两分法将"共同体"与"社会"进行明确区分,使得前者成为一个独立的社会学概念。② 在滕尼斯的笔下,"共同体"代表一种成员之间共享观念、认同、价值观的融洽生活方式,其基本形式包括血缘共同体(亲

---

① 习近平:《决胜全面建成小康社会 夺取新时代中国特色社会主义伟大胜利》,《人民日报》,2017年10月18日,第4版。

② Graham Day, *Community and Everyday Life*. New York: Routledge Publish Press, 2005, p. 5.

戚)、地缘共同体(邻里)和精神共同体(友谊)。在"共同体"中,人与人之间的关系是包容、多元且有机结合的,各个个体绝非简单的相加,而是整合成一个整体。与之相应,"社会"是"一种机械的聚合和人工制品",人们在其中和平但又彼此分离地生活在一起①。有学者指出,在滕尼斯的理论体系中,"共同体"和"社会"具有清晰的二元界别:"共同体"是自然形成、小范围且整体本位的,代表古老的传统性;"社会"是非自然形成、大范围且个体本位的,代表新兴的现代性。②

在中国学术界,直到1932年人们都将"community"与"society"同视作"社会"。美国社会学家罗伯特·帕克(Robert Park)访华之后,学界创立一个新词"社区"来对应"community"③。"社区"一词带有很强的地域属性,这也从一个侧面反映出,在早期社会学领域,"共同体"与一定范围的共同生活区域密不可分。事实上,"共同体"开始便与"文明"相联系,"文明"首先是人以类的存在聚集为"社会",共同体才可能发生。④

从历史实践上看,工业文明以来的科技进步大大加深了行为体之间的互动关系,交往关系也逐渐突破了农耕文明的血缘、地缘等桎梏。传统意义上的"共同体"概念随着社会历史的深刻变化而逐渐消解,各式各样的新型"共同体"如雨后春笋般层出不穷,数量至1981年已达140多种。⑤ 由于"共同体"自身概念的模糊性,因而很难给予"共同体"一个准确的定义。仅以当代而论,一个"共同体"的产生须以人们持有的共同目标为根本前提,需要人们在实践运动中持续建构身份认同与集体归属感,为"共同体"提供免遭分崩离析的向心力,因而"共同体"的实践面临许多困难。现代"共同体"构建肩负着一项重大使命:实现对于传统的"共同体"和"社会"概念的批判超越——即通过非自然手段建立包容性联系,实现大范围的个体有机整合。只有通过这种超越,一个取代旧有联系网络、融合整个人类社会的人类命运"共同体"的出现才成为可能。

---

① Tönnies F., *Community and Society*. Michigan: Michigan State University Press, 1963, p. 54.
② 秦晖:《共同体·社会·大共同体——评滕尼斯〈共同体与社会〉》,《书屋》,2000年2月,第57—59页。
③ 杨超:《西方社区建设的理论与实践》,《求实》,2000年第12期,第25—26页。
④ 钱乘旦:《西方那一块土》。北京:北京大学出版社2015年版,第1—2页。
⑤ 李慧凤、蔡旭昶:《"共同体"概念的演变、应用与公民社会》,《学术月刊》,2010年第6期,第19—25页。

从理论认识上看,马克思的"交往理论"及对人类历史上不同种类"共同体"特征的阐释对于我们认识"共同体"具有重要意义。"交往理论"是马克思对人类历史进行社会形态种类划分的重要工具。马克思在《1844年经济学哲学手稿》(*Manuscript of Economics and Philosophy in 1844*)中指出:"人是类的存在物。"① 即是说,人是相互联系的"社会",进而才有"文明"。在马克思的论述框架中,人类交往、生产方式、社会分期三者构成一条有机结合的循环链。随着交通工具、通信手段、生产方式等物质资料的迅速革新,"交往"不断外延进而扩展成为民族交往和国际交往,"全球化"与"世界历史"也就随之产生并发展起来。

在《德意志意识形态》(*The German Idedogy*)中,马克思和恩格斯使用德文词汇"verkehr"和英文词汇"commerce"来表述"交往关系",二者均包含贸易、交换、流通等意思。② 这是一个包罗万象的概念,涉及经济、政治、文化、社会、生态等五大方面:从方式上看,它包含贸易、战争、文化交流等多种形式;从范围上看,它包括内部交往、民族交往乃至国际交往等众多种类;从对象上看,它包括人与人本身、社会及自然的相互作用。③

马克思交往理论中的国际交往是其交往理论所阐释的较高级别的交往表现形式,具有经济、政治、文化、社会、生态五位一体的特征。根据马克思的观点,"资产阶级社会在人类历史上第一次将整个人类带入到一个单一社会秩序的范围之内"④,具体表现为,国际经济交往在资本主义全球市场、世界体系和国际分工的形成过程中不断强化,国际政治经济交往随着威斯特伐利亚体系和西方殖民体系的扩展而逐步深入,进而不断消解各地的文化特殊性,使得文化与社会的交流联系日益普遍化。同时,工业化过程中产生的人与自然的对抗性日渐凸显,生态危机初现端倪。因而,运用马克思主义国际交往理论指导新时代中国特色社会主义事业,同样需要从上述五方面整体入手。

"交往"自然会形成"共同体",马克思全面而深刻地剖析了人类历史上存在过的不同种类共同体,系统地阐发了共同体的性质特征、产生原因及演变过

---

① 马克思恩格斯全集(第3卷)。北京:人民出版社2002年版,第272页。
② 万光侠:《马克思的交往理论及其当代价值》,《江西社会科学》,2000年第4期,第6—9页。
③ 张峰:《马克思恩格斯的国际交往理论与"一带一路"建设》,《马克思主义研究》,2016年第5期,第68—75页。
④ Anthony, *Capitalism and Modern Social Theory*. Beijing: Peking University Press, 2006, p. 54.

程,并对其未来发展趋势做出了预测。马克思界定出三种不同的共同体:自然共同体、政治共同体、真正共同体。

自然共同体,也可称为"原始共同体",是人类社会早期一种以血缘关系为纽带的社会形态。马克思将其定义为"家庭和扩大成为部落的家庭,或通过家庭之间互相通婚(而组成的部落),或部落的联合"。① 在自然共同体中,全体社会成员通过集体行动弥补了生产力低下状况下个体能力的不足,个体对于共同体存在完全依赖关系。随着生产力的发展和生产关系的变革,原始的"人的依赖关系"被"以物的依赖性为基础的人的独立性"所取代,自然共同体也随之进化为政治共同体。在这一过程中,赤裸裸的利益关系取代了温情脉脉的血缘、地域关系,个人利益与集体利益分道扬镳,统治阶级以"共同利益"为借口攫取全社会所有人的利益。所以,马克思指出,政治共同体的本质是一种"完全虚幻的共同体"和"新的桎梏"。②

基于对自然共同体中个人对共同体的完全依赖性与政治共同体中共同利益的虚幻性的批判,马克思进一步提出"真正共同体"思想。这种新型共同体的出现将以私有制的废除和阶级社会的消亡为标志,每个人都能获得自由支配的时间,通过无差别的人类劳动,自由而全面地发挥自身才能进而掌握自我命运。③ 根据这一逻辑,"真正共同体"即"自由人联合体",劳动者通过支配自身劳动产品实现了个体利益与社会利益的统一。④ 正因为如此,"真正共同体"实现了对既有共同体依赖属性和虚幻属性的超越,更为人类社会未来的发展指明了方向。

伴随马克思主义共同体理论的中国化,习近平同志创造性地提出构建"人类命运共同体",为当今世界纷繁复杂的治理难题提供了新的解决思路。阶级与私有制尚未消亡,世界尚未达到构筑"真正共同体"的历史条件,但人类同样能够不断能动地破除现有交往关系中的历史局限和内在矛盾,历史地推动实现

---

① 《马克思恩格斯文集》(第8卷)。北京:人民出版社2009年版,第123页。
② 《马克思恩格斯选集》(第1卷)。北京:人民出版社1995年版,第119页。
③ 石云霞:《马克思社会共同体思想及其发展》,《中国特色社会主义研究》,2016年第1期,第23—28页。
④ 康渝生、陈奕诺:《"人类命运共同体":马克思"真正的共同体"思想在当代中国的实践》,《学术交流》,2016年第11期,第11—15页。

"自由人联合体"的漫长而又伟大的进程。

2. "共同体"的发展与"全球化"进程

19世纪中期以后,工业革命的浪潮席卷整个世界,以西欧为中心,将越来越多的东方国家纳入到它的边缘地带。新型交通工具的出现大大缩短了世界各地之间的时空距离,各生产要素愈发便利地结合到一起。资源与技术的结合刺激了生产力的进一步膨胀,世界市场不可逆转地建立起来。在这一过程中,马克思所论述的"政治共同体"获得了极大的发展。作为资本主义时代政治共同体的主要形式,主权民族国家的出现使得统治阶级得以有效地运用国家能力,民族身份认同感的建构又令该种共同体具备强大的聚合力。[①]

伴随全球化的进一步发展,主权国家的单一行为体地位受到了各种非传统行为体的猛烈挑战。导致这一变化的原因是复杂的,既有国际交往联系扩展深化的因素,也有政治共同体自身狭隘性的原因,或许还应考虑到全球治理新问题层出不穷的客观现实。以欧盟为例,其前身欧洲共同体便是新型政治经济共同体的典型代表。两次世界大战的悲剧使得西欧各国认识到民族国家在身份界定、利益建构上的狭隘本质,各种现实需求与威胁迫使西欧各国在经济、政治、外交、军事等诸多领域展开深度合作,这使得欧盟事实上成为一个超越传统政治共同体的新型政治共同体。在欧盟中,各国有限的主权让渡使得个体获得了更大程度的自由,这是一个巨大的历史进步。然而,欧盟等新型政治共同体依然建立在传统民族国家的基础之上,随着全球化的进一步发展,新型政治共同体同样会遭遇"治理失灵"的窘境。希腊债务危机引发的欧盟危机,英国"脱欧"等都是这种窘境的表现。

20世纪70年代起,全球范围内的产业转移和以互联网为代表的新科技革命的兴起,为共同体的进一步发展注入了新的动力。产业转移和国际分工为世界各国创造出广泛的经济联系,但国际政治经济的发展却并未像人们预想的那样,在相互依赖的贸易往来中迎来持久和平。面对冷战结束后国际冲突不减反增的异常情势,美国政治学家萨缪尔·亨廷顿(Samuel Huntington)提出文明冲

---

① 根据20世纪中期国际关系学界的主流观点,主权国家是国际舞台上的单一行为体,国际交往实践中不存在其他可独立发挥作用的行为体。

327

突论,预测未来世界动荡的根源将是全球化持续推进下引发的文明之间的对立与冲突。步入 21 世纪第二个十年后,保护主义、孤立主义、民粹主义势力出现复苏倾向,层出不穷的"黑天鹅"事件表明全球化进程存在倒退之虞,亨廷顿的预言似乎得到了部分印证。[1] 时至今日,即使是西方国家右翼学者也不得不承认,以"西欧—美国模式"为蓝本的西式近代化道路存在严重的漏洞。这一道路促生了资本主义世界体系,但同时也直接或间接地造就了一个严重分化、撕裂的二元对立世界。审视当前全球经济发展状况,生产要素的转移使得广大发展中国家大量承接传统产业并成为全球经济新的增长点,资源消耗与环境污染问题逐渐显现,发达国家的增长则越来越依赖于虚拟经济,核心制造业呈现出空心化趋势,广大普通劳动者的利益严重受损,等等,进而使当前全球治理结构面临难以根治的复合型危机:一方面,世界体系内部积存了大量的消极情绪,包括落后地区和民族对经济剥削的愤恨、新兴市场国家对国际话语权不足的不满、各国底层民众对于贫富严重分化的怨气、全人类对于无节制发展模式的担忧;另一方面,高度的经济全球化使得各行为体之间产生了前所未有且不断增强的密切联系,任何群体消极情绪的释放都可能给整个体系带来难以修复的损害。

由此,随着全球化的持续深入,以民族国家(政治共同体)为治理单元的世界秩序难以维系高效能的治理。以全球气候治理为例,各国围绕减排承诺问题展开了多轮漫长的谈判,最终达成了《巴黎协定》。特朗普当选美国总统后,美国退出《巴黎协定》,为该协议的实施前景蒙上了一层阴影。当前人类交往联系的程度和政治共同体的容纳限度出现了明显脱节,世界各国急需形成一种新型治理体系来携手应对各类全球性危机,中国此时提出构建"人类命运共同体"可谓正当其时。

3. 人类命运共同体中的中国

进入 21 世纪以来,伴随综合国力的显著提升,中国在继续实施"引进来"战略的同时稳步推行"走出去"战略,积极树立负责任大国的形象。党的十八大召

---

[1] 〔美〕萨缪尔·亨廷顿著,周琪等译:《文明的冲突与世界秩序的重建》。北京:新华出版社 2002 年版,第 347—361 页。

开以来,中国更加积极参与全球治理,不仅在联合国、G20峰会等多边组织平台上扮演越来越重要的角色,还积极为国际社会提供亚投行、金砖银行等带有公共物品色彩的组织机制。中国与世界各国互相接近、互联互通,开始形成新时代的命运共同体。在纪念联合国成立70周年大会上的讲话中,习近平同志提出构建"人类命运共同体"的构想倡议,强调构建"人类命运共同体"有赖于各国"建立平等相待、互商互谅的伙伴关系;营造公道正义、共建共享的安全格局;谋求开放创新、包容互惠的发展前景;促进和而不同、兼收并蓄的文明交流"①。

第一,"人类命运共同体"蕴藏着中国特色社会主义大国外交和新时代中国特色社会主义新开放格局的深邃智慧。作为人类社会的必然产物,人类命运共同体能够适应当今世界高度发达的交往联系状态,有助于构建"共商、共建、共享"的治理新秩序。习近平同志指出,各国"理应平等参与决策、享受权利、履行义务"。② 这充分体现出人类命运共同体不同于以往共同体的历史不平等属性,将带给世界各国真实的国际事务参与权,进而缔造互信、共赢的共同体认同感。

第二,"人类命运共同体"思想对不同文明的和谐共存做出了新时代的全新阐释。在中国共产党第十九次全国代表大会上,习近平同志在报告的第十二部分专题论述"坚持和平发展道路,推动构建人类命运共同体",其中明确指出要"以文明交流超越文明隔阂、文明互鉴超越文明冲突、文明共存超越文明优越"。这是对文明冲突论的有力回应,反映了广大发展中国家对于新时代各国文明和谐共处和交流促进的美好憧憬。

第三,人类命运共同体实现了对于西方普世价值的批判与革新。构建"人类命运共同体",需要建立在充分尊重各国主体意愿、重视全人类共同利益基础之上的全人类的认同价值。"人类命运共同体"确立了当代人类共同价值,包含和平、发展、公平、正义、民主、自由等,但特别强调人类的共同价值是人类社会在不断发展演进中历经种种实践所形成的,绝不应为某个强权所建构。维护这

---

① 习近平:《携手构建合作共赢新伙伴,同心打造人类命运共同体》,《人民日报》,2015年9月29日,第2版。
② 习近平:《共担时代责任共促全球发展——在世界经济论坛2017年年会开幕式上的主旨演讲》,《人民日报》,2017年1月18日,第3版。

一共同价值,需要有关大国自觉担负起更大的责任,践行正确的义利观,秉持亲诚惠容理念和真实亲诚理念开展多边外交活动。① 在现代社会,世界上不同制度、不同发展水平、不同文明共存共处的条件下,历史发展不是也不可能是生产力水平在全球范围内的各个国家单一直线的递进成长,进而社会制度形态的演进也不会呈现机械直线的推进,多元多层次文明的并存是人类历史的客观事实。适应这种多元性,在不同时代我们提出了不同的开放宗旨,早在20世纪四五十年代冷战时期中国就曾提出"和平共处"五项原则,产生了极为积极和深远的影响,展现了中国在多元文明冲突中的共处智慧,"人类命运共同体"则是在新时代对"和平共处"精神和智慧的继承和发展。习近平同志提出构建"人类命运共同体"的全球治理新主张,向世界宣告了中国作为全球化参与者、受益者的责任与担当。"人类命运共同体"思想是马克思"真正共同体"思想中国化的最新成果。

四、金融危机后的世界政治经济体系转型

随着国际交往的扩展深化,资本主义固有的弊端逐渐暴露出来,全球性金融危机,世界各国之间、各国内部贫富差距扩大等问题层出不穷。随之而来的是国际政治经济出现了逆全球化趋势。经济贸易格局的重大转变、经济增长动力的巨大转换及传统国际体系的整体危机,使构建"人类命运共同体"有了更多的现实可能。

1. 全球经济贸易格局的重大转变

全球经济贸易格局依附于特定的世界体系,是世界上各种经济势力的相互关系和力量对比,在总体上规定和制约着各国在国际贸易活动中所处的地位和所发挥的作用,同样也直接规定和制约着微观经济主体开展贸易活动的范围和程度。②

---

① 习近平:《决胜全面建成小康社会 夺取新时代中国特色社会主义伟大胜利》,《人民日报》,2017年10月18日,第4版。
② 周琴:《当今世界经贸格局的基本特点分析》,《宁波大学学报(人文科学版)》,2000年第1期,第83—86页。

第一,传统的货币体系发生了转变。布雷顿森林体系瓦解之后,美元开始与石油挂钩,继续保持了唯一国际结算货币的地位。但是近年来"石油美元"受到了多方面的挑战,一枝独秀的格局逐渐被打破。中东的产油国开始考虑降低对美元的依赖,其中俄罗斯、沙特与阿联酋在与中国的原油贸易中已经可以用人民币结算。[①] 当前"天然气人民币"受到广泛关注,在世界能源结构中,天然气的地位不断上升,而统一的天然气市场尚未形成,掌握天然气定价权可能将是中国扩大人民币国际使用范围的机遇,有利于进一步提升人民币的国际地位。在未来的货币体系中,"次贷全球货币"如人民币、欧元、日元、英镑将迎来"群雄逐鹿"的新局面,从而实现多元国际货币体系的竞争与合作。[②]

第二,传统的经济协调体系朝着多元层级架构方向发展。一是世界经济协调机制中的新兴力量正在迅速崛起,如金砖国家领导人会议、中非论坛、中阿论坛和G20领导人峰会等,促进了全球治理体系变革。二是国际经济组织自身也在进行结构变革,如IMF在2010年进行份额改革,将超过6%的份额转移给具有活力的新兴市场经济体和发展中国家,并于2016年10月宣布,人民币作为第五种货币加入特别提款权篮子。[③]

第三,推动全球化发展的核心力量由发达国家主导向由发达国家与发展中国家共同推动的方向转变。技术和资本是推动全球化的两大引擎,但是,如今单靠资本和技术已经难以实现全球化新的飞跃。英国脱欧公投、特朗普当选总统、意大利修宪公投被否等事件的出现,标志着推动经济全球化的传统核心力量正在收缩。与此同时,以中国为代表的新兴国家正在对新一轮全球化进行积极探索,注入新的动力,如实施共建"一带一路"倡议、深化金砖合作机制等,成为推动全球化进一步发展的重要力量。G20取代八国集团(G8)成为全球经济治理的首要对话平台,标志着全球经济治理由西方国家主导向发达国家与新兴经济体共同协商的转变。

[①] 中国人民大学金融重阳研究院:人大重阳研究报告第20期《大相变:世界变局与中国应策》,第10页。

[②] 王文、刘英:《从全球次货币体系到多元国际货币体系的路径选择——通过次全球货币体系来看人民币国际化》,《国际货币评论》2014年合辑,第344—358页。

[③] 参见IMF发布的2016年年报。

2. 全球经济增长的动力转换

自2008年金融危机以来,发达国家经济复苏缓慢,新兴经济体增速进一步回落,增长速度呈现放缓态势。发达国家的发展动力不足,而发展中国家缺乏发展基础,使世界经济整体复苏长期疲弱乏力。随着新兴市场经济体的崛起,这一态势得到扭转,同时导致全球经济增长的动力出现变化。当前,以中国为代表的新兴市场国家的经济增长和发展(2018年中国GDP为14万亿美元左右,在全球经济存量中占15%左右,增量中则占30%以上)正推动着世界经济的增长引擎从大西洋两岸向欧亚大陆转移。

(1)发达国家经济增长乏力

在2008年金融危机之前,发达经济体的生产率已经在下降,其中结构性原因和根本性原因并存。结构性原因包括两个层面,一是人口老龄化严重,导致的人力资本积累减少。① 2015年,除个别国家外,欧洲所有国家的老龄化水平均超过20%,整体步入老龄化社会。② 2017年,全世界60岁及以上人口占比为13%,并以每年约3%的速度增长。其中,欧洲60岁及以上人口占比最高,为25%;北美地区为22%③;发达国家的人口老龄化问题比较严峻,严重制约了经济的发展,给经济发展带来严重的挑战。二是创新力不足。创新是打开经济增长的钥匙,创新动力不足直接影响经济的活力。纵观第二次世界大战后的"新技术革命"及互联网产业的发展脉络,科技的每次重要革新都会带来新的发展红利。④ 但是,近年来,发达国家的创新能力相对乏力。2000—2015年大部分发达国家在R&D的经费投入比重下降,其中美国和日本R&D的经费投入比重下降最快。⑤ 全球经济发展放缓,以及联邦政府预算搁置等因素共同导致了美国R&D经费投入趋向收缩,同时,欧洲国家面临实体经济萎缩、债务危机高筑、政府财政赤字严峻等问题,都在一定程度上抑制了社会的科技创新活力。

资本主义发达经济体增长出现下降并长期放缓的趋势,最根本的原因在于

---

① http://www.imf.org/external/pubs/ft/ar/2017/eng/spotlight.htm#capacity.
② 原新:《发达国家领跑世界人口老龄化进程》,《中国老年报》,2017年3月22日,第2版。
③ 联合国:《世界人口展望》(2017年修订版)。
④ 贾晋京:《让创新之路推动共同发展》,《解放军报》,2017年5月20日,第4版。
⑤ 中国科学技术发展战略研究院:《国家创新指数报告2016—2017》。

资本主义制度的内在矛盾运动,这种矛盾运动即资本的积累与贫困的积累形成鲜明反差,导致资本主义生产在不断扩张的同时,市场有效需求不足成为常态,周期性加剧、供给与需求之间矛盾周期性的恶化形成周期性的生产过剩的危机,资本主义经济推动的全球化使这种以相对过剩为特征的经济危机成为全球性危机,进而导致全球经济增长速度下降。①

这一矛盾运动在影响资本主义经济增长率的同时,进一步影响了劳动生产率,从而影响了经济发展和增长的效率,经济增长速度的长期显著下降,必然大幅降低生产能力利用率,需求不足下的供求矛盾必然导致产能过剩超出正常竞争要求的程度,产能严重过剩一方面会提高资本构成(至少在名义上),从而降低资本的要素生产率,另一方面会降低劳动生产率,如果考虑到在经济衰退时政府对就业的保护政策,宏观就业目标的实现在更大程度上需要依靠微观企业劳动生产率的牺牲。② 而要素效率的降低(包括资本效率和劳动效率)反过来又会进一步推动经济增长率的下降,两者之间形成恶性的交叉循环(两者并不是单向的因果关系)③,此外,在经济发展过程中,产业结构的演进若出现"虚高度",即结构演变并非建立在产业劳动生产率、资本生产率及全要素效率提升的基础上,并非是根据要素效率及结构配置性效率提升的逻辑,通过有效的市场竞争机制实现的产业结构高度提升,而是背离效率和竞争形成的"虚高度",导致在结构高度提升过程同时降低了生产效率,即负向的"结构效应"。这种情况在发展中国家存在,在发达资本主义国家同样存在。④

(2) 发展中国家经济强劲崛起

资本主义对外拓展的过程中,通过海外殖民地和市场开拓,形成了"中心—边缘"结构为特征的世界体系,进入世界体系的国家被分为中心国与边缘国。⑤

---

① 高峰:《资本积累理论与现代资本主义》(第2版)。北京:中国社会科学文献出版社2014年版,第370—372页。

② 同上。

③ 有学者如罗伯特·布伦纳(Robert Brenner)认为,生产率增长的放慢是长期经济增长率下降的结果,而不是原因(参见〔美〕罗伯特·布伦纳著,王生升译:《繁荣与泡沫》。北京:经济科学出版社2003年版,第18页)。

④ 〔美〕A. 麦迪森著,李德伟、孟建玲译:《世界经济200年回顾》。北京:改革出版社1997年版,第20页。

⑤ 张康之、张桐:《世界中心—边缘结构与线性思维的关系》,《学习与探索》,2016年第1期,第40页。

在这种中心—边缘结构中,国家的影响力从内到外依次递减,世界经济形成以发达国家为中心的"支配—依附"体系。伴随全球化的演进,世界经济发展的版图中心在改变,越来越多的国家深入参与到全球价值链中,新兴市场国家在世界经济格局中的地位在不断提升,推动了传统的"中心—边缘"模式向互联互通相互嵌套的发展模式转型。

在全球经济复苏缓慢的背景下,由发展中国家主导的新型南南合作平台——金砖国家领导人峰会显示出了强大优越性。金砖五国(BRICS)人口占全球的43%,黄金储备和外汇储备占全球的40%,GDP占全球总量的21%。金砖国家内部具有高度工业化的经济、强大的科技研发中心、正在壮大的中产阶级和城市人口、不断提高的消费水平和基础设施等发展优势。通过发挥金砖合作机制,使各异的条件禀赋得到整合,能够建立起健全的市场体系,使金砖国家获得了实现自我发展的可能和蓬勃动力,在世界经济体中的地位逐步提高。新兴经济体中,中国的经济增速最高。据IMF和世界银行测算,2013—2016年,中国对世界经济的贡献率年均为31.6%,超过美国、欧元区和日本贡献率的总和,居世界第一位。同时,以中国为代表的新兴经济体在全球治理中的话语权得到进一步增强。中国实施共建"一带一路"倡议、发起创办亚洲基础设施投资银行、设立丝路基金等,拓展了发展中国家走向现代化的途径,为解决人类问题贡献了中国智慧和中国方案,并与其他新兴经济体合作,推动制定了《G20全球贸易增长战略》和《G20全球投资政策指导原则》,为新形势下应对保护主义、推动国际贸易投资合作提出了新的制度框架。

发达国家经济体的日渐式微,以及新兴国家经济体尤其是中国的迅速崛起,标志着世界经济增长的推动力正在发生转换。[①]

3. 世界政治经济体系的整体性危机

(1) 资本主义发展的矛盾和旧有全球化路径的困境

资本和技术是经济全球化的两大引擎。科学技术是经济全球化的物质基础。运输和通信技术的发展,直接催生了世界经济体系由国际贸易网络向全球

---

① 臧旭恒、李扬、贺洋:《中国崛起与世界经济版图的改变》,《经济学家》,2014年第1期,第92页。

生产网络转变,全球价值链体系形成。① 20世纪80年代以来卫星通信、传真技术、微电子技术的广泛运用和国际互联网络的开通,为全球范围的商品交换开辟了新的路径,国际分工进一步细化。近年来,伴随互联网、人工智能和大数据时代的到来,电商平台、社交媒体网络、移动支付、虚拟现实技术等如雨后春笋般出现,拓展了全球市场的边界。

资本的逐利性是全球化的内在动力。马克思和恩格斯认为,"资本的本性要求摧毁一切地方限制、建立全球市场。……资本向全球扩张的这种趋势必将使一切国家的生产和消费成为世界性的,从而根本上推动了经济全球化"②。发达国家通过跨国公司在全球范围内投资,把部分低附加值的产业转移到发展中国家,促进了资本在全球范围内流动。

在全球化过程中,金融资本显示出更强的逐利性,能够通过流向企业的再生产,将剩余价值最大化,从而获取超额的金融资本利润,比产业资本更有动力去开辟全球市场。③ 从20世纪80年代起,美国的制造业开始大规模流向海外,以金融为核心的服务业也齐头并进,这使得美国的产业结构和利润来源发生了根本性的改变。2014年美国80%以上的财富来自金融行业,制造业占GDP的12%,从事实业的人口不到20%④,美国实际上进入了虚拟资本主义的发展阶段⑤。在世界经济中,资本投入金融的收益远远高于投入实体产业的收益,因此越来越多的资本流入金融市场,全球市场的金融投机愈演愈烈,引发了一次次金融动荡和金融风暴。

同时,目前全球的经济体系还存在严重的结构性问题。在现有的"中心—边缘"结构中,欧美主要发达国家在重要的领域都拥有绝对优势,处于世界体系的中心。中心国家控制着资源和产品的定价权,以牺牲发展中国家的发展利益为代价,推行过度消费的债务经济,抑制了世界经济的发展。和平赤字、发展赤字、治理赤字,成为摆在全人类面前的严峻挑战,全球治理需要进一步深化,完

---

① 陈宗胜、康健:《反全球化的逆流与经济全球化的深化》,《全球化》,2017年第6期,第27页。
② 张谊浩:《浅析经济全球化的动力——从马克思主义的视角考察》,《生产力研究》,2003年第1期,第82页。
③ 徐明棋:《论经济全球化的动力、效应与趋势》,《社会科学》,2017年第7期,第35页。
④ 王湘穗:《美式全球化的终结与世界体系的未来》,《政治经济学评论》,2014年第5期,第22页。
⑤ 〔美〕戈拉德·A.爱泼斯坦:《金融化与世界经济》,《国外理论动态》,2007年第7期,第14页。

善治理机制,为各国长期发展提供良好的国际政治经济环境。

(2)以中国为代表的发展中国家积极参与全球治理

全球化进程中,各国之间的联系日益加强。面对当前诸多不合理的国际规则和由发达国家的利益及意志主导的国际秩序,广大发展中国家选择抱团取暖的方式,积极参与国际事务,积极参与全球经济治理及治理体系的建设,为全球治理注入了新的活力。原有的G20财长和央行行长会议升级为领导人峰会,相对于七国集团(G7)而言,G20更具代表性。G20议题涵盖了当前全球经济治理中最为迫切和重大的议题;治理模式更加灵活高效,避免了僵化体制的约束;反映了新兴经济体的话语权不断在扩大。

金砖国家需要在联合国及其他多边机构中深入合作,包括通过金砖五国常驻纽约、日内瓦和维也纳代表定期会晤等方式,近年来在IMF和世界银行中的投票权份额提升,话语权增加,进一步增强了金砖国家在国际舞台上的影响力。当前,金砖国家已经逐渐成为新兴市场和发展中国家互利合作的典范,在推动实现更快经济增长的同时,通过安全事务高级代表会议、外长会晤等机制,加强了在国际和地区问题上的沟通协调,为维护全球和平与安全发挥了建设性作用。金砖国家是正在形成的多极世界的关键因素之一,已经成为国际上一支不可忽视的政治经济力量,为完善全球治理做出了积极贡献。

中国作为新兴经济体的重要力量,在新形势下积极参与全球治理体系建设举措包括:全面推进中国特色大国外交,实施共建"一带一路"倡议,发起创办亚洲基础设施投资银行,设立丝路基金,举办首届"一带一路"国际合作高峰论坛、亚太经合组织(APEC)领导人非正式会议、G20领导人杭州峰会、金砖国家领导人厦门会晤、亚信峰会,提出构建"人类命运共同体"的新全球治理哲学理念和实践倡议,旨在促进全球治理体系变革。

五、"一带一路"与全球治理范式重构

在世界政治经济发展新形势下,旧全球治理体系效用递减,中国作为世界第二大经济体积极承担推动全球治理范式重构的责任。"一带一路"倡议自2013年秋季提出以来,贯穿欧亚大陆,东连亚太经济圈,西接欧洲经济圈,南通非洲经济圈,与美洲大陆紧密相关,很快成为当今世界规模最大合作平台,也是

最受欢迎的公共产品。① 其内含的共商共建共享等"中国智慧"及包容发展的新理念能够有效发挥辐射作用,通过沿线国家和地区在各领域的深度融合,带动世界各国的深度交融,弥补既有全球治理体系的不足,为重新构建全球治理范式提供新思路。②

1. 国际政治经济发展与交往模式的变革

(1) 先定规则再发展——先发展再分配

事实上,"规则至上、理性主义"的原则始终体现在西方主导的国际政治经济交往中。在西方学者看来,"全球治理机制之所以有价值,是因为它们创造了使成员国及其他行为体以互利的方式协调彼此行为的准则和信息。它们能减少交易成本,创造成员国及其他行为体展示可信度的机会,克服背叛承诺问题,同时提供包括原则性的、和平解决冲突方法在内的公共产品"③。"全球治理被理所当然地定义为以规则为基础的管控(rule-based rule),无论是在地区层面还是在全球层面,有效规则都成为有效治理的充要条件。这不仅是西方主流国际关系理论研究界对全球治理的基本理解,也是西方政策和战略界的重要共识。"④但统一规则统治下的世界并非一个统一整体,因而上述理论在当今世界的发展变化中显示出解释力不足的困境。现实中自上而下的规则运转存在效率低、可行性弱等问题:世贸组织架构下多哈谈判进行多轮但却未取得实质性结果,大大小小的双边和多边的自由贸易协定与治理机制的碎片化问题凸显,《京都议定书》中的目标与现实差距太大,减少碳排放的雄心壮志最终止步于纸面……凡此种种无不说明"目标——契约——谈判——接受"的这一协定方式在现实中难以实行。

更为严重的是,现行的规则落后于时代,没有反映现有的全球高度相互依存的状态和变化后的世界政治经济格局。一是现行规则缺乏对于发达国家与

---

① 王毅:《就"中国外交政策和对外关系"答中外记者问》,《人民日报》,2019年3月9日,第5版。
② 习近平:《在推进"一带一路"建设工作座谈会上的讲话》,载中央文献研究室:《习近平关于社会主义经济建设论述摘编》。北京:中央文献出版社2017年版,第276页。
③ 〔美〕艾伦·布坎南、〔美〕罗伯特·基欧汉、赵晶晶、杨娜:《全球治理机制的合法性》,《南京大学学报(哲学·人文科学·社会科学版)》,2011年第2期,第29—42页。
④ 秦亚青:《全球治理失灵与秩序理念的重建》,《世界经济与政治》,2013年第4期,第4—18页。

新兴大国互动关系的考量,因而无法调整全球化中兴起的各种多元力量。资本与技术的积累使得越来越多的国家参与到全球的价值链运行当中,与之相悖的是反映力量对比的世界治理秩序迟迟没有更新。在2008年全球金融危机中,上述问题暴露无遗:发达国家面临危机难以"独善其身",其主导的国际治理机制失效;广大发展中国家因自身经济体系不独立、过度依赖西方,沦为世界体系应对经济危机的牺牲品,遭遇严重经济困难。"支配—依附"的经济格局丧失了其运转的机制重心,旧有的合作秩序难以满足各新兴国家对革新发展机制的要求。二是现行规则奉行"单边逻辑""规则治理"思路,在治理绩效的评估上坚持"西方标准"。对发展中国家和新兴经济体实行高标准的俱乐部准入门槛,往往演变为富人约束挑战者、迫使其妥协的利器。正如美国学者彼得·佩特里(Peter Petri)所指出的,与所得的市场准入相比,跨太平洋伙伴关系协定(TPP)的真正竞争力源于其高标准的贸易规则模板,即所谓的"21世纪条款"。[①] 美国在政府采购、知识产权、技术标准、农产品、贸易与环境等议题上不断对新兴经济体施行压力,提高贸易标准增加他国成本以削弱其竞争力,进而便利本国相关企业的市场开辟。一言以蔽之,当今跨国公司主导的"全球化"是精英主导受惠少数群体的全球治理体系。他们利用这样的机制团结既得利益者的力量,来制衡应对新态势下新兴经济力量的崛起。对于规则的批判并非主张不要"规则",规则与创新不是相互排斥的对立,而是相互融合的互补。以往西方盛行发达经济体与新兴经济体之间"先谈判,后合作"的程序,在实际操作中往往制定出较高门槛,无形地增加了国际合作的成本与难度。现在发展中国家已成为全球经济增长的重要引擎,新兴国家的发展不该为发达国家主导的事先设定的条条框框所囿。新形势的发展要求发展中国家更多地参与到全球治理中来,寻求更具活力、更有普惠性的全球治理体系成为时代命题。

中国提出的"一带一路"倡议正是当今时代背景下对于国际合作"先发展、后分享"的模式创新:先促发展,再定标准;共商共建,成果共享。[②] 新兴国家应拥有更平等的人的发展权、生存权,以发展为第一要务,秉持规则应更好地服务

[①] Peter A. Petri, "Economics of the TPP and RCEP Negotiations", paper presented at the CNCPEC Seminar on *TPP 2012: Progress and Challenge*. Beijing, December 2012, p. 16.

[②] 习近平:《迈向命运共同体,开创亚洲新未来》,《人民日报》,2015年3月29日,第1—2版。

于发展的逻辑,发展先行,基于自身的经验和道路实现理念创新、制度创新。"一带一路"是一种发展观,是为共同发展而构建的合作平台和市场网络。不先设单边主导的预案,重行动力,在平等合作的实践中发展并规范规则。"一带一路"是真正以促进发展中国家和世界经济的繁荣为目的的倡议,更符合广大发展中国家的国情与愿景,能够为人类命运共同体开辟出更加光明的未来。

"一带一路"倡议在经济地理上包括但不限于古丝绸之路地区,面向所有国家和区域组织开放,方便惠及更广泛的领域。不同于西方"中心—边缘"排他的制度设计,面对各国发展不一的状况,具有极大包容性的"一带一路"倡议视各国都为平等的合作伙伴。各方利益诉求都体现在倡议的落实中,各参与者都成为"一带一路"的成果分享者。不同于狭隘的民族国家视野,以命运共同的世界文明观逐渐取代"中心—外围"的国家文明观,这是促进人类社会发展的重大创举。

(2)从"支配依附"到"共商共建"

追溯"中心—外围"体系下"支配依附"格局的哲学起源,或许可在西方哲学的"二元对立"和"冲突辩证"阐述下找到支持:"二元对立"认为两个事物之间存在斗争关系,只有一方占据主导地位,消解另一方后才能化解矛盾推动新事物发展创新;"冲突辩证"强调矛盾的对立性和排他性,事物的交往与进化是"零和博弈"。① 霸权秩序论、均势秩序论、世界体系论、文明冲突论、民主和平论等西方主流的世界秩序理论都有着很强的冲突倾向。②

"一带一路"倡议则根本不同,"共商"便于营建战略伙伴关系,而"共建"可以激发治理积极性。这里包含两层逻辑:一是身份认同,构建伙伴关系,并在这一身份的基础上实现"关系治理"。③ 二是行为态度,从"消极主权"演进到"积极主权"。反映在国家与全球公共事务互动的态度中,积极参与是"国家主动地参与全球共同体事务,并以全球公共问题解决为核心展开积极行动的一种态度";消极参与则是"国家被动地卷入全球事务中,并在多数同意的背景下被迫

---

① 冯志峰、洪源:《黑格尔国家观文献述评》,《学术论坛》,2007年第4期,第63—66页。
② 高奇琦:《全球共治:中西方世界秩序观的差异及其调和》,《世界经济与政治》,2015年第4期,第67—87页。
③ "关系治理将全球治理视为一种对相互之间关系的塑造、协调和管理过程。"出自秦亚青:《全球治理失灵与秩序理念的重建》,《世界经济与政治》,2013年第4期,第4—18页。

接受全球规范的一种态度"①。如果更多的国际社会成员参与到全球治理、制度设计和实施中,其身份重塑和行为态度将发生由"被动接受"到"积极实践"的转变。

回顾过去数年的大事记不难发现,"一带一路"倡议源于一系列合作倡议的整合,充分展现了中国与沿线国家和地区共商共议、共同设计的思路。"一带"和"一路"倡议分别在哈萨克斯坦和印度尼西亚提出,体现了中国与东道国的共商原则。而《推动共建丝绸之路经济带和21世纪海上丝绸之路的愿景与行动》(以下简称《愿景与行动》)中"兼顾各方利益和关切,寻求利益契合点和合作最大公约数,体现各方智慧和创意,各施所长,各尽所能,把各方优势和潜力充分发挥出来"则进一步阐释了共建共享的美好愿景。

2."一带一路"倡议的路径与愿景

(1) 以推进基础设施互联互通为抓手

物质交往是精神交往的前提。在《德意志意识形态》中,马克思把交往的类型分为物质交往和精神交往两大类,并阐明了两者的关系:"思想、观念、意识的生产最初是直接与人们的物质生活、与人们的物质交往、与现实生活的语言交织在一起的。观念、思维、人们的精神交往在这里还是人们的物质关系的直接产物。"②

作为"一带一路"建设的"血脉经络",基础设施投资计划将建设亚欧地区以海陆空交通线、油气管道、输电线路和通信网络等为构成要素的综合性立体交互网络,为沿线国家和地区的民间文化"思想交流"奠定"物质交往"基础。在"逆全球化"思潮下,从基础设施建设出发也是"探索一种全新的开放性经济发展方式的尝试,为密切国家间经贸的往来和抵御全球化风险提供更强大的战略依托"③。

(2) 促使沿线国家和地区形成政治、经济、人文多层次深入合作

当前"一带一路"的建设具有时代超越性,极大地超越了传统丝绸之路以经

---

① 高奇琦:《国家参与全球治理的理论与指数化》,《社会科学》,2015年第1期,第3—12页。
② 《马克思主义经典著作选读》。北京:人民出版社1960年版,第24页。
③ 刘伟:《读懂"一带一路"蓝图》。北京:商务印书馆2017年版,第70页。

贸为主的合作方式。"一带一路"在"贸易通"的基础上实现政策、基础设施建设、科技文化乃至民心的全方位互联互通,推动建立政治、经济、人文全方位多层次多合作格局,营造发展上互尊互信、经济上互利共赢、文化上求同存异的共演关系,以打造价值相融、利益相通、命运共同的和谐统一体。正如习近平同志所说:"'一带一路'建设将为中国和沿线国家共同发展带来巨大机遇。'一带一路'是开放的,是穿越非洲、环连亚欧的广阔'朋友圈',所有感兴趣的国家都可以添加进入'朋友圈'。'一带一路'是多元的,涵盖各个合作领域,合作形式也可以多种多样。'一带一路'是共赢的,各国共同参与,遵守共商共建共享原则,实现共同发展繁荣。这条路不是某一方的私家小路,而是大家携手并进的阳光大道。"①

(3) 打造双环流全球新价值体系②

当前世界经济模型从传统的"中心—外围"式的单一循环,逐渐演变为以中国为枢纽点的"双环流"体系,其中,一个环流位于中国与发达国家之间,以贸易和直接投资为主要载体;另一个环流存在于中国与亚非拉等发展中国家或地区之间,以贸易、直接投资为载体。中国成为连接发达经济体与亚非拉欠发达经济体的主要中间节点或枢纽点。"双环流"体系下的新型价值链循环模式,使得"一带一路"成为中国在这一新型全球体系中构建的大区域治理平台。

一方面,中国具有目前世界上完整的制造业体系,正从深加工阶段向技术集约化阶段过渡,几乎能以全球最低成本向沿线国家提供其工业化所需的产品,这使中国成为"一带一路"沿线国家和地区在现代化过程中可以倚重的大国。③根据世界银行的估计,目前发展中国家每年在基础设施方面的开支约为 1 万亿美元,相比出现"产业空心化"的西方国家,中国在重大项目上的资金、技术、装备以及人力资源的能力具有比较优势。另一方面,2008 年金融危机后,"一带一路"倡议的提出、亚投行的兴建及丝路基金的建设正好缓解了国际合作中发达国家提供公共产品能力与意愿降低的问题,这就开启了一个崭新的时代。

---

① 习近平:《在英国伦敦金融城举行的中英工商峰会上的致辞》,《人民日报》,2015 年 10 月 22 日,第 1—2 版。

② 刘伟、郭濂:《一带一路:全球价值双环流下的区域互惠共赢》。北京:北京大学出版社 2015 年版,第 3—15 页。

③ 杜德斌、马亚华:《一带一路:开启全球治理新模式》,《中国社会科学报》,2017 年 6 月 1 日,第 1 版。

3. 中国发展智慧与全球治理范式重构

"一带一路"、全球化及命运共同体三者之间形成有机整体,这一有机整体的构建体现了中华文明与世界文明之间的命运和责任的连接。

（1）"一带一路"与全球化:"一带一路"创造了新型全球化关系

"一带一路"本身是一种全球化的形式。政策的沟通、设施的连通、贸易的畅通、资金的融通和民心相通,不仅多领域、全方位地覆盖了传统语义下全球化的三种表现形式——"市场全球化""生产全球化""资本全球化",而且具有多维度的全新内涵。

从运行规制来看,西方"自由主义"下盛行"适者生存"的丛林法则:大型跨国公司主导全球化,使得成千上万的中小企业没有对等的参与机遇;全球治理中西方国家垄断了国际舞台上的行为参与,形成了"强者愈强,弱者愈弱"的恶性循环。为消除缺乏公正合理规制下的掠夺性发展,减少发展失衡,"一带一路"倡议重新定义了各个国家在全球化中的角色和地位,从而推动对现有全球权力系统和全球市场系统的"再平衡":新兴经济体能更充分地发出声音,积极的社会政策追求所有人都有更体面的生活,金融治理缓解财富向极少数人集中的程度,等等。

从价值塑造的角度看,"一带一路"从根本上改变着人们对全球化的认识。针对传统全球化进程中产生的包括结构性失业、贫富差距扩大在内的一系列问题及其引发的"逆全球化浪潮","一带一路"倡议通过切实有效的行动塑造认同,为"再全球化"扩大民意基础,为后金融危机时代的世界提供"全球公共平台"下的对话合作新模式,培养"同舟共济、命运相连"的共识,通过倡导"和平合作、开放包容、互学互鉴、互利共赢"的丝路精神强调对人类命运的终极关怀。作为马克思人道主义价值的传承和中国特色的价值目标,"一带一路"是当今中国向世界传递出的"新世界主义"倡议,其精髓是"丝路精神"与全球化的有机结合,其内涵是"包容性全球化"。①

现代生产方式、全球生产网络和现代通信技术已经把世界各国紧密联系在一起,新一轮科技革命和产业革命进一步拉近了各国之间的距离。一方面,新

---

① 刘卫东:《"一带一路":引领包容性全球化》,《中国科学院院刊》,2017年第4期,第337页。

贸易模式革命性地不断诞生,在全球化进程中具有划时代的意义;另一方面,经济全球化面临严重的威胁。世界需要根本性的体制机制创新,这正是"一带一路"倡议和构建"人类命运共同体"的重要目的所在。

(2)"一带一路"与命运共同体:中国方案重构全球治理范式格局

"一带一路"通过重塑全球治理理念和治理机制,真正形成全人类命运紧密结合的有机体。

第一,推动全球治理模式转型。"一带一路"倡议是对世界框架的破旧立新。现代全球治理模式有从"国家中心主义治理"向"多元多层协同治理"的转变趋势①,强调全球化的深化导致了权威的分散化:西方发达国家与新兴国家之间的扩散、国家行为体与非国家行为体之间的扩散②、国家层次与国际组织层次及次国家层次之间的扩散。这与"一带一路"从"西方治理"到"东西方治理",从"顶层设计"到多层次合作机制的丰富内涵相互呼应:"一带一路"既团结了沿线新兴经济体的力量,又促进发达国家与发展中国家的对话交流,凝聚并平衡了全球发展的"新旧力量";"一带一路"连通了发达经济体和发展中经济体,强调了除政策之外的"设施、贸易、资金、民心"四通,从而丰富和创新了国际合作交流机制。

第二,从"国内治理"走向"全球治理"。在自身经济发展奇迹和国内治理优化的基础上,中国特色社会主义制度不断完善和发展,国家治理体系和治理能力不断现代化,中国的道路拓展了发展中国家走向现代化的途径,已经得到了国际上较为普遍的认可。③ 同时,中国的伙伴型全球治理模式也为许多不结盟国家参与全球治理提供了一个范例,"增强了各国走伙伴治理而不是走结盟治理和霸权治理老路的道路自信"④。中国智慧还把"硬领域""软领域"相结合,使治理领域包括政治、安全、军事、网络、文化等多个方面,在"软合作"中建立民心相通的人文交流机制,真正消除不公平、不合理的交往秩序。"一带一

---

① 石晨霞:《试析全球治理模式的转型——从国家中心主义治理到多元多层协同治理》,《东北亚论坛》,2016年第4期,第109—117页。
② Water J. M. Kickert, Erik-Hans Klijin, and Jop F. M. Koppenjan, *Managing Complex Networks: Strategy for the Public Sector*. London: Sage Publications, 1997, p. 10.
③ 陈志敏:《国家治理、全球治理与世界秩序建构》,《社会科学》,2016年第6期,第21页。
④ 同上书,第21页。

路"合作的整体式的顶层设计,将设施、人文、体制、贸易、金融整合在一起,克服了以往治理部门化、片面化、碎片化的矛盾;而提倡的绿色"一带一路"、健康"一带一路"、智力"一带一路"、和平"一带一路"更是对现有治理机制注入新的内涵。

第三,"一带一路"作为系列结点,重组全球治理网络。"一带一路"在实践中能做到"利益和合""价值链融合"和"机制耦合",从而成为系列结点。

在利益和合上,"一带一路"要寻找更多利益交汇点,把中国和世界融通起来,正如习近平同志所说"丝绸之路是历史留给我们的伟大财富。'一带一路'倡议是中国根据古丝绸之路留下的宝贵启示,着眼于各国人民追求和平与发展的共同梦想,为世界提供的一项充满东方智慧的共同繁荣发展的方案"①。事实上,"一带一路"已经对接多个沿线国家顶层的战略规划,比如俄罗斯的欧亚经济联盟、欧盟的"容克计划"、哈萨克斯坦的"光明之路"计划、越南的"两廊一圈"规划、印度尼西亚的"全球海洋支点"计划等。"一带一路"得到多国的积极回应说明了其互惠共赢的魅力,展现了自身的极大活力。而利益对接和利益相融,也为当前低迷的经济发展带来新希望,开辟新前景,注入新动力。

在价值链融合上,由于中国处于全球价值链的核心地带与中间地位,也起到了"结点"作用。正如习近平同志所提出的:"'一带一路'建设重点在国外,但根基在国内。"②《愿景与行动》指出:"共建'一带一路'旨在促进经济要素有序自由流动、资源高效配置和市场深度融合,推动沿线各国实现经济政策协调,开展更大范围、更高水平、更深层次的区域合作,共同打造开放、包容、均衡、普惠的区域经济合作架构。""一带一路"充分发挥国际市场大平台,坚持市场运作的原则,更好地促进了生产要素的流动和资源的配置,打造了新型价值链,促进了大合作、大发展、大繁荣。

在机制耦合上,"一带一路"能够与现有合作方式机制相耦合。G20 中国主席年共同建立的与创新(innovative)、活力(invigorated)、联动(interconnected)、包容(inclusive)等世界经济的主题相对应的四大核心成果:创新经济增长方式、

---

① 习近平:《携手共创丝绸之路新辉煌》,《人民日报》,2016 年 6 月 23 日,第 2 版。
② 习近平:《在推进"一带一路"建设工作座谈会上的讲话》,载中央文献研究室编:《习近平关于社会主义经济建设论述摘编》。北京:中央文献出版社 2017 年版,第 279 页。

完善经济治理机制、促进贸易投资增长、推动包容联动发展,与"一带一路"协同发展、共同富裕的目标是一致的,二者同为解决世界发展问题贡献"中国智慧"。而在金砖机制中,中国不但为其注入经济活力,也加入了中国的发展经验。目前金砖机制日益壮大,"金砖机制+"拓展了伙伴网络的外延,进一步向世界表明金砖国家与其他发展中国家开展更加密切深入的全球性协作的态度。这与"一带一路"大发展平台下的开放包容同出一辙,同为推动世界经济融合协调发展助力。"一带一路"和其他国家的战略规划相对接,与世界产业链价值链布局的变动相适应,并与现有的国际机制相呼应。

六、 国内国际双循环与新发展格局[①]

1. 构建以国内大循环为主体、国内国际双循环相互促进的新发展格局

进入21世纪,特别是2008年金融危机以来,国际国内经济态势发生了极其深刻的变化,产生了一系列新矛盾和新特征。2020年新冠肺炎疫情暴发以来,这些新矛盾和新特征进一步尖锐化、复杂化。适应这种新变化,构建以国内大循环为主体、国内国际双循环相互促进的新发展格局,在更高水平上建立发展、改革、开放三者之间的有机联系,是重塑我国国际合作和竞争新优势的战略选择。正如习近平同志所指出的,"进入新发展阶段,国内外环境的深刻变化既带来一系列机遇,也带来一系列新挑战,是危机并存、危中有机、危可转机。我们要辩证认识和把握国内外大势,统筹中华民族伟大复兴战略全局和世界百年未有之大变局,深刻认识我国社会主要矛盾发展变化带来的新特征新要求,深刻认识错综复杂的国际环境带来的新矛盾新挑战,增强机遇意识和风险意识……努力实现更高质量、更有效率、更加公平、更可持续、更为安全的发展""要推动形成以国内大循环为主体,国内国际双循环相互促进的新发展格局。这个新发展格局是根据我国发展阶段、环境、条件变化提出来的,是重塑我国国际合作和竞争新优势的战略选择"[②]。

就国民经济增长动能演变而言,自2008年世界金融危机以来,我国经济已

---

① 本篇主要内容刊载于《经济日报》,2020年9月24日,第1版。
② 习近平:《在经济社会领域专家座谈会上的讲话》,《人民日报》,2020年8月25日,第2版。

经逐渐向以国内大循环为主转变。近年来伴随全球经济长期低迷,特别是在新冠肺炎疫情冲击下,世界经济进入深度衰退,依靠出口拉动经济增长的动能在长期里会明显减弱,原有国际经济秩序正逐步瓦解,全球产业体系受到剧烈冲击,国际经济、金融、贸易等流动出现中断,单边主义、保护主义抬头,地缘政治、安全风险加剧,发达经济体潜在经济增长率显著下降,各国开始着手重建本国制造业,试图把海外产业重新迁回国内。这些变化都给经济全球化带来了逆向风险。我国经济增长动能客观上只能主要依靠内需拉动,在今后一个时期,国内市场主导国民经济循环的特征会更为明显,经济增长在更大程度上需要依靠释放内需潜力。习近平同志指出,"随着外部环境和我国发展所具有的要素禀赋的变化,市场和资源两头在外的国际大循环动能明显减弱,而我国内需潜力不断释放,国内大循环活动活力日益强劲,客观上有着此消彼长的态势"①,适应这种新的国际国内经济发展态势演变,"加快构建完整的内需体系……逐步形成以国内大循环为主体,国内国际双循环相互促进的新发展格局,培育新形势下我国参与国际合作和竞争新优势"②。

就构建新发展格局的可行性而言,我国具有显著的制度优势和坚实的改革发展基础。从制度优势上看,经过中华人民共和国成立七十多年,尤其是改革开放四十多年的探索,我国已形成了中国特色社会主义基本经济制度,具有公有制为主体、多种所有制经济共同发展的所有制基础,以适应社会化大生产的要求;具有以按劳分配为主、多种分配方式并存的收入分配制度,以克服经济发展中的贫困的积累;具有社会主义市场经济机制,以协调政府与市场调节功能。事实证明,正是基于中国特色社会主义基本经济制度的显著优势,我国经济不仅保持了持续高速增长,而且具有较强的逆周期调控能力和反危机能力。从1997年亚洲金融危机到2008年世界金融危机,我国经济都是率先走出危机阴影并恢复持续经济增长的。在2020年新冠肺炎疫情的冲击下,我国经济更是充分体现了应对危机冲击的制度能力和效率,率先复工复产,并有可能成为全球主要经济体中唯一实现正增长的国家,关键正是在于坚持深化改革,为形成

---

① 习近平:《在经济社会领域专家座谈会上的讲话》,《人民日报》。2020年8月25日,第2版。
② 习近平:《坚持用全面辩证长远眼光分析经济形势,努力在危机中育新机于变局中开新局》,《人民日报》,2020年5月24日,第1版。

新发展格局创造更为完善的体制机制条件。正如习近平同志所说,"坚持和完善社会主义基本经济制度,使市场在资源配置中起决定性作用,更好发挥政府作用,营造长期稳定可预期的制度环境"①。从发展基础上看,我国GDP总量在2019年已达100万亿元人民币,超过14万亿美元(按汇率折算),占全球GDP的16%以上;我国有14亿人口,其中中等收入阶层达4亿多人;2019年国内消费品零售总额已超过40万亿元人民币,成为世界第一大国内消费品市场。同时,在消费结构上,我国城乡居民的恩格尔系数已降至27%左右,处于由富足阶段向富裕阶段升级期;我国工业化进程已进入即将完成的冲刺期,同时信息化和农业现代化不断加速,投资需求旺盛,2019年仅固定资产投资就已超过55万亿元人民币;与经济发展上的工业化、信息化和农业现代化加速相适应,我国城市化进入加速期,从改革开放初期的17%左右上升至60%以上(按常住人口计);我国是世界上唯一拥有联合国划分的全部产业体系和部门的经济体,2019年制造业产值已占全球制造业的28%以上;等等。改革开放的成果为我们构建新发展格局创造了坚实的基础,关键在于,要在此基础上运用好改革开放所创造的经济发展成果,推动新发展格局的形成。

2. 构建新发展格局需要坚持的基本原则

第一,构建以供求趋向均衡为目标导向的国民经济循环。首先是总量均衡,能够有效地克服经济短缺,抑制严重的通货膨胀,同时能够有效地缓解产能过剩,防止经济严重衰退及相应的高失业。经济高质量发展的重要特征之一便在于宏观上经济增长的波动性低、周期性淡化、增长稳定;其次是结构均衡,包括产业结构、区域结构、资源配置结构、国民收入分配结构等方面的均衡,尤其是在我国社会主要矛盾发生新变化,发展的不平衡不充分成为矛盾的主要方面的前提下,结构性均衡就更为重要。在总量和结构趋向均衡的基础上,形成供给与需求之间的良性互动。一方面以需求引导供给,真正形成适应市场需求的有效供给;另一方面以供给创造需求,真正以高质量高效率的供给开拓市场需求。"提升供给体系对国内需求的适配性,形成需求牵引供给,供给创造需求的

---

① 习近平:《在经济社会领域专家座谈会上的讲话》,《人民日报》,2020年8月25日,第2版。

更高水平动态平衡"①。

第二,构建以科技创新催生新发展动能的国民经济循环。畅通国民经济循环,包括国内大循环和国内国际双循环。在市场机制下经济要真正畅通循环,必须具有市场竞争力,特别是在市场需求疲软、全球经济低迷的状态下,实现经济循环畅通更需要提高竞争力,而提升竞争力的关键在于提升自主创新能力,不断突破关键核心技术,这既是形成国内大循环为主体的关键,也是摆脱美国等西方国家"卡脖子",进而提高国际竞争力、促进国内国际双循环的关键。这就需要充分发挥我国社会主义制度优势,打好关键核心技术攻坚战,既要更好地发挥政府顶层设计、统一布局、组织协调的作用,又要充分发挥企业在技术创新中的主体作用;既要夯实基础研究,又要加速科技成果向现实生产力转化;既要大力提升自主创新能力,又要坚持开放创新,加强国际科技交流合作。

第三,构建以供给侧结构性改革为战略方向的国民经济循环。既然畅通国民经济循环以效率和竞争力提升为基础,进而科技创新成为关键,那么就必须以深化供给侧结构性改革为主线。这是因为,一方面,以供给侧结构性改革为战略方向,即从供给侧入手进行改革,以供给侧为战略方向与以需求侧为战略方向的根本不同在于供给侧改革直接影响生产者,需求侧则直接影响消费者。提高效率和竞争力,提升自主创新能力,首要在于生产者,包括微观上企业的竞争力、企业集合而成的产业组织状况及产业结构的高级化,宏观上国民经济体系的完备和协调性等。而供给侧结构性改革所推动的恰是增强企业竞争力,提升产业链水平,畅通国民经济循环。另一方面,我国社会主要矛盾的主要方面在于社会生产力发展的不均衡不充分,我国国民经济供给与需求之间存在总量和结构性失衡,首要的是供给方面的问题,不均衡问题主要是供给侧的结构性问题,不充分问题主要是供给水平特别是质量的问题。

第四,构建以扩大内需为战略基点的国民经济循环。实现国内大循环为主,重要的在于扩大内需,以扩大内需创造市场条件,形成战略基点。从供给侧改革入手,形成战略方向和主线,同时以扩大内需为市场牵引,形成需求动力,在供给与需求良性互动下形成高水平的动态均衡,以高质量的供给支撑并创造需求,以有效需求刺激并拉动供给,实现国民经济循环畅通。我国是世界上最

---

① 习近平:《在经济社会领域专家座谈会上的讲话》,《人民日报》,2020年8月25日,第2版。

大的发展中国家,仍处在重要的战略机遇期。这些基本国情特征没有变,因此我国具备以扩大内需作为战略基点的条件,在世界经济低迷,保护主义、单边主义上升,全球产业链面临冲击和重构的严重不确定性,国际经济、科技、文化、安全等格局发生深刻变化的动荡变革期,我们不仅需要而且能够实现以国内大循环为主的新发展格局的转变,而且更为重要的在于具有扩大和释放内需的基础。从投资需求来说,我国作为发展中国家,仍处于工业化、农业现代化、信息化、城市化的加速发展时期,因而无论是基础设施建设、固定资产投资,还是生态环境投资、教育、健康等人力资本投资都有巨大的需求增长潜力,关键在于形成有效的投融资机制,使市场的决定性作用与更好地发挥政府作用统一起来。从消费需求来说,我国拥有14亿人口,虽然人口增量开始下降,但年新增人口仍居世界首位,已经超过美国,形成了世界规模最大的国内消费品零售市场。事实上近年来消费需求对经济增长的拉动作用已超过投资,我国经济增长的需求动力已发生深刻的结构性改变。同时,我国人均可支配收入多年来以高于GDP的增速在提升,而我国人均消费水平仍处于世界中下游,特别是虽然2020年能实现脱贫攻坚目标,但还有6亿多低收入群体,消费需求的进一步扩张仍具有很大潜力。关键在于:改善国民收入分配格局,提高政府、企业、居民、不同部门之间国民收入分配结构的合理性,保证持续提高人均可支配收入水平,在此基础上切实缩小收入差距,改变多年来基尼系数始终高于通常所说的警戒线水平(0.4)的状况,扩大中等收入群体;提高社会保障水平,完善社会保障体系,稳定人们的消费预期;抑制房地产泡沫导致过高房价对居民消费的挤出效应,降低过高的子女教育成本和养老成本,以及由此推动的高储蓄;等等。在扩大内需的基础上,实现生产、分配、流通、消费等国民经济各环节之间的畅通循环,相互促进;没有生产、分配、流通、消费各环节之间的畅通,就不可能有国民经济的循环,不可能形成国内大循环为主体、国内国际双循环的相互促进格局。

第五,构建开放的以"一带一路"为支撑的国民经济循环。新发展格局不是封闭的国内循环,双循环格局的形成与构建具有历史必然性。构建以国内大循环为主体,同时促进开放的国内国际双循环,必须以"一带一路"为重要支撑。"一带一路"沿线国家经济互补性强,与以往的国际产业转移不同,以往是由发达国家主导向发展中国家转移,形成发达国家主导并占据高端的全球价值链,转移过程本身也是发展差距拉大的过程;"一带一路"则是由作为发展中国家的我国倡议推动,共商共建共享,达成政治互信、经济融合、文化包容的利益共同体,进而构建新型互利互惠的国际循环体系,实现中国与国际经济双循环的优势互补。"坚定不移扩大对外开放,增强国内国际经济联动效应,统筹发展和安全,全面防范风险挑战。"①

3. 构建新发展格局与现代化经济体系建设是有机的统一

正如习近平同志所指出的,建设现代化经济体系是我国发展的战略目标,也是转变发展方式、优化经济结构、转换经济增长动力的迫切要求,只有形成现代化经济体系,才能更好地顺应现代化发展潮流和赢得国际竞争主动,也才能为其他领域现代化提供有力支撑。② 构建以国内大循环为主体、国内国际双循环相互促进的新发展格局,应与建设现代化经济体系的国家发展战略目标统一起来,以国内大循环为主体的国内国际双循环发展格局需要以现代化经济体系的建设与完善作为着眼点和落脚点,是我国在新的历史条件下建设现代化经济体系的新方略,而现代化经济体系的构建又应适应新发展格局的要求,应当成为新发展格局的逻辑必然。从本质上来说,现代化经济体系体现新发展理念,是新时代改革、发展、开放的有机统一,是由社会经济活动的各个环节、各个层面、各个领域的相互关系和内在联系构成的一个有机整体。这种本质特征恰恰是国内大循环为主体、国内国际双循环相互促进的新发展格局的根本要求。

从现代经济体系七个方面的内涵与构建新发展格局的关系上看:一是建设创新引领、协同发展的产业体系。没有完备协调的产业体系,尤其是强大的实体产业,以国内大循环为主体根本不可能实现。我国之所以能够提出畅通国民经济循环的新发展格局,最坚实的基础便在于完备的产业体系。我国国民经济循环之所以有待进一步畅通,更重要的约束便在于产业体系和产业链的关键领域、环节、技术缺失,因此,"要依托我国超大规模市场和完备产业体系,创造有利于新技术快速大规模应用和迭代升级的独特优势,加速科技成果向现实生产力转化,提升产业链水平,维护产业链安全"③。二是建设统一开放、竞争有序的

---

① 《习近平主持召开中央全面深化改革委员会第十五次会议强调 推动更深层次改革实行更高水平开放 为构建新发展格局提供强大动力》,《人民日报》,2020年9月2日,第1版。
② 《习近平谈治国理政》(第三卷)。北京:外文出版社2020年版,第239—240页。
③ 习近平:《在经济社会领域专家座谈会上的讲话》,《人民日报》,2020年8月25日,第2版。

现代市场体系。实现国民经济循环实际上就是实现资源配置和流动上的畅通，而资源流动上的自由畅通取决于市场化的水平，缺乏统一开放、竞争有序的市场体系，部门之间、地区之间、城乡之间相互割裂，不可能形成国内大循环；与国际经济缺乏以市场机制为基础的开放，不可能形成国内国际双循环，国民经济循环本质是资源配置机制的市场化、法治化和国际化。习近平同志强调，"随着我国迈入新发展阶段，改革也面临新的任务，必须拿出更大的勇气、更多的举措破除深层次体制机制障碍"[①]。三是建设体现效率、促进公平的收入分配体系。国民经济循环是生产、分配、流通、消费各个环节的相互协调和有机统一，脱离有效、公平的收入分配体系，既会严重抑制和扭曲消费，又会严重削弱经济增长动力，不可能形成国内大循环。四是建设彰显优势、协调互动的城乡区域发展体系。要把构建新发展格局同实施国家区域协调发展战略、建设自由贸易试验区等衔接起来，有条件的区域率先探索形成新发展格局，打造改革开放新高地。城乡之间、区域之间缺乏协调互动，城乡间二元经济差异显著，区域增长极缺乏优势进而对其他地区缺乏带动效应，无论是从供给侧还是从需求侧来看，都难以形成国民经济循环，更不可能具备形成以国内大循环为主的发展能力。五是建设资源节约、环境友好的绿色发展体系。脱离绿色发展体系，经济发展便不可持续，而国民经济畅通循环本身就要求可持续发展，否则便不可能形成国民经济循环。六是建设多元平衡、安全有效的全面开放体系。显然没有开放根本不可能形成双循环，没有竞争优势，根本不可能形成以国内大循环为主的格局。因此习近平同志指出，"我们要全面提高对外开放水平，建设更高水平开放型经济新体制，形成国际合作和竞争新优势""积极开展合作，形成全方位、多层次、多元化的开放合作格局……越开放越要重视安全，越要统筹好发展和安全"[②]。七是建设充分发挥市场作用，更好地发挥政府作用的经济体制。实现市场机制有效，微观主体有活力，宏观调控有度，坚持和完善社会主义基本经济制度，协调政府与市场的关系。脱离这种制度基础，国民经济的微观主体活力和宏观调控能力都难以保证，经济运行不可能畅通。因而必须继续用足用好改革这个关

---

① 习近平：《在经济社会领域专家座谈会上的讲话》，《人民日报》，2020年8月25日，第2版。
② 同上。

键一招,"坚持和完善中国特色社会主义制度,推进国家治理体系和治理能力现代化"①。

习近平同志强调,现代化经济体系建设的这七个方面是统一整体,需要一体建设、一体推进。② 现代化经济体系是贯彻新发展理念、根本转变发展方式、推进经济高质量发展的迫切要求及实践路径。建设现代化经济体系是构建新发展格局的落脚点,畅通国民经济循环新发展格局则是新的历史条件下建设现代化经济体系的新方略。

---

① 习近平:《在经济社会领域专家座谈会上的讲话》,《人民日报》,2020年8月25日,第2版。
② 《习近平谈治国理政》(第三卷)。北京:外文出版社2020年版,第240—241页。

索 引

G

GDP 的局限与新发展理念的提出 290—297

改革开放以来的经济增长目标 285—287

公有制为主体的生产资料所有制与市场经济机制 060—071

供给侧结构性改革与扩大中等收入群体 155—156

供给管理与需求管理的主要不同 195—197

供给管理政策工具及特点 197—201

共享理念与马克思主义收入分配理论 121—125

关于按劳分配的争论 113—121

国内国际双循环与新发展格局 345—352

H

宏观调控方式转变与供给侧结构性改革 226—230

混合所有制经济 102—107

J

经济发展水平与我国的国际地位 246—249

经济新常态下新失衡与供给侧结构性改革 207—219

M

马克思主义按劳分配思想 111—113

马克思主义劳动价值论的特点 050—052

贸易自由化对收入分配的影响 168—170

P

贫困陷阱 283

Q

区域发展战略与地区收入差距 165—167

全球化 318—320

R

人口流动与收入分配演变 163—165

人类命运共同体 323—327

S

社会主义市场经济 040—043

市场经济内在竞争机制 097—099

"双环流"体系 341

税收制度与收入分配差距 167—168

所有制性质与分配关系性质 098—111

W

稳中求进工作总基调 306—307

我国供给侧结构性改革与西方"供给革命"的区别 205—207

我国所有制改革与国民收入宏观初次分配 125—126

我国所有制改革与国民收入宏观再分配 140

我国所有制改革与居民收入分配变化 146—154

X

西方学者不同转轨理论模式 080—094

西方学者"市场社会主义"思潮 076—080

现代化经济体系 304—305

新发展理念 303—304

Y

"一带一路"倡议的路径 340—341

Z

政治经济学的考察对象和方法 015—016

政治经济学研究方法的特殊性 018—021

政治经济学与价值理论 044—045